Предисловие Джона Бивера

Как не потерять голову в сумасшедшем мире

Развиваем духовную проницательность для последних времён

Рик Реннер

Все цитаты из Священного Писания приведены согласно Синодальному изданию канонических книг Библии на русском языке, если не указано иное.

«Как не потерять голову в сумасшедшем мире»
Рик Реннер

© 2019, Местная религиозная организация христиан веры евангельской «Мир»

ISBN: 9781667505404

ISBN: 9781667505626

Перевод: Багрецов С.А.
Редакция, корректура: Хаджебиекова И.В., Пчелинцева А.В.
Вёрстка: Афанасьева А.Г.
Руководитель проекта: Ханадеева Е.А.

Unless otherwise indicated, all scriptural quotations are from the *King James Version of the Bible*.

Scripture quotations marked *NKJV* are taken from the *New King James Version*®. Copyright © 1982 by Thomas Nelson. Used by permission. All rights reserved.

Scripture quotations marked *MSG* are taken from *The Message*. Copyright © 1993, 1994, 1995, 1996, 2000, 2001, 2002. Used by permission of NavPress Publishing Group.

Scripture quotations marked *ESV* are taken from The ESV® Bible (*The Holy Bible, English Standard Version*®). ESV® Text Edition: 2016. Copyright © 2001 by Crossway, a publishing ministry of Good News Publishers. The ESV® text has been reproduced in cooperation with and by permission of Good News Publishers. All rights reserved.

The Scripture quotation marked *NIV* is taken from *The Holy Bible: New International Version*. Copyright © 1973, 1978, 1984 by The International Bible Society. Used by permission of Zondervan Bible Publishers.

Scripture quotations marked *AMPC* are taken from *The Amplified Bible*. Old Testament cop-yright ©1965, 1987 by Zondervan Corporation, Grand Rapids, Michigan. *New Testament* copyright © 1958, 1987 by The Lockman Foundation, La Habra, California. All rights reserved.

How To Keep Your Head on Straight in a World Gone Crazy:
Developing Discernment in These Last Days
ISBN: 978-1-68031-290-4
Ebook: 978-1-68031-291-1
LP: 978-1-68031-292-8
HC: 978-1-68031-293-5
Copyright © 2019 by Rick Renner
8316 E. 73rd St.
Tulsa, OK 74133

Все права защищены международным законодательством об авторских и смежных правах. Запрещается без письменного разрешения издателя копировать или передавать какую-либо часть этой книги в каком-либо формате или средствами пе-редачи информации (электронными или механическими, в том числе ксерокопи-рованием, записью либо средствами сохранения и извлечения информации), за исключением кратких цитат в критических обзорах или статьях.

ОТЗЫВЫ

Мне выпала большая честь ознакомиться до публикации с новой уникальной, провоцирующей современное общество и бросающей ему вызов книгой пастора Рика Реннера. Мой ближайший друг и сослужитель на ниве Божией как всегда бескомпромиссен. Он называет белое белым, чёрное — чёрным. Он — современный глас «вопиющего в пустыне», словно Иоанн Креститель, который приготовил путь Господу. Сегодня мы ожидаем второе пришествие Иисуса Христа. Сейчас время, когда людям особенно нужна истина. Данная книга — вызов современной системе ценностей; современной культуре; «современным», ослабленным плотью христианским церквям, которые обольстились «либеральным прочтением» вечных библейских истин. Автор прямо говорит о нравственно осквернённом кодексе поведения не только человечества, но и тех людей, которые себя соотносят с христианством.

Пастор Рик Реннер показал, что он — один из тех, кто сегодня бьёт в набат. Этой книгой пастор напомнил мне пророка из знаменитого стихотворения Александра Пушкина, который призван «глаголом жечь сердца людей». Так сейчас и пастор Рик взывает: «Берегитесь, чтобы никто не прельстил вас, берегитесь обольщения». Говоря о роли Церкви, пастор фактически пророчествует о мощном излиянии Духа Святого на Церковь в последние дни, о могущественном проявлении Божьей силы. В Писании сказано: «Когда будет умножаться беззаконие, будет преизобиловать благодать». Именно в такое очень важное время мы сейчас все и живём. И на самом деле Церковь в эти дни воссияет невиданным ранее светом.

Я уверен, что данная книга — часть Божьей стратегии, которая приведёт в движение церкви последнего времени. Я очень хочу, чтобы мы не уклонялись от вызовов сегодняшнего времени, от самых острых, самых непопулярных тем. Очень хочу, чтобы мы прекрасно понимали, что дьявол будет лгать и обманывать, он будет искажать прочтение Евангелия, он будет делать всё, чтобы мы не соответствовали божественному замыслу.

Я благодарю пастора Рика, который не испугался называть вещи своими именами: и ЛГБТ-истерию, и так называемые однополые браки, и аборты, и многое другое. Он указал на грязь этого мира и показал, как изменилось общество буквально за половину столетия. Церкви не должно быть безразлично всё это, потому рекомендую, крайне рекомендую прочтение данной книги пасторам церквей, прихожанам, нашим драгоценным братьям и сестрам, словом, всем, кто не равнодушен к современному падению нравов в мире.

Эта книга — ещё одно напоминание о том, что есть сегодня Церковь бодрствующая; Церковь святая; Церковь, открытая Духу Святому; Церковь, которая не будет сдаваться ни при каких условиях; Церковь, которая станет бить в набат и глаголом жечь сердца людей.

Сергей Васильевич Ряховский
Начальствующий епископ РОСХВЕ
Член Совета по взаимодействию с религиозными объединениями при Президенте РФ
Сопредседатель Консультативного Совета Глав Протестантских Церквей России
Доктор богословия, старший пастор «Церкви Божией в Царицыно», г. Москва, Россия
Член Правления международного правозащитного движения «Мир без нацизма»

Рик Реннер является благословенным христианским учителем. Его книга «Как не потерять голову в сумасшедшем мире» напоминает нам, христианам, о том, в какую эпоху мы живём, о том, что именно наше поколение находится в борьбе за сохранение духовных и нравственных ценностей. В современном мире Божья истина постоянно подвергается сомнению. Рик Реннер смело и открыто

Отзывы

говорит о состоянии нашего общества, напоминая Церкви о самом главном: мы призваны исполнять великое Божье поручение и достигать этот мир Благой вестью. Благая весть открывает нам Божью любовь и милость, показывает, что именно в нашей жизни неправильно. Нам, как разумным девам из библейской притчи, нужно понимать время, в которое мы живём, чтобы не ослабеть.

У Церкви есть только два пути: либо поддаться влиянию духа мира, либо противостать этому духу. Данная книга ободряет христиан выбрать правильный путь и оставаться верным поколением уповающих на Господа и ожидающих Его пришествия. Да поможет нам в этом Господь.

Эдуард Грабовенко
Начальствующий Епископ РЦХВЕ
Президент МАХВЕ
Старший пастор церкви «Новый Завет», г. Пермь, Россия

В книге «Как не потерять голову в сумасшедшем мире» Рик Реннер помогает каждому вспомнить о важности непогрешимого Божьего Слова в нашей жизни и о том, к каким разрушительным последствиям приводит отказ от общего для всех наследия, дарованного нам однажды и навсегда — Священного Писания. Посредством основательных, утверждённых на Библии доводов Рик Реннер раскрывает последствия современного либерализма в Церкви, указывая на то, что может и должен сделать каждый для необходимых перемен.

Маттс-Ола Исхоел
Старший пастор и писатель
Церковь «Слово жизни», г. Москва, Россия

С огромным уважением отношусь к автору книги «Как не потерять голову в сумасшедшем мире» пастору Рику Реннеру — человеку, который живёт так, как учит.

Читаю все написанные им труды, почерпываю в них много полезного как для личного духовного роста, так и для применения в пасторском служении.

Данная книга отличается от многих трудов, вышедших из-под пера пастора Рика ранее. В ней, помимо свойственной автору академичности изложения, отсылок к греческим переводам и историческим фактам, мы особенно сильно чувствуем сердце служителя последнего времени.

Пастор Рик не только описывает время, в которое мы с вами живём, но также даёт практические рекомендации христианам о том, как противостоять искушениям этого последнего времени.

Книга написана очень своевременно, смело, бескомпромиссно.

Настоятельно рекомендую к прочтению данную книгу абсолютно всем: служителям, прихожанам церквей, а также тем, кто ищет ответ на вопрос: «Почему этот мир сходит с ума?»

Андрей Дириенко
Заместитель начальствующего Епископа РОСХВЕ по Центральному федеральному округу РФ
Епископ, старший пастор «Церкви Божьей», г. Ярославль, Россия

Книга «Как не потерять голову в сумасшедшем мире» — не иначе как Божий шофар для всех христиан нашего, последнего, времени! Хочу искренне поблагодарить пастора Рика за глубину и одновременно простоту изложения, за мудрость и своевременность столь исключительно важного труда и за смелость и бескомпромиссность, с которыми Рик доносит до нас Божью Правду!

Проходя вместе с пастором главу за главой, понимаешь, насколько важно сегодня каждому из нас, и особенно служителям Церкви Христовой, сверить свои духовные часы со Священным

Отзывы

Писанием и вместе с Давидом сказать: «Господи, зри, не на опасном ли я пути»! Ведь от каждого домостроителя требуется остаться верным, и книга Рика будет нам в этом помощником! Спасибо, пастор Рик! И да поможет нам Господь!

Дмитрий Шатров
Епископ, пастор церкви «Миссия Благая Весть», г. Санкт-Петербург, Россия

Я бесконечно рад, что в свет вышел бесценный труд замечательного пастора и моего друга Рика Реннера о призвании и миссии Церкви последнего времени. Новая книга «Как не потерять голову в сумасшедшем мире» — это поистине вызов для всех последователей Иисуса Христа, заявленный уже в самом её названии.

Как отец пятерых детей, воспитывающий их в библейских традициях, священник, пастор и проповедник Евангелия я весьма впечатлён духовной проницательностью автора. «Голос Церкви последнего времени в дни массового обольщения» — так бы я охарактеризовал книгу. На христианских руководителях и лидерах Церкви последнего времени лежит большая ответственность. Церковь не может бездействовать, видя массовое зло, правящее в нашем открыто враждующем с Богом обществе. Если зло мира видно сразу, то работа нашего духовного врага (дьявола) внутри Церкви завуалированная и сразу не заметна. Автор в своей книге срывает с сатаны маски, под которыми тот действует именно внутри Церкви. Рик Реннер обозначает не только проблемы нынешнего времени, пророчески предсказанные ещё Спасителем, но и убеждает Церковь идти против мирских течений, сохраняя цельность учения Иисуса Христа. Я уверен, что без этого Церковь не сможет подготовить учеников и исполнить Великое поручение Господа.

Евангелист Матфей цитирует слова Иисуса, произнесённые на Елеонской горе: «Берегитесь, чтобы кто не прельстил вас» (Мф.24:4).

По мнению пастора Рика Реннера, бдительность и здравомыслие, доктринальная грамотность, дисциплина верующих — вот лекарство от действующих «духов-обольстителей» и лжеучений, «инфицирующих» среду христианских общин всего мира.

Безупречное гуманитарное и богословское образование пастора Рика Реннера даёт возможность читателю укрепить и расширить свои знания относительно основ вероучения Христова, преодолеть все опасности «доктринального невежества».

Рекомендую данный труд к обязательному прочтению всем пасторам, руководителям христианских общин, служителям, лидерам, ученикам Иисуса Христа, которые живут и трудятся в непростое время.

Эдуард Дерёмов
Епископ и глава объединения церквей «Христианская Миссия» в России
Заместитель Начальствующего епископа Российского объединённого Союза христиан веры евангельской (пятидесятников) в Южном федеральном округе
Член Духовного совета РОСХВЕ, религиовед
Основатель мужского христианского движения «Джентльмен Иисуса Христа»
Автор книг «Живи! Без ограничений», «Джентльмен Иисуса Христа», «Твоя победа ближе, чем ты думаешь»

На протяжении многих лет пастор Рик Реннер является признанным христианским писателем. Каждую его новую книгу всегда ожидаю с нетерпением.

Глубокое знание предмета, тщательный подход к исследованию выбранной темы, актуальность освещаемых вопросов сделали многие написанные им книги настольным пособием для служителей, в том числе и для меня.

Отзывы

«Как не потерять голову в сумасшедшем мире» — книга, которая с первых строк захватила моё внимание и оказала на меня колоссальное влияние. Мы живём в стремительно меняющемся мире, зачастую эти изменения несут в себе явные и скрытые угрозы. Сегодня времена небывалых вызовов для христианской нравственности и истинной духовности.

Писание предупреждает, что последнее время будет эпохой масштабных и разнообразных обольщений. Современные служители сталкиваются со всё более острой необходимостью поиска ответа на вопрос о том, как служить в любви, не поддаваясь обольщению и не попирая авторитет Писания.

В своей книге пастор Рик разоблачает действие духов обольщения и опасные духовные заблуждения. Также, что очень ценно, он делится стратегией достижения духовного успеха и возвращает наше восприятие духовных проявлений в границы Писания.

Ясно, обоснованно, последовательно, с присущей ему мудростью и духовной проницательностью пастор Рик раскрывает перед читателем важнейшие спасительные истины Писания.

В конце 90-х гг. я проповедовал в одной церкви. После служения её пастор с особым восторгом говорил о подарке, который он приготовил для меня. Подарком оказалась книга Рика Реннера. «Эта книга спасла меня как служителя», — таковы были слова того пастора, когда он вручал мне подарок.

С уверенностью могу сказать, что книга, которую вы держите сейчас в руках, станет в наше непростое время спасательным кругом для многих служений и служителей в России, для многих из тех, кто будет внимательно читать её.

Василий Витюк
Основатель и старший пастор церкви «Слово Жизни», г. Нижневартовск, Россия

Епископ Регионального Объединения церквей в ХМАО
Член Духовного Совета РОСХВЕ, магистр по истории Церкви, почётный доктор богословия
Религиовед, специалист в области государственно-конфессиональных отношений, автор, ведущий телепрограмм
Основатель служения Wolsib ministry

В каждом поколении Господь поднимает особенных людей, наделяя их даром учителя: для XX века — это Дерек Принс, для XXI — пастор Рик Реннер.

Книга «Как не потерять голову в сумасшедшем мире» — это апостольская ревность о теле Христа, которая защищает здравость, сбалансированное учение, ограждает христианские умы от повреждения, раскрывает причинно-следственную связь текущих тенденций как в церкви, так и в обществе.

Сегодня разные ветры учений препятствуют прогрессу и влиянию Церкви. Рик проводит глубокий анализ лжи, семена которой дали всходы в разных мировоззрениях и блокируют умы людей, препятствуют им познавать славу Христа.

В послании слышен крик души автора и обращённый к нашему поколению пророческий голос, созвучный голосу пророка Иоиля: «Провозгласите об этом между народами, … возбудите храбрых; пусть выступят, поднимутся все ратоборцы», чтобы защитить истину «…в силе Божией, с оружием правды в правой и левой руке».

Благодарение Богу за труд пастора Рика и за эту книгу. Пусть Господь благословит его семью и служение.

Михаил Дарбинян
Член Совета по взаимодействию с религиозными объединениями при губернаторе Амурской области

Отзывы

Полномочный представитель Начальствующего епископа РОСХВЕ в Амурской области
Член Правления и Духовного Совета РОСХВЕ
Епископ, пастор церкви «Новое Поколение», г. Благовещенск, Россия

Книга «Как не потерять голову в сумасшедшем мире» ДОЛЖНА быть в библиотеке каждого служителя! Это послание современной Церкви о том, как оставаться бескомпромиссным в век аморальности и различных ветров учений, проникающих в Церковь!

Рик Реннер блестяще разоблачает известные лжеучения, которые пытаются вторгнуться в Церковь с момента её образования и по сегодняшний день. Рик указывает критерии, которым должен соответствовать фундамент Церкви Христовой, и утверждает абсолютный авторитет Писания!

Это поистине уникальное пособие, в нём описаны практические принципы (и даже Символ веры), которыми следует руководствоваться служителю. Всё это поможет Церкви оставаться светом и солью и не терять страсти к исполнению Великого поручения Иисуса Христа.

Книга вдохновляет Церковь сегодня «знать и провозглашать истину в её наичистейшей форме»! Пастор Рик, большое спасибо!

Наталья Щедривая
Пастор церкви, председатель и епископ ЦРО АХВЕ «Общение Калвари», г. Москва, Россия
Директор евангелизационного проекта «Жатва в деревнях»

В современном мире повсюду царит безумие, и различить его становится все труднее и труднее в потоке окружающей нас глупости. И сегодня, более чем когда-либо, нам необходимо чёткое понимание того, что говорит Библия по вопросам, которые в наше время не сходят с первых полос изданий. Мой отец Рик Реннер чётко и смело провёл грань между абсолютной истиной и мифами, которыми дьявол питает современную молодёжь и тех, кто сомневается в библейских принципах. Я с нетерпением ждал выхода этой книги с того момента, как прочёл её первые рукописи. По мере её написания я читал главу за главой, и моё сердце переполняла благодарность за истины, так чётко и смело говорившие ко мне с её страниц.

Убеждён, что книгу «Как не потерять голову в сумасшедшем мире» должен прочесть каждый христианин. Безусловно, она станет особым благословением для молодых служителей, которым необходимо утвердить свою веру на логическом подходе и классическом библейском учении. Она поможет и более опытным верующим разобраться в хаосе ложных убеждений, который творится сегодня в умах знакомых им молодых людей. Я рекомендую эту книгу не только потому, что она написана моим отцом. Я искренне верю, что данная книга поможет верующим крепко утвердиться на принципах Божьего Слова и держаться правильных моральных ориентиров, которые в современном обществе становятся всё более размытыми.

Павел Реннер
Пастор церкви «Благая весть», г. Москва, Россия

Я не мог оторваться от чтения книги «Как не потерять голову в сумасшедшем мире» до рассвета. Начните читать, и вы меня поймёте. Уверен, данная книга будет интересна не только религиозной аудитории, но всем думающим людям. Она — призыв к каждому из нас стать современным Ноем для своего окружения. То есть человеком, имеющим иммунитет против вируса лжи и безумия. Эта книга — лекарство, противоядие, которые каждый должен «принять», чтобы выжить посреди заразы. Когда читал её, я испытывал удовольствие в духе, словно пил вкусную воду из самого чистого источника. Хотелось пить ещё и ещё. Хотелось восклицать вместе с царём Соломоном:

Отзывы

«Премудрость возглашает на улице, на площадях возвышает голос свой, в главных местах собраний проповедует, при входах в городские ворота говорит речь свою: «...доколе, невежды, будете любить невежество? доколе буйные будут услаждаться буйством? доколе глупцы будут ненавидеть знание? Обратитесь к моему обличению: вот, я изолью на вас дух мой, возвещу вам слова мои» (Притчи 1:20–23).

К такой книге, как эта, не всякий современный священник сможет написать положительный отзыв. Ведь, чтобы сделать это, нужно пойти против течения, озвучить свою позицию публично. Я подписываюсь под каждым словом этого труда и прошу христиан выражать свою поддержку книге и Рику Реннеру в социальных сетях. Как я люблю этого человека! Как рад, что он есть и я имею честь быть одним из его друзей!

Никто не сможет повторить подвиг и призвание 12 апостолов Христа, они уникальны, но и сегодня существуют люди, которые действуют в их радикально смелом духе. И лично для меня один из них — это Рик Реннер.

Сергей Шидловский
Основатель международного молитвенного «Движения Искателей Бога»

В современном мире стало привычным делом искажать факты в поддержку той или иной точки зрения. По этой причине взаимное доверие прекратило существовать как явление. Однако также возникло и сильное желание получать надёжные факты из первоисточника. Книга «Как не потерять голову в сумасшедшем мире» написана с основательным подходом к сбору, исследованию и анализу информации, чтобы вы могли получить возможность ознакомиться с первоисточником практически всех фактов, приведённых в данной книге.

Меня как юриста глубоко впечатлило то, что осуществлённое исследование является правильным и качественным как фактически, так и юридически. Что особенно важно в разделе, где повествуется о Второй мировой войне и Нюрнбергском процессе. Приведённым фактам и заключениям в данной книге можно смело доверять! Когда мир сходит с ума, нам необходимо отстаивать свои ценности, основанные на подлинном и вечном первоисточнике истины — Священном Писании!

Михаил Сондор
Магистр юридических наук в области международного права и российского корпоративного права
Глава проектной группы, юридический департамент ООО «ВТБ ДЦ», г. Москва, Россия

Есть люди, которым дано понимать, в каком русле будет двигаться история нашей цивилизации. Один из таких людей — пастор Рик Реннер.

Книга «Как не потерять голову в сумасшедшем мире» — это пророческий взгляд на ход событий в скором будущем, основанный на конкретных предсказаниях апостола Павла об особенностях нашего века, а также на исследовании тайной стороны мировой политики, которая ввергает общество в бедствия и пагубу.

Вопрос о роли Церкви в обществе остаётся одним из наиболее важных. Автор подчёркивает, что последней надеждой мира, обольщённого дьяволом, является Церковь. Церковь, способная не уступать порочным тенденциям нашего времени, но твердо держаться вечных принципов, оставленных в Библии (какими бы старомодными они не казались). Священное Писание представляет собой образец, с которым должно сравнивать любой другой опыт. И всякий опыт, обратный опыту авторов Священных Писаний, следует определять как ложный.

Примечательно и то, что сами Писания отданы на хранение Церкви, дабы беречь их божественный статус. Если же Церковь уступит постмодернистским взглядам, позволив переиначить бо-

Отзывы

жественное определение и статус Священных Писаний, она разрушит свой последний оплот, бросив святыню на «попрание псам» (Матфея 7:6). Это предательство Истины обернётся против самой же Церкви, ибо «псы», как сказал Христос, поправ святыню, растерзают после и самих христиан.

Александр Шевченко
Пастор церкви «Дом Хлеба», г. Сакраменто, США

Пастор Рик Реннер является одним из тех немногих, кто делал на постсоветском пространстве большую работу для Божьего Царства. Кроме того, он пишет фундаментальные христианские книги. Знаю пастора Рика как человека, который с историей Церкви знаком не понаслышке, который потратил годы и десятилетия на изучение истории. Поэтому, когда он о чём-то пишет, я воспринимаю это как достоверную информацию, потому что уверен: приводимые им данные — подтверждённый факт. «Как не потерять голову в сумасшедшем мире» — как глоток свежей воды, которого сейчас не хватает не только в странах бывшего Советского Союза, но и во всём христианском мире.

Сегодня либерализм берет верх, люди в смятении, каждый думает, что он прав, каждый делает, что хочет… Грех давно стал вещью, с которой люди просто начали играть. Они заигрались со грехом, при этом утратили свои христианские качества и отошли от норм морали. Верю, прочитав эту книгу, люди вернутся к христианским истокам морали и к славе Бога.

Рекомендую каждому прочесть эту книгу. Более того, данный труд претендует стать обязательным пособием для пасторов и служителей. Я сам буду дарить эту книгу служителям. Да благословит Господь пастора Рика за столь ценный труд.

Артур Симонян
Член правления международного содружества «Слово Жизни»

Доктор богословия
Епископ, старший пастор церкви «Слово Жизни», г. Ереван, Армения

Мудрые люди, находящиеся в постоянном развитии, люди глобального мышления всегда восхищали меня. По отношению к ним я ощущаю неподдельное глубокое уважение. Этих людей не так уж много. Один из них — пастор Рик Реннер. Каждая книга, написанная им, — это просто шедевр. Причём не только теологический или богословский. Прежде всего — это бестселлер. Изысканная комбинация литературной эстетики, исторической аналитики, смелой самоиронии в современных реалиях, а также практическое руководство для Церкви последнего времени. Не изменяя добрым традициям, пастор Рик Реннер в очередной раз всё это щедро воплотил в книге «Как не потерять голову в сумасшедшем мире». Чего только стоит одно название.

Последнее послание Рика по своей актуальности можно смело поставить в один ряд с посланиями апостола Павла к Коринфянам или к Галатам. Думаю, Бог дал Рику это откровение вовремя. Оно звучит, как колокольный звон, как набат, отрезвляющий христианское сообщество и готовящий церковь ко Второму пришествию. Убеждён, эта книга станет настольной для многих ведущих служителей нашего времени. Хотелось бы, чтобы её содержание перетекло в тематику наших саммитов, семинаров и международных конференций грядущего сезона.

Алексей Ледяев
Автор, общественный деятель, композитор
Лидер движения христианских церквей «Новое поколение», г. Рига, Латвия

Рекомендую каждому новую книгу пастора Рика Реннера «Как не потерять голову в сумасшедшем мире», которая включает в себя глубокие исторические исследования жизни ранней Церкви, анализ происходящего в современном обществе, а также пророческое предупреждение о том, что может произойти, если мы не обратим внимания на повальное отступление от истины.

Я верю, что этот пророческий голос должен быть услышан всеми христианскими лидерами в мире, потому давайте способствовать распространению данного труда!

Также меня вдохновляет вера в особую миссию харизматического движения и призыв согласовать доктрины для того, чтобы, оставаясь в рамках слова, харизматическое движение могло исполнить своё предназначение в последнее время!

Андрей Тищенко
Старший епископ Украинской Христианской церкви «Новое поколение»
Глава Украинской Межцерковной Рады
Член совета директоров Всемирной организации церковного роста CGI
Старший пастор церкви «Новое Поколение», г. Киев, Украина

В книге пророка Даниила (Дан. 11:32) сказано: «Поступающих нечестиво против завета он привлечёт к себе лестью; но люди, чтущие своего Бога, усилятся и будут действовать». Этот очень короткий библейский стих отображает настоящую духовную драму и духовную битву последних дней. Люди, вера и мировоззрение которых не зиждутся на фундаментальных истинах Священного Писания (либеральная теология, моральный и нравственный релятивизм, светский гуманизм и т.д.), будут прельщены. Их духовная «тёплость» приведёт к отступничеству и падению даже до уровня извращённого разума. Но люди, которые любят Бога, чтят Его Слово и поклоняются Ему, будут духовно усиливаться и действовать в необычайном помазании Духа Святого.

Книга пастора Рика Реннера «Как не потерять голову в сумасшедшем мире», на мой взгляд, очень точно характеризует настоящее время. Особую ценность этой книге, написанной в апологетическом стиле, придают её практические конкретные рекомендации для христианских служителей о том, как уберечь Церковь от заблуждений и всегда пребывать на территории Истины. Это весьма актуально в наши дни.

Настоятельно рекомендую всем служителям вдумчиво ознакомиться с мыслями автора книги и применить его рекомендации в своём практическом служении.

Валерий Решетинский
Президент научно-исследовательского института Генезиса жизни и Вселенной
Кандидат технических наук
Член национального общества журналистов Украины, Член национального общества писателей Украины
Президент Международного Центра Христианского Лидерства
Епископ Объединения «Духовное Управление ХВЕ «Украинская миссионерская Церковь»
Старший пастор Помесной Церкви ХВЕ «Христианская надежда», г. Киев, Украина

Я начал читать книги пастора Рика Реннера ещё в 90-е годы, и это очень помогало мне в моём личном духовном становлении, а также в пасторском служении.

И сейчас, находясь уже много лет в служении, я с большим вниманием и на одном дыхании прочитал книгу «Как не потерять голову в сумасшедшем мире».

Она очень актуальна и своевременна, в ней содержатся практические советы о том, как удержать здравые библейские позиции, а также размышления о времени, в которое мы живём и которое названо «тяжким временем».

Отзывы

Чтобы всё преодолеть, устоять и не просто выжить, а победоносно завершить своё поприще перед скорым возвращением Иисуса Христа, очень советую прочитать и изучить эту книгу!

Юрий Шумаев
Епископ и председатель Евангельского Альянса Казахстана
Старший пастор церквей «Агапе», г. Алматы, Казахстан

«Как не потерять голову в сумасшедшем мире» — это актуальное и своевременное послание христианам нашего времени. Мир стремительно меняется, меняется и внешний вид вызовов, с которыми нам приходится сталкиваться. У врага появляется всё больше инструментов воздействия на искренне преданных Богу людей. Поэтому нам, как никогда ранее, нужно иметь способность различать добро и зло, а также способность анализировать всё происходящее с позиции Божьего Слова.

Пример такого анализа нам дает пастор Рик Реннер в своей книге. Если христианину интересен глубокий и вдумчивый разбор библейских пророчеств о последнем времени, если он искренне заботится о своём состоянии веры и желает найти себя в эти последние дни, то он должен прочитать эту книгу. Верю, что вдумчивый и рассудительный читатель найдёт для себя множество предостережений и сможет оценить свою христианскую жизнь в этом «новом дивном мире».

Леонид Вороненко
Епископ РООХПЕ, Беларусь

Всемирно известный пастор, проповедник, мастер и учитель Слова Рик Реннер издал много книг и статей, освещающих самые разные аспекты христианской жизни. Мы с удовольствием их читаем, потому что он обращается к тем вопросам, которые имеют актуальность в настоящее время. Все его учения и наставления, как правило, сопровождаются цитатами из Библии, разъяснениями о происхождении того или иного текста, что только добавляет веса и значимости его работам.

Книга Рика Реннера «Как не потерять голову в сумасшедшем мире» заслуживает отдельного внимания со стороны христианских служителей, особенно тех, кто несёт слово, кто является учителем и лидером. В своём труде автор выступает как стратег-полководец, ведущий войну против врага и видящий все сильные и слабые стороны как своей армии, так и армии противника.

Автор показывает нам, как зарождается ересь и как отступление от Священного Писания приводит к большим потерям. Рик пытается докричаться до тех, кто ещё бодрствует: «Люди, время, в которое мы живём, — это последний рубеж, отходить дальше некуда! Мы должны сохранить данный нам Богом образ!»

Всё не безнадёжно, и это подчёркивает Рик Реннер. У человечества есть спасательный круг — Библия, держась за него, можно спастись самому и спасти многих. Итак, когда в наши дни вокруг происходит такое количество перемен, нам важно не потерять голову! Бог по-прежнему ожидает, что Церковь останется Его глашатаем для нынешнего поколения живущих.

Уверен, книга получит широкий отклик среди читателей и станет для христианских служителей достойным помощником.

Шаршенбек Байбосунов
Пастор церкви ЕХЦ «Машаякчылар»
Председатель Кыргызского Альянса Евангельских Церквей,
г. Бишкек

Рик Реннер и его книги всегда были благословением для Тела Христова, и его новый труд «Как не потерять голову в сумасшедшем мире» весьма важен, так как содержит ответы на очень актуальные вопросы, волнующие всех здравомыслящих верующих людей и служителей.

Я убеждён в нужности этой книги, которая станет поддержкой для тех, кто ценит и уважает авторитет Божьего Слова.

Олег Хубашвили
Епископ «Церквей евангельской веры Грузии»
Старший пастор церкви «Евангельской веры», г. Тбилиси, Грузия

С огромным интересом прочитал книгу «Как не потерять голову в сумасшедшем мире» и с уверенностью могу сказать, что эта книга весьма своевременна. Она полезна для прочтения как обычным верующим, так и служителям, поскольку заставляет задуматься и помогает понять, в какое время мы живём.

Вокруг происходят непредсказуемые перемены, затрагивающие не только политику или экономику, но также и морально-духовные ценности. Эта книга даёт увидеть опасности и вызовы, с которыми можем столкнуться мы, верующие, живущие в последнее время. Также она подсказывает, как избежать хаотичного водоворота этого мира, который своим течением увлёк многих. Я благодарен автору за то, что он решился написать такую книгу и затронуть столь непростые вопросы.

Виктор Павловский
Епископ Союза Церквей Пятидесятников Молдовы

Со служителем Божьим Риком Реннером я знаком более 27 лет как с превосходным и успешным учителем, пастором, соработником на ниве Божьей в Латвии и, конечно, автором десятков поучительных и полезных книг. Мы с Риком — друзья. Смотря на результаты проявления даров Божиих у Рика, его апостольское служение, я чрезмерно благодарен Господу, что Он послал его к нам в Латвию и республики бывшего СССР. Благодарен за неоценимый вклад Рика в развитие и созидание Церкви Христовой в Латвии и за её пределами.

Брат Рик — человек, у которого дела сочетаются со словами. Его посвящение, послушание Господу, жизнь и служение являются достойным образцом подражания для меня, служителей и всей Церкви Христовой.

Меня особо вдохновляет пример посвящения и верности Рика, его жены Дэнис и их троих сыновей Павла, Филиппа и Джоэла, которые, оставив родную Америку, усердно служат Господу и Его Церкви в странах бывшего СССР.

Внимательно прочтите данный труд Рика Реннера. Хочу отметить, что это послание, как и многие предыдущие его работы, является ярким, актуальным и полезным для верующих во Христа и даже неверующих. Но особенно полезным — для служителей Церкви Христовой.

В книге очень точно и смело Рик описывает сущность и нравственное состояние людей нынешнего времени, которые действительно всё больше теряют здравый смысл, деградируют и «сходят с ума». Аморальность, разврат, беззаконие очень быстро умножаются. И всё это узаконивается современными правителями многих «прогрессивных» стран. Становится страшно за неминуемый трагический финал этого поколения.

Автор показывает наше призвание как Церкви Христовой не просто выжить в этом страшном мире, а смело указать людям на их грехи и на Спасителя Иисуса, Который умер за грехи людей и хочет спасти человечество. Приятно отметить, что учитель Рик призывает бескомпромиссно проповедовать Благую весть Христа, следовать Его здравому учению.

Отзывы

Верю, что данное послание при содействии Духа Святого обновит ваш разум, ободрит вас и станет стимулом для конкретных и правильных действий. Это послание сильно тронуло меня, заставило многое переосмыслить и осознать. Рекомендую внимательно прочитать эту книгу, она станет огромным стимулом и благословением также и для вас!

Николай Гриб
Епископ Латвийского Центра Пятидесятнических Церквей
Пастор пятидесятнической церкви «Слово Истины», г. Рига, Латвия

«Оружия воинствования нашего не плотские, но сильные Богом на разрушение твердынь: ими ниспровергаем замыслы, и всякое превозношение, восстающее против познания Божия, и пленяем всякое помышление в послушание Христу» (2-е Коринфянам 10:4–5).

Как мы видим из этого стиха, дьявол поднял бунт против Господа и пытается внедрить в наш мир как можно больше заблуждений. Его цель — заставить людей противиться нормам, установленным Богом и данным Им человечеству для полноценной жизни.

Такое ощущение, что сегодня мир — это своеобразная «теплица», в которой создаются все условия для того, чтобы заблуждения росли и расцветали, чтобы чёрное называлось белым, а белое — чёрным.

Но в Боге есть выход, и об этом говорит Рик Реннер в своей книге «Как не потерять голову в сумасшедшем мире»! Господь ожидает, чтобы мы с вами как представители Его на земле взяли в руки духовное оружие и смело отправились в бой. Каждый из нас способен влиять на общество, менять мнение людей и препятствовать росту заблуждений в «теплице» дьявола.

Наши инструменты в этой борьбе — проповедь Евангелия, понятная и доступная людям, а также помазание Святого Духа, Которое поможет нам реализовывать дары и таланты.

Важно, чтобы мы, Божьи представители, получили откровение о значимости Слова Божьего и поддерживали общение с Господом. Ибо, имея этот якорь, мы будем способны нейтрализовать то сумасшествие, которое пытается воцариться на нашей земле.

Генри Мадава
Старший епископ церквей «Победа»
Президент Международного служения «Христос для всех городов»
Старший пастор церкви «Победа», г. Киев, Украина

Хочется поблагодарить Рика за открытую смелость и отстаивание чёткой и однозначной библейской позиции в нашем «толерантном» обществе. В книге «Как не потерять голову в сумасшедшем мире» Рик поднимает важнейший вопрос о том, как христиане будут реагировать на новые греховные выдумки и идеи современного мира.

Изучать Писание, стоять на твёрдой библейской позиции — вот главная задача Церкви сегодняшнего дня. Христиане должны быть солью и светом и противостоять всему мерзкому и нечестивому, что проникает не только в СМИ, в систему образования, но, к сожалению, даже в Церковь. Библия говорит, что в конце дней христиане должны более освящаться и более творить правду.

На мой взгляд, Церкви нужно быть совестью этого мира, а если совесть будет молчать — наступит полная деградация. Мир не стыдится грехов, беззакония и даже всем этим хвалится. Церковь же не должна стыдиться фундаментальных истин Библии, смело их провозглашать, что и делает автор данной книги.

Отзывы

Ещё раз спасибо, Рик, за честность и глубокое раскрытие темы.

Филипп Савочка
Старший епископ объединения церквей «Спасение»
Старший пастор церкви «Спасения», г. Вишневое, Украина

«Как не потерять голову в сумасшедшем мире» — очень актуальная и смелая книга, которую я рекомендую к прочтению всем.

Мы живём в изменяющемся мире и не успеваем осмыслить, насколько быстро меняется общество. Оно предлагает новую мораль, мировоззрение, ценности, при этом не позволяя задуматься о последствиях, которые рано или поздно настигнут тех, кто всё принимает без рассмотрения.

Как церкви реагировать на глобальные изменения? Когда допустимо быть гибкими, а когда нет? Как распознать хитрые попытки сатаны подменить ложью библейские стандарты? Об этом я часто думаю, сталкиваясь со лжеучениями и обольщениями, в которые порой впадают даже христиане. На мой взгляд, книга Рика Реннера стала своевременным помощником в этих непростых вопросах, которые каждый из нас должен решить для себя, а затем отстоять принятое решение в своей жизни и служении. Рекомендую потратить время и обязательно прочесть её!

Денис Подорожный
Пастор, учитель, религиовед, г. Ташкент, Узбекистан

Книга «Как не потерять голову в сумасшедшем мире» поднимает важную тему последнего времени. Церковь не должна оставаться в стороне и молчать. Нам необходимо быть готовыми занять смелую позицию. Если мы ничего не говорим, значит идём на компромисс с принципами, которые нам навязывает общество.

Эта книга не оставит вас равнодушными. Христос жив и готов изменить жизнь каждого, кто доверится Ему.

Виталий Вознюк
Епископ РЦБЦ ХВЕ Украины
Старший пастор церкви «Еммануил», г. Киев, Украина

Я был рождён свыше в начале 90-х — в период мощнейшего излияния Святого Духа на страны постсоветского пространства. Чётко помню эту жажду по Богу, по Библии, по Духу Святому, по проявлению всего, описанного в книге Деяний апостолов. Тогда казалось, что подобное состояние духа и души продлится до самого возвращения Иисуса Христа за Его Церковью. Но уже в первое десятилетие моего активного христианства моё служение многократно подвергалось внешним попыткам привнести «поправки» в теологию и доктринальную позицию, основанную на моей личной встрече с Иисусом и Академическом теологическом образовании, полученном в Библейском Университете Риджент в 1995 году. Множество разных «новых и прогрессивных» откровений и доктрин пытались навязать Телу Христа и мне лично. Так что я начал молиться и просить Бога помочь мне в этом разобраться и не заблудиться. В ответ услышал от Святого Духа слова: «До тех пор, пока ты будешь христоцентричен, не заблудишься...» Это сильно помогло мне сохранить баланс в учении и служении нашей церкви.

Читая книгу пастора и учителя Рика Реннера «Как не потерять голову в сумасшедшем мире», я был поражен точностью передачи существующей проблемы с духами-обольстителями. Это очень своевременное, актуальное и пророческое послание к современной Церкви Христа, которое призвано отрезвить уже обольщённых и предостеречь тех, кто хранит своё сердце в верности Богу и Его Слову.

Верю, что данный труд привнесёт отрезвляюще-исцеляющее учение о реальной угрозе, нависшей над Телом Христа в современном мире. Утончённые ложные доктрины и учения пытаются се-

Отзывы

годня проникнуть в Церковь, чтобы разделить её изнутри и лишить силы христианство, призванное разрушать дела дьявола и спасать людей через проповедь истинного Евангелия Иисуса Христа!

Спасибо, пастор Рик, за Ваш труд и посвящение в деле распространения Благой вести по всему миру, а также за служение Телу Христа здравым учением!

Вадим Шипилов
Епископ Ассоциации «Благая весть»
Основатель Международного Евангельского Служения Веры (IGMF)
Старший пастор церкви «Эммануил», г. Каменское, Украина

Рик Реннер показывает, как незаметно идеи современного мира вкрадываются в мышление людей, искажая его, и призывает нас, христиан, сохранять неповреждённость и свободу разума, не сводить глаз с Бога, оставаясь верными Его Слову. Он справедливо замечает, что далеко не все верующие понимают, как реагировать на доктринальные отклонения, с которыми сталкиваются, и как вести себя в ситуации нравственного разложения общества.

Автор книги «Как не потерять голову в сумасшедшем мире» призывает понять, насколько тонки грани между истиной и компромиссом, который предлагают нам заблуждения и лжеучения последнего времени. Верующий человек должен оставаться бескомпромиссным, чтобы церковь могла исполнить свою роль, возложенную на неё Господом, — быть светом для этого мира, утопающего во тьме. Для церкви ключевой момент — оставаться маяком в бушующем море, утверждая незыблемость авторитета Божьего Слова, обращаясь к заблудшим сердцам, призывая отступников вернуться домой.

Андрей Чеботарев
Пастор церкви «Благая весть», г. Рига, Латвия

Сегодня каждый пастор сталкивается с нравственными вызовами, которые последнее время регулярно атакуют Церковь. Среди них — разводы, беспорядочная половая жизнь, финансовая нечистота, гендерная идеология и т.д. Эти вызовы являются результатом изменения общественной морали, которое мы можем наблюдать последние годы. То, что раньше было неэтичным, возводится в ранг закона и навязывается всему обществу, влияя и на Церковь.

Автор книги «Как не потерять голову в сумасшедшем мире» поднимает все эти вопросы, приводя ужасающие примеры. Рик помогает Церкви и каждому верующему влюбиться в здравое учение, преодолевая заблуждения, становясь «солью земли» и «светом миру».

Бакала Андрей
Глава объединения Союза христианских церквей Украины «Слово жизни»
Глава Содружества церквей «Одесская Евангельская церковь»
Постоянный член Духовного Совета христианских церквей Одесской области
Старший пастор христианской церкви «Слово жизни», г. Одесса, Украина

На мой взгляд, книга «Как не потерять голову в сумасшедшем мире» более чем актуальна. В ней пастор Рик Реннер раскрывает реалии современного мира, в котором нам всем суждено жить. Мир безнадёжно болен и катится в бездну. Беззаконие действует, и мы видим разнообразие этого беззакония. Такая ситуация испытывает нас и вынуждает что-то предпринимать.

Вопрос в том, что мы как Церковь будем делать? Наблюдать и качать головой, сетовать и вспоминать богобоязненные времена, которые мы ещё застали? Или поддадимся страху и будем молчать, чтобы не вызвать огонь на себя? А может, станем цитировать места Писания, оправдывающие наше бездействие? Или мы всё же встанем в ряды Господни и провозгласим ИСТИНУ, которая бу-

Отзывы

дет освобождать мир от его заблуждения! Именно здесь наш свет воссияет и поможет сориентироваться здравомыслящим людям, которые стали заложниками конформизма.

Я верю, что в эти дни каждому из нас нужна смелость. Христианам за всю историю пришлось принять немало сражений. Но мне кажется, что самое сильное сражение ещё впереди.

Эта книга глубоко тронула меня. Читая её, понимаешь, насколько сильно открылась преисподняя, извергая свой обман. Для некоторых верующих устоять под натиском врага и не упасть будет единственной победой. Эта книга подвигнет тебя пересмотреть жизнь, поможет ориентироваться среди того мира, который сходит с ума, и укрепиться на верном пути следования за Христом.

И давайте будем помнить, что библейская книга Откровения заканчивается историей окончательной победы Христа и Его церкви над сатаной!

Вячеслав Гончаренко
Пастор церкви «Новая Жизнь», г. Минск, Беларусь

Мир, в котором мы живём, стремительно меняется и зачастую — не в лучшую сторону. К сожалению, как некоторые говорят, мы живём в эпоху, когда истины уже не существует и каждый сам определяет свои ценности и реалии жизни. Как же нам, христианам, не подвергнуться влиянию духа этого мира и не оказаться обманутыми и в заблуждении? Пастор Рик Реннер возвращает нас к авторитету Библии, к основополагающим доктринам Церкви и проливает свет Слова Божьего на многие острые вопросы современного общества.

Книга «Как не потерять голову в сумасшедшем мире» заставляет задуматься о фундаменте нашей веры и предостерегает от изменения духовного курса, которое может закончиться кораблекрушением веры. Благодарность пастору Рику Реннеру за книгу, помогающую увидеть правильные ориентиры в мире, который действительно сходит с ума.

Роберт Черенков
Суперинтендент Методистской церкви, г. Таллин, Эстония

Книга «Как не потерять голову в сумасшедшем мире» — это настоящий призыв к пробуждению Церкви в последние времена. Церковь призвана делать всё от неё зависящее, чтобы приводить людей к Богу, *но не должна идти на КОМПРОМИСС!* Когда общество и Церковь отступают от слов живого Бога, Рик Реннер, как никто другой, призывает задуматься об этом и приводит истины, раскрытые им благодаря мастерскому владению греческим языком! Считаю, что в нынешнюю эпоху очевидного обольщения настоящая книга поднимет знамя истины, которую нам так необходимо услышать!

Джим Фриз
Старший пастор церкви «Радость»
Писатель
Президент Библейского института «World Changers», г. Маунт-Джулиет, штат Теннесси, США

После 1960-х гг. откровение Божьего Слова и возобновление практики духовных даров и служения в Духе проникло в каждую деноминацию и коснулось всех невоцерковленных сегментов нашего общества. Люди хотят больше узнать о Боге и ощутить реальную силу Его присутствия. Но когда в мире такое количество христиан не смирённых духовно, не сведущих в Писании, Церковь уже не в состоянии выдерживать натиск их «откровений», которые сыплются одно за другим.

В мире, где собственное «я» возводится на пьедестал и поставляется над всем, Писание искажают, трактуют. Чтобы оправдать любую модель поведения, в учение добавляют всё больше потворствующих плоти дозволений. Единственный способ удостовериться в том, что ты пребываешь в истинно библейском учении, — выбрать духовных наставников, которые «стараются представить себя Богу достойными». В жизни их должны быть явны свидетельства следования за Иисусом: эти люди должны учить только тому, что исходит от Небесного Отца, и любить, как любит Отец. Рик Реннер соответствовал этим требованиям все долгие годы своего служения и по-прежнему им соответствует.

Когда Рик Реннер в любви говорит истину в своей книге «Как не потерять голову в сумасшедшем мире», это вселяет настоящую надежду, даёт настоящую помощь и стимулирует настоящую веру. Всё это помогает как следует понять, насколько слабым, безбожным и опасным является мирское мышление. Именно такая помощь нужна всем нам, чтобы жить свято ради нашего собственного блага и во спасение тех, кого нам предстоит выхватить из огня за оставшееся время до «кончины века».

Терри Коупленд Пирсонс
Сопастор международной церкви «Eagle Mountain»
Президент Библейского колледжа Кеннета Коупленда
Исполнительный директор Служения Кеннета Коупленда, США

Современное общество, несомненно, отходит от библейских ценностей. Считаю, что каждому христианину, пастору и духовному руководителю жизненно необходимо знать, чему учит Библия, и быть непреклонным в этом учении, насколько бы часто ни менялось общественное мнение. Вот почему столь своевременная книга Рика Реннера «Как не потерять голову в сумасшедшем мире» нужна каждому верующему! Используя свои глубокие познания в новозаветном греческом, Рик Реннер доступно объясняет библейские пророчества, данные нам для нынешнего времени, и помогает правильно реагировать на происходящее.

Роберт Моррис
Автор книг The Blessed Life, Frequency и Beyond Blessed
Основатель и старший пастор церкви Gateway Church, США

Моему другу Рику Реннеру, одарённому учителю, всегда удаётся буквально оживить Библию! Он делает это, разъясняя ключевые выражения из греческого, причём весьма толково! В книге «Как не потерять голову в сумасшедшем мире» Рик Реннер призывает духовных наставников не отходить от авторитетных слов Библии и придерживаться здравого учения, а всех христиан — «просветить сидящих во тьме и тени смертной».

Как и Рик Реннер, я убеждён в том, что нынешнее время может стать для Церкви периодом величайших возможностей. Молюсь, чтобы, решительно провозглашая преображающие истины Евангелия с церковных кафедр и за церковными стенами, мы смогли повлиять на общество ради утверждения Божьего Царства.

Джеймс Робисон
Основатель и президент служения LIFE Outreach International,
г. Форт-Уэрт, штат Техас, США

«Как жить для Христа в сумасшедшем мире?» — Рик Реннер отвечает на этот вопрос, беспощадно разоблачая коварные обольщения современной культуры. Он не оставляет шанса лживым ухищрениям, задуманным сатаной для ослабления Церкви.

Но на этом Рик Реннер не останавливается. Пролив свет истины на дьявольскую ложь, он раскрывает и забытый секрет явления Божьей силы — секрет, узнав который, мы уже не захотим довольствоваться одним лишь выживанием, а властно пойдём к полной победе. В лабиринте нынешнего обезумевшего мира Бог дал Рику Реннеру надёжную карту. «Как не потерять голову в сумасшедшем мире» — это действенное практическое пособие по достижению победы в конце времён, а также долгожданное напоминание Святого Духа о важности нерушимого единения со Христом.

Марио Мурилло
Служение Марио Мурилло

Рик Реннер написал свою книгу «Как не потерять голову в сумасшедшем мире» совершенно вовремя! Она поможет вам уверенно идти вперёд по опасному ландшафту изменчивых нравственных убеждений современного мира. На этой «местности» разочаровались и сбились с пути уже многие христиане. Данная книга подскажет, как перейти из оборонительной позиции на позицию «превозмогающего всё сие», и вы продолжите достойно представлять Христа в погибающем, окончательно запутавшемся мире.

Дэниел Коленда
Президент и исполнительный директор Миссии «Христос для всех народов» (Christ for All Nations)

В наше время целое поколение рискует впасть в заблуждение и отвергнуть истину. В первой главе Послания Римлянам, стихах 22 и 25, звучит напоминание: «Называя себя мудрыми, обезумели… Они заменили истину Божию ложью…» Но ведь так было не всегда, и у меня достаточно веры в то, что мы сможем вновь обрести здравомыслие.

В противовес культуре, перевернувшей всё с ног на голову и убедившей себя в том, что добропорядочные люди — подлецы, жизнь — это зло, убийство — добродетель, а дети и взрослые должны поменяться местами, Рик Реннер говорит о надежде для нашего общества. Он прекрасно понимает серьёзность тревожного положения Церкви и решительно настроен сделать всё возможное, чтобы пробудить христианское сообщество и заснувшее руководство Церкви. Автор излагает убедительные аргументы в пользу признания, соблюдения и защиты истины Слова Божьего. Мы способны её познать, способны её защитить и способны призывать других христиан к участию в деле спасения нынешнего поколения от обольщения, отступничества и духовной смерти, которые неизменно и неминуемо следуют за выбором лжи в качестве жизненного курса. Я глубоко удовлетворён тем, что Рик Реннер написал книгу «Как не потерять голову в сумасшедшем мире» и с удовольствием рекомендую её каждому.

Д-р Род Парсли
Основатель и пастор церкви World Harvest Church, г. Колумбус, штат Огайо, США

Почти 50 лет назад Бог повелел мне воспитать в духе благочестия сверстников моих трёх старших детей. Так я взялся за детское служение. Затем, когда мои дети стали подростками, я организовал передовое молодёжное служение. Сегодня мои дети и их сверстники занимают своё место в руководстве Христовой Церкви. Но больше всего меня волнует то, что волновало 50 лет назад: продолжат ли они созидать свою жизнь на словах Иисуса Христа или будут каждый раз подстраиваться под изменчивые «нормы» современной культуры? Книга «Как не потерять голову в сумасшедшем мире» станет для поколения моих старших детей основательным, тщательно продуманным практическим пособием, полным откровений и озарений, которое я всем сердцем рекомендую!

Вилли Джордж
Основатель и пастор церкви «Church on the Move», г. Талса, штат Оклахома, США

В своей новой книге «Как не потерять голову в сумасшедшем мире» Рик Реннер во всех возможных гранях рассматривает проблему духовно-нравственного состояния сумасшедшего мира. Он также разоблачает вражеские стратегии обольщения, что действовали в истории человечества и продолжают реализовываться поныне. Однако сегодня их можно и нужно остановить! Глава за главой книга проводит читателя в свете Божьего Слова сквозь исторические циклы отступничества и возвращения к библейской истине. Она показывает Божий стратегический план по противостоянию нынешнему безумию с надеждой, что дана нам во Христе. Оцените одну из наиболее глубоких по смыслу фраз этой книги: «Нам нельзя оставлять без внимания тревожные события, происходящие в нынешнее время, лишь потому, что эти события на данный момент не касаются лично нас». Рик Реннер прав на все сто! С каждой главой его книги вы понимаете важность своего участия в духовной брани и получаете руководство для победы.

Джентезен Франклин
Автор бестселлеров по версии издательства New York Times
Старший пастор церкви Free Chapel, США

В книге Рика Реннера «Как не потерять голову в сумасшедшем мире» раскрывается неразбавленная истина о том, в каком положении сейчас находится наше общество и что ожидает его в будущем. Особенно важно звучат слова Иисуса в Евангелии от Матфея 24-й главе об обольщении, с помощью которого сатана совершает свой замысел. Откровенно говоря, сегодня напечатано множество хороших и полезных книг, но *эту книгу* просто обязан прочесть каждый христианин. Настоятельно рекомендую!

Епископ Кит Батлер
Пастор, писатель
Служение Кита Батлера
Международный христианский центр «Слово веры», г. Саутфильд, штат Мичиган, США

Вот это да! Наш брат Рик Реннер повторил свой успех! Он чётко преподнёс чистую истину о мире, погрузившемся в ужас хаоса. Обсуждаемые проблемы касаются каждого! Нам жизненно необходимо стать твёрдо на вечных и незыблемых истинах, явленных Церкви Духом. Напомнив всем нам о ересях, бывших ранее в истории Церкви, Рик Реннер показывает, как на протяжении долгого времени сатана коварно прокладывал себе дорожку в жизнь множества верующих.

Врагу известно, что многие примут ложь не сразу, и поэтому он научился едва заметно подводить нас к черте «толерантности», переступив которую мы уже выполним его волю. Немудрено, что сегодня «толерантность» является одной из основополагающих концепций в общественном мышлении, ведь нашему противнику ясно, что «толерантность» — первый шаг к потворству и приспособленчеству.

В Послании Римлянам 12:2 нам рекомендуют «не подстраиваться под этот мир». И пусть соблазн приспособленчества к миру порой очень силён, нам следует быть похожими на Иисуса. По словам Иисуса, мир возненавидел Его потому, что «...Я свидетельствую о нём, что дела его злы». Даже если нам придётся терпеть клевету в свой адрес, отчуждение от общественной жизни и ненависть, это будет означать лишь то, что мы являемся «свидетелями Иисуса Христа». На нас лежит и долг, и честь являться светом и солью в мрачном деградирующем мире.

При чтении книги «Как не потерять голову в сумасшедшем мире» Святой Дух откроет вам (или напомнит) через брата Рика неизменную Истину, которой никогда не следует жертвовать в угоду дружбе с миром. Когда мы решим крепко держаться за дарованное нам откровение этой Истины, наши сердца окажутся под защитой, и противнику не найдётся в нас места. Если мы пребудем в таком положении, о себе мы сможем сказать так же, как сказал о Себе Иисус: «...ибо идет князь мира сего, и во Мне не имеет ничего» (Иоанна 14:30).

Отзывы

Кит Мур
Пастор, учитель, писатель
Церковь «Жизнь веры» и Служение Moore Life Ministries, США

Лишь немногим удавалось побудить меня к исследованию Писания до такой глубины, как это удалось Рику Реннеру. Я читаю его книги и слушаю проповеди и семинары вот уже почти три десятилетия, и за это время ощутимо возросла моя любовь к Иисусу, Его Слову и Церкви. Последнее произведение Рика Реннера — «Как не потерять голову в сумасшедшем мире» — стало именно тем, чего мы ожидали от автора долгие годы. Он пишет с душой пастыря, проницательностью пророка и мудростью учителя. Настоящая книга укрепит вас в вере и поможет твёрдо стоять на истине в нынешние сумасшедшие времена!

Д-р Терри Крист
Ведущий телепередачи «Кафе Теология» на канале Хиллсонг
Ведущий пастор церкви «Хиллсонг», г. Финикс, г. Тусон, г. Лас-Вегас, США

Читая книгу Рика Реннера «Как не потерять голову в сумасшедшем мире», я впечатлился смелостью автора, с которой он обсуждает злободневные проблемы современности и определяет нынешнее состояние многих церквей даже в нашей стране. Он рассматривает каждую из перечисленных проблем в свете Писания и истории, указывая на причины нравственной и духовной нестабильности, которую мы видим и пытаемся осмыслить. Автор же не только задаётся вопросами, но и даёт на них ответы. Прочесть эту книгу просто обязан каждый служитель и христианин, ведь она — о *нашем* времени!

Боб Яндиан
Пастор, учитель, писатель, телеведущий
Служение Боба Яндиана, США

Книгу «Как не потерять голову в сумасшедшем мире» просто обязаны прочесть все, кто относит себя к Церкви последнего времени, чтобы понимать положение, состояние, ответственность и позицию Церкви в современном мире. Не отнеситесь к этой книге легкомысленно! Вокруг нас разгораются самые настоящие духовные баталии. Церкви давно пора *пробудиться*, *подняться на ноги* и *совершить подвиг веры*! Данное пророческое учение — это предупреждение для многих не сходить с основания, которым является Божье Слово, и призыв к Церкви стать гласом Праведности, Истины и Правосудия!

Пастор Рик Реннер — настоящее благословение для Тела Христова. Излагая с Божьей мудростью откровение о том, каково наше нынешнее положение и что нам предстоит перенести, он готовит нас к совместному принятию мощного движения Святого Духа, благодаря которому люди в наших странах познают Христа!

Преп. Маргарет Корт
Офицер ордена Австралии, кавалер ордена Британской империи
Старший пастор Христианского центра «Жизнь в победе» (Victory Life Centre), г. Перт, Австралия

Орден Австралии — кавалерский орден, основанный королевой Австралии Елизаветой II с целью соответствующего признания граждан Австралии и других лиц за их достижения и похвальную службу.
Орден Британской империи («Превосходнейший орден Британской империи») — британский кавалерский орден, которым награждали за вклад в развитие искусства и науки, работу в благотворительных и общественных организациях, на государственной службе (помимо деятельности социальных служб).

В своей книге «Как не потерять голову в сумасшедшем мире» Рик Реннер мастерски разоблачает вражескую стратегию по обольщению, как говорит Писание, «даже избранных». На фоне внедрения в наш мир духов-обольстителей и бесовских учений многие христиане, желая быть «актуальными» и «современными», жертвуют чистотой Божьего Слова, пытаясь «подружиться» с окружающим миром.

Отзывы

Одно из знамений времени — это вероотступничество. Для того же чтобы реабилитировать истину в наше время разгула лжи и обмана, потребуются отважные мужчины и женщины — христиане. Христова любовь предупреждает лидеров Церкви о важности смелой проповеди Божьего Слова и разоблачения заблуждений последнего времени. Мы не должны поддаваться влиянию нынешней культуры, как не должны допустить в Церковь ересь гностицизма. Рик Реннер предлагает конкретное решение этой проблемы: нужно быть открытыми для мощного движения Святого Духа и утверждать здравое учение, являющееся фундаментом Церкви.

Сейчас не время отмалчиваться, нам необходимо возвысить голос! Настоятельно рекомендую книгу «Как сохранить голову в современном мире». Рик, благодарю тебя за то, что нарисовал для Церкви последнего времени дорожную карту, по которой она вернётся на путь истины. Если же Церковь этого не сделает, её ожидает суд.

Д-р Родни Говард-Браун
Пастор, писатель
Международное служение пробуждения (Revival Ministries International), г. Тампа, штат Флорида, США

Благодаря потрясающему владению греческим Рик Реннер помогает нам понять, что же творится в современном культурном окружении. Он раскрывает библейские предсказания о глупости, несуразности и бунтарском мышлении (явных и очевидных в нынешних культурных реалиях). Рик Реннер призывает Церковь пробудиться, как это было и прежде в её истории, вновь показать себя солью земли, бороться за истинную веру, напоминая миру о святости и здравомыслии.

Нам нельзя жертвовать целостностью и силой Евангелия ради «актуализации» его истин. И поскольку под ударом сатаны находится подрастающее поколение, настоятельно рекомендую вам вчитаться буквально в каждую строку книги «Как не потерять голову в сумасшедшем мире». Она научит представлять истину в благодати окружающим людям, сломленным и обманутым сатаной!

Рон Люс
Проповедник, писатель
Директор движения «Всемирный день благовестия молодёжи» (Jesus Global Youth Day), США

Рик Реннер вновь проявил свой писательский талант — на сей раз в книге «Как не потерять голову в сумасшедшем мире»! В свойственной ему манере Рик Реннер обращается к Телу Христову с важнейшим и как нельзя более своевременным словом от Господа, настойчиво призывая христиан вернуться к фундаментальным истинам Божьего Слова. Разве можно с этим спорить?! Славнейшие дни Церкви ещё впереди, и в своей книге Рик Реннер искусно и с состраданием подсказывает лидерам и членам Церкви, как жить в нынешние опасные времена, продолжая твёрдо стоять на живом Божьем Слове.

Бет Джонс
Писательница и пастор
Ведущая телепередачи «Основы с Бет» (Basics with Beth)

Книгу Рика Реннера «Как не потерять голову в сумасшедшем мире» просто обязан прочесть и каждый лидер, и каждый христианин. Эта книга для вас, вне зависимости от того, пастор ли вы мегацеркви, лидер домашней группы или просто верующий, любящий Божье Слово. Охарактеризовать книгу Рика Реннера можно такими словами: она звучит сигналом тревоги и невероятно отрезвляет! В книге Рика Реннера поднимаются темы, чрезвычайно важные для современной Церкви, и я как пастор намерен дать эту книгу каждому, кто имеет отношение к руководству в нашем служении.

Отзывы

Гари Киси
Пастор, писатель, телеведущий
Служение Гари Киси
Церковь «Faith Life Church», г. Колумбус, штат Огайо, США

Книга «Как не потерять голову в сумасшедшем мире» — не просто шедевр. Она — сильнодействующее лекарство для тяжёлого заболевания последних времён. Мне всегда по сердцу проявления рассудительной смелости, как я её называю. И в данной книге Рик Реннер не только рассудительно и смело диагностирует напасти последних времён, но также предлагает исцеление от них, а вместе с тем — и советы для успешного сопротивления этим напастям в будущем.

В книге заключён невероятно смелый посыл с разумными доводами, так что прочесть её должен каждый член Тела Христова, особенно руководство церквей. Как жаль, что эту книгу не написал я. Она реально изменит чью-то жизнь!

Марк Баркли
Проповедник праведности
Служение Марка Баркли

Вот и вышел из-под пера Рика Реннера ещё один бестселлер! Эту книгу обязан прочесть каждый христианин, особенно пасторы и духовные руководители. Мы живём именно в ту эпоху, о которой словами «наступят времена» предупреждал Тимофея в послании к нему апостол Павел. Однако слишком немногие духовные руководители сегодня готовы взять на себя ответственность за исправление и формирование следующего поколения. Молчание и «толерантность» перед лицом заблуждения и обольщения неприемлемы! Людей освобождает только познание истины. Благодаря книге «Как не потерять голову в сумасшедшем мире» вы научитесь распознавать ереси и получите необходимую базу знаний, чтобы помочь своим сверстникам не стать жертвой обмана.

Хэппи Колдвелл
Президент телевизионной сети VTN Network, г. Литл-Рок, штат Арканзас, США

Апостол Павел писал о конкретных служителях церкви, прилагавших все усилия для качественного служения в слове и учении. Рик Реннер, несомненно, возглавляет список таких служителей в нынешние времена. Если вы не прочли ни одну из его книг, знайте, что Рик Реннер всегда считается с авторитетом Священного Писания, пишет конкретно по теме и тщательно подбирает каждое слово, попадая точно в цель.

Книга «Как не потерять голову в сумасшедшем мире» отрезвляет и заставляет задуматься о стремительно меняющихся общественных тенденциях. Это нужно, чтобы Церковь чётко представляла, как реагировать на происходящие события. Сами по себе проблемные точки, на которых останавливается Рик Реннер, определяют, будут ли христиане подстраиваться под окружающий мир или останутся истинным светом и солью земли. Мне особенно близка седьмая глава этой книги — «Вы сдадите экзамен на знание доктрин?» Христианам критически важно быть крепко утверждёнными в исторических и основополагающих истинах Священного Писания. Эта книга — ценнейший вклад в развитие Тела Христова, в её тексте, равно как и в применении декларируемых в ней принципов, христиане найдут огромное благословение.

Тони Кук
Учитель Библии и писатель
Служение Тони Кука

В книге «Как не потерять голову в сумасшедшем мире» представлен здравый библейский подход к рассмотрению злободневных вопросов, с которыми сталкивается Церковь. Рик Реннер непреклонен в том, что Церкви необходимо основывать свои убеждения и практическое служение на неизменных истинах Священного Писания. Уже многие в Теле Христовом неосознанно поверили в размытое, разбавленное Евангелие. А ведь сегодня Церкви необходимы сильные лидеры, способные вернуть её к библейскому основанию, на котором она созидалась изначально.

Рик Реннер — один из таких служителей. Несомненно, Бог побудил его именно в нынешнее время помочь христианам окунуться в свежий поток Святого Духа, не оставляя прочной связи с неизменными библейскими истинами. Настоящая книга станет незаменимым подспорьем для христианских служителей. Она докажет свою неизмеримую пользу для каждого верующего, желающего как можно лучше понимать Божью стратегию в нынешнем мире, равно как и развивать более глубокие и плодотворные личные отношения с Господом Христом. Всем нам просто необходимо услышать звучный трубный зов, раздающийся со страниц книги «Как не потерять голову в сумасшедшем мире».

Бейлесс Конли
Пастор, писатель, телеведущий
Ведущий телепередачи «Ответы у Бейлесс Конли»
Церковь «Cottonwood Church», г. Лос-Аламитос, штат Калифорния, США

Для меня очевидно, что Рик Реннер призван и помазан помочь нам не только правильно понимать, истолковывать и преподавать конкретные библейские отрывки, но также чётко и объективно видеть более широкий контекст вызовов, испытаний и решений в жизни и служении Церкви, уникальных для нынешнего времени. Уверен, мы все согласимся с тем, что масштабы отступления христианской Америки от стандартов Божьего Слова буквально за какие-то десятилетия просто шокируют! Однако ещё трагичнее молчаливое согласие с переменами (очевидно, из желания оставаться «приемлемыми» для широких масс) со стороны многих служителей церкви. Обольщение получает всё более широкое распространение в народе. Благодарю Вас, Рик, за книгу «Как не потерять голову в сумасшедшем мире», за этот призыв к пробуждению и за экзамен на знание доктрин!

Мак Хаммонд
Старший пастор христианского центра «Живое Слово», г. Бруклин Парк, штат Миннесота, США

Вынужден согласиться, что порой кажется, будто мир *совершенно обезумел*! Общество твердит нам, что Бог уже утратил популярность, а Библия более не актуальна. Своевременная книга Рика Реннера «Как не потерять голову в сумасшедшем мире» учит распознавать «последние времена» и узнавать исполняющиеся перед нашими глазами пророчества. Своими беспощадными атаками на разум людей сатана полностью *обольстил* этот мир и ввёл его в неуправляемое пике! Нам же требуется стоять твёрдо и прекратить извиняться за Божье Слово! Общество будет меняться, а Христос всегда останется *прежним*!

Дэвид Кранк
Старший пастор церкви FaithChurch.com, г. Сент-Луис, г. Ройал-Палм-Бич и г. Уэст-Палм-Бич, США

В книге «Как не потерять голову в сумасшедшем мире» Рик Реннер делится откровениями из Священного Писания, а также пониманием текущего и исторического контекста в отношении того времени, в которое мы живём. В Первой книге Паралипоменон 12:32 говорится, что мужчины из Иссахарова колена были «…знающие времена, знающие, что нужно делать Израилю…» (пер. РБО). Рик Реннер как нельзя лучше предупреждает Церковь о дьявольских нападках и обольщении, имеющих место в последние времена.

Отзывы

Данная книга — это потрясающее средство, с помощью которого христиане смогут посмотреть на свою эпоху с высоты птичьего полёта. Рекомендую прочесть настоящую книгу и «подвизаться за веру, однажды преданную святым» (Иуда 3).

Дуэйн Вандер Клок
Старший пастор и писатель
Церковь «Воскресение и Жизнь», г. Грандвилль, штат Мичиган, США

Книга «Как не потерять голову в сумасшедшем мире» — настоящий шедевр, вышедший из-под пера одного из ведущих пророков в Теле Христовом. Написана она именно тогда, когда это особенно нужно. Данная книга подчёркивает со всей ясностью и чёткостью спланированные нападки сатаны на Божье доброе творение. Цель нападок сатаны — лишить нас всеобъемлющей надежды и победы, дарованных во Христе.

Верю, что эта книга должна стоять номером один в перечне книг каждого христианина и, вероятно, должна перечитываться не один раз! Книга протрезвит и побудит вас «... быть чадами Божиими непорочными среди строптивого и развращённого рода, в котором вы сияете, как светила в мире, содержа слово жизни...» (Филиппийцам 2:15, 16).

Ли Каммингс
Старший пастор церкви «Radiant Church»
Епископ объединения церквей Radiant
Автор книг Be Radiant и Flourish: Planting Your Life Where God Designed It To Thrive, г. Ричланд, штат Мичиган, США

Какая же нам с вами выпала честь — жить на заключительном этапе Эпохи Церкви и участвовать в великой последней жатве человеческих душ! Но перед нами также возникло сильнейшее духовное испытание на фоне того, как наш мир погружается в сгущающуюся тьму, что, собственно, и предсказывалось в Священном Писании! Выступая в плеяде Божьих генералов, Рик Реннер в книге «Как не потерять голову в сумасшедшем мире» призывает пробудиться и осознать, что дух этого мира пытается проникнуть в Церковь, атакуя её бесовскими учениями.

Наша единственная надежда — непреклонно стоять на стороне Бога в эти времена, твёрдо укрепиться в Божьем Слове как в истине высшей инстанции. Посредством ярких словесных образов на страницах книги Рика Реннера перед нами оживают новозаветные предупреждения, затрагивая сердца до самой глубины, вызывая их из состояния пассивности, чтобы каждый из нас был способен занять своё место в Божьей армии.

Дерек Уокер
Старший пастор церкви «Oxford Bible Church», г. Оксфорд, Великобритания

Рика Реннера знают во всём христианском сообществе как библеиста и учителя Божьего Слова. Однако его книга «Как не потерять голову в сумасшедшем мире» — это произведение поистине нового уровня. В нём есть и проницательность, и сила, и практичность. В каждой главе у Рика Реннера присутствуют точнейшие духовные рекомендации для Церкви, живущей в мире, который предпочитает основательной здравой духовной пище лёгкие пикантные закуски.

Такая своевременная книга могла быть написана лишь тем, кто обладает богатым многолетним опытом служения во всех уголках мира и прекрасно разбирается в Писании. Голос этого служителя призывает каждого христианина к «библейскому пробуждению». Рик Реннер показывает, как жить в сбившемся с пути мире, под водительством Святого Духа и руководством Иисуса распознавая дух нынешнего времени и узнавая лживые голоса. Сердечно рекомендую эту книгу Рика Реннера. С каждой страницы звучит голос его сердца, призывающий всех нас к более глубокому посвящению Иисусу Христу и вдохновляющий всё основательнее утверждаться в Божьем Слове ради нашего же блага.

Джеремайя Джонстон
Президент общества христианских мыслителей (Christian Thinkers Society)

СОДЕРЖАНИЕ

Отзывы... 3
Посвящается… 55
Предисловие Джона Бивера.. 57
Слова признательности... 63
Обязательное вступление... 67

Глава Первая
Мир сошёл с ума 73
Два мировоззрения 76
Как будет строиться дальнейшее обсуждение 79
История об ужасах, основанная на реальных событиях 81
Масштабное распространение зла всегда коренится
в масштабном обольщении 85
Куда уводят следы нынешнего обольщения.........................87
От «сумасшедшей науки» к «научному прорыву» 91
Эпоха заблуждения 96
Сострадать, а не осуждать..108
Древние семена обольщения..111
Свобода для всех без исключения.......................................114
Поразмыслите над этим...118

Глава Вторая
Как плыть *против* течения в мире, который плывёт *по* течению 121
Павел характеризует общество,
в котором больше нет места Богу 124
Что такое «превратный ум»? 132
А что неправильного в «неправильном»?! 135
Можно ли это исправить? 139
Восстание последнего времени 140
«Тайна беззакония» 141
Берегитесь дыма! 144
Поразмыслите над этим...148

Глава третья
**Последнее время: нашествие
духов-обольстителей с бесовскими учениями** **151**

    Опасность фактора «актуальности»
    в благовестии нынешнему поколению 154

    Божья стратегия, которая
    привела в движение Раннюю Церковь 155

    Бескомпромиссное Евангелие в устах Иисуса 157

    Мы подходим на роль «гласа Божьего»?! 160

    Опасность уклонения от острых тем 162

    О чём пророчествовал Святой Дух
    в Первом послании Тимофею 4:1 165

    Предупреждение для Церкви
    последнего времени 167

    Отступление от «веры» 173

    Поразмыслите над этим 180

Глава четвёртая
Ревностно «подвизаясь за веру» **183**

    Смело в бой! 184

    Что требуется для отстаивания веры? 186

    Уникальное испытание
    для христиан последнего времени 192

    Никаких улучшений не требуется 193

    Вверенное нам на хранение 194

    Важнейшее откровение на свете 195

    Возвысить голос во времена обольщения 198

    Инфекция уже распространяется 200

    Любовь предупреждает:
    «Осторожно! Опасность!» 203

    Павел предупреждает руководство
    Церкви: «Впереди опасность!» 205

    Разрушительные последствия обольщения 206

    Действенное средство против обольщения —
    здравый смысл 207

    «Учение иного вида» 213

    Поразмыслите над этим 216

Глава пятая
Заблуждение первого и последнего времени и неизменная роль Церкви 219
- Связь культуры и обольщения 222
- Софисты и гностики 227
- Кто такие «ласкающие слух» 228
- Заблуждение гностицизма (краткий перечень) ...230
- Ещё одна разновидность ранних ересей........239
- Не отступающие, а окончательно отступившие ...242
- Поразмыслите над этим 252

Глава шестая
Тихий ручеёк или бурная река? 255
- Истоки нынешнего излияния Святого Духа ...257
- Моё место в этом «потоке» 262
- Мой взгляд на современное харизматическое движение 264
- Текущая угроза 271
- Некоторые выводы 274
- Опасность доктринального невежества 276
- Ранняя Церковь: проводим параллели 278
- Поразмыслите над этим 282

Глава седьмая
Вы сдадите экзамен на знание доктрин? 285
- Пробуждение с Библией в руках 287
- Духовные «виночерпии» — кто эти люди сегодня? ...290
- «Всё испытывайте…» 296
- Важные вопросы для духовных руководителей ...299
- «В котле — смерть!» 301
- Станьте разумным потребителем 305
- Главная задача для любого проповедника и учителя ...308
- Злободневные темы и культурные особенности: молчать — не вариант! ...315
- Духовная битва на высочайшем уровне 317

Ответственность руководителя
в «хорошие времена» и «тяжёлые времена» 318
Всеобъемлющая роль кафедры 319
Здравое учение или опасное заблуждение? 322
Истина, похожая на миф 325
Как иметь свою голову на плечах! 327
Вы точно знаете, чему учит Библия?! 330
Староримский Символ веры (примерно II в. по Р.Х.) 333
Никейский Символ веры (примерно 325 г. по Р.Х.) 334
Апостольский Символ веры (примерно 390 г. по Р.Х.) 335
Рекомендуемый перечень постулатов веры 338
Поразмыслите над этим 350

Глава восьмая
Самое важное откровение 353
Превосходящий всё духовный вес Божьего Слова 355
Хитросплетённые басни 357
Искажённое учение и его неизбежные последствия 362
Гора Преображения 364
Очевидцы Его величия 365
Созерцание величия Иисуса Христа 367
Вернейшее пророческое слово 368
Настоящее духовное просвещение 370
Лжеучители в древности и сегодня 376
Поразмыслите над этим 380

Глава девятая
**Отрезвляющее напоминание заблуждающимся
христианам и духовным руководителям** 383
Пагубные ереси 388
Отвергающие искупившего их Господа 391
Отказ, брошенный в лицо Господу 395
Погибель: живым разорвут на части 396
Пример «скорой погибели» 397
Духовная торговля и манипуляции
«льстивыми словами» 400
Дремота перед судом 402

Неужели Бог по-прежнему кого-то судит? 405
Летопись Божьего возмездия 408
Осуждение согрешивших ангелов 409
Великий потоп 411
Содом и Гоморра 414
Модель в руках скульптора 416
Поразмыслите над этим 420

Глава десятая
Знает Господь, как избавлять благочестивых от искушения ... 423

С чего начинается отступничество 431
Праведник, живший ниже стандартов праведности 436
Быть принятым «за своего» — настоящая трагедия 439
Грех способен звать за собой 440
Жизнь среди чужих 443
Заглушённая совесть 445
Духовная пытка 447
Господь знает, как избавлять благочестивых! 448
Заступничество Авраама 449
Бог вспомнил об Аврааме 457
Итак, что же нам делать? 465
Поразмыслите над этим 468

Глава одиннадцатая
Как реагировать на происходящее 471

Сострадание к духовно заблудшим 472
«С рассмотрением»: умение отличить истину от лжи 476
Почему соблазняются многие 478
Не теряйте времени! 481
Сострадание, которое выхватывает из огня 482
Когда ненависть оправдана 484
Поразмыслите над этим 487

Заключение 491
Молитва посвящения 499
Об авторе 503
Обращение к служителям от Рика Реннера 505

ПОСВЯЩАЕТСЯ...

В Книге Деяний 1:1 говорится, что Лука писал это библейское послание для человека, которого назвал Феофилом. Имя Феофил составлено из греческих слов *theos*, что означает «Бог», и *philos* — «любовь». Как становится ясно из Книги Деяний 1:1, имя *Феофил* относится ко всякому человеку, *любящему* Бога. По мнению множества библеистов, Лука через это имя обращается ко всем *любящим* Господа, в руки которых рано или поздно попадёт его рукопись.

Следуя той же логике,
я посвящаю настоящую книгу Дидахофилу.

Как Лука в качестве обращения ко всем *любящим* Бога составил из двух греческих слов, вероятно, вымышленное имя *Феофил*, так и я из двух греческих слов создал имя *Дидахофил*. Его буду использовать как обращение к своей читательской аудитории. Имя *Дидахофил* родилось из слов *didache*, что переводится как «учение», и *philos*, т.е. «любовь». И имя это образно олицетворяет *каждого, кто любит Библию, её учение и предан тому, чтобы сохранить чистоту этого учения*. Иными словами, имя *Дидахофил* указывает на всякого любящего учение.

Если вы отказываетесь уклоняться от вечных истин Божьего Слова и решительно не желаете сходить со своей позиции касательно этих непререкаемых истин, то вас также можно назвать Дидахофилом — тем, кому посвящаю настоящую книгу. Надеюсь, эта книга ещё больше утвердит вашу веру в незыблемость Писания. Надеюсь, подскажет, как не потерять голову во время плавания по бушующим морям нынешнего, последнего, времени, предсказанного ещё в библейских пророчествах. Бог избрал именно вас для этого дня и часа и предназначил вам успешное и победоносное мореплавание. С силой Святого Духа вам не страшен никакой шторм!

ПРЕДИСЛОВИЕ ДЖОНА БИВЕРА

Дорогой читатель! Я искренне рад, что в ваших руках оказалась *эта* книга. Дальше я поясню, почему. Но сначала поблагодарю Рика Реннера за несколько вещей. *Во-первых*, за то что он остаётся христианином и служителем, который никогда не пойдёт на сделку с совестью и не предаст истину ради собственной выгоды. *Во-вторых*, за то что он — замечательный супруг, отец и дед. *В-третьих*, благодарю его за основание и верное пасторское служение московской церкви «Благая весть». *В-четвёртых*, — за международное служение, посредством которого он делает Христовыми учениками все народы. И, *наконец*, — за добрую дружбу со мной, Лизой и нашими сыновьями.

А теперь позвольте объяснить значимость этой книги. Знатоки в деле пропаганды и пиара подтвердят, что умело представленная ложь, повторяемая достаточное количество раз, станет восприниматься как истина. Успех многочисленных политических кампаний заключается в представлении массам заведомо ложной информации, как того требует определённая скрытая стратегия. Сатана ведёт себя точно так же. Как «князь, господствующий в воздухе» (Ефесянам 2:2), он всегда стремился управлять людьми через обольщение. К сожалению, всё коварство обольщения заключается в том, что оно, как бы это выразить… в общем, *обманчиво*.

Обольщение является настоящим злом, ведь обольстившиеся искренне полагают, что правда и истина — на их стороне, что они всё понимают и говорят точно и правильно. В действительности же всё совершенно наоборот. Вот почему обольщение — это страшная сила!

Апостол Павел предупредил нас, что в последние дни многие «...здравого учения принимать не будут, но по своим прихотям будут избирать себе учителей, которые льстили бы слуху; и от истины отвратят слух и обратятся к басням» (2 Тимофею 4:3, 4).

Обольщение — это всегда процесс. Человек попадает в его сети, отказываясь принимать здравое учение. Иными словами, обольщённые люди больше не придерживаются основополагающего библейского учения.

Следуя собственным предпочтениям, эти люди перестают обращать внимание на истину и начинают верить «басням». Синонимом слова «басни» является «миф», т.е. *широко распространённое, но ложное мнение или представление*.

В сущности, Павел написал, что многих наших современников привлечёт некое учение, приемлемое с точки зрения культуры, независимо от того, соответствует оно Божьему Слову или нет. Слушатели такого «современного учения» будут довольны своим текущим положением. Они начнут тянуться к тем, кто станет говорить им всё, что они *хотят* услышать, вместо того, что им *необходимо* услышать. Эти люди отступят от истины и потеряются в море сумбура и хаоса, поскольку якоря в виде Божьего Слова у них уже не будет! Обольщение умов происходит настолько скрытно, что уже сегодня многие называют «добро» *злом*, а «зло» — *добром*. Так исполняется пророчество Исаии (см. Исаии 5:20).

То, что тревожило апостола Павла тогда, сегодня тревожит и нас. Павел также подмечает утончённый характер обольщения последних времён. Апостол пишет: «Но боюсь, чтобы, как змий хитростью своею *прельстил* Еву, так и *ваши умы не повредились*, [уклонившись] от простоты во Христе. Ибо если бы кто, придя, начал проповедовать другого Иисуса, которого мы не проповедовали, или... иное благовестие, которого не принимали, — то *вы были бы очень снисходительны [к тому]*» (2 Коринфянам 11:3, 4).

Когда-то сатана прельстил Еву, посеяв в ней сомнения в подлинности Божьего Слова, и в процессе извратил в её представлении характер Бога. Обольщение того же рода может пробраться — и уже пробралось — в Церковь посредством неверной проповеди и чуждого учения, хитро представленных так, чтобы казаться привлекательными для плоти с её вожделениями. Таковой представлялась и Еве извращённая истина из уст сатаны.

К сожалению, многие христиане оказались в похожем положении — настежь открыли дверь своей жизни для врага, а в итоге — разруха! Получив доступ к жизни людей, бесы-обольстители не только постепенно захватывают, подчиняют разум и душу неспасённых, но дерзко замахиваются и на Церковь! По этой причине Иуда решительно написал: «Я вынужден писать настойчиво, умоляя вас, чтобы вы напрягли все силы в сражении за эту веру, переданную вам в дар, храня её и дорожа ею» (Иуды 1:3, перевод Message).

Если оставить эту проблему без внимания, она продолжит ослаблять христиан, из-за чего те рискуют оказаться жертвой злостных уловок и махинаций дьявола. Вот почему Иуда умоляет и нас с вами приложить максимум усилий в борьбе за чистоту дарованной нам веры.

И я умоляю вас: осознайте всю серьёзность и срочность данного вопроса!

Сегодня, как никогда прежде, нам необходима духовная рассудительность, благодаря которой мы не перепутаем добро со злом, особенно когда обольщение буйствует безудержно. Так как же нам развить в себе эту рассудительность и затем пользоваться ею? Поможет благочестивый страх, от которого пробуждается любовь к истине. Степень способности распознавать духовные реалии прямо пропорциональна уровню страха Господнего в сердце и пониманию Божьего Слова. Проще говоря, чем больше мы боимся Бога, тем больше мы будем ценить Его Слово и трепетать перед Его авторитетом. Тогда сможем видеть и понимать духовный мир отчётливее.

Подчеркну ещё раз: когда ложь повторяют достаточно часто и долго и оставляют это без внимания, она становится очень похожей на правду. Возникает вопрос: *почему же мы с подобным смирились?!* Неужели забыли, что, *мирясь с чем-то, тем самым упрочиваем это?* Молчание тоже говорит! Оно говорит, что мы согласны, что даём добро. Отказываясь разоблачить ложь, мы открываем двери перед обольщением. Так что молчание — не наш путь!

Всё это стало причиной, побудившей Павла предварить его пророческое заявление следующими словами: «Возвещай и проповедуй Слово! Не теряй бдительности [будь начеку, будь готов по первому зову], независимо от того, благоприятные тебе представились возможности или неблагоприятные. [Удобно тебе или нет, приветствуется твоя инициатива или не приветствуется, ты как проповедник Слова призван указывать людям на то, в чём они ошибаются.] И убеждай людей, обличай и исправляй, предупреждай и призывай, воодушевляй их, непреклонно и без устали со всяким терпением учи людей» (2 Тимофею 4:2, Расширенный перевод).

Последователи Христа, особенно лидеры, коль вы сейчас читаете эту книгу, прошу, внемлите её призыву возвещать людям *всю* Божью волю. Мой дорогой друг Рик Реннер решил не отмалчиваться в таком архиважном деле! Я несказанно рад, что вы держите в руках его книгу, ведь Рик не только снимает вуаль таинственности с духовно-нравственного хаоса и разоблачает ловушки противника, но также советует, как не угодить в эти ловушки. Рику Реннеру прекрасно удаётся возвращать Церковь к авторитетному слову Священного Писания, чтобы нам принять участие в том, что Рик назвал **«пробуждением надлежащего отношения к Библии»**!

Искренне ваш,
Джон Бивер
Автор бестселлеров и служитель
Сооснователь международного служения Messenger International
Июнь 2019 г.

СЛОВА ПРИЗНАТЕЛЬНОСТИ

Как обычно, выражаю свою признательность тем, кто сотрудничал со мной в рамках этого писательского проекта. Для выхода в свет качественного издания потребовалась синергия мыслительных способностей разных людей, а также не одна пара рук и глаз. Искренне ценю каждого из моих талантливых помощников: всех, кто поспособствовал мне с максимальной точностью изложить на бумаге послание, вдохновлённое, как мне кажется, Самим Святым Духом.

Начну с Дэнис: спасибо ей за нескончаемую поддержку и ценнейшие советы! Как и в случае с другими книгами, я давал Дэнис читать свои рукописи и просил её делиться соображениями о прочитанном. Также рукописи неоднократно перечитывали и высказывали по их поводу свои замечания мои сыновья Павел и Джоел, что также привнесло много полезного.

Синди Хансен, мой редактор на протяжении уже многих лет, как следует поработала над редактурой. Я признателен ей за сотрудничество не только в этом, но и во многих других моих писательских проектах.

Бекки Гилберт, глава редакторского отдела нашего служения, поучаствовала в работе над этой книгой как своими превосходными редакторскими навыками, так и множеством проницательных духовных мыслей, советов. А это всегда очень ценно! К тому же она не прекращала умело курировать огромное количество других литературных направлений служения, которых всегда предостаточно! Спасибо тебе, Бекки!

Благодарю Максима Мясникова, своего личного ассистента. Он провёл бессчётное количество часов в Российской государственной библиотеке, собирая из архивных материалов, а затем тщательно проверяя, сведения об ужасах нацистских пыток во время Второй мировой войны. Я искренне признателен Максиму за посвящённость и трудолюбие. Он помог мне предоставить читателю точные исторические сведения.

Помимо всех перечисленных мной помощников, отмечу благодарностью адвоката Михаила Сондора (г. Москва). Он помог как советами, так и решением формальностей, связанных с получением доступа к историческим материалам, в которых содержатся поистине отрезвляющие отчёты о деятельности нацистов (см. главу первую).

Благодарю многих руководителей-христиан, уделивших время прочтению рукописи данной книги за вдумчивые замечания и отзывы. Их скорые ответы и готовность помочь тронули меня до глубины души. Эти братья и сёстры во Христе много трудятся ради Божьего Царства, их служебный график невероятно плотен, на их плечах лежит огромная ответственность за различные служения. Как же я благодарен всем им за гениальный ум и внимание, уделённое проекту книги. Друзья, я вам искренне признателен!

Добавлю, что мне выпала честь поработать с Доном Нори и Брэдом Германом, как и с другими членами коллектива издательского дома Harrison House. Спасибо вам за сотрудничество. Вы помогли донести это важное послание от Бога до огромного количества жаждущих сердец!

Наконец, выражаю огромную благодарность всем сотрудникам, которых Господь собрал в рамках данного проекта. В единстве друг с другом и со Святым Духом, молясь о настоящем библейском пробуждении в Теле Христовом, мы влияем на множество людей. Глубоко признателен каждому участнику этого коллектива за верность и вклад в большое и святое Божье дело.

ОБЯЗАТЕЛЬНОЕ ВСТУПЛЕНИЕ

Я назвал это вступление обязательным для прочтения. Почему? Мне было важно удостовериться в том, что вы не перелистнёте его, а непременно прочтёте. Эта книга отличается от всех моих книг. И в данном *обязательном* вступлении я излагаю свои истинные убеждения касательно написанного в ней.

Мы живём в неприятнейший период истории. Уверен, вы согласитесь, что мир, кажется, сошёл с ума. Для тех, кто руководствуется библейскими ценностями, поразительно, насколько сильно общество уклонилось (и стремительно продолжает уклоняться) от того, что некогда почиталось как нравственное и духовное. Однако 2000 лет тому назад, ещё в самом начале эпохи Церкви, Святой Дух предсказал нечто подобное. Он известил, что с приближением к «кончине века» как в обществе, так и в лоне Церкви начнётся весьма необычная пора. В эту самую пору мы с вами и живём сегодня!

Дух пророчествовал о том, что на финальном отрезке последних дней огромное количество людей окажется в дурмане, внимая духам-обольстителям и бесовским учениям. Мы сейчас находимся на этом самом отрезке времени. И на наших глазах общество отказывается от библейских ценностей, создавая для себя новый мир с нравственно осквернённым кодексом поведения. Полагаю, вы согласитесь, что мы живём в период всепроникающего обольщения и, как следствие, искажённого мышления. Ещё несколько десятилетий назад было невозможно даже представить себе нечто подобное!

В первой главе настоящей книги я описываю реалии, на примере которых становится очевидным, насколько сильно качнулся маятник морали. Началось это с недалёкого прошлого и продолжается до сих пор. Я не ставлю перед собой цели сконцентрировать внимание читателя на самих реалиях, но хочу указать на происходящее ныне как на вызовы нашего времени. Хочу подчеркнуть, насколько важно нам, христианам, по мере приближения к самому концу времён сохранять неповреждённость ума и не сводить глаз с Бога и Его вечных истин.

Но радует то, что в Писании пророчески говорится о мощном излиянии на Церковь Святого Духа, запланированном на последние времена. Я имею в виду проявление Божьей силы, под действием которой в последние времена произойдёт глобальное покаяние людей. Поэтому массовому обольщению будет противопоставлено славное спасение людей в таких масштабах, каких ещё не бывало за всю двадцативековую историю Церкви. И сейчас мы находимся в самом эпицентре мощного повсеместного излияния Святого Духа, назначенного на последние времена.

Словом, сегодня мы живём одновременно и в лучшее из времён, и в самое беспокойное. Окружающие нас больше не прислушиваются к авторитетному голосу Библии. Общество становится всё более склонным к выбору саморазрушительного образа мыслей и нечестивого поведения. Многие христиане, в том числе пасторы и служители, зачастую не знают, как вести себя в контексте нравственного разложения общества и как реагировать на доктринальные отклонения. Опасаясь быть обвинёнными в склонности к осуждению и критике, христианские служители нередко предпочитают отмалчиваться там, где должна прозвучать библейская оценка происходящего. А ведь сбившийся с пути мир должен знать мнение Бога!

Обязательное вступление

По этой причине нам так необходимо научиться здравомыслию в мире, заражённом безумием. Так важно оставаться чуткими к голосу Господа, чтобы объективно оценивать происходящее и помнить: на календаре — последние дни!

Повторю: Святой Дух предупреждал со страниц Библии о том, что общество окажется под влиянием духов-обольстителей. Это сегодня и происходит. Обольщение настолько изощрённое и коварное, что его жертвой оказались даже некоторые христиане, включая духовных руководителей Церкви. И, опять же, об этом 2000 лет тому назад пророчествовал Святой Дух. Об этом же и книга, которую вы сейчас держите в своих руках.

Далеко не все христиане разбираются в богословии. А многие пасторы и серьёзные служители, познавшие на личном опыте силу Святого Духа и принимающие авторитет Библии, не преподают и не проповедуют богословие в его неразбавленном виде. Но поскольку в эти последние дни духи-обольстители уводят христиан от фундаментальных библейских истин, каждому верующему, а уж тем более служителю и пастору, жизненно необходимо разбираться в постулатах христианской веры. Необходимо решительно упрочиться в Писании и не уклоняться от его авторитетного учения. Христианину нужно знать библейское учение и *крепко держаться за истину*, невзирая на изменчивые настроения заблудившегося общества.

Дьявол прекрасно понимает, что только Библия обладает способностью раскрывать людям глаза и даровать свободу разума. Вот почему он всячески стремится заглушить голос Писания и представить Библию как некую устаревшую реликвию, которая в современном мире утратила своё значение. Но нам следует твёрдо отстаивать абсолютный авторитет Писания и научиться сотрудничать со Святым

Духом, чтобы Божья сила оттесняла силы тьмы, не позволяя им управлять нашим сознанием.

Пророк Исаия предсказывал наступление времён, в которые народы земли покроет густая мгла. Но, по словам пророка, в то же время для Божьего народа возникнет уникальная возможность воспрянуть и воссиять светом Божьей славы (см. Исаия 60:1). Это пророчество сбывается сегодня! Итак, когда на мир надвигается кромешная мгла, для Церкви наступает долгожданный предопределённый Богом момент подняться и воссиять светом Господней славы ради людей, живущих во тьме. Для Церкви сегодняшнее время — прекрасная возможность благовествовать. Бог избрал нас с вами именно для этого периода и нынешних событий, предшествующих возвращению Христа.

> Для Церкви сегодняшнее время — прекрасная возможность благовествовать. Бог избрал нас с вами именно для этого периода и нынешних событий, предшествующих возвращению Христа.

Мне также хочется отметить, что не стоит постоянно критиковать людей, уклонившихся от здравого учения и благочестивого образа жизни. Как не стоит и прозябать в бесконечном ворчании на окружающих, по поводу и без повода. Хотя нам и необходимо адекватно воспринимать вызовы времени, но при этом от нас требуется позитивный подход к решению духовных проблем. Вот почему в заключительной главе книги я призываю читателя молиться с заступничеством обо всех сбившихся с пути христианах. В том числе о духовных руководителях, которые подпали под действие обольщения (подобное, к сожалению, распространено в нашем запутавшемся мире).

Я молюсь о том, чтобы настоящая книга помогла вам собраться — духом и разумом — и не сойти с верного курса ни сегодня, ни в грядущие дни. Искренне надеюсь, что благодаря этой книге вы продолжите мыслить правильно, когда окружающее общество, кажется, теряет рассудок.

Повторю: нынешнее время — лучшее для нас с вами! Вместе с тем, следует помнить о желании дьявола сбить нас с курса. А потому нужно быть особенно бдительными, живя в эпоху, о которой пророчествовало Писание. Сегодня — самое время проявлять максимальную осторожность и учиться на корню пресекать любые попытки дьявола проникнуть в жизнь Божьих детей.

При чтении этой книги призывайте Святого Духа и просите Его говорить с вами. Итак, открыв первую главу, давайте приступим к исследованию пророчеств Святого Духа касательно последних дней и нашей реакции на происходящее вокруг.

Рик Реннер
г. Москва
2019

Глава Первая

МИР СОШЁЛ С УМА

Мы с вами живём в *необычное время*!

Нынешнее время — это последний отрезок «века сего». По этой причине именно нам с вами доведётся стать очевидцами событий, которые не происходили при жизни предыдущих поколений, и испытать на себе их последствия. Некоторые явления будут настолько противоестественными, что для людей здравомыслящих покажутся лишёнными всякого смысла. И уже сегодня очевидно, что общество в ряде вопросов перестало руководствоваться здравым смыслом. В широких кругах со скоростью эпидемии распространяются и приветствуются надуманные теории, лишённые логики и рационализма. Нам доводится жить в эту эпоху, поэтому остаётся лишь принять такое положение вещей как данность. А ближе к самому концу последних дней мы с вами станем свидетелями ещё большего числа немыслимых событий и явлений!

В Писании предсказано, что последние дни нынешней эпохи станут из ряда вон выходящими. Нам с вами было определено родиться именно в это время. Так что мы неизбежно окажемся вовлечёнными в гущу странных и нелепых событий, которые будут визитной карточкой наших (последних) времён. Перед нами, людьми верующими в живого Бога, стоит непростая задача: не допустить проникновения мирского *безумия* внутрь Церкви, в наши семьи. И, несмотря на усиливающееся давление духа «века сего», сохранить свой разум незамутнённым. Мы должны крепко-накрепко утвердиться на проверенных временем истинах Священного Писания и не потерять голову, живя в мире, который сошёл с ума. Данная книга подскажет, как это сделать!

Приблизительно 2000 лет назад Святой Дух пророчествовал: «Дух же ясно говорит, что в последние времена отступят некоторые от веры, внимая духам обольстителям и учениям бесовским...» (1 Тимофею 4:1). Этими словами Святой Дух предупредил о том, что в самом конце нашего времени мир переживёт массовое нашествие духов-обольстителей. Задачей их станет окончательно увести общество от библейских истин и погрузить его в масштабное заблуждение. В ближайшие годы, пока не наступит конец «века сего», мы окажемся свидетелями массового распространения заблуждения, какого ещё не бывало!

В этой книге исследуются новозаветные пророческие высказывания, описывающие постоянно растущее влияние «духов-обольстителей» и «учений бесовских». Влияние станет ощущаться повсеместно в самые последние из последних дней. По мере прочтения книги вы будете знакомиться с чёткими и конкретными библейскими предсказаниями. В частности, о том, что в определённое время против Бога восстанет весь мир. Если присмотреться к тем культурным изменениям, которые стремительно развиваются вокруг, становится совершенно очевидным, что мы уже внутри этого нарастающего бунта.

В настоящей главе (первой) приведу несколько конкретных примеров безумия, которое за годы последнего столетия проникает во все сферы жизни социума. Я далёк от того, чтобы делать из мухи слона. И уж тем более не намерен спровоцировать споры среди читателей. Мои примеры — лишь наглядная иллюстрация того, как далеко зашло современное общество в своём заблуждении и каких масштабов достиг бунт против Бога и Его Слова. Сегодня мир напоминает мне корабль, сорванный с якоря и потерявший направление. Он дрейфует по воле волн, всё сильнее отклоняясь от верного курса.

В истории мореплавания бессчётное количество раз корабли навсегда оставались блуждать в открытом океане только потому, что вовремя оказалась не произведена корректировка курса. В тот момент, когда судно только-только стало терять верное направление, одним поворотом штурвала можно было всё исправить и избежать беды. По признанию многих христианских служителей, слова «затерянный в океане» как нельзя лучше описывают истинное положение вещей в современном обществе.

> Сегодня мир напоминает мне корабль, сорванный с якоря и потерявший направление. Он дрейфует по воле волн, всё сильнее отклоняясь от верного курса.

Разумеется, нам как христианам хочется верить в Божью благодать и благословения для нас и окружающих. Но как игнорировать тот факт, что «корабль» уже сорвало с нравственного якоря и стремительно несёт прочь от Божьего курса, чему есть масса подтверждений!

Если говорить о нравственности, то кажется, что общество в этом вопросе просто дрейфует в открытом океане. Последние сто лет оно уверенно погружается в глубины нравственного упадка и разнузданности таких масштабов, которые показались бы немыслимыми даже в распущенном языческом мире древних дней. Фактически, мы наблюдаем пандемию извращённого мировоззрения, наиболее масштабную за всю историю человечества.

Людям верующим важно разглядеть опасные рифы, скрывающиеся от невооружённого глаза и угрожающие кораблекрушением современному обществу. В результате этого кораблекрушения мир погрузится в такие глубины зла, о которых не хочется даже думать. Неужели человечество способно пасть так низко?!

> Мы не можем закрывать глаза на тревожные события, происходящие в окружающем мире, даже если в данный момент они лично нас не касаются. Человечество в опасности! Оно, окончательно сбитое с толку в вопросах нравственности, дрейфует в океане обольщения. И если ничего не изменится в текущем состоянии общества, то в конечном итоге человечество ожидает неминуемая катастрофа.

На страницах книги мы посвятим много времени исследованию Божьего отношения к обозначенной проблеме, а также обсуждению роли Церкви в эти неспокойные времена. В последующих главах вы найдёте толкования вдохновляющих библейских пророчеств! Но прежде хочу предложить вам тему для размышления.

Пусть она послужит напоминанием о том, что мы не можем закрывать глаза на тревожные события, происходящие в окружающем мире, даже если в данный момент они лично нас не касаются. Человечество в опасности! Оно, окончательно сбитое с толку в вопросах нравственности, дрейфует в океане обольщения. И если ничего не изменится в текущем состоянии общества, то в конечном итоге человечество ожидает неминуемая катастрофа.

Два мировоззрения

Если вы разделяете библейское мировоззрение, то согласитесь с большей частью изложенного далее материала —

как в настоящей главе, так и в последующих, до самого конца книги. А если же считаете Библию лишь сборником философских мыслей, а не безапелляционным Словом Божьей власти, вполне возможно, что поспорите с точкой зрения, которой придерживаюсь я и которую излагаю далее.

Итак, библейское мировоззрение базируется на неизменном Божьем Слове. И когда принимаешь библейский взгляд как истинный, то, как следствие, делаешь его основанием всех своих слов и поступков. Такой взгляд принимаю и я — и никогда не пересмотрю свою позицию. Пройдут десятилетия, а я по-прежнему буду занимать эту позицию, потому что корни моей веры уходят глубоко в неизменное Божье Слово. Задача всей моей жизни — узнавать Писание больше и больше, понимать его лучше и лучше и никогда не отходить от вечных истин, которые в нём сокрыты.

Тот, кто не разделяет моего взгляда на жизнь, скорее всего, считает людей с убеждениями, подобными моим, своими противниками. Считает их нетерпимыми, обладающими узким мышлением, упрямыми и закосневшими, поскольку те не намерены уклоняться от неизменных Божьих истин.

> Задача всей моей жизни — узнавать Писание больше и больше, понимать его лучше и лучше и никогда не отходить от вечных истин, которые в нём сокрыты.

При этом люди, принявшие за основу небиблейское мировоззрение, не имеют твёрдой позиции по множеству вопросов (ответы на которые уже давно определили для себя сторонники христианского взгляда). Убеждения у представителей такого мировоззрения постоянно изменяются, следуя новым веяниям культуры и тому, что модно «здесь и сейчас». Вот почему даже элементарные вопросы у этих людей остаются без конкретных ответов.

Небиблейское мировоззрение формируется и поддерживается сведениями преимущественно из таких областей, как наука, медицина и образование, а также нормами социального поведения. Но сведения из этих источников находятся в состоянии постоянного изменения под действием самых разных социальных течений и новейших теорий. Следовательно, люди, разделяющие такой взгляд на мир, будут постоянно менять взгляды и убеждения. Эта «дорожка» весьма нестабильна и ненадёжна, ведь она меняет своё направление в зависимости от изменчивых тенденций, а не веры, надёжно утверждённой на абсолютной истине.

Взгляды людей, разделяющих два таких совершенно разнящихся мировоззрения, редко совпадают, особенно по вопросам нравственности и вероучения. В случае разногласий нам следует помнить об уважении друг ко другу и сохранять цивилизованные отношения.

В Послании Ефесянам 2:2 Павел написал, что неспасённые люди живут «по обычаю мира сего». В этом стихе апостол выстроил последовательность греческих слов, характеризующих образ жизни людей, следующих капризам и причудам изменчивой культуры. Даже во времена Нового Завета христиане жили по утверждённым библейским стандартам, чем и отличались от остальных. Остальные строили свою жизнь на непостоянных культурных нормах и моде.

Некоторые язычники первого столетия считали христиан недалёкими, поскольку те придерживались утверждённых стандартов и не отказывались от них ни при каких обстоятельствах. Нечто похожее происходит и в наши дни. У многих сегодня сформировалось недоброжелательное отношение к верующим, которых в светском, а по сути языческом, мире стали воспринимать как людей *антиобщественных, упрямых, несоответствующих общему укладу жизни, нетерпимых, недальновидных, негибких, инакомыслящих, непримиримых, строптивых, непреклонных, нетолерантных. Нет ничего удивительного в том, что* сегодняшние христиане ощущают на себе всю мощь враждебности со стороны неспасённых людей. Такое же отношение к себе испытывали миллионы христиан в прошлые столетия.

В свете вышесказанного хочется отметить, что всё изложенное далее не должно восприниматься как личностные нападки на кого бы то ни было. Я упомяну о затруднительном положении некоторых, кто, как мне кажется, пребывает в замешательстве. Однако выражаю лишь своё понимание библейских пророчеств относительно событий, происходящих в современном мире.

Моя задача — помочь приверженцам библейского мировоззрения понять, как им не сойти с фундамента истин Божьего Слова, живя в обществе с нравственной точки зрения давно сбившемся с пути. О том, что будет происходить с миром в последние времена, в Библии говорилось давным-давно. Как христиане мы обязаны держаться за якорь Божьего Слова, чтобы *нам* не сбиться с курса, поддавшись сумасшествию мира.

> Как христиане мы обязаны держаться за якорь Божьего Слова, чтобы *нам* не сбиться с курса, поддавшись сумасшествию мира.

Как будет строиться дальнейшее обсуждение

Будьте внимательны, чтобы не запутаться, пытаясь осмыслить дальнейший материал. Нам предстоит окунуться в болезненное повествование — хоть и неполное — обо всём, на что способно человечество, давшее бесам чрезмерно много пространства для воплощения капризов их безграничного в своей жестокости воображения. Шокирующие злодеяния, которых мы лишь коротко коснёмся далее, были полностью одобрены правительством. Это правительство избрал и наделил полномочиями народ, поскольку был введён в заблуждение в «подходящий» момент истории человечества. Понять это очень важно. Ибо мы живём в обществе, которое определённые силы методично подводят к бесовской ловушке, чтобы потом столкнуть в бездну обольщения. Из бездны той уже никогда не выбраться.

Во время чтения не упускайте из виду наше с вами божественное поручение. Через жертву Своего Сына Бог основал на земле Церковь, намереваясь не предоставлять злу полной свободы действий. Мы представляем наивысший авторитет во всём мироздании и приняли от Бога духовный арсенал, *способный ниспровергать любые вражеские твердыни* (см. 2 Коринфянам 10:3–5). В нашем распоряжении имеются: имя Иисуса, кровь Иисуса и внушительный меч Божьего Слова. А посредством молитвы при действии Святого Божьего Духа мы призваны сохранять бдительность и верно исполнять своё призвание в мире, чтобы все поползновения сатаны осуществить его злонравную стратегию были *пресечены*!

> **Через жертву Своего Сына Бог основал на земле Церковь, намереваясь не предоставлять злу полной свободы действий. Мы представляем наивысший авторитет во всём мироздании и приняли от Бога духовный арсенал, способный ниспровергать любые вражеские твердыни.**

Пусть такая перспектива станет определяющей для всего, с чем вы ознакомитесь на последующих страницах. И пусть ужасы, о которых вам предстоит узнать, *воспламенят внутри духовную ревность*, побудят к исполнению вашего предназначения в эти последние времена. Церкви, побеждая тьму, нужно воссиять вечным и истинным светом Божьего Слова и занять своё законное место.

Мой призыв к пробуждению не должен вас пугать. Я молюсь о том, чтобы благодаря этой книге вы безошибочно распознали бесовское обольщение и поняли, к чему оно приведёт, если ему не воспрепятствовать. А приведёт оно к воплощению дьявольской программы по уничтожению человечества. Я также молюсь о том, чтобы эта новая ясность вашего взгляда стала ещё одним элементом духовного арсенала, данного вам Богом. Молюсь, чтобы вы смогли в эти неспокойные времена быть «стражем на башне» от имени Божьего Царства в своём окружении, в своём городе и своей стране.

История об ужасах,
основанная на реальных событиях

Шёл 1945 год. Вторая мировая война близилась к завершению. Советские войска и армии союзников победоносно шествовали по территориям, освобождённым от нацистов. Долгожданная свобода пришла и за колючую проволоку концентрационных лагерей. Это было радостно и жутко, ведь то, с чем столкнулись воины-освободители, повергало в ужас даже видавших виды солдат. Перед ними предстали реальные свидетельства человеческого страдания.

Как только вскрылись злодеяния, совершённые внутри этих лагерей, мир узнал, что нацисты истребили миллионы людей. Истребляли тех, кого считали «низшей расой», поскольку задались целью сформировать «высшую расу». Когда советские войска освобождали узников концлагерей, они обнаружили остаточные последствия полномасштабных садистских опытов над живыми людьми. Их нацисты в секрете проводили во имя создания и сохранения «чистой высшей расы». Спектр этих немыслимых экспериментов ужаснёт даже самого стойкого человека! Все опыты проходили при полном неведении мировой общественности и были обнародованы лишь после освобождения оккупированных территорий.

Итак, войдя под конец войны в концлагеря, войска обнаружили следы злодеяний нацистских врачей и обнародовали в средствах массовой информации данные о совершённых преступлениях. Международная общественность, естественно, пришла в ярость и потребовала наказать всех виновников. Речь шла об аресте, судебном разбирательстве, тюремном заключении и даже смертной казни лиц, по приказу которых приводились в исполнение все те чудовищные, отвратительные, неописуемые преступления против человечества.

Перед тем как огромное количество узников концлагерей встречали свою кончину, будь то в газовой камере или иным образом, над ними проводились зловещие, жесточайшие эксперименты. Перечень ужасов, творимых руками умалишённых нацистских медиков-палачей, настолько длинный и ужасающий своими масштабами, что мы не станем даже пытаться передать его во всей полноте. Эксперименты над людьми были многочисленными и чудовищными, о большинстве из них неизвестно по сей день, поскольку информация уничтожена.

Тем не менее считаю необходимым хотя бы отчасти приоткрыть эту тайну — тайну всемирного обольщения, чтобы увидеть его истинное

> Необходимо хотя бы отчасти приоткрыть эту тайну — тайну всемирного обольщения, чтобы увидеть его истинное лицо и понять, на что способно безудержное зло, если его оставить без внимания. Почему же оно остаётся без внимания? Не потому ли, что большой сегмент Церкви внутри поражённого обманом общества попросту пренебрегает своими гражданскими обязанностями, а также забывает о божественном поручении «бодрствовать» и непрестанно «молиться».

лицо и понять, на что способно безудержное зло, если его оставить без внимания.

Почему же оно остаётся без внимания? Не потому ли, что большой сегмент Церкви внутри поражённого обманом общества попросту пренебрегает своими гражданскими обязанностями, а также забывает о божественном поручении «бодрствовать» и непрестанно «молиться» (см. Матфея 26:41)?

Итак, за закрытыми дверями концентрационных лагерей руками нацистских врачей проводились омерзительные опыты над беззащитными узниками, отправленными в лагеря с полей битвы и оккупированных нацистами территорий. Зачастую эти опыты скрывались под личиной «помощи нации в деле завоевания мировой победы». Например, нацисты прикрывались существованием угрозы применения химического оружия (угроза возникла ещё в годы Первой мировой войны). Под этим прикрытием нацистские врачи имели в концлагерях беспрепятственный доступ к огромному «запасу» живых людей, на которых и проводили всевозможные исследования. Невинных узников подвергали неописуемым пыткам ипритом и другими смертоносными химикатами с целью определить результаты воздействия этих веществ на человеческий организм.[1]

Под вывеской «содействия победе» над людьми ставились опыты и для определения скорости распространения инфекции в ранах, полученных на полях сражений.[2] Без какой-либо анестезии узникам разрезали ноги, руки и туловище, а затем в открытые раны засыпали инфицированные биоматериалы, грязь, толчёное стекло и опилки для увеличения темпов инфицирования. Медики грубо выскребали из открытых

---

[1] Perper, Joshua A. and Cina, Stephen J., When Doctors Kill: Who, Why, and How (Springer Science & Business Media 2010-06-14), p. 72.
[2] Professor Volker Roelke, "Nazi Medicine and Research on Human Beings," The Lancet (December 2004).

ран — вновь без анестезии — получившийся биоматериал, чтобы определить, насколько действенным в борьбе с инфекцией оказалось то или иное экспериментальное средство.

Не щадили в этих адских дырах, называемых нацистскими концлагерями, и женщин. Их, наряду с мужчинами, также заставляли работать до смерти, морили голодом и ядами, избивали, вешали, расстреливали, травили в газовых камерах и сжигали заживо в крематориях. Нередко женщины оказывались на операционном столе под ножом зверских нацистских врачей, проводивших над ними многочисленные дикие эксперименты. В частности, это были строго засекреченные медицинские исследования в рамках долгосрочного проекта по уничтожению «нежелательных» народностей.[3] На небеременных женщинах ставились жутчайшие опыты с целью выявления наиболее действенных способов стерилизации. На беременных — чтобы найти новые способы искусственного прерывания беременности и извлечения ребёнка из утробы.

Врачи в концлагерях трудились не покладая рук, пытаясь самыми разными способами утвердить нацистскую философию, заключавшуюся в том, что с генетической точки зрения евреи и цыгане — это низшие этносы. В качестве одного из опытов в данном направлении были предприняты попытки заражения узников данной категории возбудителями мучительных и смертельных заболеваний. Так нацисты намеревались выяснить, вымрут ли эти нации раньше других, более привилегированных, по мнению палачей.[4]

До судьбы тех узников, которым удавалось выжить после невообразимых процедур, нацистским врачам не было

---

[3] Laurence Reese, Auschwitz: A New History (New York: Public Affairs, 2005), pp. 178-179.
[4] Holocaust Encyclopedia, "Nazi Medical Experiments," https://encyclopedia.ushmm.org/content/en/article/nazi-medical-experiments.

никакого дела. В их понимании эти узники являлись «бесполезными ртами», недочеловеками, а значит, «недостойными жизни».⁵ Врачи знали, что следующим этапом на жизненном пути их жертв, вероятнее всего, станет газовая камера, где тем придёт конец.

Масштабное распространение зла всегда коренится в масштабном обольщении

Как же возникло *такое* зло и в *таких* масштабах? Смертоносное обольщение, озвученное как «расовая гигиена», укоренилось в психике германских докторов после Первой мировой войны. Профессионалы в области медицины, принявшие эту идею в первые годы после её зарождения, вряд ли могли представить те будущие кошмары, саму возможность возникновения которых они обеспечили своим принятием. В действительности германское общество того времени было подготовлено к появлению на сцене событий ещё более зловещих и чудовищных.

В нескольких цивилизованных странах, включая Соединённые Штаты, получила растущее признание наука под названием «евгеника». Она брала своё начало в дарвиновской теории эволюции, главным постулатом которой считался принцип «выживает сильнейший». Апологеты евгеники обеспечивали реализацию принципов расовых улучшений через контроль рождаемости. А также отстаивали на высшем государственном уровне сегрегацию общества, ограничения при заключении браков, принудительную стерилизацию и впоследствии — аборты.

---

[5] "Lives Not Worth Living: The Nazi Eugenics Dream in Our Own Time," https://aleteia.org/2014/09/12/lives-not-worth-living-the-nazi-eugenic-dream-in-our-own-time/.

За несколько десятилетий до Первой мировой войны, и спустя годы после неё, обман под общим названием «евгеника» подкосил саму основу морали западного общества в целом и в сфере медицины в частности. Как сказал один историк: «Данная концепция [евгеника] расширила понятие «социального дарвинизма» настолько, что теперь оно включает в себя более проактивный, или упреждающий, подход к улучшению видов, манипулированию процессом естественного отбора ради очищения генофонда той или иной нации. В рамках этого процесса исключение нежелательных видов преподносилось как «исцеление» нации».[6]

Нигде эта отравляющая философия расовой гигиены не получила столь широкого одобрения и не была внедрена так широко с разрушительными последствиями, как в Германии после Первой мировой войны. Негуманный подход учения наилучшим образом соответствовал нацистскому менталитету, подпитывая одержимость Гитлера по очищению германского общества от всех «неподходящих» элементов. А также был созвучен стремлению Фюрера создать чистую арийскую расу. К началу Второй мировой войны философия расовой гигиены настолько основательно прижилась в германском обществе под руководством нацистов, что в неё, как в паутину, угодила большая часть представителей профессионального медицинского сообщества.[7]

В первые годы нацистского режима, на фоне политического хаоса и непростой экономической ситуации в стране, многие профессиональные медики вступили в ряды партии Гитлера. Они следовали за обещаниями её руководства обеспечить врачам лучшее материальное положение, предоставить им более благоприятные возможности для профессионального роста и продвижения. Предпосылкой появления ядовитых

---

[6] Naomi Baumslag, M.D., *Murderous Medicine: Nazi Doctors, Human Experimentation, and Typhus* (Washington, D.C.: Baumslag, 2005), p. 36.
[7] Naomi Baumslag, M.D., Murderous Medicine, pp. 35-42.

семян обольщения в умах этих в большинстве своём интеллигентных людей стала идея о том, что производство чистейшей человеческой расы оправдывало любые средства достижения этой цели.

В 1930-х гг. эти семена прорастут и станут основополагающей философией в среде германского медицинского сообщества. В годы, предшествовавшие Второй мировой войне, такие убеждения стали основанием для оправдания врачами и медперсоналом стерилизации. А впоследствии — и «массовой эвтаназии» сотен тысяч «непригодных» элементов: людей с ментальной инвалидностью и генетическими заболеваниями, алкоголиков и т.п.[8] «Посеяв ветер» в разработке зловещих средств на пути к получению желаемого результата, нацистские врачи подготовили почву, чтобы «пожать бурю» (см. Осия 8:7).

> «Посеяв ветер» в разработке зловещих средств на пути к получению желаемого результата, нацистские врачи подготовили почву, чтобы «пожать бурю».

Куда уводят следы нынешнего обольщения

В послевоенные годы были также обнаружены документы, подтверждавшие проведение негуманных опытов над людьми, в ходе которых нацистские медики систематически ампутировали без анестезии конечности, вырезали органы узникам концлагерей. Нескончаемый поток этих «исследований» новых медицинских препаратов и адаптивных способностей изуродованного человеческого организма к жизни без недостающих частей тела был буквально «поставлен на конвейер».

---

[8] Там же, стр. 22-25.

В процессе ужасающих процедур узники, над которыми проводились опыты, подвергались невообразимым мучениям, страданиям, нередко умирали. Если же и оставались в живых, то становились инвалидами до конца своих дней. Когда в 1945 г. были обнародованы страшные факты массовых изуверств, международное сообщество решительно и единогласно осудило эти преступления, назвав их извращёнными, садистскими и антигуманными.

Однако перечисленные невообразимо жестокие хирургические вмешательства — это ещё не всё, на что решились нацистские медики. Они опустились до самых глубин извращения и предприняли попытку хирургическим способом изменить пол человека, как мужчины, так и женщины.[9] В концлагерных застенках врачи удаляли мужские половые органы и видоизменяли женские в попытке понять, возможно ли хирургическим путём модифицировать пол человека.

Первые примитивные операции по изменению пола были выполнены в Германии в конце 1920-х и начале 1930-х гг. и оказались восприняты обществом по-разному. Согласно историческим документам, когда к власти пришли нацисты, они попытались уничтожить всю медицинскую документацию, подтверждавшую факт проведения пробных операций по изменению пола.[10] Нацисты опасались, что подобные процедуры могли спровоцировать рост гомосексуализма — образа жизни, который нацисты презирали. Однако впоследствии за

---

[9] Josef Mengele, "The Angel of Death" (HolocaustOnline.org, 2014) http:/holocaustonline.org/josef-mengele и Н.В. Сапожникова, М.Ю. Балабанова, А.А. Бейбулатова, В.И. Черкасов, М.В. Забурдяева, А.А. Мазур, Е.С. Паршикова, Е.А. Перевалова, Л.Р. Пуньга, В.А. Ященко, Р.Р. Калимуллина, В.В. Умнова, В.А. Чапурина. Эхо несостоявшегося детства. г. Нижневартовск: Издат-во Нижневартовского государственного гуманитарного университета, 2010. — стр. 190.

[10] Asher Kohn, "The Nazis Delayed Medical Advances in Sexual Reassignment Surgery for Decades," Business Insider (June 11, 2016) https://www.businessinsider.com/nazis-delayed-medical-advances-2016-6.

заборами и стенами концлагерей нацистские врачи вновь пробовали опытным путём изменить половую принадлежность человека. Они проводили эти операции на беспомощных узниках концлагерей, не имевших ни малейшей возможности воспротивиться злодеяниям своих палачей в белых халатах.

Значительную часть опытов по изменению пола курировал в Освенциме в годы Второй мировой войны д-р Йозеф Менгеле. Большинство жертв Менгеле, подвергнутых этим варварским операциям, чаще всего проходившим без анестезии, умерли непосредственно на операционном столе или вскоре после.

Практически все сведения об операциях были уничтожены до прибытия войск Советской Армии (как, например, в случае с Освенцимом). По этой причине, когда злодеяния нацистских врачей обсуждались во время Нюрнбергского процесса, опыты по перемене пола не упоминались.

Да и многое из того, что проводилось в ужасных операционных залах нацистских концлагерей в качестве экспериментов, стало известно мировой общественности уже *после* Нюрнбергского процесса. Также, судя по имеющимся на сегодня сведениям, операции этой конкретной категории проводились относительно редко по сравнению с другими опытами, официально утверждёнными правительством. Такими, например, как воздействие на человека холодом, разреженным воздухом и т.п. Однако бывшие узники концлагерей, оставшиеся в живых и освобождённые войсками, впоследствии рассказывали душераздирающие истории о том, как нацистские хирурги, помимо всех остальных жутких медицинских опытов, действительно проводили на узниках эксперименты по изменению пола.[11]

---

[11] Jeffrey Daniel Mucha, Child Victims of Nazi Medical Experimentation: A Child's Lamentation (Master's Thesis: University of Amsterdam, 2017), p. 53, and Simon Wiesenthal, The Murderers Among Us: The Simon Wiesenthal Memoirs (New York: McGraw-Hill, 1967), p. 155.

Сведений, доказывающих, что целью нацистских операций было создание трансгендерной популяции людей, не существует. Врачи рейха проводили опыты по модификации пола человека, скорее, чтобы собрать как можно больше научных данных и узаконить свою деятельность в рамках действовавшего режима. И с этой целью медики шли на самые разные садистские эксперименты. У них не имелось ни единого сомнения насчёт этичности и моральности использования «расходного материала человеческих существ» из заполненных до отказа концлагерных бараков.

Таковым был ужасающий жизненный сценарий, основанный на реальных событиях. И оказался этот дьявольский сюжет в разы страшнее вымышленного рассказа о д-ре Франкенштейне, создавшем своё живое существо из неживого материала. Ведь для садистских экспериментов нацистские медики использовали реальных, живых, чувствовавших всю боль людей, каждый из которых появился на свет с божественным предназначением. Нацистские доктора, творившие эти ужасы, впоследствии заявляли, будто делали всё во имя научных достижений. Однако гораздо вероятнее, что, будучи движимыми бесовскими импульсами, эти врачи стремились к личному продвижению вверх по иерархической лестнице медицинской профессии в нацистской Германии. При этом ещё и удовлетворяли личную ненависть к тем, кого считали недостойными жизни.

> **Гораздо проще *не впускать врага в свои пределы*, чем пытаться *выдворить его*, когда он уже проник *внутрь* через открытую дверь. Но сегодняшнее общество выбрало второй вариант, и Церкви приходится вытеснять врага. Из-за невежества и пассивности была распахнута дверь, и вор воспользовался возможностью проникнуть в общественную жизнь. Он уже в доме.**

Лишь вкратце упомянутые выше нацистские медицинские манипуляции (перечислить все изуверства будет невозможно) показывают, что может произойти, когда обману позволяют действовать свободно и совершенно беспрепятственно. *Мы обязаны проявлять бдительность!* Всё произошедшее когда-то непременно случится вновь. Под солнцем действительно нет ничего нового. Если злу не противостоять, оно примет ещё более дерзкий, агрессивный и вопиющий характер. Гораздо проще *не впускать врага в свои пределы*, чем пытаться *выдворить* его, когда он уже проник *внутрь* через открытую дверь. Но сегодняшнее общество выбрало второй вариант, и Церкви приходится вытеснять врага. Из-за невежества и пассивности была распахнута дверь, и вор воспользовался возможностью проникнуть в общественную жизнь. Он уже в доме.

От «сумасшедшей науки» к «научному прорыву»

В чём коренится заблуждение, приведшее современное общество, то же германское, к дьявольскому заключению, что какого-то человека можно отнести к категории «лишнего рта» и заявить, что он «недостоин жить» на белом свете? Ответ кроется в дарвиновской теории происхождения видов. Она продвигала идею о том, что человек — это продукт эволюции, научным путём отнесённый к категории млекопитающих, наряду с другими представителями этого же класса. А значит, ставший участником процесса «выживания сильнейшего». Данная теория получила широкое признание в Германии в годы, предшествовавшие Второй мировой войне. По причине роста популярности дарвинизма многие германские медики приходили к заключению, что слабейших из человеческих существ можно считать «расходным материалом». Библейское утверждение о том, что любой человек создан по образу Бога и потому обладает неотъемлемой ценностью, было попрано.

Изучение опасной тенденции, наметившейся в немецкой медицине после Первой мировой войны, подтверждает серьёзные последствия такой системы ценностей. Когда основополагающее убеждение в том, что люди созданы по Божьему образу, заменяется утверждением о том, что человек — это всего лишь участник процесса эволюции, тогда человек лишается достоинства. Достоинства, которым наделил его Бог, создав по Своему собственному подобию.

Эволюционисты начинают видеть людей лишь как участников процесса эволюции. Считают, что их можно видоизменять научными или медицинскими способами без каких-либо нравственных сомнений и последствий.

> Когда основополагающее убеждение в том, что люди созданы по Божьему образу, заменяется утверждением о том, что человек — это всего лишь участник процесса эволюции, тогда человек лишается достоинства. Достоинства, которым наделил его Бог, создав по Своему собственному подобию.

Сегодня этот взгляд также существует и отражает позицию многих (если не большинства) представителей научного и медицинского сообществ. Что ж, это неизбежное последствие отвержения библейских истин и того, что на смену им пришло утверждение: человек — лишь участник процесса эволюции. Чем больше общество отвергает истину о том, что люди созданы по Божьему подобию, тем стремительнее растёт количество отстаивающих идею изменения пола человека хирургическим путём. А ведь принадлежность к тому или иному полу была предопределена Богом для каждого живущего на планете.

Разумеется, сегодняшние операции по изменению половой принадлежности нельзя сопоставить с мучительными медицинскими опытами, проводимыми нацистскими врачами в концлагерях. Ведь тогда в варварских условиях под скальпелем хирурга оказывались совершенно беспомощные жертвы. Но сторонники этих современных процедур не могут игнорировать основополагающий принцип мироздания: человек — бессмертное существо, уникальным образом созданное по образу Бога. Все, кто поддерживает и продвигает операции по изменению пола, не соглашаются с тем, что половую принадлежность людей определил сотворивший их Бог. А когда основополагающий принцип попран, тогда становится проще проводить опыты над половой принадлежностью человека, данной ему от рождения, и даже пытаться изменять её.

Все опыты, проводившиеся нацистами, *были осуждены* международным сообществом сразу же, как только их обнародовали. Но в наше странное время одна из процедур появилась вновь, и на сей раз она считается приемлемой, нормальной, обычной. Речь идёт об операции по изменению пола человека или, как её называют по-научному, «хирургической коррекции пола».

По мнению некоторых, хирургическая коррекция пола через время возникла бы сама собой, вне зависимости от «вклада» в её развитие нацистских врачей. Возможно, это и так, однако суть дела не меняется. То, что когда-то вызвало всеобщее порицание и осуждение (медицинские опыты, проводимые д-ром Менгеле и его сотрудниками-нацистами), сегодня делается в первоклассных клиниках по всей планете. Люди беспрепятственно с помощью хирургов меняют пол. То, что некогда считалось всеми признаком развращённости и вызывало отвращение, в наши дни приветствуется «прогрессивными мыслителями» как «величайшее научное открытие» и «прорыв для всего человечества».

По справедливому замечанию некоторых, операции по смене пола, реализованные нацистскими хирургами, были признаны военными преступлениями, поскольку проводились над беззащитными узниками против воли последних. А то, что совершают хирурги сегодня, не идёт ни в какое сравнение с нацистской практикой, поскольку представляет собой оказание услуги людям, *добровольно* согласившимся лечь на операционный стол. Разумеется, сегодня видоизменение собственного тела так, как только вздумается его хозяину, военным преступлением не назовёт никто. Люди свободно и постоянно прибегают к услугам пластических хирургов, желая изменить свою внешность. Но операция по добровольному изменению пола — это нечто совсем иное, поскольку под вопросом оказывается сама идентичность человека. До какой степени духовно и психологически должна запутаться личность, чтобы решиться на операцию по смене пола? Сам факт того, что человек добровольно окончательно и бесповоротно соглашается изуродовать собственное тело, свидетельствует о внутреннем кризисе и, по сути, духовной болезни. Но наше общество в целом уклонилось от библейских истин и оказалось под сильным воздействием заблуждения. Поэтому всё большее число людей готовы согласиться, что пол личности не определяется при рождении, а может быть выбран, а затем изменён хирургическим путём.

Подобные метаморфозы общественного самосознания происходят не в одночасье. Грех и обольщение продвигаются в общественной жизни поэтапно, и заметить это в состоянии лишь человек с чутким духом, надёжно укоренённый в Божьем Слове (см. Иакова 1:14, 15).

В ходе изучения распространяющегося сегодня обольщения и его влияния на падение нравов в нашем обществе, помните о роли Церкви. На нас, христианах, лежит ответственность занять бескомпромиссную позицию, основанную на Божьем Слове, чтобы поставить заслон дальнейшему распространению обмана в обществе. Нам нужно воспрепятствовать закреплению обмана в разуме людей, чтобы никто не мог сказать: «Что ж, так устроен этот мир».

Когда Церковь бездействует, окружающее её общество быстрее верит лжи и своими решениями ещё глубже затягивает себя в трясину обольщения. В итоге ложь становится парадигмой мышления, её уже воспринимают как нечто естественное, люди в самом деле начинают верить, что «так устроен мир». Подобное бесовское мышление превращается в настоящую твердыню в их разуме и превозносится над познанием Бога, что в конечном итоге приводит к крушению (см. 2 Коринфянам 10:3-5). Эта причинно-следственная цепочка идеально подходит для описания ситуации с хирургической коррекцией пола.

> На нас, христианах, лежит ответственность занять бескомпромиссную позицию, основанную на Божьем Слове, чтобы поставить заслон дальнейшему распространению обмана в обществе. Нам нужно воспрепятствовать закреплению обмана в разуме людей, чтобы никто не мог сказать: «Что ж, так устроен этот мир».

В канун Второй мировой войны горстка амбициозных людей «купилась» на ложь о некой «высшей расе» и приступила к продвижению этого заблуждения в окружающем обществе того времени. Сегодня мы наблюдаем похожую ситуацию: растёт число людей, охотно рекламирующих ложь о том что, пол человека определяется по его собственному выбору, а не дан от рождения. Это — одно из веяний обольщения последнего времени. Оно распространяется по всей планете и массово поражает бесовской ложью людей на уровне фундаментальных убеждений. Ложью о том, что якобы наступила новая эра, в которой уже нет места изжившему себя «традиционному представлению» о существовании лишь двух фиксированных полов.

Нелепое утверждение, будто пол человека возможно изменять, звучит отовсюду. В образовательных учреждениях, в средствах массовой информации непрестанно муссируют эту тему, постоянно бомбардируя умы наших современников. Как следствие регулярного напоминания изначальный культурный шок от подобных заявлений проходит, чуткость совести притупляется. И люди начинают свыкаться с идеей, что сменить свой пол не так уж и плохо. Якобы это вовсе не причиняет человеку серьёзного физического и психологического вреда.

Однако всё вышесказанное является вопиющим признаком того, что всеобщее обольщение уже попало в «кровоток» общества и распространяется по «телу» с молниеносной скоростью. В этот час, когда кажется, что мир лишился рассудка и здравого понимания нравственности, как же необходимо нам, христианам, не потерять голову!

Эпоха заблуждения

Как было упомянуто ранее, в Первом послании Тимофею 4:1 для нас звучит предупреждение: «Дух же ясно говорит, что в последние времена отступят некоторые от веры, внимая духам обольстителям и учениям бесовским». Существительное «обольстители» здесь — это перевод греческого слова *planao*, которым описывается *обольщение, нравственное непостоянство, а также человек или народность, отклонившиеся от нравственно приемлемого курса*. Перевод слова *planao* как *обольщение* в данном контексте наиболее удачный.

Следовательно, Первое послание Тимофею 4:1 можно понимать так: *«Ныне же Святой Дух выразительно говорит, что в последние времена некоторые отпадут от веры, внимая духам обольщения»*. В этом ключевом стихе Святой Дух пророчествует, что в самом конце последнего времени *духи-оболь-*

стители, или духи заблуждения и обольщения, примутся вкрадчиво, но методично и соблазнительно увлекать людей за собой от проверенных веками надёжных библейских истин. Взамен предложат новые идеи, продвинутые в массы бесовскими духами. В следующих главах вы прочтёте о том, как эти духи привлекают людей и затем уводят от истины. Однако в данном контексте мне важно объяснить вам, что Библия предсказывает наступление таких времён, когда духи-обольстители будут творить в мире невообразимое и введут общество в состояние заблуждающегося мышления и обманчивой веры.

Например, многие не верили, что доживут до тех дней, когда из-за невероятной сумятицы с понятиями в обществе люди начнут задаваться вопросами, действительно ли мужчина является мужчиной, а женщина — женщиной. Но сегодня разум людей находится под постоянным «артобстрелом» со всех сторон, и в него прочно внедряется мысль о том, что поменять пол — это вполне себе естественно!

В последние годы наметилась следующая тенденция: в ведущих социальных сетях, а также в различных анкетах (например, по поиску работы) в графе «половая принадлежность» пользователям и соискателям было предложено выбрать — внимание! — из *100 различных вариантов!* Более чем вероятно, пользователь этих соцсетей или соискатель на вакансию в качестве своей гендерной идентичности отметит нечто отличное от того, что значится в его или её свидетельстве о рождении! Считаю, что проблема смешения полов является одним из главных признаков, указывающих на бурную деятельность в обществе и культуре духов-обольстителей. Все эти споры о половой принадлежности попирают изначальное Божье намерение относительно сотворения человека, создания семьи, продолжения рода, воспроизведения жизни, творческого потенциала и относительно плодоносности в соответствии с Его замыслом и определением.

Это не что иное, как демоническая попытка отменить Божьи установления и исказить образ венца Его творения.

Такова наша сегодняшняя реальность! Когда человек не знает, мужчина он или женщина, или когда люди соглашаются с тем, что существует *свыше ста* вариантов гендерной идентичности (только сделай выбор!), речь уже идёт о глубоком заблуждении. И тем, кто выбирает поверить этой лжи, не понравится следующее заключение, с которым я полностью согласен: *убедить разумных людей в таком абсурде могли только бесы!*

Напомню, что ещё совсем недавно подобное мышление было бы однозначно классифицировано как признак психического заболевания. Однако современная обманчивая форма «прогрессивного мышления» сегодня находит настолько широкое одобрение, что, по мнению некоторых, уже неприемлемо вписывать половую принадлежность новорождённого в свидетельство о рождении! Люди такого толка заявляют, что в свидетельстве о рождении больше не должно быть графы «пол младенца». Достаточно того, что это «просто младенец»!

«Прогрессивные мыслители» утверждают, если мальчику или девочке говорят, что они, соответственно, мальчик и девочка, на них тем самым возлагают невыносимое бремя! Зачем обременять ребёнка зафиксированной при рождении половой принадлежностью? Вместо этого, как высказываются такие «мыслители», вопрос гендерной идентификации следует отложить до той поры, когда ребёнок подрастёт и будет в состоянии самостоятельно решить, кто он «по ощущениям» — мужчина или женщина!

Для разумного человека, по-прежнему доверяющего науке, понятно, что пол определяют ДНК и анатомия, так что все разговоры на тему выбора пола «по ощущения» — это бред сумасшедшего. Однако бредовое мышление, недавно считавшееся безумным, начинает восприниматься в обществе последнего времени как «нормальное».

Я ещё раз убедился в абсурдности такого образа мыслей, посмотрев недавно телевизионное интервью, взятое у очередного самозваного «прогрессивного мыслителя» — женщины, воспитывающей мальчика. Ведущий спросил мать, широко известную своими «передовыми» взглядами на сексуальность: «Будучи прогрессивной родительницей, желающей помочь своему сынишке по мере его взросления определиться, мальчик он или девочка, как Вы приветствуете его по утрам?» Женщина ответила: «Первое, что я делаю каждое утро, это, войдя в спальню ребенка, присаживаюсь на его постель и спрашиваю: «Солнышко, кем ты себя сегодня чувствуешь — скорее, мальчиком или, скорее, девочкой?» В зависимости от ответа я и определяю, какими будут наши отношения в этот день. Если, проснувшись, он ощущает себя, скорее, девочкой, то в этот день я стану относиться к нему как к девочке. Если же в конкретное утро он, пробудившись, ощущает себя, скорее, мальчиком, то в этот день он будет для меня мальчиком. Так что ситуация может меняться каждое утро — в зависимости от того, кем он ощущает себя, едва открыв глазки. Вы же понимаете, что меньше всего на свете мне хочется заставлять сынишку думать и поступать как мальчик лишь по той причине, что он родился мальчиком. Как хорошая мать я желаю предоставить ему выбор мыслить и поступать как девочка, если он того пожелает по своим ощущениям. Я – ответственный родитель и считаю своим долгом помочь ребёнку «прочувствовать свой пол». И анатомическое строение его организма здесь совершенно ни при чём! Всё дело в его ощущениях».

«Всё дело в его ощущениях». Друзья мои, подобное мышление — это *бред сумасшедшего!* Родитель, поступающий таким образом, обрекает своего ребёнка на гендерное помешательство, на путаницу с самоопределением. Да что там — на

> Как же негативно влияет на ребёнка мысль, с детства звучащая в его разуме примерно так: «Мы не можем понять, кто ты. И не уверены, кем ты станешь, когда вырастешь».

полную неразбериху во всей дальнейшей жизни, а ещё — на невероятную неуверенность и незащищённость по всем фронтам. Детям необходимо подтверждение их сущности с момента рождения. Им *совсем не полезно* задаваться вопросом касательно своей половой принадлежности! Вместо этого им необходимо, чтобы родители утвердительно заявляли им: «Ты — классный мальчишка! И когда вырастешь, станешь настоящим мужчиной!» Или, соответственно: «Ты — замечательная девочка, а когда вырастешь, станешь чудесной женщиной!» Как же негативно влияет на ребёнка мысль, с детства звучащая в его разуме примерно так: «Мы не можем понять, кто ты. И не уверены, кем ты станешь, когда вырастешь».

Святой Дух предупреждал, что в последние времена общество окажется под тотальным контролем духов-обольстителей (см. 1 Тимофею 4:1). Сегодня обольщение ощущается *повсеместно*. Многие заключают следующее: люди, считающие, что пол человека определяется его анатомией, «отстали от времени», «застряли в далёком прошлом», стали жертвой устаревшего образа мыслей, который в современном обществе уже не актуален.

А что, собственно говоря, означает слово «заблуждение» в нашем контексте? Для ответа на этот вопрос мы также заглянем в медицинские справочники, в которых данное понятие означает «бред», «иллюзии», «обман чувств», «манию». Начнём с научного подхода. Последние исследования показали следующее:

Человек в состоянии заблуждения строит свои *мысли и/или ощущения* на *некорректном истолковании действительности*.

Человек в состоянии заблуждения не готов отказаться от собственных *ложных убеждений*, даже когда ему представляются *доказательства, сведения и факты, опровергающие эти ложные убеждения*.

Человеку в состоянии заблуждения трудно помочь, поскольку он редко признаёт своё состояние. Зачастую он отказывается от психиатрических обследований и лечения и вместо этого ищет возможности *доказать, подтвердить* своё заблуждение и *утвердиться* в нём.

Приведу вам гипотетический пример поведения того, кто находится в состоянии обмана и заблуждения, но отказывается признать действительность, даже когда ему предоставляются факты. Вместо этого он стремится утвердиться в «правильности» своего обманчивого восприятия. Представьте себе человека с двумя здоровыми руками, но живущего под действием заблуждения, будто у него лишь одна рука. Обладая двумя совершенно здоровыми руками, он тем не менее утверждает, что это не так. Записывается на приём к хирургу и заявляет: «Доктор, я догадываюсь, что Вы сейчас объявите, будто у меня *две* руки. И с медицинской точки зрения Вы окажетесь правы. Но, несмотря на достоверные факты, по *моим ощущениям*, я — однорукий. Назначьте мне операцию по ампутации одной руки, чтобы мой организм анатомически соответствовал тому, что я *ощущаю* внутри себя».

Что вы на это скажете? Любого врача, согласившегося на ампутацию совершенно здоровой конечности, тут же сочтут профнепригодным и, вероятно, отправят за решётку. Однако при всей абсурдности такого сценария, именно он и имеет место, когда звучат слова: «Знаю, что родился мужчиной, но у меня *ощущение*, что я — *женщина*, запертая в *мужском* теле». И наоборот, когда женщина заявляет, что *ощущает* себя *мужчиной*, оказавшимся в ловушке *женского* тела!

Подобное обманчивое мышление — *заблуждение* — встречается сплошь и рядом! Растущее количество мужчин заявляют, что *ощущают* себя на самом деле *женщинами*, заключёнными в *мужском теле*. Столь же стремительно растёт число *женщин*, которые убеждены, что они на самом деле *мужчины*, просто оказались запертыми в *женском теле*. Если к настоящему времени вы ещё не повстречали представителей этих категорий, будьте уверены: рано или поздно вам такие люди попадутся. Ведь это всеохватывающее безумие растёт в геометрической прогрессии. Особенно высокие темпы распространения такого мышления отмечаются среди молодых людей. Именно они в первую очередь станут мишенью в гендерной неразберихе.

Вплоть до недавнего времени подобная сумятица считалась в медицинских кругах, как и в обществе в целом, признаком психического расстройства, подлежащего лечению под наблюдением специалиста-психиатра или психолога. Однако сегодня это явление пытаются «обернуть» в упаковку «врождённого дефекта», который, по мнению некоторых медицинских специалистов, можно исправить хирургическим способом.

> Человеку говорят: «Просто доверься своим ощущениям! Любой непорядок в твоём теле можно исправить хирургическим путём!»

Как бы абсурдно ни выглядел подобный подход, именно он с растущей регулярностью предлагается медицинским сообществом. Разумеется, профессионалы в белых халатах подбирают для описания такого явление несколько другие слова. Но сущность от этого не меняется. В качестве средства решения данной *психологической* проблемы предлагается хирургическая операция: Человеку говорят: «Просто доверься своим ощущениям! Любой непорядок в твоём теле можно исправить хирургическим путём!»

Уровень гендерной неразберихи нынче достиг таких высот, что люди начали заявлять, будто они уже и *ни мужского, и ни* женского пола! Новые тренды в области гендерной идентификации — это «бигендерность», «тригендерность», «полигендерность», «пангендерность» и даже «гендерная флюидность». Те, кто самих себя относят к последней категории, утверждают, что их пол настолько *изменчив* («флюиден»), что они способны «переключаться» с одного пола на другой. Например, с мужского — на женский, с женского — на мужской. В зависимости от *ощущений* и от того, что *требуется* или *ожидается* от них в конкретный момент времени. Иными словами, в одну минуту человек утверждает, что он — мужчина, а уже через минуту он — женщина. Но суть понятна: «гендерная флюидность» — это просто ещё одна ложь в системе убеждений деградирующего, аморального общества в сумасшедшем мире. *И мы с вами должны понимать, что всё это — безумие последнего времени.* Число поклонников идеи выбора пола неуклонно растёт среди влиятельных людей и различного рода знаменитостей, но мы, верующие в то, что Бог создал человека — мужчину и женщину — остаёмся на правильной позиции. Мы стоим на авторитете Библии.

Но даже если библейское свидетельство для кого-то неавторитетно, оцените бескомпромиссность научных фактов. Например, при эксгумации останков человеческого тела любой скелет укажет на единственную правду! Тест на определение ДНК по останкам тела с точностью определит, содержатся ли в костях хромосомы XY или XX. И за исключением *крайних* случаев хромосомных аномалий, именно

> Число поклонников идеи выбора пола неуклонно растёт среди влиятельных людей и различного рода знаменитостей, но мы, верующие в то, что Бог создал человека — мужчину и женщину — остаёмся на правильной позиции. Мы стоим на авторитете Библии.

этот фактор указывает на то, был усопший мужского пола или женского. И здесь уже неважно, какие хирургические операции по смене пола человек перенёс при жизни.

Просто немыслимо, что многие родители позволяют своим детям с раннего возраста решать, какой пол они для себя выберут! Если ребёнок выберет пол, отличающийся от указанного в его свидетельстве о рождении, запустится процесс «социального перехода». Впоследствии начнётся «второй этап» этого процесса — гормональная терапия, необходимая для появления физиологических симптомов пола, выбранного ребёнком.

Затем, как было объявлено в одном недавнем судебном заключении, у суда нет права вмешиваться в решение, утверждённое между родителями, ребёнком и врачами, касательно перехода ребёнка на третью фазу процесса — назначение необратимой хирургической коррекции пола.[12] Так, ещё задолго до того времени, когда мозг юноши или девушки окончательного сформируется и он или она получит законное право принимать участие в выборах, употреблять спиртное и управлять транспортным средством, им уже предоставляют выбор лечь на операционный стол и дать себя изменить — окончательно и бесповоротно — через «присвоение» нового пола.

Попробуйте справедливо обвинить меня в преувеличении, но эта трагикомедия разыгрывается против детей уже повсеместно, причём с одобрения их родителей и врачей. Разве это не насилие над детьми?! Детской психике наносится психологическая травма одним росчерком пера людей, облечённых полномочиями. Участвуют и родители, кото-

---

[12] Michelle Brown, "Children with gender dysphoria no longer have to seek court approval to undergo surgery,"
https://www.abc.net.au/news/2018-03-16/
children-wanting-surgical-gender-change-no-longer-need-court/9557444.

рые поддались заблуждению или отказались принимать на себя ответственность за воспитание собственных детей в соответствии с библейскими установлениями.

Я не утверждаю, что каждый родитель таких детей, которые оказались в замешательстве касательно своей гендерной принадлежности или легли под нож хирурга на операцию по перемене пола, отказался от родительских обязанностей. Десятки родителей предприняли все необходимые известные и доступные им меры для того, чтобы воспитать своих детей правильно. Однако воздействующие на детей через общественное сознание духи-обольстители направили на подрастающее поколение все свои ресурсы. И этот зловещий заговор сработал, жертв оказалось слишком много. Совершенно ясно: враг взял под прицел самых молодых. Сатане прекрасно известно, что для воздействия на разум сразу всех детей, *в общей массе*, нужно «прибрать к рукам» и покорить обольщению *систему образования*.

В западном мире стратегия дьявола оказалась весьма успешной. По большей части система образования является государственной, а значит, финансируется за счёт государственных средств. Работники министерств образования получают распоряжение готовить будущих учителей и преподавателей в соответствии с определённой доктриной. Они также составляют учебную программу таким образом, чтобы в ней не оставалось места ни Богу, ни библейским ценностям, ни чему бы то ни было, что возвышает Бога и укрепляет Его авторитет. Такой гуманистический учебный план стирает границы между истинным и ложным, смешивает

> Совершенно ясно: враг взял под прицел самых молодых. Сатане прекрасно известно, что для воздействия на разум сразу всех детей, в общей массе, нужно «прибрать к рукам» и покорить обольщению систему образования.

ценности, отрицает здравый смысл и порицает самостоятельное, независимое мышление. Образ мыслей, выходящий за рамки «доброго и терпимого» прогрессивного гуманизма в мировом масштабе, не только воспринимается с недоверием, но зачастую наталкивается на грубое сопротивление и даже карается.

Необходимо утвердиться в том, что мы имеем полное право (и в этом правы!) верить и заявлять следующее: любая попытка «переделать» мужчину в женщину, а женщину — в мужчину хирургическим способом *всегда была* и *остаётся* извращённым и грязным бизнесом.

Не только правильно, но ещё и здраво понимать и признавать, что подобные операции на человеке и попытки их оправдать являются признаком сумасшествия мира! Это означает, что наши духовные чувствования не притупились и мы не прекратили тонко ощущать малейшие изменения нравственного климата, который за последние 50 лет стал совершенно другим. Это также означает, что мы прекрасно осознаём тот факт, что за последние годы падение нравов и изменение духовного климата стали ещё более резкими.

Неужели наша память настолько коротка, что мы забыли о всеобщем осуждении международным сообществом так называемых «операций» нацистских врачей?! И всё же деятельность нацистских врачей в духе доктора Франкенштейна вышла на новый уровень. Она вновь популярна, да ещё и хорошо оплачивается! И нынче действия врачей, проводящих подобные операции, не скрываются за толстыми стенами концлагерей! Нынче «доктор Франкенштейн» работает в больницах, оснащённых по последнему слову техники, и его деятельность вызывает бурные овации и восхищение со стороны либерального «прогрессивно мыслящего человечества».

Но неразбериха происходит не только в вопросе гендерной идентичности. Как вам, например, решение Верховного Суда США от 2015 г., утверждающее законность однополых браков?! Несмотря на то, что сегодня это решение объявлено соответствующим Конституции США, оно находится в полном противоречии Божьему Слову. И, пожалуй, самый страшный на сегодняшний момент документ (как наиболее вопиющий показатель современного резкого падения нравов), оцените: закон штата Нью-Йорк от 2019 г., узаконивший аборты на поздних сроках беременности, *вплоть до предродовых схваток и, возможно, даже ещё позже!*

Выскажу свою главную мысль другими словами, чтобы подчеркнуть её критический характер: нам как христианам нужно не только понять, что подобные решения и действия в корне неверны, но ещё и «выйти из среды их» (см. 2 Коринфянам 6:17), будучи Церковью Иисуса Христа. В этом заключается наша христианская ответственность! Мы призваны не только прекратить оскверняться вместе с этим миром, но и выбраться из катакомб страха. Чтобы возвыситься, подобно маяку Божьей истины, невзирая на сопротивление или преследования.

Так что же способна предпринять Церковь? Ответу на этот вопрос во многих его гранях посвящена вся настоящая книга. На её страницах вы прочтёте ответы из Священного Писания, в которых содержится сила изменить вашу жизнь и жизнь тех, кто вас окружает.

> Мы призваны не только прекратить оскверняться вместе с этим миром, но и выбраться из катакомб страха. Чтобы возвыситься, подобно маяку Божьей истины, невзирая на сопротивление или преследования.

Сострадать, а не осуждать

Нам необходимо с состраданием относиться к людям, мучимым самыми разными расстройствами. Гендерная дезориентация — серьёзное патологическое состояние (и потому Бог призывает проявлять к таким людям сострадание, ведь им и без того нелегко). Факт остаётся фактом. Даже если они сами этого не признают и не хотят слышать ничего, что противоречило бы их убеждению о собственной гендерной идентичности. Значит, в нашем сострадании должно проявиться ещё и долготерпение, особенно когда мы точно *знаем*, что действия людей отразятся на их вечной судьбе, и отразятся *не в их пользу*! Этим людям, душа которых дорога в глазах Бога, нужно направляющее Божье Слово. Их душе необходимо исцеляющее прикосновение Святого Духа. Они нуждаются в сострадательном отношении Иисуса Христа, которое должно быть проявлено через доброжелательных (а не осуждающих) христиан. Ведь христиане и сами были прощены, избавлены и восстановлены искупительной силой Креста.

В любом случае нам необходимо не терять голову. Гендерная дезориентация представляет собой сложную духовную и психологическую проблему. Её *невозможно* разрешить, просто отрезав мужской половой член и сделав искусственное влагалище. Или отрезав женскую грудь и хирургическим путём изменив влагалище так, чтобы оно превратилось в некое подобие мужского полового члена! Подобные манипуляции не могут стать разумным решением глубокой духовной и психологической проблемы. Более того, такой подход *обманчивый*.

Напомню одно из определений «заблуждения» как диагноза: *отстаивание утверждённых ложных убеждений, которые противоречат объективной действительности или рациональным доводам здравого смысла*. Это прекрасно описывает превратный образ мыслей. Люди, находящиеся на глубокой стадии гендерной дезориентации, нуждаются в ментальном исцелении. Им не поможет никакая хирургическая операция, никакие жалкие попытки хирургов привести их физическое состояние в соответствие с расстроенным психическим состоянием. Нам нужно предоставить этим людям правильные средства, а скальпель, определённо, не входит в их число!

Вне всякого сомнения, мы живём в мире, который всё стремительнее лишается коллективного нравственного кодекса во всех плоскостях. Многие рациональные мыслители с большим трудом пытаются понять, каким образом разврат и обольщение успели столь стремительно и в таких громадных масштабах отправить мир в вертикальное духовное и нравственное пике. Однако это лишь верхушка айсберга.

Метаморфозы в обществе, которые мы увидим в следующий промежуток времени — между сегодняшним днём и закатом «последнего времени» — не поддаются разумению. Страннейшие понятия, когда-то считавшиеся чистым вымыслом фантастов и сценаристов фильмов ужасов, перетекут из воображаемого мира надуманных фантазий в физический мир в виде воплотившихся реалий.

Несколько строк хочется посвятить пророческому откровению. В ближайшие годы мы увидим, как наука дерзнёт проникнуть в немыслимые сферы. В прежнее время, когда наше общество всё ещё строилось на библейских ценностях и понятиях, подобное было бы определено как натуральное богохульство. Но по мере того, как человечество всё жестче отвергает Библию в качестве определителя

> Научный рационализм оказался вынесенным за рамки современного мышления, а принцип здравомыслия окончательно отброшен в сторону. Вместо них миру предложено следовать капризам постоянно меняющегося «современного» образа мыслей.

истины и нравственности, оно вовлекается в такое поведение, которое библейские христиане всегда воспринимали как аномалию и девиантность. Научный рационализм оказался вынесенным за рамки современного мышления, а принцип здравомыслия окончательно отброшен в сторону. Вместо них миру предложено следовать капризам постоянно меняющегося «современного» образа мыслей.

Следовательно, у нас есть все основания предсказать, что уже в недалёком будущем наше общество ожидает воплощение идей и совершение действий, которые прежними поколениями считались невообразимой мерзостью.

По прогнозам футуристов, в мире будут происходить события, которые вызовут у нас, христиан, сильное беспокойство. Однако представителям современного мышления такие события вовсе не покажутся странными, ведь мышление сегодняшнего мира более не строится на нравственном основании. Помните, мысль о трансгендерном движении в мировых масштабах буквально одно поколение назад выглядела абсурдной? А сегодня это стало реальностью, да ещё и агрессивно навязывается в качестве нормы.

> Бог призывает Свою Церковь занять предназначенное ей место в качестве сдерживающей силы ради утверждения победы Христа и замедления реализации дьявольской зловещей повестки дня. Мы должны подготовить мир к последней славной жатве человеческих душ.

На протяжении нескольких последних десятилетий ужасы Холокоста постепенно стирались из коллективной памяти послевоенных поколений. В большинстве своём молодые люди, живущие сегодня, не имеют понятия о том, что происходило во время Второй мировой войны. Потому они и не в состоянии постичь глубину и масштаб развращённости, до которых дьявол способен опустить человечество, ставшее плодородной почвой для семян его бесовского обольщения, а затем «вдохновить» людей на совершение немыслимого зла против себе подобных! Бог призывает Свою Церковь занять предназначенное ей место в качестве сдерживающей силы ради утверждения победы Христа и замедления реализации дьявольской зловещей повестки дня. Мы должны подготовить мир к последней славной жатве человеческих душ.

Однако кое-чему суждено произойти в соответствии с неизменным Божьим Словом, которое объявляет конец ещё прежде начала (см. Исаия 46:10). Впереди нас, без малейшего преувеличения, ожидает целый ряд немыслимых проявлений зла, на фоне которых ужасающие изуверства нацистов просто померкнут.

Древние семена обольщения

Вам важно знать, что достаточно давно в истории уже был мрачный в духовном отношении период, отмеченный особой бесовской активностью. Тогда общество, столкнувшись со злом, поддалось ему и оказалось втянутым в сквернейшие формы разврата, чем вызвало справедливую реакцию Бога — возмездие. Этот скверный отрезок времени отмечен в Книге Бытие, шестой главе. В те времена земля была переполнена духами-обольстителями, которые своим гнусным влиянием на общество посредством обмана извратили в людях мышление и вызвали в них отвратительные формы поведения. Так человечество оказалось совращено. Можно сказать, то была одна из первых встреч в истории человечества с духами-обольстителями и бесовскими учениями. В те древние времена мышление людей сделалось извращённым и порочным, что отразилось на их поведении. В Книге Бытие 6:5 говорится: «И увидел Господь, что велико развращение человеков на земле, и что все мысли и помышления сердца их были зло во всякое время».

В те давние годы на заре человеческой истории люди оказались настолько подвержены бесовским влиянием, что «*… все мысли и помышления сердца их были зло во всякое время*»! Общество тех дней оказалось поймано в ловушку бесовского обольщения. И, по сути, исполняло вражеский, дьявольский замысел по совращению человечества с Божьих путей посредством мятежных поступков против Господа и бунтарского поведения по отношению к Нему. В конечном итоге человечество дошло до состояния полной развращённости, так что Богу удалось найти лишь одного праведника (вместе с его семьёй), который не поддался бесовскому влиянию и не осквернился грехом. Его звали *Ноем*.

Ной необыкновенным образом держался истины и не позволял окружавшим влиятельным злым силам заразить его грехом. Ной и его семья не поддавались воздействию общественного мнения того времени, хотя и оказались в одиночестве по другую сторону баррикад, хотя и слышали в свой адрес гневные и яростные оскорбления. Но, несмотря на издёвки, они следовали за истиной, как они её понимали. В результате Бог фактически призвал Ноя и его семью к воссозданию человеческой расы. Творец наслал потоп, который стёр с лица земли крайне развращённое человечество. Всё без остатка. А Ной и его семья были избавлены от гибели, а затем стали наследниками всей земли и прародителями всех нынешних родов и поколений.

То, что сатана учинил в начале человеческой истории, обольстив общество посредством бурной бесовской деятельности, он творит и сегодня. Пытается совратить общество в наше время, на закате человеческой истории. Как и прежде, в мире формируется враждебное отношение к Богу и Его Слову. Как и прежде, подобное отношение вызовет соответствующую реакцию со стороны Всевышнего — возмездие. Сатане известно, что его дни сочтены. И в то непродолжительное время, которое пока ещё имеется в его распоряжении, он изо всех сил попытается окончательно изуродовать Божье подобие в человеке — в том самом создании, которое носит в себе образ своего Творца. Опорочить венец творения, созданный изначально быть мужчиной или женщиной, а также опровергнуть и ниспровергнуть все установления, гениально учреждённые Богом для человечества (включая институт семьи и брака), — поистине величайшее оскорбление в адрес Создателя.

> Опорочить венец творения, созданный изначально быть мужчиной или женщиной, а также опровергнуть и ниспровергнуть все установления, гениально учреждённые Богом для человечества (включая институт семьи и брака), — поистине величайшее оскорбление в адрес Создателя.

Поскольку мы живём на завершающем отрезке периода, пророчески названного в Библии «последними днями», нам нужно понимать, что мы застанем страннейшие события и явления, начисто лишённые здравого смысла. Причём события эти будут происходить всё чаще и чаще и в итоге станут восприниматься как обычные и нормальные. Можно не сомневаться: с течением времени нам покажется, что все нравственные ограничения сняты, выброшены вон и общество галопом всё быстрее мчится к полному безумию во всех сферах своей жизни.

Чем ближе мы к концу времён, тем глубже общество увязает в разврате и обольщении. Исаия пророчествовал о том, что наступят дни, когда зло будут называть добром, добро — злом, а тьма станет заменой свету (см. Исаия 5:20). Что ж, вот эти дни и наступили! Мы с вами стали очевидцами всего, что когда-то считалось злым, греховным, *немыслимым*.

В соответствии с пророческим учением Писания при приближении к концу «века сего» духи-обольстители, вооружённые бесовскими учениями, обрушатся на общество с великой яростью (см. 1 Тимофею 4:1). В результате чего общество воспримет новые формы девиантного мышления и поведения. И это станет лишним доказательством печальной истины: «корабль» относит всё дальше и дальше от верного курса.

Нападение на человечество, приготовленное дьяволом для последних времён, уже в самом разгаре. Семена обольщения давно посеяны, и повсеместно ожидается урожай зла. Мы как представители всемогущего Бога ответственны за то, чтобы поднять над своей головой знамя Его истины и не опускать его ни при каких обстоятельствах. Мы должны быть готовы встретить сопротивление со стороны тех, кто продвигает законы и постановления, противоречащие Писанию. Нам нужно как следует укорениться в библейской истине и *ни в коем случае* не сходить с этой позиции, невзирая на действия или противодействия окружающих. *Только таким образом* удастся не потерять здравый рассудок в сумасшедшем мире! Подробнее об этом мы поговорим в следующих главах.

Свобода для всех без исключения

Твердыня, представляющая собой извращённое мышление, о которой шла речь в данной главе, создаётся поистине бешеными темпами. Полчища бесов обрушились на землю на заре истории (см. Бытие 6). И сегодня эти злобные духовные существа, вооружённые дьявольскими идеями (которые представляются в качестве «новых»), вновь попытаются извратить мышление общества и развратить его, чтобы окончательно отвратить человечество от Бога. Что происходило в начале, то происходит и в конце века сего». Святой

Дух пророчествовал об этих событиях в Первом послании Тимофею 4:1, и Его предупреждения сбываются прямо на наших глазах.

Многие христиане пребывают в замешательстве, не зная, как реагировать на очевидные изменения нравственного характера, происходящие в каждой сфере общественной жизни (в науке, медицине, СМИ, на различных социальных площадках, в индустрии развлечений, образовании и так далее). Христиане ощущают повсеместный обман, который подбирается к их детям и внукам. И если христиане достаточно чутки, чтобы разобраться в духовной подоплёке происходящего, их сердца будут настороже.

Многие пасторы и духовные руководители глубоко встревожены последними событиями и усердно просят Бога наделить их мудростью и помочь им справиться с бурными течениями современной нравственности. С одной стороны, жить становится ещё печальнее, без надежды на возвращение общества к здравомыслию. Пасторы и лидеры Церкви прекрасно понимают это. С другой стороны, они также осознают ответственность перед Богом помогать своим подопечным держаться истины в мире, который, с нравственной точки зрения дрейфует, всё дальше уплывая в открытое море.

Хотите верьте, хотите нет, но сейчас мы окружены такой действительностью. Общество меняется. Нравственный климат ухудшается, хотя «прогрессивные мыслители» утверждают, что мир развивается, стремясь к новым, доныне неведомым высотам своей эволюции на пути к совершенству. Какие-то 20 лет назад вы с недоверием покачали бы головой, услышав о нынешних событиях. Происходящее сегодня абсурдно и нелепо. Таково состояние современного общества. А в ходе процесса перемен, запущенного бесами, эти изменения, врезаясь всё глубже в тело общества, будут оставлять после себя разрушенные, искорёженные жизни и судьбы.

Нам неоднократно предоставится возможность служить людям, сбившимся с пути и страдающим от депрессии, пристрастий, суицидальных наклонностей и других типов саморазрушительного поведения. Всепоглощающий характер такого разрушительного поведения свидетельствует о нарастании бесовской активности по мере приближения конца всего периода, называемого «последнее время». И становиться он будет всё масштабнее и ощущаться жителями планеты всё острее. Когда духи-соблазнители, или духи-обольстители, начинают внедрять свои «новоявленные идеи», которые в действительности являются хитро прикрытыми бесовскими учениями, они поистине действуют с целью украсть, убить и погубить во всех смыслах и отношениях (см. Иоанна 10:10).

Нам необходим Божий совет: как реагировать на всю эту неразбериху и помочь окружающим обрести покой, получить исцеление и восстановиться. Ни в коем случае нельзя отвергать людей, сбившихся с пути, запутавшихся по жизни и связанных грехом, лишь потому, что они поддались обольщению. Это относится и к тем, кто уже подвергся хирургическому вмешательству ради видоизменения собственного тела. Прощение, избавление и свобода, ставшие возможными благодаря Голгофскому кресту, нужны всем и каждому.

Первым христианам тоже приходилось просить у Бога мудрости, чтобы находить правильные решения для нравственных дилемм и умело разбираться с последствиями этих диллем в тогдашнем мире. И только Святой Дух мог ниспослать им, бывшим язычникам, а ныне — христианам, мудрость и помощь для свободной жизни во Христе, в которой для них уже не могло быть возврата к прошлому.

Таким же образом и нам требуется просить Святого Духа о поддержке ради тех, кто обратится к нам за помощью, будучи израненным и сокрушённым последствиями своих грехов и неверных судьбоносных решений.

Христово Евангелие — весть о спасении и искуплении, которые Бог, согласно Своему чудесному замыслу, хочет даровать *всякому* человеку. И поэтому *каждому* необходимо его услышать! Спасение и свободу Христос предлагает нам даром, ведь Сам Он отдал Свою жизнь ради *всех* и *каждого без исключения*!

Поразмыслите над этим

1. Перед нами как перед Божьей Церковью стоит задача не позволить духу «века сего» затуманить наши мысли. Следите за тем, как лично вам удаётся справляться с этой задачей. Вы храните свои мысли в чистоте? Ваш образ мыслей и восприятие окружающей действительности схожи с мыслями и видением мира неспасённых людей? Насколько хорошо вам удаётся не слушать чуждые голоса извне, которые постоянно стремятся овладеть вашим вниманием и загрязнить чистые воды разума?

   Попросите Святого Духа о помощи в распознании всего, что вас загрязняет. Он с готовностью поможет. А затем Он любезно направит вас к источнику воды Божьего Слова для обновления вашего разума и изменения образа мыслей (см. Ефесянам 5:26).

2. Современному обществу срочно нужно изменить направление своего развития, в частности, привести его в соответствие с основополагающими истинами Божьего Слова. Вы осмелитесь задаться вопросом о том, что лично вы можете для этого сделать?

   У вас есть круг влияния, в котором ваш голос обладает определённой силой — пожалуй, даже большей, чем вы себе представляете. Какими дарованиями, способностями и возможностями, ниспосланными Господом, вы обладаете? Что из Божьего арсенала имеется в вашем распоряжении? Может ли это стать Божьим ответом на сложившуюся вокруг вас ситуацию? Пусть Господь покажет вам, как утвердить Его истину в качестве надёжного компаса для направления окружающих людей, даже если сегодня вам под силу направить лишь одного человека.

3. Очевидно, что сатана движим чётким намерением за определённый промежуток времени подготовить общество к принятию лжи в качестве истины. Важно осознавать серьёзность вражеского намерения, поскольку лишь так, руководствуясь при этом Божьей мудростью и действуя Его силой, будет возможным не дать этому намерению осуществиться. Определите, в чём заключаются конкретные действия дьявола в самых разных областях — таких, например, как сфера образования, индустрия развлечений, политическая арена и даже религия. Как именно в этих областях дьявол стремится разуверить людей в истинности вечного Божьего Слова, обольщая всё хитрее и хитрее?

4. Гораздо проще изначально не давать противнику проникнуть на нашу территорию, нежели пытаться выдворить его, когда, воспользовавшись оставленной без внимания лазейкой, он уже сумел попасть внутрь. Как вы думаете, из-за чего за последние несколько десятилетий в западном и восточном обществе образовались такие лазейки для проникновения дьявольского обольщения в умы людей? Каким образом в грядущие времена Церковь сможет «восстать и светиться», выполняя свою роль в обществе в ситуации, когда «вор уже проник в дом»?

Глава вторая

КАК ПЛЫТЬ *ПРОТИВ ТЕЧЕНИЯ* В МИРЕ, КОТОРЫЙ ПЛЫВЁТ *ПО ТЕЧЕНИЮ*

Считаю, что в ходе рассуждения о стремительном падении нравов в современном обществе следует обратиться к словам Иисуса, произнесённым в беседе с учениками о времени Его возвращения. Созерцая Храмовую гору, ученики спросили Господа о конкретных «признаках», указывающих на скорое завершение века. Одним из самых верных признаков, по словам Христа, станет «умножение беззакония» непосредственно перед завершением нынешнего века (см. Матфея 24:12). На греческом слово «беззаконие» — *anomia*. В основе этого слова лежит *nomos*, что в том же греческом означает «закон», точнее, *стандарт юридической и нравственной чистоты и порядка*. Когда перед основой *nomos* ставится приставка *a*, получается слово *anomia* (в данном контексте используется форма множественного числа). Приставка *a* меняет значение исходного слова на противоположное. Так, вместо значения «законность» или «верный нравственный стандарт» мы получаем значение «отсутствие закона, незаконность» или «отсутствие нравственного стандарта». Речь идёт о людях, для которых *постоянных нравственных принципов не существует*. Такие люди *не приемлют стандартов, не следуют закону,* в сущности, *живут в состоянии беззакония.* Через использование слова *anomia* в Евангелии от Матфея 24:12 Иисус сообщает нам о том, что общество отринет все общепринятые когда-то нравственные принципы и к концу времён отклонится от незыблемых, установленных Богом законов.

Как мы уже заметили, в Первом послании Тимофею 4:1 говорится о том, что в конце времён повсеместно и во всю мощь будут действовать духи-обольстители — *духи заблуждения*. Целью их станет обманом заставить общество отклониться от утверждённых Богом истин и нравственных принципов. А тех, кто воспротивится бесовскому движению и не собьётся с пути обманом, попытается устранить сама система этого мира. Таких смельчаков — как отдельных людей, так и целые сообщества, живущие по Божьим нравственным стандартам, — будут стараться изолировать от остального общества. А всё дело в том, что библейские нравственные принципы начнут восприниматься в обществе как архаичные и более не актуальные для «современной» жизни. И вот пример такой социальной изоляции и изгнания из общественной жизни: в наши с вами дни нескольким известным сетевым предприятиям в области общественного питания запретили функционировать в ресторанных двориках торговых центров, на вокзалах и в аэропортах. Спросите, какое это имеет отношение к нашему разговору? Самое прямое. Дело в том, что эти предприятия пропагандируют традиционные семейные ценности и ратуют за нравственный образ жизни!

В последние времена — и это одна из граней бесовского обмана — под влиянием демонического обольщения общество вознамерится установить новый мировой порядок. В нём останется лишь несколько (если вообще останется) прочных традиционных ценностей и принципов, определяющих, что хорошо и что плохо с нравственной точки зрения. В сущности, этот новый мировой порядок и явится олицетворением *всемирного беззакония*. В мире больше не будет звучать «ветхий» голос Священного Писания. Общество попытается отстраниться от большинства нравственных принципов, которые некогда считались фундаментальными для социума и определяли общепринятое мировоззрение. Вот о каком «беззаконии» в последние времена идёт речь.

Согласитесь, сегодня мир уже становится именно таким. Святой Дух совершенно безошибочно предсказал наступление поры, когда утверждённые тысячелетиями принципы, основанные на вечных библейских истинах, будут не просто тихо отвергаться, но открыто попираться. Их назовут «шовинистическими», «ненавистническими», «ограниченными», «предвзятыми», «нетерпимыми» и потому «более не актуальными» для жизни в «реальном» мире. Друзья, всё это происходит уже сегодня, на наших с вами глазах! Истины, проверенные временем, нравственные принципы, давно подтвердившие свою надёжность, и даже научные доказательства активно отвергаются современным поколением. Для него уже практически не существует постоянных жизненных принципов — особенно в сфере сексуальности и половых отношений.

Как говорил Иисус, это беззаконие «умножится» непосредственно перед завершением века. «Умножится» на греческом — *plethuno*, что подразумевает под собой нечто *изобилующее, чрезмерное, переливающееся через край*. Речь идёт *о том, что изобилует в невероятных масштабах*. Эту *чрезмерность* можно сравнить с *наводнением, когда река выходит из своих берегов*. Таким образом, данное слово недвусмысленно указывает на то, что непосредственно перед «кончиной века» беззаконие наводнит все сферы общественной жизни, *словно река, вышедшая из берегов*. Человечество будет активно пренебрегать надёжно утверждёнными некогда принципами жизни и поведения, отбросив прочь все ограничения. Люди примутся прокладывать свой собственный, доселе невообразимый, жизненный путь, *не просто далёкий от Божьего Слова*, но *прямо противоположный* Его установлениям.

ПАВЕЛ ХАРАКТЕРИЗУЕТ ОБЩЕСТВО, В КОТОРОМ БОЛЬШЕ НЕТ МЕСТА БОГУ

В Послании Римлянам 1:21 Павел невероятно точно разъяснил, что будет твориться в обществе, которое отвернулось от Бога. Апостол написал: «Но как они, познав Бога, не прославили Его, как Бога, и не возблагодарили, но осуетились в умствованиях своих, и омрачилось несмысленное их сердце».

Деепричастие «познав» указывает на *знакомство* или *общее понимание*, а не личностное знание (которое, например, отличает человека, познавшего Иисуса Христа как своего Господа и Спасителя, от того, кто лишь слышал о Нём). В данном стихе слово «познав» подчёркивает уровень знания общества. Показывает, что когда-то в прошлом оно располагало *общим представлением, общим знанием и пониманием Бога* или испытывало к Нему трепетное уважение. То есть даже в том обществе, где далеко не все являются настоящими христианами, некоторые его члены способны *осознавать* существование Бога и *признавать* в своей жизни Его благословения.

Деепричастие «познав» используется в форме совершенного вида. Этим Павел подчёркивает, что в своё время общество познало Бога, однако впоследствии *перестало* признавать Его присутствие и *утратило* осознание зависимости от Всемогущего. Так, первую часть данного стиха можно было бы перевести следующими словами: «Хотя когда-то люди имели общее представление и понимание о Боге и обо всём, что с Ним связано…»

В Послании Римлянам 1:21 Павел характеризует общество, пришедшее к заключению, что признание Бога не соответствует современному модному тренду. Как следствие, члены этого общества всё чаще «отставляли» Бога в сторону, удаляя Его из виду, и всё реже оказывали Ему должное признание. Встав на этот путь отступничества и блуждая по нему в поисках новых нравственных и духовных ценностей, люди всё меньше зависели от Бога. Со временем духовное опустошение становилось лишь явственнее.

Далее Павел указывает на последствия такого духовного опустошения. Заключив, что признание Бога более не является модным интеллектуальным трендом, люди в конечном итоге «осуетились в умствованиях своих». Глагол «осуетились» — это перевод греческого слова *mataioo*, что значит «разрушенный», в данном контексте этот глагол указывает на что-то *совершенно ошибочное*. И это «что-то совершенно ошибочное» — «умствования» людей. Существительное «умствование» является переводом греческого слова *dialogismos*, которое всегда указывает на *умственные способности* человека — т.е. на *его процесс мышления, рассуждения, расчёты и решения*.

Сочетание этих греческих слов во фразе, переведённой как «осуетились в умствованиях своих», придало фразе конкретное значение. Павел подчёркивает, что, «отставив» Бога, общество попадает в *заблуждение*, которое в конечном итоге приводит к *крушению* во всех сферах. Это сродни необратимой химической реакции: она

> Каждому из нас следует осознать, что представляет собой человек, отступивший от Бога. Когда познание Бога и благоговение пред Ним удаляются из жизни общества, в нём возникает вакуум, который постепенно заполняется потоком порочной интеллектуальной и духовной тьмы.

неизбежно запускается при сочетании соответствующих элементов.

Писание учит, что мудрость начинается со страха Господнего и познания Бога (см. Притчи 1:7). Когда общество уважает, признаёт и приветствует Бога в своей жизни, для людей наступает просвещение. Верно и обратное. Когда познание Бога и благоговение перед Ним отходят на второй план, тогда общество отдаляется от Творца. И в обществе запускается «химическая реакция». В результате возникает атмосфера, одобряющая *интеллектуальный абсурд* (умозаключения, не имеющие смысла ни с рациональной, ни с духовной точек зрения). Данная тенденция неизбежна. Так, в общественной жизни — в судопроизводстве, образовании, семье, досуге и развлечениях, правительственных учреждениях и религиозных структурах — зарождается процесс *заблуждения*. Данный процесс не прекратится до тех пор, пока все расчёты, решения и сам образ мыслей отдельного человека в составе общества не будут полностью подчинены исключительной власти заблуждающегося интеллекта. Каждому из нас следует осознать, что представляет собой человек, отступивший от Бога. Когда познание Бога и благоговение пред Ним удаляются из жизни общества, возникает вакуум, который постепенно заполняется потоком порочной интеллектуальной и духовной тьмы.

Мы не утверждаем, что неверующие люди неразумны. Разумеется, это не так! Просто, по словам Павла, когда гениальные, с точки зрения интеллектуальных способностей, люди отклоняются от истины, в конечном итоге они сбрасывают с себя все ограничения в сфере интеллектуальных процессов и оказываются во власти бессмыслицы. Продолжая считать себя высокообразованными, прогрессивно мыслящими людьми, они приходят к таким заключениям, что Бог вынужден признать их *оглупевшими* (см. Римлянам 1:22). Павел буквально пишет, что в результате отвращения от

Бога и отказа от Его стандартов «их несмысленное сердце омрачилось».

Прилагательное «несмысленный» здесь — это перевод греческого слова *asunetos*. Это слово образовалось путём присоединения к основе *sunetos* отрицательной приставки *а*. Слово *sunetos* означает *высшую степень разумности* и указывает на *представления и умозаключения, обоснованные соответствующими фактами или доказательствами*. Этим словом характеризуется *человек, настолько зрелый в своих размышлениях, что в нём сформировалась способность увидеть «полную картину», и увидеть её чётко и правильно*. В Послании Римлянам 1:21 используется слово *asunetos*, т.е. с отрицательной приставкой *а*, меняющей значение слова на противоположное. А значит, речь идёт о *человеке, утратившем способность к здравым рассуждениям* или *испытывающем недостаток здравости и разумения*.

С помощью слова *asunetos* Павел показывает, что обычно происходит с тем, кто отвращается от Бога. Расчёты, рассуждения и решения, сам образ мыслей такого человека становятся никак не разумнее, а, наоборот, — ещё более *нелепыми* и *безрассудными*. Как гениально аргументирует ведомый Святым Духом Павел, общество, *отдаляющееся от Бога*, всегда движется *навстречу* порочному и абсурдному образу мыслей, за которым стоит духовная тьма.

Далее Павел пишет, что «несмысленным» у людей, отступивших от Бога, становится именно *сердце*. Это существительное в греческом — слово

> **Когда общество отходит от Бога, «сердце» общества наполняется *безрассудством*. В конечном итоге из-за безрассудства — пагубного последствия самоотделения человека от Творца — страдает каждый слой общества.**

kardia, которым обычно называли *соответствующий физический орган*. Чуть ниже мы увидим, почему использование именно этого слова в сочетании с прилагательным «несмысленный» настолько важно.

Как вам прекрасно известно, сердце качает кровь, что циркулирует в кровеносной системе человеческого организма. Этот «насос» настолько силён, что буквально каждый орган, каждая клеточка в нашем организме насыщены кровью. Однако в Послании Римлянам 1:21 под словом *kardia* Павел имеет в виду не физическое сердце, а «сердцевину» общественного «организма». Апостол подчёркивает, что, когда общество отходит от Бога, «сердце» общества наполняется *безрассудством*.

И затем, как человеческое сердце заставляет кровь циркулировать по всем внутренним органам тела, «сердце» отступившего от Бога общества «закачивает» во все структурные компоненты общественной жизни *безрассудство* и *порочное мышление*. В конечном итоге от безрассудства — от пагубных последствий самоотделения человека от Творца — страдает каждый слой общества.

По словам Павла, такое общество неизбежно «омрачается». Глагол «омрачиться» — это перевод греческого слова *skotidzo*, которым называли *естественную* или *духовную темноту*. Здесь же данное слово используется в качестве метафоры и указывает на состояние мира или общества, объятого темнотой. Пребывая в таком состоянии, человечество постепенно пропитывается безнравственностью, погружается в разврат, люди предаются *неблагочестивому* образу жизни.

Итак, как говорится в Послании Римлянам 1:22, разнузданность, безбожие и нечестие становятся образом жизни и всё больше поглощают и засасывают людей, отвергнувших Бога. А в это время так называемые «руководители» безбожного общества начинают громче заявлять о скором наступлении нового будущего с его порядком, в котором уже нет места «старым» нравственным «ограничениям». Однако в этом же стихе звучит и *Божья* точка зрения относительно такого безосновательного заявления: «Называя себя мудрыми, *обезумели*».

Деепричастие «называя» в той его грамматической форме, в какой оно используется в оригинале, показывает следующее: эти так называемые «прогрессивные мыслители» *непрестанно* заявляют о собственной мудрости. Завидное постоянство, с которым звучат подобные утверждения, характеризует тех, кто выставляет себя в качестве предводителей всего следующего за ними мирового сообщества. Такие «лидеры» утверждают, что являются «мудрыми», или, как говорится в оригинале, *sophos*. Этим словом зачастую называли *высокообразованных граждан*, например, учёных, философов, врачей, учителей и других, считавшихся в своём обществе *истинной интеллигенцией*. Павел пишет о группе людей, которые причислили сами себя к категории *умных, сообразительных, гениальных, рассудительных и уникальным образом просвещённых*.

Павел повторно характеризует представителей этой же категории «мыслителей», считающих себя «прогрессивными», во Втором послании Тимофею 3:2. В данном стихе он называет их «надменными». Это прилагательное является переводом греческого *huperephanos* — слова, которым характеризовали человека или группу людей, поставивших себя выше и впереди всех остальных. Это слово указывало на *высокомерных, напыщенных, самонадеянных и беззастенчивых людей, распространявших вокруг себя оскорбительное высокомерие*. Речь идёт о тех, кто заявляет о своём *интеллектуальном превосходстве* над остальным миром. Это превосходство якобы наделяет их правом решать за всех, что хорошо, а что плохо; что современно, а что изжило себя и перестало быть «модным».

Таких людей можно безошибочно назвать *интеллектуальными снобами*.

В Послании Римлянам 1:22 Павел заявляет, что в действительности эти люди «обезумевшие». Кому-то данная характеристика покажется чересчур резкой или даже грубой. Однако греческое слово, переведённое глаголом «обезумели» (moraino), относилось к человеку *умственно больному* или *умственно отсталому*. От этого греческого слова произошли такие эпитеты, как «идиот», «дебил» и «слабоумный». Следовательно, в Послании Римлянам 1:22, где Павел охарактеризовал так называемых «интеллектуалов» как людей «обезумевших», он не придумывал слов помягче и не извинялся. Но заявил, что подобные люди, в сущности, являются интеллектуальными *кретинами*.

Собрав значения всех изученных выше слов воедино, предлагаю вам расширенное толкование Послания Римлянам 1:21–22:

> *Хотя у людей некогда и было общее представление о Боге, общие познания о Нём и некое почтение ко всему, что связано с Богом, наступило время, когда общество сочло более немодным относиться к Господу с должным почтением. И не отблагодарив Бога за благословения, люди забыли о Том, Кто их благословил, забыли о благодарности. Они отвернулись от Творца и в результате отклонились от нравственного образа жизни. И тогда их мышление оказалось во власти заблуждения, извратившего все их суждения. Они утверждали, что считать правильными явления, не подтверждённые соответствующими фактами и доказательствами, вполне приемлемо, и, как следствие, их рассуждения оказались совершенно оторванными от действительности.*
>
> *Как человеческое сердце распространяет по организму кровь, так и «сердце» общества, отвернувшегося от Бога,*

распространяет по нему безрассудство. Причём до тех пор, пока всё общество не погрузится во тьму разнузданности, безнравственности и всякого нечестия. Так называемые предводители общества, которое отвергло Бога, непрестанно заявляют, что являются гениальными носителями передовых взглядов. Однако постичь, на каком основании они возомнили себя таковыми, очень сложно. Кем бы они себя ни называли, их речи и образ мыслей выказывают их истинную сущность — они ведут себя, как умственно больные или умственно отсталые люди. И как только можно назвать «приемлемым» то, что они предлагают?! Вот уж точно: те, кто мыслит такими категориями, — определённо кретины!

В продолжение Павел пишет в Послании Римлянам 1:28, что люди, отвергающие Создателя, «не заботились иметь Бога в разуме». Здесь речь идёт уже не просто об общем представлении о Боге и Его стандартах. Эти люди знали Господа, но более не захотели хранить в себе это знание. Словом, Павел описывает человека или сообщество людей, которые когда-то узнали о Боге и Его истинах. А затем с точки зрения своей новой морали, которую стремились возвести взамен Божьей, посчитали эти истины «неудобными». И, поскольку не пожелали поддерживать и беречь в себе — в своих сердцах и разуме — знание Бога, Тот, по словам апостола, «предал их…»

Означают ли данные слова, как утверждают некоторые библеисты, что Бог оставил этих людей? Из Писания следует, что Бог даёт надежду каждому человеку и не имеет обыкновения отказываться от кого бы то ни было, покидать людей. *Так что же значат эти слова Павла?*

Это ещё один из тех случаев, когда на помощь приходит греческий оригинал. Смысл Послания Римлянам 1:28 становится понятнее, если выразить его следующим образом:

«Бог отпустил их...» Т.е. Бог не отказался от надежды на их спасение и не покинул их. Господь просто отпустил их, позволив следовать велению их собственных порочных наклонностей, потому что именно этого те люди и пожелали!

Божий Дух взывает к человечеству, прося не оставлять истину и не уходить от неё в противоположном направлении. Однако, если люди выберут такой путь сами, Бог *предоставит им свободу действий*, и они пойдут на поводу у собственных желаний. Вот настоящее значение слов Павла в Послании Римлянам 1:28.

Что такое «превратный ум»?

В Послании Римлянам 1:28 Павел характеризует общество, отвергнувшее Бога, у представителей которого разум в конечном итоге становится «превратным». Услышав слово «превратный» (в англ. переводе KJV, которым пользуется автор, употреблено слово *reprobate*, что означает «безнравственный», «распутный», «развратный» — *прим. пер.*), мы обычно представляем себе мерзкого, отвратительного, развращённого или извращённого человека. Однако в данном стихе Павел использовал слово «превратный» по отношению к состоянию *всего общества*! Так, в Послании Римлянам 1:28 апостол пишет: «...И как они (общество) не заботились иметь Бога в разуме, то *предал их Бог превратному уму...*»

Давайте, руководствуясь этим стихом, чётко определим, что Бог сделал, а чего Он не делал. Павел не утверждает, что Бог наделил людей «превратным умом». По тексту, Бог «предал их *превратному* уму». И разница между этими действиями весьма существенна! В греческом оригинале глагол «предал» — это *paradidomi*, что буквально означает «передать», а в данном контексте — «отпустить» или «перевести».

Чтобы вам было проще понять смысл написанного Павлом в Римлянам 1:28, приведу простой наглядный пример. Скажем, вы прогуливаетесь неподалёку от грязного пруда. Чтобы не соскользнуть в пруд с покатого берега и не испачкаться в трясине, следует держаться от этого пруда подальше, не так ли? Поскольку мне известно, что вы оказались вблизи пруда и рискуете вывозиться в грязи, неосмотрительно упав, я обязательно предупрежу вас о такой опасности, и, надеюсь, досадная неудача вас не постигнет. Однако, если вы, зная о существовании грязного пруда, тем не менее решаете подойти к нему как можно ближе и намеренно влезть в его грязную жижу, разве мне удастся вам воспрепятствовать?! Пачкаться, пусть и по собственному желанию, весьма неосмотрительно. Но коль вам захотелось почувствовать себя поросёнком и извозиться в грязи — милости прошу!

Таким же образом Бог решил не удерживать общество против желания его членов. Он считается с выбором своих творений и *отпускает* тех на произвол их влечений, даже зная, что решения людей повлекут за собой разрушительные последствия. Поскольку люди не намерены «иметь Бога в разуме», Он просто-напросто отпускает их на свободу в соответствии с их собственными желаниями. Отклоняясь от Божьих духовных законов, не следуя Его утверждённым библейским принципам, люди ставят себя в «превратное» положение.

> Бог решил не удерживать общество против желания его членов. Он считается с выбором своих творений и *отпускает* тех на произвол их влечений.

Само же прилагательное «превратный» — это перевод греческого *adokimos*. Основа *dokimos* означает «одобренный», «подходящий», «надёжный», «достоверный». При добавлении к этому слову отрицательной приставки *а* получается слово *adokimos,* и обладает оно противоположным значением, а именно «неодобренный», «неподходящий», «ненадёжный», «недостоверный». Этим словом характеризуется общество, подвергавшееся пагубному духовному влиянию настолько продолжительно и в таких мощных дозах, что оказалось *повреждённым, с нарушениями, испорченным и более не надёжным*. В таком значении используется в Новом Завете слово «превратный». А в Послании Римлянам 1:28 оно недвусмысленно указывает как на состояние общества в плане его образа мыслей, так и на каждого индивидуума в этом обществе. Образ мыслей человека в таком обществе — как в плане духовных ценностей, так и в смысле интеллектуальных способностей — стал дефективным, испорченным, порочным. Огрубел настолько, что человек оказался уже не в состоянии выносить разумные и благочестивые суждения. Вспомните, о чём мы написали в главе первой, вкратце рассказав, каким на практике становится «превратное» общество. Этот процесс деградации показал себя во всей красе в нацистской Германии за годы до и во время Второй мировой войны.

Бог наделяет человека превосходным разумом с невероятным потенциалом развития. Однако прилагательное «превратный» указывает на то, что в результате постоянного пагубного воздействия со стороны духовных сил тьмы и испорченного мышления этому разуму нанесён непоправимый ущерб. Угрожающие последствия этого ущерба также описываются в Послании Римлянам 1:28. Если человеческий ум (со всем тем потрясающим потенциалом, заложенным Богом) постоянно подвергать тлетворному влиянию неподобающего окружения с порочным мышлением, он рискует оказаться *непригодным*.

Такой ум теряет способность различать, что является приемлемым с точки зрения нравственности, а что нет. Во многих отношениях подобный ум может оставаться острым и гениальным, а личность, им наделённая, вполне способна быть талантливой и одарённой. Тем не менее, когда ум даже такого человека становится «превратным», он лишается своих лучших нравственных качеств, оказывается непригодным, даже извращённым. По мнению Бога, человек с таким мышлением — как и всё общество, состоящее из подобных индивидуумов, — утрачивает способность мыслить правильно, отличать добро от зла в поступках и даже просто судить о том, что хорошо, а что плохо.

По этой причине нам с вами необходимо чётко понимать, какому влиянию мы подвергаем свой разум. Нам также необходимо донести эту истину до своих детей и внуков: они должны оберегать разум от пагубного влияния их греховного окружения. Нам необходимо объяснить им, что такое разрушительное воздействие притупляет совесть человека и затуманивает разум, который, по изначальному замыслу Бога, должен всегда оставаться ясным и непорочным.

> Если человеческий ум (со всем тем потрясающим потенциалом, заложенным Богом) постоянно подвергать тлетворному влиянию неподобающего окружения с порочным мышлением, он рискует оказаться *непригодным*.

А что неправильного в «неправильном»?!

Таково, к сожалению, состояние нашего общества сегодня — в последние из последних дней. Разум людей наводняется потоками ненужной и ложной информации, формирующей одобрительное отношение к самым разных проявлениям безнравственности. В том числе и в вопросе человеческой сексуальности, пропагандируемой наиболее ложным образом. Мы имеем дело с вероломным нападением духов-обольстителей, преследующих цель видоизменить коллективное сознание общества, а затем сформировать в нём образ мыслей, напрочь лишённый каких-либо нравственных ограничителей.

Процесс видоизменений в мышлении протекает во всех сферах общественной жизни и отношений. Под его влияние попадают даже воспитанные церковью! Доходит до того, что их позиция в отношении вопросов, проблем и ценностей, *некогда твёрдая и непоколебимая*, становится размытой и невнятной.

> **На разных этапах осуществления бесовской стратегии должно произойти извращение мышления. Оно нанесёт непоправимый ущерб ментальному здоровью и лишит людей способности к нравственному анализу действительности. Человек окончательно утратит умение определять, что именно *неправильно* в *неправильном*!**

Как это случилось?! Подобное стало возможным в результате беспощадной умственной бомбардировки со стороны «не тех» людей, «не тех» источников информации, «не тех» духовных источников. Это результат бесовской стратегии по уничтожению всего человечества (в первую очередь — христиан). На разных этапах осуществления бесовской стратегии должно произойти извращение мышления. Оно нанесёт непоправимый ущерб ментальному здоровью и лишит людей способности к нравственному анализу действительности. Человек окончательно утратит умение определять, что именно *неправильно* в *неправильном*!

В результате общество разделится на две части: на тех, кто твёрдо стоит на вечных библейских ценностях, и тех, кто эти ценности попирает.

Когда коллективное сознание претерпевает коренные изменения в отношении здравости суждений и нравственной оценки происходящего (т.е. видоизменяется под действием греховной пропаганды), само общество начинает «делать непотребства» (Римлянам 1:28). Существительное «непотребства» попросту означает «неправильный с нравственной точки зрения» или «неподобающий».

В Книге Притчей 23:7 раскрывается один важный принцип: «…каковы мысли в душе его, таков и он…» *Помните: действия человека следуют за его мыслями!*

Дьявол знает: нужно лишь пробраться в разум одного, второго, третьего — и так далее в масштабах всего общества. И уже вскоре поведение индивидов в таком обществе начнёт всё больше соответствовать новому образу мыслей, заложенному дьяволом. Разумеется, это новое мышление будет разительно отличаться от утверждённых веками и проверенных временем Божьих стандартов, отражённых в Библии. Мы, Божий народ, должны быть начеку. Нужно не забывать о том, что в наши, последние, дни сатана направляет тучи духов-обольстителей с его бесовскими учениями с целью ввести целые поколения в заблуждение.

Сатана приступил к тайной операции по пленению мышления — особенно в среде молодёжи — чтобы свести их в погибель. Дьявол обращается к обществу через уста влиятельных личностей шоу-бизнеса и СМИ, ведь ему уже удалось обманом заставить самих этих людей поверить его лжи. Цель дьявола — поразить все поколения, живущие в последние времена, сформировав в них такой образ мыслей и поведения, который нанесет непоправимый урон их разуму. Тогда врагу удастся украсть, убить и погубить людей из всех слоёв общества.

> *Помните: действия человека следуют за его мыслями!*

Как упоминалось ранее, в Книге Исаии 5:20 мы читаем о тех временах, когда люди будут «…называть злое добрым, а доброе — злым и заменят тьму светом, а свет — тьмой…» (дословный перевод NASB). Это предсказание о временах, когда общество развратится и утратит способность видеть разницу между добром и злом. Когда будет оправдывать зло (считая его добром) и осуждать добро. Мы с вами уже живём в эти времена. На дворе — как раз те дни, о которых пророчески предупредил в Первом послании Тимофею 4:1 Святой Дух.

Нынешнее общество склонно к беззаконию. Выражается это в формировании нового мирового порядка с нравственными ценностями, противоречащими библейским. В конечном итоге всё это приведёт к возникновению общественного сознания, которому неведома боль осознания собственного греха, незнакомо обличение в нём и чужда ответственность за последствия своих неверных действий.

Когда этот этап дьявольской стратегии окажется полностью пройден, такое понятие, как «угрызения совести» уже не будет существовать. А безнравственное поведение, огорчающее Бога, станет обычным делом. Наступит время, когда «беззаконие», как Писание называет это явление, не просто умножится, а станет поистине *изобиловать*.

Если речь заходит об «обществе», следует помнить, что это общество состоит из отдельных людей. Каждый из них испытывает пагубное воздействие зла в результате беспощадной, непрестанной бомбардировки разума греховными идеями и образами. В состав общества входят и христиане, имевшие неосторожность отойти от Божьих принципов настолько далеко, что теперь лгут, крадут, блудят, сожительствуют и занимаются сексуальными непотребствами в нару-

> **Нынешнее общество склонно к беззаконию. В конечном итоге всё это приведёт к возникновению общественного сознания, которому неведома боль осознания собственного греха, незнакомо обличение в нём и чужда ответственность за последствия своих неверных действий.**

шение Божьих заповедей, смотрят фильмы, которые когда-то вызывали у них отторжение, и так далее.

Идёт непрестанная атака сознания неправильными духовными мыслями и образами на фоне всеобщего согласия внутри церковного сообщества терпеть эту бомбёжку. Подобное постепенно приводит к тому, что непримиримость христиан в отношении врага смягчается, и христиане становятся всё более терпимыми к влиянию тьмы. Печально и то, что христиане раз от раза всё меньше ощущают душевную боль, когда Господь обличает их во грехе. Они посещают церковь, общаются друг с другом и продолжают жить так, будто их действия вполне приемлемы для Бога. Так что же, в конце концов, произошло с совестью этих христиан, что они уже не чувствуют ни малейших угрызений за совершаемые грехи?! Это и есть последствия процесса деформации в их душе и разуме. Во многих случаях с течением времени ум и совесть таких христиан, опалённые грехом, «затвердевают», словно обожжённая глина, а потому теряется чувствительность в отношении тех или иных поступков. И вполне вероятно, что даже христиане становятся «превратными» в этих «затвердевших» областях своего разума.

Можно ли это исправить?

Для христиан, которые совершили вопиющую ошибку, поддавшись греховному образу мыслей и нечестивому поведению, по-прежнему остаётся *надежда*. Им необходимо признать факт отступления и проявить готовность к покаянию (см. 1 Иоанна 1:9). И тогда пробудившаяся внутри них мощь и ревность Святого Духа, словно цунами, обрушатся на твердыни в их разуме, сокрушая все неверные представления. И начнётся процесс обновления ума в соответствии с истиной.

Для обновления ума христианину необходимо безоговорочно *покорить* свой разум Божьему Слову и сотрудничать со Святым Духом (см. Римлянам 12:1, 2). Эти шаги также потребуют смелости и радикального посвящения. Если человек подвергался продолжительному воздействию греха и заблуждений, его удастся восстановить до прежнего, неповреждённого, состояния только при условии полного посвящения христианина размышлению над Божьим Словом и послушанию его истинам.

Когда разум *засорён* и *испорчен* грехом, для обновления потребуется полное посвящение этой задаче. Утешение в том, что христианину, отступившему от ясного библейского учения, но готовому предпринять всё необходимое для восстановления, Бог даёт надежду. Святой Дух совершит чудо: Он возьмёт разум, повреждённый грехом, и обновит его до надлежащего состояния — правильного, святого, чуткого к Богу. Ведь именно в таком состоянии наш разум высоко ценится Господом!

> Утешение в том, что христианину, отступившему от ясного библейского учения, но готовому предпринять всё необходимое для восстановления, Бог даёт надежду.

ВОССТАНИЕ ПОСЛЕДНЕГО ВРЕМЕНИ

Давайте ещё раз заглянем в Первое послание Тимофею 4:1, где написано: «Дух же ясно говорит, что в последние времена отступят некоторые от веры, внимая духам обольстителям и учениям бесовским…» Подробнее этот стих мы рассмотрим в следующей главе. А сейчас в данном стихе стоит отметить, что Святой Дух «ясно говорит» о событиях и явлениях, которые будут происходить в самом конце времён.

Нечто подобное — о том, что на финальном отрезке последнего времени усилится вероотступничество — тот же

Павел написал и во Втором послании Фессалоникийцам 2:3. Здесь апостол пишет: «Да не обольстит вас никто никак: [ибо день тот не] [придёт], доколе не придёт прежде *отступление* и не откроется человек греха, сын погибели».

Слово «отступление» — это перевод греческого существительного *apostasia*, которое в Септуагинте (перевод Ветхого Завета на греческий язык — *прим. пер.*) указывает на *восстание против законной власти*. Во Втором Фессалоникийцам 2:3 Павел использует это слово, чтобы характеризовать состояние общества на закате последних времён, которое открыто взбунтуется против власти Бога, свергнув установленные Им принципы. Такое поведение общества совпадает с предупреждением Иисуса о том, что прежде наступления конца мира «умножится беззаконие» (см. Матфея 24:12).

Всё вышесказанное полностью объясняет, почему прямо на наших глазах творится то безумие, которое мы вынуждены лицезреть. Мы живём в преддверии самого конца «века сего» — в преддверии возвращения Христа. Бесовские духи орудуют вовсю, вмешиваясь в мировую культуру. Они получили поручение от сатаны сбивать жителей земли с толку, причинять им непоправимый вред, разрушать жизнь как можно большего количества людей.

«Тайна беззакония»

Во Втором послании Фессалоникийцам 2:7 Павел говорит о том, что среди его современников уже действовала некая «тайна беззакония». Однако, по его словам, в конце времён эта «тайна» превратится в агрессивную силу, работающую в обществе. Как и предсказывал Святой Дух, восстание против Бога и Священного Писания набирает обороты на наших глазах. «Тайна беззакония» приведена в действие и с великим неистовством беспрестанно обольщает народы земли, вводя их в глобальное заблуждение.

Разумеется, с нравственным разложением и болезнями общества христианам приходилось сталкиваться во *всех* эпохах. То, что мир становится всё хуже и хуже, ни для кого не новость. Однако *стремительность* и *глубина* нравственного разложения в обществе за последние сто лет значительно опередила все предыдущие эпохи. Ощущение, будто мы на огромной скорости несёмся напрямик к самому концу нынешней эпохи. И чем ближе к финишу, тем глубже погрязает в обольщении и разврате этот мир, отступивший от Бога.

Плыть «против течения» — против сильного и коварного течения этого мира — задача не для слабаков. Чтобы сохранять поступательное движение вперёд, просто необходимо оставаться верным своим убеждениям, основанным на Библии. Мы также в ответе за то, чтобы передать ту же силу праведных убеждений следующему поколению христиан, готовя наших детей жить, как призваны убеждённые христиане, исполненные Святым Духом.

Совершенно точно, для сопротивления давлению, которое будет оказываться на христиан в грядущие дни, потребуется сверхъестественная сила. *Но ведь мы с вами живём именно в это время неспроста!*

В последние времена у Бога есть определённая стратегия, и каждый из нас является её частью. Нынешнее поколение христиан призвано сыграть в обществе свою конкретную роль. Во свете этого факта нужно осознать, что ещё никогда прежде для нас не было настолько жизненно необходимым в смирении просить у Бога мудрости и разумения, духовного откровения. Это поможет разглядеть Его путь и проникнуться Его замыслом для нашей жизни именно на последние дни. Не поддавайтесь страху, напротив, устремитесь ко Христу. Чтобы наполниться Его силой и оставить заметный след в жизни как можно большего числа людей, чтобы направить их к вечности в имеющееся до конца время. *Нам с вами выпала потрясающая и беспрецедентная возможность!* Поскольку мы живём в последние времена, важно быть начеку, ведь дьявол стремительно изменяет и подминает этот мир под себя. Он готовится выпустить на мировую арену человека беззакония, т.е. самого антихриста. Поэтому готовит человечество к безоговорочному принятию того, в ком будет дух сатаны. Вот цель крупномасштабного проекта по приведению мира в состояние беспрецедентного беззакония. Мир пока об этом не догадывается, но именно к такому развитию событий его вовсю готовят уже сегодня. По мере продолжения процесса трансформации коллективного мышления мы увидим, как всё вокруг меняется больше и стремительней. В ходе масштабного сдвига парадигмы общественного мышления мы также станем свидетелями того, как враждебные духовные силы устраивают всевозможные разрушительные предприятия, цель которых — погубить как можно большее количество людей.

Вот что (и даже больше) ожидает нас впереди по мере нашего приближения к концу эпохи. На этом фоне в последние дни ещё больше возрастает значимость библейских ценностей, а также важность послушания авторитету Писания. В общем и целом, наши современники не знают и не уважают Библию так, как это делали их предшественники. Как описывается в 1-й главе Послания Римлянам, общество постепенно отходит от Божьей истины всё дальше и дальше. Божьи принципы и Его мудрость становятся «неудобными» и не вписываются в модель современного мира, который хотят построить для себя «прогрессивные» либеральные мыслители. По этой причине люди в большинстве своём невежественны в духовных вопросах. Они не в курсе, что давно стали пешками в руках духов-обольстителей, которым сатана поручил увести их как можно дальше от истины. Но мы с вами не должны ёжиться от страха! Напротив, это наше время смело идти вперёд и распространять вечное и актуальное всегда Евангельское Слово, давая ему проявить освобождающее, спасающее, исцеляющее и просвещающее действие.

Берегитесь дыма!

Нам с вами также важно помнить, что, по статистике, при пожаре дым оказывается гораздо опаснее для жизни, нежели огонь. По сводкам МЧС, от 50 до 80% погибших во время пожара умирают не от огня, а от *отравления дымом!*

Пусть Церковь и не охвачена пламенем безнравственности, которое дьявол сегодня раздувает по всему миру. Однако мы, живущие среди нынешнего поколения людей, невооружённым глазом видим разрушительные последствия деятельности духов-обольстителей в жизни общества. Мир сгорает в огне буйствующей безнравственности. Адское пламя этого бесовского пожара пылает в наших городах, в школах, где учатся наши дети, в СМИ, в судах и, как это ни печально, в жизни некоторых людей, посещающих наши церкви. По данной причине становится жизненно необходимым для нас с вами сделать всё возможное, чтобы с состраданием и решительностью выхватывать из разрушительного пламени пока ещё живых людей.

При этом следует помнить и о том, что во время бесовского пожара при горении выделяется смертоносный едкий дым. Сами мы, возможно, и не охвачены пламенем, но не нужно забывать об опасности дыма. Задача дьявола — посредством «духовного дыма» произвести в нашей жизни (в наших церквях, в нашем межцерковном общении с другими христианами и в наших семьях) смертельные разрушения. В последние времена мы с вами живём в непосредственной близости от разрушительных пожаров, охвативших всё общество. Поэтому следует пробудиться и быть начеку. Нужно следить за тем, чем дышим, и помнить о смертельной опасности *вдыхания духовного «дыма»* как для нас, так и для наших церквей.

Мы, посвящённые Богу христиане, не из тех, кто с лёгкостью соглашается следовать по пути нравственного заблуждения, насквозь пропитавшего общество. Часто мы чувствуем отвращение к этому порой даже не прикрытому обману. Но бесовское пламя разгорается в непосредственной близости от нас, так что опасность вдыхания отравляющего дыма остаётся как никогда реальной.

Коварный бесовский дым проникает сквозь любые щели во все сферы жизни современного общества. Цель сатаны — с помощью системообразующих факторов всемирного значения и нравственно разлагающейся культуры отравить систему образования, индустрию развлечений, политические процессы, научную деятельность, систему здравоохранения, судебные инстанции и даже церковные структуры. Бесовские полчища получили от сатаны распоряжение забрасывать разум людей угодными ему заблуждениями. Дабы видоизменённое обманом мышление людей повлекло за собой разрушительное поведение и решения, о которых впоследствии люди будут сожалеть. Распространить зло по всему миру в таких масштабах под силу лишь бесовским духам. Именно об этом и пророчествовал Святой Дух в Первом послании Тимофею 4:1.

Нам с вами, как и нашим друзьям, родственникам и знакомым, крайне важно научиться распознавать запах смерто-

> **В последние времена мы с вами живём в непосредственной близости от разрушительных пожаров, охвативших всё общество. Поэтому следует пробудиться и быть начеку. Нужно следить за тем, чем дышим, и помнить о смертельной опасности *вдыхания духовного «дыма»* как для нас, так и для наших церквей.**

носного духовного дыма, когда его отравляющие пары начнут просачиваться в наше сознание и создавать сумятицу и неразбериху в нашем собственном разуме.

- Сейчас самое время укреплять разум библейским учением по жизненно важным вопросам, которые в настоящий момент подвергаются бесовским атакам.

- Сейчас самое время со всей смелостью оспаривать всё то, что противоречит библейским истинам.

- Сейчас самое время научиться рациональному и здравому мышлению, пусть окружающий мир, как кажется, напрочь лишился способности к здравомыслию.

- Сейчас самое время, прилагая всю данную нам мудрость, анализировать происходящее вокруг.

- Сейчас самое время распознавать, где зло, а где добро.

- Сейчас самое время быть готовым пойти вразрез с общественным мнением, если оно идёт вразрез с Божьими принципами и отстаивает беззаконную позицию.

- Сейчас самое время настойчиво молиться о благодати и мудрости для избавления людей, ставших жертвами всеобщего безумия последних дней.

Всё это — наша обязанность, если мы намерены не потерять голову в последние времена, когда весь окружающий мир, кажется, совершенно лишился рассудка!

В мире множество христиан так или иначе осознают резкие перемены в политическом климате и общественном мировоззрении. Однако эти верующие ничего не предпринимают — скрестив руки на груди, они лишь неодобрительно качают головой. Но разве так следует реагировать?! Разве возможно испытывать отвращение к происходящему и при этом быть совершенно безразличным, не проявляя никакого сострадания ни к грешникам, ни к христианам и не убеждая их следовать за Богом?

Что ж, нам нужно приблизиться к Богу в молитве и жить в полной зависимости от Святого Духа. Проявлять постоянное, неуклонное желание не огорчать, не оскорблять и не угашать Его. Последние времена готовят нам обольщение, которое угрожает охватить и закабалить каждого. Так и произойдет, если мы не укоренимся в истине и не позволим Духу Святому помочь нам преодолевать силу течения, чтобы не сбиться с Божьего курса!

Поразмыслите над этим

1. На протяжении определённого времени западное общество движется по проложенному бесами маршруту и на сегодняшний день находится на «верном» пути к намеченной сатаной цели — превратиться в общество отступников, напрочь отрицающее абсолютные истины Божьего Слова.

   Вы задумывались над тем, что в связи с этим может потребоваться от вас и ваших родственников в ближайшее время? Вы уже приняли твёрдое решение любой ценой отстаивать истину Божьего Слова? Если да, в чём практически выражается это посвящение в вашей повседневной жизни?

2. Из Божьего Слова нам уже известно, что в конечном итоге усилия сатаны не увенчаются успехом, и Бог добьётся Своего. На фоне приготовления Церкви к возвращению Христа в последние дни произойдёт движение Святого Духа, которое по своей силе и масштабу затмит все предыдущие и ознаменует «кончину века».

   В эти величайшие и вместе с тем самые сложные для жизни времена ваша бескомпромиссная преданность Христу, возможно, будет приводить к противоречивым результатам в ваших отношениях с окружающими. Поясню: в один день на ваше свидетельство о Христе, возможно, ответят насмешками, несогласием и отказом. На следующий же день кто-то уверует, и его жизнь навсегда изменится благодаря вашему благочестивому влиянию на этого человека.

   Как лично вы готовите свои отношения с Богом к таким временам, чтобы обе крайности — усиление преследований и растущая жатва людских душ — не застали вас врасплох?

3. Никогда не забывайте: действия — это результат мыслей. То, какие мыслительные процессы протекают в вашей голове и кому (чему) вы предоставляете доступ к своему разуму, определяет и всё остальное!

   Оцените «бригаду дорожников», которым вы дали право прокладывать «магистрали» в вашей жизни. Ложатся ли эти «дороги» на основание истин Божьего Слова? Утверждаются ли они свидетельством Святого Духа вашему духу и являются ли результатом влияния служителей, на попечении которых вы оказались по Божьей воле? Или «прокладчиком» путей становится что попало: некая смесь из мнений мира, дьявола и вашей собственной противоречивой плотской натуры? Любую смесь необходимо отсортировать, прежде чем вам удастся успешно исполнять служение Божьего представителя, утверждая проверенные временем принципы и помогая другим членам заблудившегося общества найти дорогу к Господу.

Глава третья

ПОСЛЕДНЕЕ ВРЕМЯ: НАШЕСТВИЕ ДУХОВ-ОБОЛЬСТИТЕЛЕЙ С БЕСОВСКИМИ УЧЕНИЯМИ

В первой главе мы отметили, что сатана замышляет заразить мир «смертельной сывороткой» непослушания Божьей истине. Это в конечном итоге приведёт общество в состояние массового гипноза под действием беспрецедентного обольщения. В той же главе мы сделали акцент на нелепых общественных преобразованиях, происходящих вокруг. Но, как написано в Первом послании Тимофею 4:1, те же самые духи-обольстители, что стремятся совратить мир, в последнее время предпримут попытку проникнуть в Церковь со своими бесовскими доктринами. Святой Дух чётко и ясно пророчествовал о том, что подобное духовное наступление произойдёт *внутри* Церкви на самом последнем отрезке последних дней перед возвращением Иисуса.

В предыдущей главе речь также шла о разрушительных пожарах, что пылают в обществе, выделяя в окружающую среду ядовитый газ. И, как заявлялось ранее, в большинстве случаев во время пожара люди умирают не от огня, а *от ядовитого дыма*.

Мы с вами, в отличие от многих других окружающих людей, вероятнее всего, не охвачены пламенем, вспыхнувшим из-за нравственной деградации. Однако вокруг нас в различных сферах общественной жизни свирепствуют дьявольские пожары. Они разгораются в деловой сфере и индустрии развлечений, в судебной сфере и образовательной системе, даже в семьях. И нам, более чем вероятно, придётся защищаться от ядовитого дыма, что клубится над этими пожарами. Если своевременно не принять мер защиты от едких испарений, они способны просочиться в наше внутреннее пространство и отравить атмосферу вокруг. Тогда мы неизбежно вдохнём ложь о том, будто ядовитый дым — это «неотъемлемая» часть жизни современного общества.

> Если своевременно не принять мер защиты от едких испарений, они способны просочиться в наше внутреннее пространство и отравить атмосферу вокруг. Тогда мы неизбежно вдохнём ложь о том, будто ядовитый дым — это «неотъемлемая» часть жизни современного общества.

Предсказание в Первом послании Тимофею 4:1 следует понимать однозначно: на закате «века сего» плодородная почва для заблуждения будет готова не только в обществе, но и внутри Церкви. Любому христианину, чуткому к духовному миру, всё совершенно ясно: эти духи-обольстители уже вовсю действуют. Человек, наблюдающий за развитием нелепых событий в области нравственности в самых разных сегментах общества, сосредоточив взгляд на определённых церковных кругах, с лёгкостью увидит замаскированное заблуждение, которое уже начало проявляться.

В современном христианском сообществе появляются служители, ищущие опасное «перемирие» с этим миром. Они прикрываются лозунгами об «открытости для всех, любви ко всем и умении договориться со всеми». Причём многие из этих служителей ещё недавно занимали категоричную доктринальную позицию. Однако со временем решили откорректировать свои убеждения, учтя изменчивый нравственный климат в своём сообществе. В процессе изменилась и их проповедь: Евангелие, звучащее с их кафедры, разительно отличается от библейского.

Этот мир был, есть и будет изменчивым, а Христос, как говорится в Послании Евреям 13:8, остаётся прежним вчера, сегодня и вовеки. Его истина не меняется вместе с тенденциями окружающего общества. Истина остаётся истиной, вне зависимости от того, какое конкретное проявление безнравственности человечество посчитает «нормальным» на сей раз. Сегодня, как и в первые годы жизни Церкви, стоит христианам занять твёрдую позицию, основанную на абсолютной истине, тут же это начинает расцениваться как проявление «нетерпимости». Когда дело доходит до истины, непозволительно «смягчать» её или смешивать с другими системами верований ради «дружбы».

> Когда дело доходит до истины, непозволительно «смягчать» её или смешивать с другими системами верований ради «дружбы».

Угроза компромисса с миром продолжает распространяться в Церкви, и некоторые, в том числе видные, служители поддерживают эту тенденцию. Следовательно, для зрелых христиан становится жизненно необходимо уметь распознавать эти тенденции обольщения, из-за которых Евангелие преподносится в смягчённой, размытой форме, более «комфортной» для мирского слушателя. На такой скользкой дорожке сегодня находится ощутимая часть Церкви, поскольку в своей естественной логике христиане стремятся познакомить с Библией поколение, которое ничего о ней не знает, но при этом считает библейские повеления ограничительными и устаревшими. Но давайте называть вещи своими именами: это *отступление от Библии*!

Опасность фактора «актуальности» в благовестии нынешнему поколению

Речь идёт не о стремлении сохранять актуальность в глазах подрастающего поколения через применение естественных приёмов — таких, например, как современные технологии, световые и звуковые эффекты, а также новые музыкальные стили. Никто не станет оспаривать преимущества новых технологических решений и современных стилей. В своём служении для большей эффективности мы используем много новых технологий и приёмов, которых раньше не было. От поколения к поколению стили меняются, и в процессе перехода от одного поколения к другому мудро применять эти средства для того, чтобы оставаться на одной волне с молодыми людьми. Мы не упорствуем в настоятельном использовании прежних методов коммуникации, хотя для нас они и являются более привычными. Нет, мы решили постоянно учиться чему-то новому, чтобы поддерживать эффективность наших методов благовествования для всего мира. Однако мы никогда не станем «разбавлять» истину этого благовествования! По сути, такой подход и становится незримым водоразделом в проповеди Благой вести. Определить степень «актуальности» практически невозможно, поскольку сама по себе «актуальность» непостоянна — она непрестанно меняется в зависимости от конкретной аудитории. Тем не менее многие в своём стремлении быть «понятными» для нынешнего поколения «размывают» содержание Евангелия в надежде затронуть большее количество людей.

> **Никак нельзя менять вечные, прочно утверждённые и испытанные временем доктринальные истины Божьего Слова в угоду предпочтениям нынешнего поколения!**

Но никак нельзя менять вечные, прочно утверждённые и испытанные временем доктринальные истины Божьего Слова в угоду предпочтениям нынешнего поколения!

Последнее заявление может показаться вам логичным и неоспоримым. Однако Святой Дух чётко предупредил о том, что с приближением к концу «века сего» истину *будут* извращать. Поэтому нас не должно удивлять безудержное стремление большого сегмента современной Церкви видоизменить и переформулировать извечные истины в попытке сделать их «актуальными» для мира, постепенно сходящего с ума.

Божья стратегия, которая привела в движение Раннюю Церковь

Давайте вспомним, что в первом столетии Бог предпринял для актуализации и повышения степени доступности Евангельской вести в тогдашнем мире. Поскольку краеугольным камнем в человеческом общении является язык, Бог знал, что именно язык сыграет невероятно важную роль в распространении Христовой веры. И тогда Господь отошёл от традиционных форм общения и предпринял нечто кардинально новое, что позволило Ему максимально расширить аудиторию, к которой Он вознамерился обратиться.

Раньше Бог общался со Своим народом на иврите. Однако, чтобы обратиться сразу ко всему миру, не стал настаивать на том же методе общения и выбрал греческий язык. Учитывая обстановку, в которой пустила корни Ранняя Церковь, причина Божьего выбора именно греческого в качестве языка Нового Завета становится очевидной. Греческий был в обиходе повсеместно. Фактически он стал первым международным языком — главным средством общения в повседневной жизни и работе практически на всей территории Римской империи. Подавляющее большинство жителей цивилизованного мира общались на греческом, а не на иврите.

Если человек свободно владел греческим, он мог беспрепятственно вести дела в большинстве городов, подвластных

Риму. Даже евреи, жившие за пределами Палестины, выучили греческий и говорили на нём в повседневности. Прояви они упрямство, требуя, чтобы с ними разговаривали только на иврите, неизвестном для большинства жителей империи, они существенно бы сузили свой круг общения и возможности для ведения дел.

Вместо того чтобы навязывать языческим народам иврит для чтения и понимания Нового Завета, Бог решил упростить задачу для всех и обратился к ним на *их* языке. Используя греческий, распространённый повсеместно, писавшие Новый Завет позаботились о том, чтобы практически каждый на необъятных просторах Римской империи смог услышать и понять Благую весть. А затем осознанно принять её или отклонить.

Факт в том, что, если бы Новый Завет был написан на иврите, его весть, вероятно, так и не проникла бы во все слои человечества, которое Иисус пришёл искупить. Использование иврита сократило бы доступность Благой вести, в то время как греческий представлял благовестникам безграничные возможности для распространения Евангелия до краёв Римской империи.

> **Решив использовать греческий, Бог проявил Свою готовность сделать всё возможное для общения с человечеством на одном языке.**

Более того, если бы понятийный ряд и образы, используемые в Новом Завете, были бы заимствованы по большей части из Ветхого Завета, языческая целевая аудитория так и не поняла бы значение ряда наглядных примеров. Ведь многие были совершенно незнакомы с еврейской культурой. Безграничный в Своей мудрости Бог решил задействовать больше образности, символизма и речевых оборотов, понятных языческому миру. В Новом Завете иногда встречаются образы и идеи, взятые непосредственно из Ветхого Завета. Однако подавляющее большинство слов и образов Нового Завета позаимствованы из греческого мира. Решив использовать греческий, Бог проявил Свою готовность сделать всё возможное для общения с человечеством на одном языке.

Несмотря на то, что языком общения Бога с Его народом во времена Ветхого Завета оставался иврит, с помощью этого языка привлечь к Богу широкие массы людей было бы невозможно. И Бог решил передавать новозаветные истины на греческом, даже когда языком общения в Палестине оставался иврит. Это пример стратегического планирования для привлечения к Господу более широкой аудитории.

Бескомпромиссное Евангелие в устах Иисуса

Вернёмся к понятию «актуальность» в земном служении Иисуса. Как мы видим в Евангелиях, в каждом конкретном обращении к людям Иисус выбирал стиль учения, соответствующий аудитории. При этом *истина* в Его устах *никогда* не видоизменялась! Он часто поднимал «неудобные» темы, в частности, говорил о греховном поведении Своих слушателей или описывал реальность ада. И за Свои слова никогда ни перед кем не извинялся! Не раз прямота Иисуса, касающаяся истинного положения вещей, задевала за живое религиозно настроенных слушателей, и те обижались. Большинство же простых людей Христова весть не отталкивала. Напротив, люди *тянулись* к Иисусу! Они знали наверняка: Иисус всегда скажет им сущую правду.

С набожными собеседниками Иисус разговаривал набожно, с представителями высших слоёв общества и людьми состоятельными — на языке финансов. Чем делал Евангельские истины полностью понятными и актуальными. В беседах Иисуса с бюрократами, политиками и представителями государственной власти звучали политические нотки, а с теми, кто зарабатывал на жизнь земледелием или рыбной ловлей, — понятия, близкие их ремеслу. Такой подход делал Его учение понятным для всех. А когда Иисусу доводилось беседовать с больными, нуждающимися, удручёнными и бедными, Его обращения были полны утешения. Исследуя земное служение Иисуса, нетрудно определить, что Он умело выбирал стиль учения и проповеди в соответствии с уровнем образования и положением Своих слушателей. Истина же от этого никак не страдала.

> Исследуя земное служение Иисуса, нетрудно определить, что Он умело выбирал стиль учения и проповеди в соответствии с уровнем образования и положением Своих слушателей. Истина же от этого никак не страдала.

Фарисеи и саддукеи выражались высокопарно, с обилием религиозных терминов, непонятных простому люду. Иисус же использовал обычные жизненные понятия, приводил наглядные примеры, рассказы, аналогии и притчи из реальной жизни. Донося истину до обычных людей, Он даже использовал юмор!

Что касается Священного Писания, т.е. Ветхого Завета, Иисус выступал, как власть имущий. Повторим, используя повседневные понятия, словосочетания и наглядные примеры, Иисус умело доносил истины совершенно понятным языком — понятным для всех. Однако, каким бы методом Иисус ни обращался к той или иной группе слушателей, Он никогда не изменял, не подстраивал, не «редактировал», не «растворял» и не смягчал истину с целью сделать посыл более комфортным для слушателей или привлечь их в ряды Своих последователей!

Если мы сегодня хотим подражать примеру Иисуса, величайшего Проповедника всех времён и народов, нам предстоит научиться говорить с самыми разными людьми так, чтобы наше благовествование было им понятно. Нам следует сделать стандарты Иисуса *своими* стандартами. Подобно Христу, *нам нужно* решить для себя, что мы никогда не станем изменять, подстраивать, редактировать, растворять и смягчать истину с целью сделать свой посыл более комфортным для слушателей или привлечь тех в ряды своих последователей!

Некоторым людям слушать истину весьма не комфортно и даже затруднительно. Но когда мы верно и неуклонно доносим до людей истину Божьего Слова, каждый может быть уверен в том, что мы всегда скажем правду, даже если принимать её неприятно.

Так могут ли люди рассчитывать на то, что мы скажем им правду?

- Оказавшись однажды на Небесах, услышим ли мы в свой адрес похвалу от Бога за прожитую жизнь и служение, ставшее свидетельством для мира (см. 1 Коринфянам 4:5)?

> Когда мы верно и неуклонно доносим до людей истину Божьего Слова, каждый может быть уверен в том, что мы всегда скажем правду, даже если принимать её неприятно.

- Подтвердит ли Бог, что мы всегда провозглашали бескомпромиссную истину?

Как заявлялось ранее, стиль общения менялся, меняется и будет меняться. Зачастую наши методы и стили продиктованы культурными особенностями, а не библейским содержанием. Следовательно, по необходимости могут меняться так, что истина от этого не пострадает. Когда служитель под водительством Святого Духа меняет методы или стили для того, чтобы церковь стала более открытой, понятной и доступной для её окружения, эти изменения должны приветствоваться. Но вносить их следует не бездумно, а осмысленно, учитывая далеко идущие последствия.

Итак, когда в наши, последние, дни вокруг происходит такое количество перемен, важно не потерять голову! Бог по-прежнему ожидает, что Церковь останется Его глашатаем для нынешнего поколения живущих. Он не против поменять некоторые методы, если от этого мы станем более эффективными и актуальными в служении благовестия, отстаивая при этом веру и держась Слова жизни.

Даже Бог с готовностью заменил одни методы на другие, сделав греческий языком благовествования. Как мы отметили, Иисус выражался языком, понятным для Его современников. Нельзя забывать: если мы отклонимся от вечных истин, утверждённых Богом в Слове, Он спросит с нас за это!

Мы подходим на роль «гласа Божьего»?!

Мы, входящие в состав Божьей Церкви, являемся гласом Всевышнего для поколения последнего времени. Нам нужно понимать, что это значит, и ответить на вопрос, подходим ли *мы с вами*, христиане, на такую роль. Чтобы ответить на него, давайте обратим внимание на слово «проповедовать».

Глагол «проповедовать» встречается в Новом Завете часто. Это перевод греческого слова *kerusso*. Само по себе это слово означает «проповедовать», «провозглашать», «заявлять», «объявлять», «возвещать». В культурном контексте Ранней Церкви данное слово описывало роль официального царского глашатая. В обязанности глашатая входило объявлять желания, указы, распоряжения и послания, которые народ должен был услышать так, словно они исходят от самого царя. Должность глашатая требовала донесения царских посланий без каких-либо изменений, сделанных после его подписи. У глашатая не было права каким бы то ни было образом изменять, редактировать или дополнять царские послания.

Греческое понятие *kerusso* со всеми его значениями и применениями определило контекст для понимания и использования слова «проповедовать» в Новом Завете. Оно помогает понять роль призванного Христова проповедника. Первостепенная задача этого служителя — безошибочно представлять Бога, объявлять Его послания в точности так, как они вышли из Божьих уст, и не вносить изменений, смягчений и дополнений. Объявляемые послания — это *Господня* кафедра, а не личная трибуна глашатая.

Все, кто «проповедует» в любом амплуа, в том числе каждый из нас, христиан, должен помнить об этом. Истина в том, что Божьей кафедрой является сама наша *жизнь*.

Мы — *Господни* глашатаи, а не глашатаи самих себя или других людей. Столь высокую и благородную должность непозволительно использовать в собственных целях.

Будучи Божьими послами, назначенными на этой земле Им Самим, мы призваны безошибочно представлять Его и говорить только то, что Он провозгласил в Своём Слове.

Каждому приятно, когда его ценят, но нам нельзя забывать, что мы живём и служим не для того, чтобы кому-то нравиться или привлекать последователей. Мы призваны служить, как Моисей, выражавший Божью волю, бескомпромиссно представлявший Бога и возвещавший Его послания людям. А вести себя, как Аарон, нам *не к лицу*. В опре-

> Истина в том, что Божьей кафедрой является сама наша жизнь. Будучи Божьими послами, назначенными на этой земле Им Самим, мы призваны безошибочно представлять Его и говорить только то, что Он провозгласил в Своём Слове.

делённый момент он стал представителем *людей* и, потворствуя их плотским желаниям, дошёл до того, что по требованию народа предоставил им для поклонения золотого тельца.

Сегодня угодить в ловушку поиска популярности проще простого. Так, постоянно растущая платформа социальных сетей предлагает успех в виде количества «лайков». Для привлечения большего количества таких «лайков» некоторые публикуют на своих страницах в соцсетях материалы, на которые трудно не обратить внимание. Например, чтобы создать много шума, человек публикует какое-то заявление. Божьим глашатаям порой совсем не сложно собрать вокруг себя аудиторию и набрать популярность. Но прежде всего им следует помнить о Том, Чей характер и слова они призваны представлять во всякое время, и со всей ответственностью к этому относиться. В роли Божьих глашатаев мы должны не забывать: всеми своими словами и поступками мы представляем Бога, Его святость и Его характер. Нам не дано права переиначивать или менять Его слова в угоду изменчивому миру.

> В роли Божьих глашатаев мы должны не забывать: всеми своими словами и поступками мы представляем Бога, Его святость и Его характер. Нам не дано права переиначивать или менять Его слова в угоду изменчивому миру.

Он призвал нас возвещать Его истину настолько превосходно, насколько это только возможно с нашей стороны, сохраняя её изначальное содержание. И возвещать эту истину мы призваны в животворной и преображающей силе Святого Духа.

Опасность уклонения от острых тем

Особую ответственность перед Богом за точную и полную передачу людям Божьей вести в том виде, в каком её предоставил Господь, несут служители. Но, к сожалению, некоторые из служителей, занимающих почётное положение в христианском сообществе, первыми начали уклоняться от вечных библейских истин. Внимательное наблюдение за подобными проявлениями раскрывает печальную правду: некоторые служители потворствуют нынешнему поколению людей и льстят их слуху. Вместо того чтобы решать проблемы методами Иисуса, эти служители уклоняются от рассмотрения нравственных вопросов и не желают разбираться с проявлениями греховного поведения.

Есть среди служителей и такие, кто намеренно сторонится непопулярной темы ада и уже не называет грех грехом, дабы не причинить неудобства некоторым своим слушателям. Такие служители зачастую оставляют без внимания события и явления современности, которые не на шутку беспокоят людей, вверенных их попечению Богом. Они открыто уходят от заведомо противоречивых и спорных вопросов либо потому, что не знают, *как именно* их обсуждать и решать; либо потому, что из-за публичного обсуждения и решения этих вопросов у их служения могут возникнуть неприятности с действующим законодательством.

Сами же служители доказывают, что остаются на «положительной стороне» жизни, проповедуя *в пользу* чего-то, а *не против чего-то*. Но вышеупомянутый довод не способен выдержать никакой критики, ведь Бог призывает Своих глашатаев возвысить голоса *против* распространения нечестия. Более того, зачастую все попытки таких служителей проповедовать *в пользу* чего-то настолько духовно слабы, что в мире, где всё сильнее сгущается тьма, подобные проповеди

> Любой, кто пытается избежать жизненно важных, но притом заведомо противоречивых вопросов, выходит *за пределы* своего служения — быть Божьим глашатаем на этой земле.

не противостоят распространению греха и не защищают паствы. Правда жизни заключается в том, что проповедь истинного Евангелия пронзает тьму «века сего» своим светом. Любой, кто пытается избежать жизненно важных, но притом заведомо противоречивых вопросов, выходит *за пределы* своего служения — быть Божьим глашатаем на этой земле.

Уже сегодня видны плоды распространяющегося уклонения многих служителей от проповеди на серьёзные темы. Тогда как само Божье Слово раскрывает эти темы чётко и ясно. «Благодаря» такой позиции служителей в состав современной Церкви входит всё большее количество людей, живущих во грехе, но при этом не испытывающих никаких обличений или угрызений совести. Воцерковившись, эти люди продолжают жить так, словно для христианина хроническое состояние отступничества и при этом ожидание Божьих благословений — вполне нормальное и естественное явление!

Мне не хочется нагнетать негатив, однако описанное положение вещей весьма и весьма серьёзно. Для того чтобы вернуть Церковь на те позиции, где Бог хочет её видеть, от служителей — Божьих глашатаев — потребуются отвага и мужество. Они должны быть готовы признать текущее плачевное положение большого сегмента Церкви. Затем от них потребуется воспрянуть духом и во всеуслышание, равно как и в частном порядке, опровергнуть заблуждение и обольщение во всех его проявлениях. Необходимо твёрдо заявить о своей приверженности Божьей истине, *какими бы ни были последствия такого заявления лично для них.*

Справедливости ради хочу отметить, что, слава Господу, от истины уклонились далеко *не все!* Сегодня есть огромное количество служителей и простых верующих, которые заявляют: «Всё! Хватит!» Эти преданные Христовы воины укрепляют своё упование на непоколебимое Священное Писание и отказываются идти на поводу у изменчивых тенденций.

Для себя они твёрдо решили, что никогда не поддадутся обольщению принять разбавленную, растворённую угодничеством и потворством времени альтернативу Библии. Они усиленно молятся, ожидая обильного излияния Божьего Духа на Церковь.

Мы радуемся, наблюдая за воодушевляющим примером таких верных Божьих представителей. Но нам не следует заглушать голос пророчества Святого Духа. Ведь Он недвусмысленно предупредил, что в конце времён духи-обольстители и бесовские учения увлекут многих людей, в том числе и *в составе Церкви*! Что ж, неудивительно, что подобное уже происходит, поскольку об этом говорится в самой Библии. И раз уж нам с вами довелось родиться в пору, о которой пророчествовал Дух, то придётся пережить некоторые из этих тревожных и нелепейших событий последнего времени.

> Слава Господу, от истины уклонились далеко *не все*! Сегодня есть огромное количество служителей и простых верующих, которые заявляют: «Всё! Хватит!» Эти преданные Христовы воины укрепляют своё упование на непоколебимое Священное Писание и отказываются идти на поводу у изменчивых тенденций.

О чём пророчествовал Святой Дух в Первом послании Тимофею 4:1

О нашествии духов-обольстителей с бесовскими учениями в Первом послании Тимофею 4:1 было объявлено не для того, чтобы нас *испугать*, но чтобы *приготовить* нас и *помочь нам уберечь* других членов Тела Христова от обольщения. Утвердитесь в этой истине! Укоренитесь в ней! Богу ни к чему пугать Свой народ, но Он *всегда и с готовностью предупреждает* о приближающейся опасности. Святой Дух поднял тревогу с целью не допустить проникновения обольщения в наши церкви, нашу жизнь, а также в жизнь наших детей и внуков.

Предлагаю внимательно исследовать точные формулировки Первого послания Тимофею 4:1. Итак, Павел пишет: «Дух же *ясно говорит*, что в последние времена отступят некоторые от веры, внимая духам обольстителям и учениям бесовским». Обратите внимание на словосочетание «ясно говорит», ведь в данном контексте эти слова чрезвычайно важны. В греческом первоисточнике эта фраза — одно слово *rhetos*. Им описывали нечто *сказанное ясно и чётко, недвусмысленно, так, что это нечто не вызывает сомнений, ведь оно верно и точно*.

Используя слово *rhetos*, Святой Дух доносит до нас истину как нельзя лучше и точнее! События, о которых Он намерен сообщить далее по тексту, *конкретны* и *неизбежны*! По этой причине Дух выражается *неоспоримыми* понятиями.

В свете всего сказанного исследуемый стих можно перевести так:

- «Дух же говорит *совершенно понятными словами...*»

- «Дух же выражается *безошибочными понятиями...*»

- «Дух же подобрал *самые чёткие и ясные слова...*»

Таким образом, мы понимаем: все дальнейшие события — это вовсе не предмет гаданий. Святой Дух категорично заявляет, что всё, сказанное Им, непременно произойдёт в последние времена. Использование слова *rhetos* в первоисточнике не оставляет никаких сомнений: Святой Дух говорит окончательно, и предсказанного Им никак не отменить. Он ясно и понятно описывает то, чему *суждено* произойти в последние времена!

Предупреждение для Церкви последнего времени

Затем Павел передаёт нам безошибочное послание Святого Духа: «Дух же ясно говорит, что в *последние времена* отступят некоторые от веры...»

Предупреждение от Святого Духа в адрес Церкви касается опасного бесовского заговора, которому Церкви придётся противостоять именно в последние из последних дней. За 2000 лет истории Церкви на неё устраивалось огромное количество нападок. Однако, как следует из нашего стиха, Святой Дух трубит тревогу, говоря о том, что *данное* покушение на Церковь будет качественно иным. Оно окажется необычайно суровым. Данное нападение на Церковь последних времён станет коварнейшим из всех. И Святой Дух заранее предупредил Церковь об этом, подобрав чёткие, конкретные и недвусмысленные выражения.

Как явствует из нашего стиха, особая угроза для Церкви возникнет в «последние времена». Прилагательное «последние» в Синодальной Библии — это перевод греческого слова *husteros*. Этим словом называли *самый конец* чего-то, нечто *самое последнее* по порядку следования. Существительное же «времена» — это перевод на русский язык слова *kairos*, что в данном контексте относится к какой-то *поре, сезону*. Соединённые в одном выражении, эти слова указывают на *самый последний период времени, самую позднюю пору*. Не остаётся никаких сомнений: данное словосочетание в греческом относится к концу века. К дням, когда до полного завер-

> Иисус, беседуя со Своими учениками на Елеонской горе о «кончине века» (см. Матфея 24), подчеркнул, что заблуждение и обольщение в масштабе всего общества — а также в определённом сегменте Церкви — станет главным сигналом приближения самого конца.

шения периода, о котором звучит пророчество Духа, практически не осталось времени. Следовательно, можно заключить, что начало вторжения духов-обольстителей с их бесовскими учениями станет сигналом грядущего скорого конца. В сущности, Иисус, беседуя со Своими учениками на Елеонской горе о «кончине века» (см. Матфея 24), подчеркнул, что заблуждение и обольщение в масштабе всего общества — а также в определённом сегменте Церкви — станет *главным* сигналом приближения самого конца.

Подробнее об этом я написал в своей книге «Знамения второго пришествия Господа Иисуса Христа». Ниже приводится основной отрывок по этой теме:

> Иисус перечислил *множество* знамений, которые будут указывать на то, что мы встали на путь, ведущий к концу времён. Первым знамением, упомянутым Господом в разговоре с учениками как предостережение для *нас*, станет широкомасштабное обольщение населения всей планеты. Оно возникнет в самом конце нашей эпохи. Иисус предупредил Своих учеников — как и *нас* — о необходимости хранить себя от этого обольщения.
>
> В Евангелии от Матфея 24:4 записаны такие слова Иисуса: «…Берегитесь, чтобы кто не прельстил вас…» В начале Своей беседы о множестве признаков наступления последних времён в качестве *первого* и *главного* признака Иисус отметил обольщение. Именно оно должно будет стать основным показателем того, что завершение эпохи вот-вот наступит…
>
> Давайте определим, почему Иисус сделал столь сильный акцент именно на этом, а не на каком-то другом признаке последнего времени. Иисус предупредил верующих о том, что им следует «беречься» обольщения,

которым будет отмечен конец эпохи (см. Матфея 24:4). Предостережение «берегитесь» должно было *насторожить* слушателей Иисуса и *привлечь* их внимание. Как только Иисус произнёс слово «берегитесь», несомненно, ученики встрепенулись и *по-настоящему прислушались* к Его словам. Иисусу удалось завладеть вниманием своих слушателей безраздельно. И тогда Он предупредил, что в завершении «века сего» обольщение последнего времени проникнет во все сферы общественной жизни по всему миру.

Глагол «прельстить» в Матфея 24:4 — это перевод греческого слова со значением «отклониться от заданного курса». Таким словом описывали человека, сбившегося с курса; или целый народ; или даже большое количество разных народов, которые когда-то в прошлом держались некоего нравственного курса. Речь идёт об уходе от нравственного идеала в масштабе всего мира. И всё это — в последние времена.

А как использовалось слово «прельстить» в дни земного служения Иисуса? Позвольте объяснить для лучшего понимания. В греческом языке это слово указывало на поведение человека, который некогда ходил по проверенному и безопасному пути, а впоследствии начал постепенно уклоняться от него. И вот-вот окажется на опасной дороге. Этот человек либо уже полностью отклонился от надёжного и проверенного маршрута и в результате окончательно сбился с курса, либо находится в процессе уклонения. И, если ничего не изменится, то с пути он собьётся. Слово «прельстить» означает, что человек станет попирать всё то, что когда-то считал своими ключевыми ценностями. К сожалению, в настоящее время общество отходит от прежней нравственно прочной позиции и выбирает направление ненадёжное, непредсказуемое и потому опасное.

Слово «прельстить» говорит, что мир столкнётся с массовым отходом от проверенных временем библейских ценностей и идеалов. Употребив это слово в Евангелии от Матфея 24:4, Иисус предсказал, что наступит время, когда всё общество откажется от надёжных и утверждённых Богом законов Писания. Далее Господь привёл ещё *множество* признаков наступления конца «века сего». Однако заявил о том, что массовое уклонение от истины — всеобщее отклонение от нравственного курса — станет *первым, главным, основным* признаком, указывающим на приближение конца. Вот почему Христос именно с *обольщения* начал перечисление признаков, безошибочно подтверждающих тот факт, что мы вошли в завершающую стадию нынешней эпохи.

Слова в Евангелии от Матфея 24:4 должны были сообщить нам о том, что люди, которым предстоит жить в самом конце «века сего», застанут *смешение всех нравственных ценностей* как результат действия обольщения. Оно поглотит всё население планеты и наполнит разум людей ложными критериями определения добра и зла. Полагаю, теперь вы понимаете, что Евангелие от Матфея 24:4 предельно чётко описывает всё, с чем придётся столкнуться христианам в современной истории.

А ведь так оно и происходит! Это просто факт! На наших глазах во всём цивилизованном мире, как никогда прежде, перемешиваются все нравственные ценности. В этом смысле в мире царит полный хаос. И, пожалуй, нет другой такой области, в которой неразбериха была бы так заметна, как область гендерной идентификации. Путаница, возникшая в этой области, стала настолько сильным проявлением нравственной анархии, что поразила даже выдающихся мыслителей планеты! В основе культуры, в которой выросли многие из нас и которая была нам прекрасно известна и понятна, лежали иудео-христианские ценности. Теперь же, когда веют ветры перемен, на наших глазах весь мир стремительно отказывается от проверенных веками убеждений и традиций, сформировавшихся когда-то на основе библейских ценностей.

Общество массово практически отказалось от истины, от нравственных оснований. Поэтому в обществе возникла полная неразбериха, оно оказалось на опасном пути в своём развитии — в точности как пророчествовал Иисус в Евангелии от Матфея 24:4. Дух «века сего» изо всех сил старается исключить из общества всё, что ещё осталось в нём от божественных основополагающих принципов. На замену же библейским ценностям дух «века сего» предлагает обольщение последнего времени. Оно в конечном итоге «приготовит путь» для появления антихриста, и тот, пусть на короткое время, но всё-таки возглавит мир, сбившийся с праведного курса.

Вы сейчас читаете эту книгу, значит, вероятнее всего, оказались духовно чутким человеком и понимаете суть происходящих в мире событий. Так, вам прекрасно известно, что нашу культуру со всех сторон активно атакует обольщение. Это настоящая напасть! В мире возникло новое пристрастие: разубедиться в истине самому и разубедить в ней ближнего, а затем заменить вытесненную истину *прогрессивным* с точки зрения политики *мышлением*. И, к сожалению, подобно тому, как в человеческий организм вторгается инфекция, поражая его целиком, это обольщение последнего времени протискивается во все сферы общественной жизни. Установленное им «новое» мышление уже господствует в наших школах, правительственных учреждениях, на телевидении — фактически во всех областях искусства и средств массовой информации.

Под вдохновением Святого Духа апостол Павел также пророчествовал о массовом обольщении, грядущем в мир в конце этого же периода времени. Оно станет предзнаменованием возвращения Христа. Во Втором послании Фессалоникийцам 2:11 Павел чётко и конкретно заявляет, что в завершении указанного ранее периода времени большой процент мирового населения попадёт под контроль «заблуждения».

В упомянутом выше стихе — Второе послание Фессалоникийцам 2:11 — Святой Дух пророчествовал о том, что по всему лицу земли общество последнего времени окажется *обманутым*, *соблазнённым* и *одурманенным*. Эти три слова показывают, что включает в себя понятие «заблуждение». Описываемый в Библии период обольщения будет протекать настолько остро и бурно, что люди станут верить очевидной лжи. Начнут отвергать очевидную правду, отрицая факты, лежащие в основе здравомыслия, которому учит нас даже само мироздание (см. Римлянам 1:20).

Как явствует из Писания, этот период всемирного обольщения наступит *в самом конце* — *в крайней точке на карте времён* нашей текущей эпохи. Он станет периодом, когда заблуждение попытается поразить все слои общества.[13]

Через Первое послание Тимофею 4:1 Святой Дух пророчески указывает на будущее, предупреждает нас с вами о предсказанном отрезке времени, омрачённом заблуждением. Оно покорит весь мир и даже проникнет в Церковь *в самом конце* нынешней эпохи — Эпохи Церкви. Святой Дух предвидел наше с вами время на земле и то, что придёт после. Он ре-

---

[13] Rick Renner, Signs You'll See Just Before Jesus Comes (Tulsa: Harrison House, 2018), pp. 39-43.

шил непременно сообщить нам обо всём увиденном, используя неоспоримые, яркие, правдивые, чёткие и конкретные понятия.

Отступление от «веры»

Вернёмся к Первому посланию Тимофею 4:1: «Дух же ясно говорит, что в последние времена *отступят некоторые от веры...*» Глагол «отступят» — это перевод греческого слова *aphistemi*, состоящего из приставки *apo* и основы *istimi*. Значение приставки *apo* — «прочь», в то время как основа *istimi* означает «стоять». Составленное из данных частей слово *aphistemi* («отступить») несёт в себе следующее значение: «стоять далеко от чего-то», «дистанцироваться», «сделать шаг в сторону от чего-то», «уклониться», «устраниться». Между прочим, в английском языке есть слово, образованное от греческого *aphistemi* — apostasy и apostate, что переводится буквально как «отступничество» и «отступник», соответственно.

Данное «отступление» указывает на *процесс* отхода. Оно происходит *очень медленно*, длится на протяжении какого-то времени. Человек, вовлечённый в этот процесс, постепенно меняет свои убеждения и отступает от того, во что когда-то верил. Повторим: это отступление протекает настолько незаметно, что люди, оказавшиеся в процессе отступничества, могут даже не догадываться о том, что с ними происходит. Однако шаг за шагом, мысль за мыслью они отказываются от того, во что верили прежде, чего держались, и начинают *склоняться* к чему-то совершенно иному. Всё это означает, что «отступление», о котором пророчествовал Святой Дух в нашем стихе, указывает не на очевидное, открытое отрицание веры (хотя в конечном итоге именно оно и может произойти). Речь идёт о чём-то гораздо более *неприметном* — о постепенном, пошаговом, практически незаметном отступлении на протяжении некоторого времени. Человек меняет убеждения и сходит со своих позиций *медленно*.

В нашем стихе также говорится, что по мере приближения конца «века сего» некоторые отступят от «*веры*». В греческом подлиннике слово «вера» используется с определённым артиклем, т.е. речь идёт не о вере в общем смысле этого слова, скажем, не о вере в чудеса или сверхъестественные проявления. Появление определённого артикля перед словом «вера» указывает на то, что под «верой» имеются в виду *доктрины, давнее, испытанное временем учение Священного Писания*. Таким образом, мы слышим категоричное заявление о том, что в конце времён некоторые верующие отступят от ясного учения Священного Писания. Шаг за шагом они начнут отходить от Божьей истины и примут на веру что-нибудь новое, что привлечёт и прикуёт к себе их внимание.

Заметьте: в нашем стихе говорится не о том, что некоторые *отвергнут* веру, а о том, что эти люди «*отступят*» от веры. Между отвержением веры и отступлением от неё существует огромная разница! *Отвержение* — это намеренное действие, акт воли. В то время как «*отступление*» обычно происходит непредумышленно.

> Между отвержением веры и отступлением от неё существует огромная разница! *Отвержение* — это намеренное действие, акт воли. В то время как «*отступление*» обычно происходит непредумышленно.

Причина, по которой некоторые «отступят от веры», в нашем стихе не указывается, хотя и предполагается из контекста. Далее по тексту мы читаем: «...в последние времена отступят некоторые от веры, *внимая духам обольстителям и учениям бесовским*».

Деепричастие «внимая» — это перевод глагола *prosecho*, состоящего из приставки *pros* и основы *echo*.

В данном контексте *pros* означает «вперёд, навстречу», а значение основы *echo* — «принимать». То есть составленное слово однозначно указывает на тех, кто в течение долгого времени верил во что-то одно. А затем, в результате какого-то внешнего воздействия, постепенно оставил то, во что прежде верил, и переключил своё внимание на нечто другое. То есть медленно, но верно отказывался от чего-то знакомого, дорогого, ценного и перестал держаться убеждений, в которых некогда — и очень долго — ни капли не сомневался. Теперь же принял что-то новое, отличное от прежнего. Так под каким же внешним воздействием протекает этот процесс — отступление от давних и некогда твёрдых убеждений и выбор новых?

Следуя контексту, мы чётко видим причинно-следственную связь в данном развитии событий. *Всеобщее отступление от Божьих истин и обращение к обману происходит по причине повсеместного повышения активности духов-обольстителей, вооружённых бесовскими учениями.*

В этом стихе Святой Дух сообщает о том, что в конце времён некоторые люди подвергнутся бесовскому влиянию, в результате которого окажутся под действием обольщения во многих отношениях. Эти христиане последних дней, уклонившиеся от истинной веры, впустят в свой разум другие возможности для веры и убеждений. Как следствие, они начнут принимать иные учения и системы верований. Чем лишь подтвердят своё отступление от того, что раньше считали единственно истинным.

> Так под каким же внешним воздействием протекает этот процесс — отступление от давних и некогда твёрдых убеждений и выбор новых? Всеобщее отступление от Божьих истин и обращение к обману происходит по причине повсеместного повышения активности духов-обольстителей, вооружённых бесовскими учениями.

Сегодня можно на множестве примеров убедиться, что общество, и даже Церковь, постепенно уклоняется от вечных библейских истин. Но, как уже отмечалось, ни один пример, пожалуй, не станет более ярким, нежели нынешнее стремление к принятию и даже поощрению всех сексуально девиантных типов поведения. В том числе тех, о неприемлемости которых чёрным по белому написано в Библии.

Вновь привожу этот пример, потому что, по моему убеждению, в ближайшие годы данная проблема, вероятнее всего, станет наиболее злободневной. Постепенно (а может статься, что и не очень постепенно) нравственные ориентиры, даже среди церковного сообщества, начнут меняться. Они подвергнуться влиянию СМИ и других социально ориентированных источников, со всех сторон оказывающих давление на людей с целью вынудить их поменять своё отношение к этой «проблеме». И вместо того чтобы и дальше придерживаться библейских истин, которые по-прежнему представляют собой основание для благочестивого общества, даже христиане начнут приноравливаться к новому мировоззрению.

На мой взгляд, именно по этому вопросу пройдёт линия водораздела. Она оставит по одну сторону тех, кто крепко держится библейского учения, а по другую — тех, кто заявит, что нынче принципиальная строгость излишняя, что во имя «веротерпимости» следует быть лояльнее и принять точку зрения окружающих. На христиан будет оказываться постоянно растущее давление с целью ослабить их убеждения и позиции, с целью незаметно заменить их взгляды более «актуальными» для современного обывателя и «привлекательными» для большинства. Однако для того, чтобы ради соответствия ожиданиям общества ослабить свои убеждения, христианам придётся буквально игнорировать, вычёркивать существенные отрывки из Священного Писания. Те, в которых говорится именно об этих самых «проблемах»! Подобная тактика наилучшим образом иллюстрирует, как со временем в обществе происходит аккуратное, медленное, практически неприметное пошаговое отступление от истины. Тем из нас, кто предан Божьему Слову, придётся решить для себя, что мы не станем отходить от библейского учения. Мы *должны* сохранять здравомыслие и рассудительность в этих вопросах даже тогда, когда мир движется в противоположном направлении.

Библия неизменна. Её учение по этим вопросам не менялось никогда. И сегодня под сомнение ставится её вечный голос. Сегодня встречается много тех, кто пытается низвергнуть авторитет Писания и заклеймить его как нечто архаичное, кто утверждает, будто Библия уже не практична и не применима целиком к ряду современных реалий. Кто-то из читателей, возможно, спросит: «И как же общество умудрилось изменить своё отношение к Писанию?! Как получилось, что даже известные христианские служители сегодня меняют свои убеждения относительно прочных, как скала, библейских истин, затрагивающих злободневные вопросы современности?!»

Что ж, первоначально изменения в убеждениях по данному ключевому вопросу и другим были медленными, хотя и постоянными. Отступление от извечных и широко принятых нравственных ценностей происходило на протяжении длительного периода. И сегодня, на закате «последнего времени», процесс отступления ускорился — и будет ещё ускоряться так стремительно, что вскоре выйдет из-под контроля. Тогда громкое мнение большинства заглушит остальные, превратившись в доминантную культуру мышления.

Как вам хорошо известно, в настоящее время суды, система образования, искусство и индустрия развлечений, федеральные правительства и множество других структур фанатично пропагандируют новый морально-нравственный кодекс. Этому процессу обольщения — с его охватом, мощью и властью — покорились даже религиозные круги! Руководство церквей и церковных объединений призывает своих последователей отбросить подальше «старое мышление» и относиться человечнее к образу жизни представителей ЛГБТ-сообщества, не выражать своё отрицательное мнение об однополых браках и т.п.

На фоне всех этих изменений в общественном сознании и мышлении христиане всё чаще и чаще становятся объектом нападок со стороны враждебно настроенного общества. Я говорю о тех из них, кто сохраняет преданность испытанным временем ценностям и убеждениям касательно упомянутых злободневных вопросов. Под таким натиском и при такой травле многие, долгое время стоявшие на твёрдых позициях, начинают от них отклоняться. Постепенно становятся менее категоричными, начинают выражаться «политически корректно». Это свидетельствует об их отступлении от веры.

> План сатаны по обольщению человечества прямо на наших глазах разворачивается и в смысле территории охвата, и в смысле мощи развития. Однако тактика сатаны ничуть не нова! Он всегда искал в людях лазейку, через которую умело вбрасывал свои нечестивые идеи с намерением видоизменить, а в конечном итоге и остановить, осуществление Божьего замысла искупления.

Коварный сдвиг в вопросах нравственности набирал обороты на протяжении нескольких десятилетий. Из-за постепенных изменений в мышлении людей этот процесс оставался незаметным в течение долгого времени. Попавшие под его влияние зачастую даже не догадывались, что в их разуме происходят определённые перемены. Отступление от извечных истин и убеждений уже набрало обороты и протекает под вывеской «открытости и непредубеждённости», «справедливости», «равенства» и даже

«Божьей любви ко всему человечеству». В действительности же, поддавшись этому процессу, общество всё дальше отклоняется от истинного Божьего курса. И сегодня, в последние времена, оно оказалось в состоянии нравственной неразберихи и крушения вечных идеалов. План сатаны по обольщению человечества прямо на наших глазах разворачивается и в смысле территории охвата, и в смысле мощи развития. Однако тактика сатаны ничуть не нова! Он всегда искал в людях лазейку, через которую умело вбрасывал свои нечестивые идеи с намерением видоизменить, а в конечном итоге и остановить, осуществление Божьего замысла искупления.

В следующей главе мы увидим, как именно служители новозаветной Церкви противодействовали первым признакам бесовского обольщения. Ведь ещё на заре Эпохи Церкви, практически с самого первого дня её существования, лукавый также пытался сбить христиан с курса. В те давние годы Святой Дух проговорил служителям определённые слова с целью предупредить христиан о стратегии сатаны. Эти слова продолжают наставлять и вдохновлять верных Божьих последователей в условиях обольщения уже свыше 2000 лет. Как же нам необходимо понять эти слова *сегодня*, в последние времена, чтобы верно реагировать на вызовы со стороны общества, дрейфующего по воле волн!

Поразмыслите над этим

1. Вы — блюститель («епископ») своей души, тот, кто выполняет роль смотрящего на стенах своей жизни. Когда на ваших глазах в губительном пламени разнузданности исчезают нравственные идеалы современного общества, какие обдуманные меры вы принимаете? Что делаете, чтобы ядовитые испарения этого пожара — мирского образа мыслей — не проникли в ваш дом, жизнь и не отравили интеллектуальную, эмоциональную и духовную атмосферы?

2. Иисус стал для нас примером во всех отношениях. Библия призывает быть в этом мире такими же, каким был Он (см. 1 Иоанна 4:17). Никому так, как Иисусу в дни Его земной жизни, не удавалось настолько убедительно занимать твёрдую позицию в отношении Божьей истины. Религиозно настроенные люди обижались, услышав из Его уст прямолинейные речи об истине, однако простой люд зачастую тянулся к Нему именно по этой причине. Несмотря на то, что Его учение было построено так, чтобы его поняли и приняли представители любого социального слоя, Спаситель никогда не жертвовал истиной, и люди это понимали.

   А окружающие вас понимают, что вы непременно скажете правду, даже если она им не понравится? Насколько надёжным свидетелем Божьей истины вас можно считать? Вы готовы постоять за Божью истину, даже если существует высокая вероятность оказаться непринятым и навсегда попрощаться с определёнными людьми?

3. Наша жизнь — это Божья кафедра, а мы — Его глашатаи. И во всех обстоятельствах нам не дано права говорить или творить всё, что заблагорассудится.

Вспомните случаи, когда неправда превозносилась над правдой и вы оказывались перед выбором: по-прежнему озвучивать Божьи истины, ценности и принципы или отмалчиваться. Что вы выбирали? Как поступали? Ваши слова и отношение к происходившему тогда стали выражением Божьих слов, мыслей и намерений? Что ещё вам нужно предпринять, чтобы оказаться более действенным представителем Бога в подобных ситуациях?

Глава четвёртая

РЕВНОСТНО «ПОДВИЗАЯСЬ ЗА ВЕРУ»

Духовное наступление на Евангелие предпринималось уже на стадии формирования Ранней Церкви, ещё до того, как были написаны все тексты Нового Завета. Когда руководители Церкви начали видоизменять библейскую истину и применять Писание неправильно, под угрозой оказалась чистота Евангельской вести, и благовестие могло сделаться извращённым, искажённым. Дьявол пытался проникнуть в Церковь, постепенно обольщая рядовых христиан через влиятельных и уважаемых служителей Евангелия, свернувших на путь духовного заблуждения.

Со времени воскресения Иисуса минуло всего несколько десятилетий, а духи-обольстители, о которых пророчествовал Павел, уже стали предпринимать попытки внести в Церковь заблуждения. Более того, положение ухудшалось настолько стремительно, что Иуда написал: «Возлюбленные! имея всё усердие писать вам об общем спасении, я почёл за нужное написать вам увещание — подвизаться за веру, однажды преданную святым» (Иуды 3). Как явствует из замечания самого Иуды, его изначальным намерением было написать послание о спасении. Однако в эти намерения оказались внесены коррективы, когда до автора дошли сведения о начавшем проникать в Церковь ошибочном учении.

Иуда был встревожен подобным положением дел настолько, что изменил свои планы. И вместо послания о спасении написал письмо об опасности, притаившейся на пороге Церкви.

Вот как сам Иуда в начале послания объясняет причину перемены темы: «…я почёл за нужное написать вам…» Прилагательное «нужное» здесь — это перевод греческого слова anagke, которое указывает на острую необходимость. Применив в данном контексте именно это слово, Иуда сообщил своим читателям о том, что обнаруженная им проблема оказалась серьёзной и требует безотлагательного решения. Вокруг Церкви происходило что-то коварное, и Иуда ощутил острую необходимость в срочном порядке изобличить проблему. Без колебаний он отложил свои планы по написанию письма о вопросах «общего спасения», чтобы предупредить святых о надвигающейся опасности и дать им наставления о том, как реагировать на возникшую проблему.

Смело в бой!

Ещё раз прочтём слова Иуды в ст. 3: «Возлюбленные! имея всё усердие писать вам об общем спасении, я почёл за нужное написать вам увещание — подвизаться за веру, однажды преданную святым».

Существительное «увещание» в данном контексте очень важно. Это перевод греческого слова *parakaleo*, которое означает «призывать», «умолять», «настаивать», а также «воодушевлять». Оно часто употреблялось в военных кругах, когда командующие офицеры наставляли вверенных им солдат перед тем, как отправить тех на сражение.

Офицер не прятался от суровой действительности военного положения. Он созывал свои войска на построение и со всей прямотой говорил с ними об опасности предстоящего сражения. Воины чётко и без прикрас слышали от своего командира, что на поле брани их ожидает кровь, боль, раны а, возможно, и сама смерть.

Настоящий командир никогда не оставляет без внимания эти риски и опасность, не притворяется, будто их не существует. Он прекрасно понимает, что на нём лежит ответственность подготовить солдат к сражению. И потому он призывал, настаивал, упрашивал, увещевал и всячески стимулировал своих воинов встать во весь рост, расправить плечи, посмотреть прямо в глаза противнику и ринуться в бой со всей храбростью и отвагой.

В обращении к читателям Иуда воспользовался этой аналогией. Из полученных сведений Иуда прекрасно понял, что заблуждение оказалось уже на пороге Церкви. Он осознавал, что если просто закрыть на проблему глаза и сделать вид, будто никакой проблемы не существует, то это ровным счётом ничего не изменит.

> Если никто не возвысит голос, чтобы остановить заблуждение, то оно продолжит распространяться, подобно инфекции. И тогда Евангельское послание будет извращено. Настал момент, когда кто-то из зрелых предводителей Церкви должен был подняться и воспрепятствовать ереси.

Если никто не возвысит голос, чтобы остановить заблуждение, то оно продолжит распространяться, подобно инфекции. И тогда Евангельское послание будет извращено. Настал момент, когда кто-то из зрелых предводителей Церкви должен был подняться и воспрепятствовать ереси. Таким предводителем и оказался Иуда.

Не желая допускать дальнейшего беспрепятственного распространения ошибочного учения «врагами креста» (см. Филиппийцам 3:18), Иуда выступил на передовую. Затем, подобно опытному командиру, он принялся настоятельно призывать, увещевать и воодушевлять Христовы войска стоять твёрдо перед лицом противника и остановить вражеское наступление. Как бы неприятно это ни звучало, но в ряды Ранней Церкви уже проник противник, и у христиан было лишь два варианта возможных действий: либо встать за истину, либо сдаться под натиском неприятеля. Иуда призвал своих читателей противостать лжи, расправив плечи и подняв голову.

Что требуется для отстаивания веры?

Также в ст. 3 Иуда призвал своих читателей «подвизаться за веру, однажды преданную святым». Глагол «подвизаться» — это перевод греческого глагола *epagonidzomai*, состоящего из приставки *ep* и основы *agonidzo*. Приставка *ep* означает «за» или «над», в то время как основа *agonidzo* указывает на *ожесточённую борьбу*. От него же произошло известное всем слово «агония». В первом столетии нашей эры с помощью глагола *agonidzo* описывались два борца, сошедшихся в схватке, в которой участники стремятся побороть друг друга. Каждый из атлетов старается получить преимущество над противником, чтобы повалить того наземь. В такой схватке напрягаются все мускулы, применяются все известные навыки. Ведь перед борцами стоит задача выиграть в крайне напряжённом физическом поединке.

Но когда к основе *agonidzo* добавляется приставка *ep*, получается составное слово *epagonidzomai*. Это слово относится уже не к поединку или схватке в общем смысле, а описывает положение и настрой тех, кто *борется изо всех сил, не на жизнь, а на смерть, стремясь победить в том или ином конкретном поединке*. В тексте Иуды глагол *epagonidzomai* означает «бороться за какую-то идею или истину». Подразумевается, что *люди борются, стремясь отстоять истину и разоблачить заблуждение*.

Сам факт того, что Иуда прибегнул к слову *epagonidzomai* для описания сложившегося положения, говорит, что лжеучители уже предпринимали попытки «положить истину на лопатки» и покорить её, чтобы затем изменить под свои намерения и ожидания. На фоне распространявшегося заблуждения под ударом оказалась истина. И с помощью глагола *epagonidzomai* Иуда подчёркивает, что на нас лежит ответственность не отсиживаться в окопах, а подниматься навстречу заблуждению, делать всё от нас зависящее, отстаивать истину в её чистейшем виде.

Уже в те ранние годы, на заре истории Церкви, духи-обольстители, вооружённые бесовскими учениями, угрожали распространить заразу ереси по всему телу Церкви. И тогда Иуда призвал христиан «подвизаться за *веру*, однажды преданную святым». Обращаю ваше особое внимание на слово «вера» в данном стихе. Иуда, как Павел в Первом послании Тимофею 4:1, использует слово «вера» с тем же определённым артиклем. Это говорит, что Иуда не имеет в виду веру вообще, например, веру в сверхъестественные явления. Поскольку перед словом «вера» стоит определённый артикль, становится очевидным, что здесь под «верой» подразумевается *учение* или *древние, испытанные временем истины и принципы Священного Писания*. Ясно, что уже тогда, в первом столетии, такая *вера* оказалась под угрозой. По этой самой причине Иуда и посчитал необходимым призвать христиан к защите веры, к борьбе за неё, к тому, чтобы всеми силами отстоять её чистоту.

В Ранней Церкви, как происходит и сегодня, верующие испытывали постоянный натиск *извне* со стороны своего безбожного окружения. На протяжении нескольких первых столетий существования Церкви христиане успешно противостояли волнам сильнейшего давления — преследова-

> Подобно полевому командиру, апостол возвысил голос и призвал святых ревностно «подвизаться» за чистоту веры и противостать заблуждению.

ниям со стороны языческого мира и враждебно настроенных властей.

При всём этом христиане сталкивались с нападками и *внутри* Церкви. Причиной тому были служители, которые привносили учение и идеи, отличавшиеся от истинных. В результате пагубного влияния этих известных и уважаемых служителей, уклонившихся от доктринальной чистоты, в Церкви распространялась и прогрессировала духовная болезнь. Иуда понимал, что, если этому влиянию не воспрепятствовать, духовное состояние Церкви будет ухудшаться. И тогда, подобно полевому командиру, апостол возвысил голос и призвал святых ревностно «подвизаться» за чистоту веры и противостать заблуждению.

Что же это за духовное заболевание, привнесённое в Церковь некоторыми лидерами? *Приспособленчество. Убеждённость в необходимости подстраиваться под окружающий мир ради ослабления притеснений.* В основе распространяемого по Церкви заблуждения лежала следующая идея: *«Давайте слегка «подвинемся», не будем такими уж упёртыми, не станем столь отчаянно сопротивляться всему мирскому. Тогда мир примет нас за своих и гораздо охотнее будет слушать».*

Самое страшное, что духовные лидеры, вносившие подобные отравляющие предложения, были любимы и пользовались уважением в христианском сообществе. Христиане не рассматривали их как распространителей зла. И, несмотря на своё ответственное и влиятельное положение в церковной среде, эти духовные руководители призывали людей согласиться с философией компромисса. То есть встать на опасный путь, чреватый, с позиции вечности, серьёзными последствиями.

Учение о компромиссе подмывало прочное основание истины и облегчало христианам задачу сообразоваться с окружающим миром, чтобы быть им принятыми. Для верующих, бывших под постоянным давлением со стороны сбившегося с пути мира, подобные призывы представляли самое настоящее искушение. Искушение отказаться от твёрдых убеждений и представлений об истине и таким образом лучше приспособиться к существованию в пропащем мире с его порочным образом жизни. Ведь тогда общество уже не станет отталкивать христиан и считать их чужими.

Все эти предложения обольщённых духовных наставников носили бесовский характер. То была демоническая операция под прикрытием, успешно осуществляемая бесами с целью подрыва авторитета истины. Сатана прекрасно понимает: как только христиане начинают уклоняться от истины, это всегда приводит к далеко идущим разрушительным последствиям для всей Церкви. Даже если и приносит *временное* ослабление гонений.

И какими же будут разрушительные последствия такого доктринального и поведенческого компромисса? Что произойдёт с Церковью, если она перестанет отстаивать истину и жить свято, т.е. отделяя себя от мира? Когда ложное учение такого толка начинает приобретать угрожающие масштабы, Церковь слабеет, заражается духовными заболеваниями и утрачивает свои позиции в духовном мире.

По этой причине Иуда возвысил свой голос и протрубил тревогу для всех христиан. Его посыл был очевиден: христиане обязаны *отказаться от любых компромиссов*

> Как только христиане начинают уклоняться от истины, это всегда приводит к далеко идущим разрушительным последствиям для всей Церкви. Даже если и приносит *временное* ослабление гонений.

в отношении истины и следования ей, они должны *целиком посвятить* себя защите истины!

Уважаемые духовные лидеры Церкви подпали под действие духов-обольстителей и поддались заблуждению не в одночасье. Этому предшествовал долгий процесс «обработки» их разума. В какой-то момент врагу удалось оторвать их взор от непререкаемых истин Священного Писания и подсунуть свои «новые» и «привлекательные» идеи. Тут же эти духовные наставники испачкались предложенной духовной нечистотой. Вот почему они с готовностью обменяли истину на перемирие с нравственно погибающим обществом. В то время подобные действия маскировались под попытку стать более «актуальными» для мира.

Важно отметить, что от веры в Ранней Церкви отступили, разумеется, не все. Однако, чтобы поразить инфекцией духовного заболевания всю Церковь, требуется лишь несколько видных духовных лидеров, сбившихся с курса. Как и физическая инфекция зарождается в организме на микроскопическом уровне с относительно небольшого количества заражённых клеток. Как известно, большинство инфекционных заболеваний легко поддаются лечению на ранней стадии. Если же оставить без внимания первые симптомы заражения, возбудители инфекции стремительно и бесконтрольно распространятся настолько, что в результате организм окажется под угрозой серьёзных осложнений и даже гибели.

Когда Иуда писал своё послание, духовное заболевание, угрожавшее всей Церкви, находилось ещё в зачаточном состоянии. Однако он отлично понимал механизм распространения заблуждения. Понимал: если не воспрепятствовать тотчас, в перспективе заблуждение помешает духовному развитию огромного количества христиан. Эта духовная инфекция, судя по всему, проникла в Тело Церкви через нескольких влиятельных руководителей. Их популярность послужила «трибуной», с которой они смогли распространить среди единоверцев своё послание, размывающее истину. И пусть вначале количество обольщённых христиан было незначительным, со временем оно продолжало возрастать — *точно так же, как в инфицированном организме размножаются бактерии.*

Если этому смертоносному размножению никто не противостал бы с силой Святого Духа, духовная зараза перебиралась бы от одного христианина к другому. До тех пор, пока заражёнными ни оказались бы все члены в составе Церкви. На ранних стадиях можно пресечь любую физическую инфекцию, не дав ей развиться и причинить серьёзный вред с долгосрочными пагубными последствиями. По аналогии Иуда убеждал христиан первого столетия нашей эры незамедлительно *прекратить* распространение инфицированного учения о компромиссе с миром. Иуда передавал всем читателям вернейшее послание: Сам Святой Дух призывает их — как Он сегодня призывает *нас с вами* — постоять за истину. Бог не просит обливать кого-либо грязью и отвечать сквернословием на чьи-то нападки. Всё это *не Божьи* методы. Но и отмалчиваться непозволительно, когда под угрозой оказывается истина!

Дьявол знает, что Евангелие является Божьей силой (см. Римлянам 1:16), и потому стремится размыть твёрдые евангельские истины, чтобы Благая весть не смогла действовать в полноте своей силы и мощи. Вот почему Иуда призвал ревностно бороться за чистоту вероучения и не позволять никому — даже известным и уважаемым служителям — уводить нас от неё.

Призыв «подвизаться», озвученный Самим Святым Духом, невозможно истолковать никак иначе. Разбираться с заблуждением — неприятное занятие, но порой возникает необходимость сделать это, проявив смелость, любовь и силу Святого Духа.

Уникальное испытание для христиан последнего времени

Распространение современных технологий позволило христианскому сообществу слышать и видеть выступления самых разных известных служителей и учителей, несущих самые разные идеи и учения. Нынешнее поколение верующих получило прекрасную возможность узнавать о Евангелии Иисуса Христа гораздо больше, нежели любое другое предшествующее поколение. Ведь сейчас открыт доступ к христианским изданиям, радио, телевидению, интернет-ресурсам и даже целым телевещательным сетям. Вместе с тем столь беспрецедентный доступ к информации увеличивает и риск проникновения в наше личностное пространство какого-нибудь ложного учения. Обилие информации требует пристального внимания и рассудительности. Опасно принимать любое учение без надлежащего осмысления!

> Никогда не стоит упускать из виду нынешнее окружение. Мы находимся на территории мира в последние времена. А это означает, что следует быть начеку, чтобы вовремя обнаружить присутствие и действие духов-обольстителей, продвигающих повсюду бесовские учения. Наш разум давно на примете у бесов!

Замечательно, что сегодня выпускается огромное количество христианских телепередач! В конце концов, и я транслирую свои телепередачи, желая с помощью различных медиа-ресурсов донести их до максимально возможного количества зрителей. Однако, признаюсь вам, я пристально слежу за тем, что мы смотрим дома, какие христианские передачи проникают в наше личностное пространство. Полностью согласен с давней пословицей: «Не всё то золото, что блестит». Никогда не стоит упускать из виду нынешнее окружение. Мы находимся на территории мира в последние времена. А это означает, что следует быть начеку, чтобы вовремя обнаружить присутствие и действие духов-обольстителей, продвигающих повсюду бесовские учения. Наш разум давно на примете у бесов!

Святой Дух пророчествовал о том, что всё это будет происходить в наши с вами дни. Так что на нас лежит ответственность проявлять здравомыслие, крепко держаться Писания и не сдавать позиции, когда дело касается приверженности Божьей истине. Иными словами, нужно *не терять голову*!

Никаких улучшений не требуется

Иуда призвал нас «подвизаться за веру, *однажды* преданную святым». Наречие «однажды» — это перевод греческого слова *арах*, что значит «однажды и навсегда». В этом слове присутствует мысль о *завершённости, окончательности чего-то настолько полного, что к этому уже ничего не нужно добавлять*.

Словом *арах* Иуда заявил, что Божье Слово не нуждается в добавлениях, изменениях, исправлениях, улучшениях или откровениях. Оно было дано нам всем «однажды и навсегда» как *совершенное, полное и завершённое Божье произведение*.

Использование Иудой слова *арах* вновь подтверждает остроту духовной битвы в те времена. Учители, заражённые заблуждением, вознамерились изменить, исправить истину, «внести в неё улучшения». Хотя она уже была предоставлена людям «однажды и навсегда» — полная и завершённая. Иуда категорично заявляет: Божье Слово, данное человеку, не нуждается ни в каких изменениях или улучшениях. Божье Слово как оно есть — *полное, окончательное, авторитетное и преображающее*.

Этим и объясняется стремление духов-обольстителей любыми способами отнять у нас Слово и заменить его «модными» и «стильными» бесовскими учениями. Ведь тогда способность Писания преображать жизнь людей минимизируется. Поэтому не стоит обольщаться, когда с человеческой точки зрения «новые» учения или «прогрессивное мышление» кажутся привлекательными. Под их личиной скрывается обольщение. Святой Дух обозначил чётко и ясно, что в последние из последних дней учения и философии, завязанные на заблуждении, будут прельщать людей. Они отвратят тех от истины и погрузят в полный нравственный и интеллектуальный хаос.

Вверенное нам на хранение

По заявлению Иуды, это окончательная, полная и авторитетная вера — однажды «преданная» святым. И она вверена нам без необходимости каких бы то ни было улучшений. Слово «преданная» в переводе с греческого означает «доставленная кому-то персонально» или «вверенная на ответственное хранение». Иными словами, это означает нечто, передаваемое из поколения в поколение, как, например, семейные традиции.

Утратить традиции проще простого. Порой давние традиции оказываются утеряны, но не до конца: они, например, переходят от одного поколения к другому и с течением времени видоизменяются. Этого не происходит лишь в том случае, когда кто-то в семье их тщательно соблюдает. Зачастую такой хранитель семейных традиций слывёт среди более молодых или менее приверженных традициям членов семьи *привередой и занудой*. Однако значимые традиции оказались бы навсегда забытыми, не будь в семье этих самых «привередливых зануд», которые год от года тщательно берегут общие традиции.

Иуда использовал в своём послании слово «преданная», чтобы нарисовать перед нами именно такую картину. Он категорично напомнил своим читателям — и напоминает нам с вами сегодня — о Богом данной ответственности обращаться с Его Словом бережно. Бог призывает нас хранить и защищать это Слово, делая всё от нас зависящее, чтобы представлять его миру в чистейшей форме. Мы должны передавать людям Евангелие как можно ближе к первоначальному содержанию, каким Господь и задумал передать его человечеству. Вот почему нужно читать и изучать Библию с серьёзным отношением и посвящением, идущим из преданного Богу сердца.

Для того чтобы раскрыть силу, заключенную в Писании, необходимо глубоко исследовать буквально каждое слово. Задайтесь целью познать Библию во всей полноте значений, чтобы с каждым днём всё яснее и чётче слышать и понимать Бога, говорящего с нами со страниц Писания. Быть Божьим глашатаем — это одна из серьёзнейших обязанностей, возложенных на нас, христиан.

> Быть Божьим глашатаем — это одна из серьёзнейших обязанностей, возложенных на нас, христиан.

Итак, мы должны обращаться с Божьим Словом бережно и делать всё возможное, чтобы с предельной чистотой вкладывать его глубочайшие истины в сердца и разум других людей.

Важнейшее откровение на свете

Когда перед вами по-настоящему раскроется, что же такое Писание и какая сила в нём заключается, вы сразу решите посвятить жизнь благовествованию, чтобы без добавлений и изменений передавать библейские истины во всей их полноте и чистоте. Помните: помимо сверхъестественного откровения, которое содержится на страницах Библии, в ней также сокрыты *сила и присутствие Самого Бога*! И когда христианин глубоко исследует страницу за страницей, чтобы затем верой «подключиться» к источнику Божьей силы и Его присутствию в сердцевине богодухновенных слов, эта сила, высвободившись, начинает менять все окружающие обстоятельства. Потому Пётр и написал, что Божье Слово наполнено дорогими сердцу обетованиями для каждой сферы нашей жизни:

> Как от Божественной силы Его даровано нам всё потребное для жизни и благочестия, через познание Призвавшего нас славою и благостию, которыми дарованы нам великие и драгоценные обетования, дабы вы через них соделались причастниками Божеского естества, удалившись от господствующего в мире растления похотью.
>
> — 2 Петра 1:3, 4

Апостол Павел во Втором послании Тимофею 3:16 и 17 также написал о Библии потрясающие слова: «Всё Писание богодухновенно и полезно для научения, для обличения, для исправления, для наставления в праведности, да будет совершен Божий человек, ко всякому доброму делу приготовлен».

Словом «богодухновенно» в этом стихе перевели греческое прилагательное *theopneustos*, составленное из двух корней *theos* и *pneuma*. Первый корень — *theos* — переводится как «Бог». Второй — *pneuma* — является производным от корня *pnei*, что обозначает «мощное или резкое дви-

> В Библии заключена жизнь, сущность всего, энергия и движущая сила Самого Бога. Библия обладает способностью осуществить *всё, что только потребуется*!

жение воздуха». И когда корень *pneu* становится *pneuma*, как в данном контексте, к нему добавляются значения «жизнь, сила, энергия, динамика, власть».

Затем, когда в одном слове совмещаются корни *theos* и *pneuma*, полученное слово *theopneustos* означает буквально «выдохнутое Богом». И под этим мы понимаем «вдохновлённое Богом» или, как преподнесено в Синодальном переводе, «богодухновенное». То, что Павел использовал именно эти слова, безошибочно указывает на следующее: в Библии заключена жизнь, сущность всего, энергия и движущая сила Самого Бога. Библия обладает способностью осуществить *всё, что только потребуется*!

В Книге Екклесиаста 8:4 написано не менее точно: «Где слово царя, там *власть*…»

Иуда подчеркивает, что это мощное и властное Слово было «предано» нам на *ответственное хранение*. Как отмечалось ранее, Богом на нас возложена ответственность понимать Его Слово, настраиваться на него как можно точнее (ведь через это Слово с нами разговаривает Господь) и передавать Его слова окружающим в чистейшем виде, насколько это возможно. Сказанное означает, что мы не имеем права «размывать» Божье Слово в угоду постоянно меняющемуся обществу последнего времени.

На момент написания Иудой своего послания противник уже пытался внести ересь и заблуждение в учение Ранней Церкви. Он преследовал цель разбавить Божью истину и таким образом лишить её присущей ей силы. На место устранённой истины враг планировал поместить новомодные учения, которые, по мнению некоторых, стали бы «более подходящими» для современного общества. Начиная с первого столетия нашей эры, данная вражеская стратегия представлялась серьёзным испытанием для духовного руководства

Церкви, против которого была направлена. *Не кажется ли вам, что подобное происходит и сегодня?*

Возвысить голос во времена обольщения

В первые годы новозаветной эпохи, равно как и в последующие столетия, апостолы и духовные руководители Ранней Церкви уделяли много времени, внимания и сил исправлению вероучения, поскольку в нём часто появлялись и распространялись, подобно эпидемии, ложь и ереси. Служители Церкви не извинялись за то, что им приходилось указывать на доктринальные ошибки некоторых лидеров. Более того, порой по необходимости им приходилось *по именам* называть лжеучителей и людей, виновных в распространении лжеучения в лоне Церкви.

Учитывая специфику современного общества, вступаться за истину сегодня становится всё сложнее и сложнее. Поскольку, как отмечалось ранее, на первый план выходит сохранение не Божьей истины, а *репутации и уважения к человеку*. Сохранение чистоты веры и истины отошло на второй план, уступив главное место «уважению к убеждениям человека», *даже если эти убеждения идут совершенно вразрез с библейским учением*.

Тем самым снижается статус Божьего Слова, оно перестаёт почитаться наивысшим авторитетом и оказывается низведено в менее почётный ранг. Современное общество со свойственным ему мышлением воспринимает Божье Слово как «один из нескольких вариантов» истины. Готовность сегодняшнего общества принять всех и вся заявляет: «правы все и каждый», а «неправых» попросту нет! Прискорбно, но на Западе так мыслят не только представители сообщества, далёкого от Церкви, но и многие христиане. Такова современная тенденция внутри Тела Христова! Вне всякого сомнения, общество последнего времени практически утратило культуру истинного почтения к Библии, оно утратило *концепцию почтения* в целом.

Понятие «уважение» получило новое определение, и общество ценит уже не то, что ценило раньше. Теперь на фоне подчёркнутой индивидуальной ценности каждого человека под «уважением» понимается его или её правота по умолчанию — правота *каждого, кроме тех*, кто твёрдо держится библейских и нравственных абсолютных стандартов и бережно хранит их.

> Вне всякого сомнения, общество последнего времени практически утратило культуру истинного почтения к Библии, оно утратило *концепцию почтения* в целом. Теперь на фоне подчёркнутой индивидуальной ценности каждого человека под «уважением» понимается его или её правота по умолчанию — правота *каждого, кроме тех*, кто твёрдо держится библейских и нравственных абсолютных стандартов и бережно хранит их.

В сущности, в новой культуре пропагандируется всеобщий *отказ* покоряться Божьим стандартам, заявленным в Его Слове. Новая «культура почтения» зачастую исключает христиан, которые верят Библии. А потому фактически *бесчестит* Бога и Его святое, вечное, неизменное и неопровержимое Слово.

В такой обстановке большая часть Писания опускается как «чрезмерно ограничивающая» или «исключающая» верования других людей. Вместо того чтобы оставаться источником абсолютной истины, Библия становится некой хрестоматией наглядных примеров, мотивационных проповедей, воодушевляющих представлений и предложений, сборником принципов для созидания супружества, ведения дел и т.д. и т.п. На фоне всего этого нынче всё громче звучит общее предположение о том, что ни у кого нет права заявлять, будто кто-то применяет библейские принципы не по назначению.

Что касается самой Церкви, основополагающие истины христианской веры сегодня известны далеко не всем прихожанам поместных церквей. Такие ключевые библейские доктрины, как непорочное зачатие, безгрешность Христа, греховность человека, спасение, освящение и осуждение на погибель либо остаются малоизученными и неизвестными, либо считаются несущественными. В некоторых церквях здравое вероучение заменяется проповедями о социальной справедливости. Это делается в попытке привлечь массового слушателя, ведь после таких проповедей люди «чувствуют себя лучше». Истинно доктринальное библейское учение зачастую минимизируется или заменяется различными вариантами разбавленного, «политкорректного» наставления.

Подобный «гибкий» подход к библейской проповеди основан на предпосылке, что заявлять об исключительности Священного Писания как единственного источника абсолютной истины — «несправедливо». Даже когда речь заходит об основных положениях веры, сторонники такого подхода ратуют за то, что убеждения *любого* человека могут оказаться *неправильными* и каждый может быть в одинаковой степени *прав*, только по-другому, по-своему. В результате мы пришли к тому, что в наше время над библейскими истинами люди превозносят собственные убеждения и верования, основанные на компромиссе, окружающей среде, эмоциональном состоянии, взглядах семьи, из которой они родом, и т.д.

Инфекция уже распространяется

До какой степени такому мышлению уже удалось пропитать Церковь? Оцените следующий факт: свыше половины евангельских христиан не верят в существования абсолютной истины.[14] И этот показатель растёт с такой скоростью, что к моменту, когда данная книга попадёт вам в руки, он перестанет быть актуальным!

Чтобы понять, к чему ведёт подобное «обновление» культуры, достаточно одного откровенного разговора с группой молодёжи. Вы узнаете из первых уст, что даже среди многих молодых христиан — как братьев, так и сестёр по вере — распространяется негативное мнение о тех, кто придерживается абсолютной истины или абсолютной нравственности. Для характеристики христиан, твёрдо убеждённых в неизменности библейской истины в любой точке времени и пространства, у других верующих припасены такие эпитеты, как «зашоренный» или «законник».

Когда подобное мышление начинает доминировать в обществе — т.е. когда большинство людей считают, что «правы все, а неправых нет», — корректировка действительно неверных убеждений становится весьма проблематичной. В настоящее время, когда многие отходят от истины как абсолюта, огромное количество людей, даже в Церкви, считают неприемлемым порицать кого бы то ни было за то, что этот человек «так верит». Особенно если он или она *верит искренне*.

Авторитет Библии упал до столь низкого уровня, что сегодня большинство людей считают её лишь одной из *множества* священных книг. Тех же, кто верит в исключительность Библии и утверждает её абсолютный авторитет, общество относит к «старомодному» поколению. Всё больше и чаще общественное мнение высмеивает людей, заявляющих, что библейская истина остаётся вечным мерилом. Их называют

---

[14] "The End of Absolutes: America's New Moral Code," Barna Research Group, 2016. https:// www.barna.com/research/the-end-of-absolutes-americas-new-moral-code/.

«нетерпимыми», «пережитками прошлого», «утратившими связь с современной действительностью».

Самодовольное сегодняшнее общество опьянело от «свободы», предоставляемой каждому, кто принимает сумасбродную идею о том, что в вопросах веры «правы все, а неправых просто нет». Безумие мира, поправшего абсолютный стандарт, распространяется, подобно инфекции, во все сферы общественной жизни настолько стремительно, что, как было отмечено ранее, значительное количество людей уже даже не понимают, какого они пола!

Учитывая произошедшие за несколько последних десятилетий катастрофические перемены в отношении современного общества к вопросам нравственности, стоит ли удивляться, что общество уже не в состоянии разобраться, во что верить, что такое истина и на чём строить свои убеждения. И чем больше людей перестают верить в абсолютность и неизменность истины, тем меньше тех, кто готов исправить свои убеждения и вернуться к библейской истине.

Стоит только человеку заключить, что одной абсолютной истины не существует, как он автоматически приходит к следующему заключению: ни у кого нет морального права судить и исправлять других в вопросах веры и убеждений. Это не что иное, как видоизменённая маскировка древнего как мир греха под названием «восстание

> В первые годы существования Церкви апостолы и её духовное руководство открыто высказывались, если ощущали, что в их ряды пыталась просочиться ересь или заблуждение. Истинные отцы Церкви любили её так сильно и так бескомпромиссно доверяли Евангелию, что не позволяли себе отмалчиваться даже при малейшем извращении вечного Божьего послания.

против власти». Такой грех позволяет людям избегать исправления, по крайней мере, на некоторое время, прячась за вывеской «гибкости мышления».

Но в первые годы существования Церкви апостолы и её духовное руководство открыто высказывались, если ощущали, что в их ряды пыталась просочиться ересь или заблуждение. Истинные отцы Церкви любили её так сильно и так бескомпромиссно доверяли Евангелию, что не позволяли себе отмалчиваться даже при малейшем извращении вечного Божьего послания непререкаемой истины.

Руководство Церкви того времени смело выступало в защиту Евангелия!

Первые христианские лидеры верили, что Бог возложил на них обязанность оберегать Церковь и подвизаться за веру. По этой причине они не желали сидеть сложа руки, когда в ряды Церкви пробиралось заблуждение. У них сразу же возникало побуждение активно выступить в защиту паствы, над которой их поставил блюстителями Святой Дух (см. Деяния 20:28).

Любовь предупреждает: «Осторожно! Опасность!»

Представьте, что на ваших глазах ребёнок побежал к дороге с оживлённым движением. Нескончаемым потоком летят на огромной скорости автомобили, а вы спокойно позволяете малышу выбежать на проезжую часть и ничего не предпринимаете, чтобы его остановить. Было бы это проявлением любви?! Всем прекрасно понятно, что для него подобное закончится смертельным исходом! Разумеется, это не любовь! Вы бы закричали что есть мочи, чтобы привлечь внимание ребёнка и остановить его, пока не поздно!

Вот *такая* ваша реакция стала бы на самом деле проявлением любви.

Прохожие и зеваки, которые не видели эту ситуацию вашими глазами и не могли оценить её опасности, возможно, обвинили бы вас в излишней грубости — «вы накричали на ребенка!» Но всё дело в том, что опасность ситуации заставила вас немедленно отреагировать и отреагировать именно так, ведь в противном случае ребёнок неминуемо бы погиб под колёсами автомобиля!

Вы, как и большинство людей на земле, вероятно, хотели бы пользоваться репутацией вежливого и любезного человека. Однако в реальной жизненной ситуации с ребёнком вежливость могла бы привести к трагическим последствиям, тогда как быстрая реакция и срочные меры с вашей стороны могли спасти жизнь малыша.

> Бог не просит обливать кого-либо грязью и отвечать сквернословием на чьи-то нападки. Всё это *не Божьи* методы. Но и отмалчиваться непозволительно, когда под угрозой оказывается истина!

Подобная логика стала основанием для действий Иуды. Если бы вместо того, чтобы открыто противостоять заблуждению, он написал лишь несколько мягких, вежливых и любезных слов об этой проблеме, вполне вероятно, его голос так и остался бы не услышанным никем. И люди, оказавшиеся в опасности, так и не осознали бы критичности своего положения. Следовательно, Иуда повёл себя как ответственный лидер-христианин. Он возвысил голос и настойчиво воззвал к своим читателям, умоляя их противостоять заблуждению, готовому прокрасться в Церковь в ранние годы её существования.

Павел предупреждает руководство Церкви: «Впереди опасность!»

Павел, как и Иуда, выразил свою озабоченность попытками некоторых извратить истину. Вот какими словами назвал таких людей апостол: «Берегитесь *псов...*» (Филиппийцам 3:2)! Существительное «псы» здесь — это перевод греческого слова *kuon*, которое описывает *бесхозных собак, что блуждают по округе*. Такие собаки известны своей дикостью и неуправляемостью. Они — зачастую переносчики опасных заболеваний — хаотично блуждают по городу в сворах и ищут еду, где только можно: начиная от мусорных баков, заканчивая частными домами и приусадебными участками.

Павел безошибочно оценивал истинный масштаб опасности: той, которая таилась в действиях заблуждавшихся учителей, а также опасности бездействия. Лжеучители, подобно сворам бездомных больных собак, с которыми сравнил их апостол, разрывали Божье Слово на части. Они меняли его, вырывая из контекста, истолковывая превратно, и затем применяли согласно собственным представлениям и намерениям. Вот почему апостолы и руководители Ранней Церкви трубили тревогу, предупреждая об опасности, которая затаилась на пороге или уже находилась в среде верующих. Истинные служители активно защищали Божий народ от заблуждения, постепенно овладевавшего разумом одного христианина за другим.

В прощальном обращении к руководству Эфесской общины, записанном в Книге Деяний 20:29-31, Павел произнёс следующее: «Ибо я знаю, что, по отшествии моём, войдут к вам лютые волки, не щадящие стада; и из вас самих восстанут люди, которые будут говорить превратно, дабы увлечь учеников за собою. Посему бодрствуйте, памятуя, что я три года день и ночь непрестанно со слезами учил каждого из вас». На протяжении трех лет апостол предупреждал лидеров Эфесской церкви о потенциальной опасности. И всё же духом чувствовал, что после его ухода беспощадные волки всё равно отыщут лазейку в церковь и посеют свои «превратные» идеи. На месте наречия «превратно» в русском переводе греческий подлинник представляет слово *diastrepho*, что значит «перекручивать, перегибать, искажать». Это слово прекрасно характеризует природу духовного заблуждения. Обычно заблуждение представляет собой *новое переложение устоявшегося изначального послания*. Чтобы соответствовать текущим обманчивы целям, изначальное послание оказалось «перекрученным», искажённым, если не извращённым.

Разрушительные последствия обольщения

В своём Послании Галатам Павел сообщает, что лжеучители добрались до области Галатия. В частности, в Послании Галатам 1:6 апостол упоминает о том, как возникла эта опасная обстановка. Вот его слова: «Удивляюсь, что вы от призвавшего вас благодатью Христовою так скоро переходите к иному благовествованию».

> По Церкви прошлись разрушительные ветры доктринальных «нововведений». И после себя, словно после сильного ветра, губительные лжеучения оставляли лишь хаос, беспорядок и развал среди дорогого апостолу Божьего народа.

Итак, Павел пишет, что галатийские христиане «переходят» к «иному» благовествованию. Глагол «переходить» — это перевод греческого производного от *metatithimi*, состоящего из приставки *meta* и основы *tithimi*. Приставка *meta* указывает на перемену чего-то, в то время как основа *tithimi* указывает на *положение предмета*. Полученное путём сочленения этих частей воедино новое слово приобрело значение «смена положения». В греческой литературе таким словом зачастую обозначали *отступничество* или *де-*

зертирство. Павел знал, что в галатийских церквях постепенно приживается заблуждение, в результате чего некоторые отступают от веры, о которой апостол проповедовал галатам. По Церкви прошлись разрушительные ветры доктринальных «нововведений». И после себя, словно после сильного ветра, губительные лжеучения оставляли лишь хаос, беспорядок и развал среди дорогого апостолу Божьего народа.

Действенное средство против обольщения — здравый смысл

Со слов Павла в Послании Галатам 3:1 становится очевидным, что духи-обольстители проникали и в галатийские церкви. Вот слова апостола об этом: «О, несмысленные Галаты! кто прельстил вас...» Прилагательное «несмысленные» — это перевод греческого *anoetos*, характеризующего *человека, не желающего размышлять, как полагается*. Дело не в том, что у этого человека *нет разума*, а в том, что он *не желает пользоваться* им по назначению.

Галатийские христиане с аппетитом поглощали духовную пищу, замешанную на заблуждении, нимало не задумываясь о качестве потребляемого ими духовного рациона. А ввести в заблуждение людей, которые не пользуются головой для обдумывания и оценки происходящего, проще простого!

Здесь звучит ещё один призыв к *рассудительности*, которая помогает не *потерять головы*. И это очень своевременный призыв для нас, живущих в конце времён. Ведь сегодня благодаря цифровым технологиям информация умножается с такой скоростью, что мозг просто не успевает *думать*. Разум людей наводняют различные визуальные образы, постоянно обновляемая информация, которая по большей части не является достоверной. Но проверять её человеку просто лень, потому он принимает её на веру. Лёгкий доступ к информации привёл к *умственной лености*. В конце концов, зачем человеку *размышлять самому*, когда его цифровое устройство способно думать и анализировать вместо него?!

В каждом поколении сохраняется определённая часть людей, которые с охотой читают, изучают и пишут. Однако в наше время разум находится под таким обстрелом, образы мелькают перед глазами на такой скорости, что большинство людей уже не анализируют информацию так, как это делали их предшественники. По утверждениям экспертов, значительная часть нынешнего поколения испытывает трудности с пониманием линейных текстов, требующих аналитического мышления. Проще говоря, эти люди уже не способны прочитать книжку от начала до конца. Для них вообще представляет трудность прочтение чего-то более сложного, чем смс-сообщения или сообщения в чатах и мессенджерах (которые и являются их основным повседневным средством общения с миром).

Недавние социальные опросы выявили, что сегодняшние молодые люди читают в среднем по восемь минут в день. И даже эти минуты по большей части уходят на прочтение сообщений в мессенджерах со смартфонов и планшетов, а не на чтение настоящих текстов, как, например, книги или статьи. Чем мы ближе к концу нынешней эпохи, тем стремительнее снижается способность современного поколения к *размышлению* и *анализу*. Вне всякого сомнения, в ближайшие годы данная тенденция лишь усилит действие всепроникающего массового обольщения.

Разумеется, развитие цифровых технологий сказалось на современном обществе положительно. Однако по причине всё тех же цифровых технологий способность населения планеты к более глубокому осмыслению происходящего, нежели на поверхностном уровне, постепенно утрачивается. Положение дел усугубляется. Множество специалистов заявляют, что нынешнее поколение является, пожалуй, наиболее «всеядным», следовательно, наиболее подверженным обольщению, чем любое предшествующее поколение. По иронии судьбы, гениальнейшие умы инженерной мысли создали цифровой мир, который теперь превращает их же современников в наименее думающее поколение за последние несколько столетий… если не за всю историю человечества!

Несмотря на то, что человеческий мозг остаётся сложным и великолепным творением, непрекращающийся поток легкодоступных образов и информации делает своё дело. Желание и способность людей к *размышлению* — поиску, сбору, изучению и обработке информации с целью прийти к точному заключению — в значительной степени снизились. В результате нескончаемой атаки на мозг визуальных образов из соцсетей спектр внимания людей кардинальным образом сузился.

На нас, христианах, лежит ответственность сторониться этой новомодной ловушки через постоянное обновление своего ума посредством Божьего Слова и надёжной связи нашего духа с Духом Божьим. Нам не пристало вместе с остальным миром пополнять статистику умственного упадка и превращаться в неразборчивую, всеядную толпу. Каждый день и час мы призваны сохранять чуткость сердца и поддерживать здравость разума, чтобы не потерять головы!

> **Единственный способ преодолеть духовный соблазн и обольщение — это знать и понимать Божье Слово, укореняться в его истине. Бог ищет сердца тех, кто жаждет постоянно познавать *Его* высшие мысли и пути. Он ищет тех, кто затем примет Его Слово как абсолютную истину и покорится ему.**

За всю историю Церкви ещё не наступало более важного периода для того, чтобы читать Библию, изучать её и размышлять над ней. Единственный способ преодолеть духовный соблазн и обольщение — это знать и понимать Божье Слово, укореняться в его истине. Бог ищет сердца тех, кто жаждет постоянно познавать *Его* высшие мысли и пути. Он ищет тех, кто затем примет Его Слово как абсолютную истину и покорится ему.

Если бы христиане, к которым обращался Павел, *как следует подумали* о том, что предлагается им в качестве духовного рациона, *прежде* чем бездумно проглотить информацию, они бы, определённо, *не прельстились*! Однако Павлу пришлось задать им вопрос: «Кто же прельстил вас?» В греческом подлиннике глагол «прельстить» — *baskaino*, что означает «заколдовать кого-то». Иными словами, мышление христиан оказалось затуманенным, словно они подпали под чьи-то чары. Их загипнотизировали предложенным «новым мышлением», которое и увело их с пути здравомыслия. Это безрассудство распространилось настолько стремительно, что в Послании Галатам 1:6 Павел пишет им: *«Удивляюсь, что вы… так скоро переходите…»* Глагол «удивляюсь» означает «не могу подобрать слов», «потрясён», «в изумлении», «в полном замешательстве». Павлу никак не удавалось взять в толк, как подобная несуразица могла столь беспрепятственно проникнуть в галатийские церкви. Его также поразило, с какой скоростью произошло обольщение. Апостол пишет об этом так: «Удивляюсь, что вы… *так скоро* переходите к *иному* благовествованию…»

Далее Павел указывает на тип учения, проникшего в галатийские церкви, называя его «иным благовествованием». Местоимение «иной» — это перевод греческого *heteros*, что означает «другого вида». Так апостол подчёркивает, что лжеучители проникли в галатийские церкви, неся Евангелие какого-то *другого вида*. Местоимение «иной» («другой») указывает на то, что некие учители, распространявшие заблуждение, преподносили христианам фрагменты истины, чтобы их проповедь казалась знакомой, похожей на проповеди и учение Павла. Но по ходу своего учения эти проповедники постепенно, слово за словом, видоизменяли истинное Евангелие, придавая ему новый вид, новую форму, приспосабливая его к личным целям и задачам. Эти «благовестники» подменили истину подобием её. В итоге получилось заблуждение, сдобренное некоторыми обрывками истины (чтобы звучало правдоподобнее) и затем предложенное местным христианам под видом истинного Евангелия.

В Послании Галатам 1:7 Павел продолжает: «Которое [впрочем] не иное, а только есть люди, смущающие вас и желающие превратить благовествование Христово». Однако в этом стихе местоимение, переведённое на русский язык как «иное», в корне отличается от слова «иное» в предыдущем стихе! Здесь в оригинале используется слово *allos*, что означает «того же рода».

В использовании в этих последовательных стихах слов *heteros* и *allos* лежит глубокий посыл: то, что проповедовали лжеучители, коренным образом отличалось от истинного Евангелия, прозвучавшего перед галатийскими христианами из уст Павла. В этом учении присутствовали некоторые фрагменты из первоначального апостольского послания. Но само послание было изменено настолько существенно, что в конечном итоге не шло ни в какое сравнение с истинным Евангелием, которое галаты услышали и восприняли, уверовав во Христа.

Слова Павла в этом стихе, возможно, прозвучат резко для представителей современного общества, которое в большинстве своём считает, что у каждого человека есть право

> Эти «благовестники» подменили истину подобием её. В итоге получилось заблуждение, сдобренное некоторыми обрывками истины (чтобы звучало правдоподобнее), и затем предложенное местным христианам под видом истинного Евангелия.

верить во что угодно и заявлять что угодно. Разумеется, это так, у людей *действительно* есть такое право. Но в своё время Павел понимал, что Евангелие подвергается нападкам и что всегда найдутся те, кто попытается его извратить. И тогда он возгласил во всеуслышание, что эти самые учители — «желающие *превратить* благовествование Христово».

Глагол «превратить» здесь — это перевод греческого *metastrepho*, что означает «искривлять», «подменять», «извращать», «превращать одно в другое». Глаголом «превратить» называли попытку *видоизменить* нечто уже существующее; «*прогнуть*» под себя, *подменить* и *придать новую форму* так, чтобы в конечном итоге полученный продукт ничем не походил на оригинал. И затем такой видоизменённый продукт преподносился как «улучшенная версия», «усовершенствованный вариант» оригинала, тогда как на самом деле был лишь «превращённой» подделкой изначально созданного предмета.

Конечно, вполне возможно, что сам этот служитель оказался на крючке и в течение определённого времени искренне верил бесовской лжи. Он даже не подозревал, что следует по опасной дорожке, да ещё и зовёт за собой других. Однако в те первые годы жизни Церкви многие лжеучители прекрасно осознавали, что творят, чему учат и кому служат. Такие лжеучители знали, что люди не станут их слушать, если открыто предлагать им совершенно другое Евангелие. Поэтому они на протяжении определённого времени мало-помалу изменяли своё учение, постепенно придавая ему новое звучание. И в конечном итоге получался видоизменённый «продукт» — учение, которое было нужно *им*. Изначально эти метаморфозы продвигались черепашьими шагами. Затем, по истечении времени, лжеучители принимались обольщать Божий народ активнее, напористо отвращали христиан от чистого Евангельского учения и предлагали взамен изменённый вариант истины. Так обычно и ведут себя духи-обольстители, вооружённые бесовскими учениями. Подробнее об этом речь пойдёт в следующих главах.

«Учение иного вида»

Нападки на Евангелие предпринимались на протяжении всего первого столетия. Например, как только Тимофей был рукоположен Павлом в качестве пастора Эфесской церкви, ему пришлось противостоять известным и уважаемым церковью духовным лидерам. Поскольку те начали добавлять к Евангелию собственные лжеучения. В поддержку Тимофею апостол Павел написал: «Отходя в Македонию, я просил тебя пребыть в Ефесе и увещевать некоторых, чтобы они не учили иному…» (1 Тимофею 1:3).

Павел *не утверждал*, что жертвами духов-обольстителей и бесовских учений оказались сразу все руководители Эфесской общины. Он попросту заявил, что бесовскому воздействию поддались лишь *некоторые* из лидеров. Однако эти «некоторые» находились на виду у всей церкви. Вот почему Павел настойчиво призвал Тимофея разобраться с ситуацией.

То же самое можно сказать и о наших, последних, временах. От истинного учения отклонится не каждый служитель. Многие лидеры будут держаться истины и не сдвинутся

> Понимать тактику дьявола в этом направлении просто необходимо! Сатана нацелен на уязвимых служителей, обладающих влиянием. Потому что, когда скомпрометированное Евангелие и видоизменённую истину представит известный служитель, это произведёт более масштабный эффект — эффект домино. Ересь коснётся большего количества людей, а духовная инфекция, скрываемая в ней, со временем поразит всю Церковь.

с места. Тем не менее понимать тактику дьявола в этом направлении просто необходимо! Сатана нацелен на уязвимых служителей, обладающих влиянием. Потому что, когда скомпрометированное Евангелие и видоизменённую истину представит известный служитель, это произведёт более масштабный эффект — эффект домино. Ересь коснётся большего количества людей, а духовная инфекция, скрываемая в ней, со временем поразит всю Церковь.

В Первом послании Тимофею 1:3 Павел выразился словами «учить иному». Так он разъяснил нам, что за учение пытались привнести в Эфесскую церковь служители, подпавшие под действие заблуждения. Словосочетание «учить иному» — это перевод слова *heterodidaskaleo*, состоящего из слов *heteros* и *didaskalos*, где *heteros* указывает на что-то *другого вида*, в то время как *didaskalos* переводится как «учение» или «доктрина». В совокупности образуется новое слово, которое означает «учение другого рода» или «доктрина другого типа». С помощью этого слова Павел сообщает о том, что почитаемые церковью служители распространяли по общине *доктрины* или *учения другого вида*. К своей смеси из разных убеждений они добавили немного основополагающих истин, как обычно и поступают лжеучители. Разумеется, первоначальное Евангелие оказалось искажённым, и на подмену ему тут же пришла новая «формула».

В общине, на момент утверждения Тимофея в качестве нового пастора Эфесской церкви, существовала группа служителей, заражённых духовной ересью, получившей впоследствии название «гностицизм». В основании гностицизма лежит система верований, включающая в себя интерес к самым разным, в том числе диковинным, учениям. «Купившись» на них, христиане отклонились от непоколебимого Божьего Слова и последовали за причудливыми и странными откровениями, совершенно не согласующимися со Священным Писанием. То была одна из первых попыток духов-обольстителей ввести Раннюю Церковь в заблуждение. Первое покушение на Церковь отличалось от сегодняшней атаки на Тело Христово. Но в той попытке отравить Церковь просматриваются ключевые факторы, которые необходимо изучить в наше, последнее, время — время исполнения известных пророчеств.

Итак, какая именно опасность скрывалась под вывеской ереси с названием «гностицизм»? Что важно понять при её изучении касательно *нашего* времени — приближения конца эпохи? Это станет основной темой следующей главы.

Поразмыслите над этим

1. Иуда изначально намеревался писать письмо сообществу христиан на определённую тему, но Святой Дух направил его духовный взгляд в другую сторону для написания более срочного и важного послания. В тех обстоятельствах под угрозой оказались Евангельская весть (её могли исказить) и, как следствие, благополучие христианского сообщества.

   Настала пора зрелому служителю-христианину вступиться за истину и ликвидировать угрозу её искажения. Бог побудил Иуду написать письмо, в котором изложил Свою озабоченность, намерения и мнение. На кону стояло будущее бессчётного количества христиан, на которых, вооружившись конкретной дьявольской ложью, планировал устроить охоту противник.

   Случалось ли Святому Духу когда-нибудь останавливать вас на полпути или вмешиваться в ваши повседневные привычные дела, чтобы поручить вам другое задание, которое выглядело не очень приятно, но было духовно важным для вечности? Когда вам поступил этот неожиданный божественный призыв к действию, вы с готовностью послушались или поколебались? Что вы можете предпринять в настоящее время, чтобы полностью приготовиться и оснаститься для выполнения наилучшим образом следующего неожиданного небесного поручения?

2. Пагубное и тлетворное лжеучение, которое отстаивали некоторые служители Церкви, было рождено непрекращающимся соблазном жить по-мирски и стремлением подстроиться под окружающий мир с целью получить послабление от жестоких преследований.

Из-за каких людей вы непрестанно сталкиваетесь с серьёзными испытаниями, когда приходится смело отстаивать абсолютные Божьи истины (даже в деликатных вопросах)? Вы можете вспомнить, когда отступили от истины, чтобы избежать конфронтации и осуждения со стороны кого-то конкретного, но в конечном итоге ваши отношения с этим человеком всё равно пострадали?

3. Компромиссы и приспособленчество всегда делают Церковь слабой и искажённой версией самой себя, практически не обладающей духовной силой! Если вам известна история развития Церкви в последние десятилетия, попробуйте привести из неё конкретные примеры, которые доказывают правдивость данного утверждения.

Глава пятая

ЗАБЛУЖДЕНИЕ ПЕРВОГО И ПОСЛЕДНЕГО ВРЕМЕНИ И НЕИЗМЕННАЯ РОЛЬ ЦЕРКВИ

Нам приходится иметь дело с наступлением духов-обольстителей, намеренных совратить общество, разучив его думать и затем подсунув ему искажённую истину. Тогда потерявшая способность анализировать современная культура, в которой всё перевернулось с ног на голову, сочтёт такую истину вполне приемлемой. Нелепые бесовские учения будут преподноситься обезумевшему обществу под маркой «прогрессивного мышления».

Как отмечалось в главе первой, сегодня, с приближением конца эпохи, мы живём среди людей, которых с нравственной точки зрения сорвало с якоря и стремительно несёт в пучину разнузданности и порока. Ничего подобного мир не видывал со времён своего языческого прошлого. Распространяемое по всему обществу заблуждение соблазнительно ещё и тем, что прекрасно подходит, словно костюм, сшитый по фигуре, под современные тенденции нынешнего заплутавшего поколения. Это обольщение последнего времени часто сопоставляется с периодом античности, когда миром правило язычество. Однако в тот период, чтобы угодить обществу и проникнуть внутрь новорождённой Церкви, духи-обольстители использовали качественно иной подход.

К моменту, когда Павел написал: «Дух же ясно говорит, что в последние времена отступят некоторые от веры, внимая духам обольстителям и учениям бесовским» (1 Тимофею 4:1) — между истиной и заблуждением уже долгое время шла ожесточённая духовная борьба за право доминировать в Ранней Церкви. В дни этой борьбы Святой Дух пророчествовал, что в самые последние из последних времён духи-обольстители будут внедряться в общество и Церковь ещё более масштабно и распространять свои бесовские учения ещё более стремительно.

Если истолковать оригинальные греческие слова, которые Святой Дух поместил в упомянутый выше стих, то получится следующее послание: *«Расскажу вам определённо чётко обо всём, что будет твориться в мире в конце его дней: на общество обрушатся духи-обольстители с бесовскими учениями и намерением погрузить мир в глубокое, масштабное и всепроникающее заблуждение. Я говорю вам об этом заранее настолько понятным языком, чтобы вы истолковали Мои слова безошибочно. В последние времена мир постигнет беспрецедентное обольщение»*.

Ранее мы уже отмечали, что все предупреждения Святого Духа сбываются. Сегодня на Церковь с разных сторон обрушивается нескончаемый шквал различных нападок. Духи-обольстители развращают общество, фальсифицируют Божью истину, размывают гранит Евангелия. Невежественному человечеству под видом новейших религиозных изысканий навязывается гремучая смесь древних языческих традиций и современных форм мистицизма.

Святой Дух совершенно ясно предупредил нас, что подобная ситуация, когда некоторые «отступят от веры», повсеместно будет наблюдаться в самом конце последних дней, и даже внутри Церкви. В связи с этим Дух Господень призывает нас быть начеку, помня о том, что в последние времена некоторые люди в Церкви постепенно *отступят* от здравого библейского учения.

Мы живём в эпоху, когда должно будет исполниться пророчество об отступлении от веры. Поэтому нам с вами необходимо заранее решить, что мы не сдвинемся с истины, даже если обстановка в мире кардинально изменится и всё общество разом направится в сторону своей погибели. Нам нужно утвердить в качестве своей внутренней позиции то, что абсолютная, вечная, неизменная истинность Священного Писания навсегда останется нашим жизненным стандартом и проводником. Мы надёжно упрочимся на твёрдом основании Божьего Слова, и никакой дух-обольститель, завлекающий весь мир ложью в самых разных упаковках, *не сдвинет нас с места!*

> **Нам нужно утвердить в качестве своей внутренней позиции то, что абсолютная, вечная, неизменная истинность Священного Писания навсегда останется нашим жизненным стандартом и проводником. Мы надёжно упрочимся на твёрдом основании Божьего Слова, и никакой дух-обольститель, завлекающий весь мир ложью в самых разных упаковках, *не сдвинет нас с места!***

Мы увидели, что и на саму Раннюю Церковь обрушивался нескончаемый шквал атак со стороны духов-обольстителей. При помощи изощрённых лжеучений бесы пытались ослабить, подогнать под себя, извратить и подменить Евангелие, сделать его полностью видоизменённым по сравнению с изначальным Божьим стандартом. Частью таких нападок на Церковь были законники-иудеи, желавшие ослабить Евангелие благодати, растворив его в ветхозаветных правилах и предписаниях. Апостолу Павлу на протяжении всего служения приходилось противостоять этим иудействующим законникам.

Те, кто обольстился ложным представлением о Евангелии, рьяно требовали, чтобы все, кто обратился в христианство, стали «иудеями» в образе жизни и религиозных обычаях. Подобные притязания, несомненно, являлись доктринальной ошибкой. Ошибкой настолько опасной и скрывавшей в себе такие негативные последствия для вечной судьбы человека, что опровержению этого заблуждения апостол Павел отвёл в своих посланиях существенное место.

Помимо иудействующих законников, пытавшихся дискредитировать Христово благовествование, духи-обольстители задействовали и заблуждавшихся служителей Церкви. С помощью этой группы верующих дьявол «гипнотизировал» новообращённых христиан «новыми» притянутыми за уши откровениями и учениями, которые представляются нам сегодня просто смехотворными. Однако именно такая стратегия оказалась особенно успешной в борьбе с Церковью первого столетия нашей эры. Ведь в её состав входили и бывшие язычники, некогда разделявшие самые странные идеи и верования, коих в язычестве имелось *предостаточно*.

Связь культуры и обольщения

Позвольте объяснить, что же я имею в виду, когда говорю о стратегическом использовании нашим противником доктринальных ошибок и заблуждений, бытовавших во время написания Нового Завета. Понять мою основную мысль поможет небольшой экскурс в историю языческих религий Древней Греции и Древнего Рима.

Заблуждение первого и последнего времени и неизменная роль Церкви

Если учитывать огромную разницу в менталитете того общества и современного, то древних греков и римлян можно назвать глубоко набожными народами. Они поклонялись огромному количеству самых разных божеств и полубожеств, а также другим духовным существам. В современной гуманистической культуре античные рассказы о взаимодействии духовных существ с людьми принято считать «мифологией». Однако у древних греков и римлян эти рассказы не назывались ни мифами, ни «плодом фантазии и воображения». Древние безоговорочно верили, что боги, полубоги и другие обитатели духовного мира управляли вселенной, распоряжались человеческой судьбой и приводили в движение духовный и естественный миры. Колоссальные суммы, потраченные на строительство и убранство бессчётного количества капищ и храмов, служат доказательством того, насколько серьёзно древние греки и римляне относились к отправлению языческих культов.

Римская империя расширялась, завоёвывая всё новые территории. И легионеры зачастую приобщались к культам новых диковинных божеств, которым поклонялись захваченные ими народы. По возвращении на родину, римские солдаты приносили с собой и свою новую религию или культ. Так имена новых божеств вносились в постоянно растущий перечень богов, полубогов и духовных существ, культы которых отправлялись на просторах империи. Ко времени основания христианской Церкви этот перечень вырос до внушительных размеров. Он получился настолько объёмным, что даже сегодня практически невозможно составить достоверный список всех духовных существ, которым греки и римляне поклонялись в первом столетии нашей эры и которых они почитали.

Ниже будут представлены лишь немногие духовные существа, влияние которых на окружающий мир признавали язычники. (Подробнее об этом см. главу первую моей книги «Никаких компромиссов».)

Сегодня в своих ценностях общество ориентировано на гуманизм и в качестве новой «религии» для себя выбирает культ человека. В древнегреческом и древнеримском мире повседневной действительностью для языческого населения считалось поклонение духовным существам из бесконечного списка.

Согласно верованиям античных греков и римлян, за любыми проявлениями естественного мира стояли какие-то представители этой продолжительной последовательности богов и богинь, полубогов и духовных существ. Им молились и подносили жертвы. Чтобы у вас сформировалось общее представление о могущественных и незначительных силах, стихиях и явлениях мира сего, входивших в список поклонения, приведу несколько примеров. Итак, древние греки и римляне поклонялись божествам, духовным существам и проявлениям *неба, земли, подземелья, рассвета, ночи, тьмы, луны, молнии, грома, штормов и бурь, чести, почтения, надежды, истины, безопасности, домашнего хозяйства и утвари, порогов, дверных петлей, дверных ручек, детских напитков, пчёл* и т.д. и т.п. Фанатичное стремление почитать духовных существ всех мастей привело к тому, что на каждой улице, на каждом перекрёстке и во всех значимых местах населённых пунктов устанавливались соответствующие изваяния. Раскопки древних городов показали, что придомовые капища и жертвенники встречались практически повсеместно. Во многих случаях эти ритуальные объекты были посвящены огромному разнообразию семейных божеств, коим в том или ином семействе поклонялись из поколения в поколение. Святилища и жертвенники обычно размещались поблизости от парадного входа в дом: в коридоре, прихожей, или во внутреннем дворике. Там и устраивались жертвоприношения.

Заблуждение первого и последнего времени и неизменная роль Церкви

Поклонение богам, богиням и полубогам, равно как и широкому спектру духовных существ, было традиционным явлением, неотъемлемым ритуалом повседневной жизни подавляющего большинства древних.

На момент возникновения Церкви язычество присутствовало практически в каждой сфере общественной жизни и было распространено на всех бескрайних территориях, подвластных Риму. Там, где поднимался флаг Римской империи, гарантированно практиковались языческие традиции и культы. Вообще, в мире того времени было всего три религиозных направления: устоявший иудаизм, новая развивающаяся христианская вера и широкий спектр языческих культов. В такой обстановке на общество оказывали влияние диковинные, необычайные и зачастую страннейшие разновидности духовных явлений и причудливых мистических практик. Так что переманить незрелых христиан, незадолго до этого оставивших язычество, увести их обратно в завораживающий мистический мир, было несложно. Если приманка язычества оказывалась достаточно привлекательной, новообращённые христиане, только-только избавленные из паутины мирских культов, поддавались соблазну и совращались на путь греховного поведения. Ведь привычка к такому поведению прочно сидела в их сознании, пока ещё не обновлённом Христом. В подобной обстановке духовного разнообразия люди (включая христиан) без труда увлекались поверьями, которые сегодня представляются странными и диковинными.

В среде, где сложным образом перемешались языческие верования народов, населявших Римскую империю, возникла новая форма заблуждения. Лжеучители, которых впоследствии стали называть «гностиками», привлекали к себе людей, совсем недавно принявших Христа. Беда в том, что эти новообращенные христиане из-за долгого пребывания в язычестве поддавались зову языческих инстинктов и потому становились лёгкой добычей «гностиков». Само же понятие «гностики» произошло от греческого *gnosis*, что переводится как «знание».

Вкратце, гностицизм представлял собой сочетание христианских убеждений и языческих философий, религий, теософий и мистерий. Всё это было смешано в некоем «евангелии», которое преподносилось как более соответствующее языческому миру того времени. Большинство новообращённых христиан, в прошлом язычников, являлись носителями греческого наследия, и, следовательно, на них было гораздо проще воздействовать с помощью философских идей и языческих концепций. Как следствие, распространители гностицизма чаще привлекали в свои ряды именно такую категорию новообращённых христиан.

Гностики заявляли, что обладают *высшим познанием* и *особой проницательностью*. Они даже утверждали, что их предполагаемая проницательность и откровения не нуждаются в проверке доктринами, равно как и любом другом исследовании. Ведь эта их мудрость якобы ниспосылается из мистического, непостижимого и не подлежащего проверке измерения. Зачастую гностики хвастались, что их познание превосходит мудрость Священного Писания.

Такие самозваные пророки и учители утверждали, что обладали способностью сверхъестественным образом воспринимать другие миры, которые никогда не познавал ни один человеческий разум и не созерцал ни один глаз. Они хвастались, что осваивали духовные измерения, которые не поддавались освоению никем более.

Разумеется, мы, твёрдо держащиеся Божьего Слова, верим в сверхъестественные опыт и переживания, в том числе сновидения, видения и откровения, но если только они согласуются со Священным Писанием. Отвергать все сверхъестественные проявления было бы неверным решением, в результате которого Церковь стремительно сместилась бы в одну из крайностей. Что же до откровений гностиков, то они были нелепыми и никоим образом не согласовывались с учением Священного Писания. Многие христиане в первом столетии нашей эры в силу своего недавнего языческого прошлого находили разнообразные, хотя и странные, учения гностиков привлекательными. С помощью фантастических поверий, сфабрикованных доктрин и учений самого разного толка гностики представляли публике свои яркие, зрелищные откровения и этим вовлекали заворожённых слушателей в заблуждение и крайности. Учитывая то, что в большинстве своём первые христиане освободились от диковинных и мистических языческих поверий буквально незадолго до контакта с гностиками, не трудно понять, почему гностицизм достиг такого расцвета в церковном сообществе первого столетия нашей эры.

Софисты и гностики

Давайте окунёмся в реалии первого столетия ещё глубже и узнаем, как со своими откровениями, пророчествами и учением гностики смогли проникнуть в наиболее значимые круги Ранней Церкви и наладить там опасные (для Церкви) связи.

В нехристианском мире того времени функционировала группа странствующих ораторов, называвшихся «софистами». Они пользовались у язычников огромной популярностью. Само же слово «софист» образовалось от греческого *sophos*, что переводится как «мудрость». Софисты хвалились своей *особой мудростью* и, по сути, были схожи с гностиками.

Софисты были умелы в риторике и получали внушительные гонорары за то, что делились своими познаниями по широкому спектру вопросов. Некоторые софисты действительно занимались образовательной деятельностью и обучали представителей высших слоёв общества. Другие же в своих притязаниях на право учить оказывались более амбициозными и эксцентричными, но вместе с тем менее искренними. Так или иначе, образ действия софистов и их методы сильно повлияли на образ действия и методы гностиков, деятельность которых, к сожалению, стала столь успешной в Ранней Церкви.

Софисты переезжали из одного города в другой и читали лекции перед различными аудиториями. Нередко послушать выступления этих ораторов съезжались люди из отдалённых регионов. Некоторые софисты строили свои выступления на сенсациях и затрагивали противоречивые, спорные темы. Они привлекали слушателей так умело, что находились на пике популярности на протяжении всей жизни, их имена были у всех на устах.

Кто такие «ласкающие слух»

Как я уже говорил, некоторые уважаемые софисты были задействованы в сфере образования, но имелись среди них и меркантильные личности, подгонявшие свои лекции под потребности и капризы слушателей. Такие софисты оказывались готовы произнести всё что угодно, лишь бы угодить аудитории. Они стали первыми «ласкателями слуха» в античном мире. Представители этой группы проводили сенсационные выступления и так завлекали слушателей, что те с готовностью приобретали билеты на следующие лекции. Софисты мастерски преподносили себя людям как знатоков в самых разных областях. Они могли выступать часы напролёт, говоря о том, в чём зачастую практически и не разбирались.

Эти беспринципные и неразборчивые ораторы завораживали, потешали своих слушателей, побуждая тех купить билет на следующее представление. Древний историк Дион Хрисостом написал об этом так: «Они были подобны блуждающим во мраке, побуждаемые воплями толпы и массовыми овациями».[15]

Гностики, впоследствии появившиеся в Ранней Церкви, судя по всему, брали пример с софистов. Они также увлекались сенсациями и россказнями, на сей раз вплетая в них духовные нити. Гностики завораживали слушателей яркими и правдоподобными описаниями сверхъестественных переживаний, приправляя те глубокими и мистическими «откровениями», не имевшими ни малейшей связи ни с Писанием, ни с апостольским учением. Такие «откровения» представляли для Церкви в стадии её становления серьёзную угрозу, поскольку их носители-рассказчики апеллировали к новообращённым христианам, в прошлом язычникам. А эта категория людей по-прежнему оставалась легко увлекаемой странными и эксцентричными проявлениями.

О том, чтобы преподавать простые библейские истины, у носителей этих так называемых «откровений» не шло и речи. В их представлении Священное Писание являлось лишь азами познания. Так, они с самодовольным упоением повествовали о своих беседах с ангелами, встречах с доселе неведомыми небесными существами, о других необычных таинственных явлениях. И хотя никакой связи с Писанием эти откровения гностиков не имели, они оказывали на завороженную аудиторию гипнотическое действие.

Повторю чётко и ясно: Церкви *нужны* сверхъестественные встречи с небесными существами, устроенные Богом. Однако нам нельзя и не должно поощрять переживания или учения, не подтверждённые и не поддерживаемые Священным Писанием.

---

[15] Дион Хрисостом. Речь XXXIV.

Заблуждения гностицизма (краткий перечень)

Ниже мы приводим краткий перечень некоторых, распространявшихся гностиками во времена написания Нового Завета, заблуждений. Каждое из них опровергается Библейскими текстами. Вы также увидите, что подобные заблуждения вновь возникают и сейчас, в конце последних дней. Нам, конечно, ни к чему становиться специалистами по гностикам, но будет полезно узнать их ереси, чтобы распознать их в настоящее время.

Итак, вот некоторые из ключевых гностических ересей:

- Гностики заявляли, что ветхозаветные Писания находятся ниже по степени духовности и откровения, потому что в их основе лежат старые, архаичные и изжившие себя идеи. Следовательно, христианам нужно полностью устраниться от учений Ветхого Завета.

  Трудно даже вообразить, но сегодня некоторые служители Церкви заявляют, что Ветхий Завет не имеет к новозаветным верующим никакого отношения! По утверждениям этих служителей, христиане должны «отвязаться» от Ветхого Завета с его писаниями. Однако любой христианин, сведущий в истории Церкви или богословии, понимает, что похожие заявления были одним из первых ошибочных «откровений» гностиков в период Ранней Церкви. И сегодня, в последние времена, это заблуждение возрождается.

- Как заявляли гностики, Бог, явивший Себя в Новом Завете, совершенно отличается от Бога Ветхого Завета. Причём «новозаветный» Бог по рангу выше. Всё то, как Бог действовал и судил народы, как Он проявлял Себя и выражался в период Ветхого Завета, считалось архаичным, несовершенным и по значимости менее важным, чем новые откровениями гностиков.

Данное заявление могло стать попыткой быстрее избавиться от концепций и текстов Ветхого Завета, из-за которых гностикам было невероятно сложно как следует подогнать своё «евангелие» под менталитет их языческого окружения. Лишив Ветхий Завет авторитета (к которому непрестанно апеллировал как Христос, так и апостолы, писавшие Новый Завет), гностики намеревались создать новый вид «евангелия», более соответствующий их целям. Эта ересь гностицизма, распространявшаяся в период Ранней Церкви, вновь возникает и в наши дни.

- Гностики пропагандировали идею о том, что новозаветным христианам не следует воспринимать всерьёз гнев «ветхозаветного» Бога. По словам гностиков, осуждение во всех его настоящих и будущих проявлениях упразднено. Гностики утверждали, что идея Божьего гнева была лишь образным, вымышленным учением, основанным на религиозной парадигме, от которой нужно отказаться как от не соответствующей образу *любящего* Бога.

Что ж, даже сегодня порой звучат заявления о том, что концепция Божьего гнева устарела и изжила себя. Некоторые говорят, что весь Божий гнев уже излился на Христа, следовательно, никакого явления Божьего гнева при осуждении людей в будущем можно не ожидать.

Однако любой разбирающийся в богословии понимает откровенную ошибочность подобного заявления. Оно является одной из основных ересей гностицизма, которая вновь подаёт голос в эти последние дни.

- В представлении гностиков плоть по природе своей греховна и увядает. Ценность имеет лишь дух, поэтому неважно, грешит человек плотью или нет.

Гностики дошли до утверждения о том, что в жизни человека, уверовавшего во Христа, грех якобы не имеет никаких последствий. То есть, коль для вечности плоть не существенна, нет и необходимости в покаянии за любое действие, совершённое по плоти. Каждый, кто знаком с ситуацией в современной Церкви последних дней, прекрасно понимает, что данное заблуждение гностиков постепенно укрепляет в ней свои позиции.

- **Учение, упомянутое только что, представили и развивали гностики-антиномисты. «Антиномист» означает того, кто *противится закону*. Данное определение указывает на отвращение гностиков к нравственным законам Бога, которые они считали устаревшей идеей Ветхого Завета, не имеющей значения для христиан.**

Трудно понять, как именно эта идея гностиков могла появиться вновь, но именно её сегодня озвучивают некоторые служители. Они пренебрегают авторитетом текстов Ветхого Завета и заявляют, что Десять заповедей неприменимы к жизни современного верующего. Утверждение древних гностиков набирает популярность в наши, последние, дни.

- **Гностики считали, что «новое», более синкретичное «евангелие» было необходимо для того, чтобы объединить разнообразные религиозные воззрения. С этой целью они попытались сформировать послание более гибкое, менее зависящее от строгого текста, более открытое для включения идей из других богословских и философских течений, а также альтернативного образа жизни. Гностики стремились создать такую веру, которая даже у неверующих и язычников не вызывала бы возражений и которую те готовы были бы разделить.**

Некоторые проповедники сегодня делают то же самое, что и заблуждавшиеся гностики времён написания

Нового Завета — пытаются удалить из Библии и устранить из своей проповеди всё, что может вызвать споры или огорчения. Так, вместо того чтобы поставить паству лицом к лицу с реальностью и последствиями греха, дабы силой Христа люди смогли преодолеть этот грех, некоторые современные проповедники облегчают Евангелие и делают всё, чтобы каждый был вполне доволен собой и не задумывался о необходимости внутренней трансформации. Как видите, гностическая ересь в последние времена снова оживает.

- В жажде познавать измерения, в которых ещё не бывали люди, гностики стремились проникнуть в духовный мир. Они заявляли, будто знают имена ангелов, не упомянутые в Библии. Основываясь на своих «посещениях духовного мира», даже разработали целое родословие ангелов.

  Вам знакомы люди, с упоением рассказывающие о своих духовных переживаниях, не подтверждаемых Священным Писанием? Это тоже гностическое заблуждение, которое набирает популярность в последнее время. И хотя мы соглашаемся с тем, что у христиан случаются настоящие сверхъестественные встречи с Богом, основывать свои воззрения на личном опыте или переживаниях, не подтверждаемых Писанием, мы не станем.

- Гностики верили, что Бог выражал Себя через разнообразные *эоны*. Понятие «эон» используется для характеристики различных проявлений духовного. Гностики утверждали, что Иисус был лишь одним из таких «эонов». Данное учение оказалось привлекательным для христиан с основательным языческим прошлым, поскольку те были воспитаны в политеистическом (многобожном) мировоззрении. Однако такое учение определённо умаляет Христа, низводя Его до уровня «одного среди многих» духовных существ.

По причине недостатка доктринального образования некоторые прихожане церквей сегодня не верят, что Христос является *единственным* путём на Небеса. Утверждение о том, что на Небеса ведут разные дороги, гностическое по сути. В конце «века сего» его вновь озвучивают.

Отказавшись основывать свои воззрения на записанной истине, гностики «отступили» от абсолютного авторитета Писания и апостольского откровения. В результате этого все, кто разделил их ошибочные убеждения, сорвались с духовного якоря и стали уноситься все дальше в открытое море. Решив создать для себя видоизменённое универсальное «евангелие», подходящее их синкретичному мировоззрению, гностики взяли курс на погибель. А на этом пути не существует границ заблуждению и его последствиям.

Павел, Пётр, Иоанн и Иуда в своих письмах говорили об отступлении гностиков от веры. И не только они. Некоторые известные первые Отцы Церкви — такие, как Ириней Лионский, Тертуллиан и Ипполит Римский, — составляли пылкие апологетические речи, в которых обличали эту ересь.

Не всегда поддаётся объяснению, как первые христиане, утверждённые в Божьем Слове, из первых уст слышавшие проповеди, учения и свидетельства апостолов, могли позволить еретикам сбить их с истинного курса! Ведь заблуждения гностиков настолько сильно противоречили Священному Писанию и даже звучали попросту нелепо! Тем не менее отступление имело место в первые столетия жизни Церкви, когда Божий народ подвергся наступлению духов-обольстителей с бесовскими учениями.

Как отмечалось ранее, языческое окружение во всех регионах огромной Римской империи, где развивалось христианство, сильно осложняло борьбу раннехристианских блюстителей Церкви с заблуждениями и ересями гностиков. В результате языческие поверья, которые в большом разнообразии привносились в Церковь новообращёнными и даже некоторыми духовными лидерами, постепенно смешались с истинной верой.

Пожалуй, нам будет проще понять, как странные небиблейские гностические учения спровоцировали отступление большого числа первых христиан, если мы посмотрим на это через призму состояния современного общества. Нездравые суждения, которые сегодня выдаются за истинные окружающим обществом и даже некоторыми верующими, не так уж сильно отличаются от диковинных учений, обрушившихся во время духовных атак на Церковь первого столетия нашей эры.

Сегодня люди в большинстве своём не принимают на веру басни гностиков, звучавшие заманчиво на заре новозаветной эпохи. И всё же, как было упомянуто выше, из бытующих ныне учений многие очень похожие на древние гностические. Они стимулируют схожий образ жизни и поведенческие реакции. Их распространяют даже известные служители современной Церкви последних дней, о чём и пророчествовал Святой Дух (см. 1 Тимофею 4:1). Ощутимое количество христиан увлекаются плюралистическими (в плане религий) взглядами, которые по природе своей являются типично гностическими.

> Приверженность абсолютной истине ослабла до такой степени, что большинство молодых христиан уже не видят необходимости в обращении к Богу и покаянии своих знакомых и друзей, которые веруют не в Иисуса Христа, а во что-то иное.

Склонность наших современников — *в том числе молодых людей, регулярно посещающих церковь*, — к плюралистическому религиозному мышлению возрастает настолько стремительно, что многие из них уже не имеют твёрдой позиции в отношении самых важных основополагающих истин христианской веры. Такие фундаментальные основы, как непорочное зачатие, безгрешность Христа, необходимость в покаянии, понятия «добра» и «зла», Небес и ада сегодня пересматриваются многими молодыми христианами. Последние опросы и анализ полученных в ходе них сведений убедительно показывают, что приверженность абсолютной истине ослабла до такой степени, что большинство молодых христиан уже не видят необходимости в обращении к Богу и покаянии своих знакомых и друзей, которые веруют не в Иисуса Христа, а во что-то иное.

Многие христиане перестали благовествовать друзьям спасительными словами истинного Евангелия, находя этому «логичные» объяснения и оправдания. Например, следующие:

- «Если его вера ему помогает, то зачем навязывать мою?!»

- «А кто сказал, что христиане верят правильно, а эти люди — нет?!»

- «Неужели и правда не существует альтернативных путей к Богу?! Может быть, христианство — это лишь *наша* личная вера, но есть ещё и другие?»

Сегодня в христианском сообществе трудится множество богобоязненных пасторов, проповедников и служителей. Но, к сожалению, постоянно растёт и число тех духовных наставников, которые повторяют ужасные заблуждения учителей-еретиков периода Ранней Церкви. С кафедры ряда церквей по всему миру звучит видоизменённая истина, отражающая плюралистический религиозный подход, свойственный изменчивой современной культуре. Во многих церквях за последние несколько лет произошли радикальные изменения:

здравое учение оказалось полностью заменено приятными на слух, деликатными проповедями. Следовательно, сегодня многие прихожане церквей остаются несведущими даже в самых элементарных доктринах христианской веры.

Немало сегодняшних служителей Церкви обладают исключительными ораторскими навыками. При этом кому-то из них недостаёт базового библейского образования и знания основополагающих христианских принципов, а кто-то намеренно избегает здравого учения, отдавая предпочтение вместо него популярным жизнеутверждающим проповедям. Сегодня такие служители, будучи обманутыми, выбирают политкорректную позицию по множеству нравственных вопросов. Они предпочитают не выступать смело и открыто, защищая какую-либо фундаментальную истину, если это может поставить их в неловкое или невыгодное положение перед обществом.

Церковь перестала высказываться по многим жизненно важным вопросам, поскольку её глашатаи предпочитают ходить вокруг да около, вместо того чтобы бить точно в цель. Ведь требуется недюжинная смелость, дабы сделать заявление, идущее вразрез с общественным мнением. То есть с мнением неспасённых людей, а также так называемых христиан, которые не придерживаются твёрдой нравственной позиции по вопросам, чётко оговорённым в Писании.

> Сегодня такие служители, будучи обманутыми, выбирают политкорректную позицию по множеству нравственных вопросов. Они предпочитают не выступать смело и открыто, защищая какую-либо фундаментальную истину, если это может поставить их в неловкое или невыгодное положение перед обществом.

Из-за подобного отклонения от Библии в Церкви образовался доктринальный вакуум — пустота, которую в настоящее время заполняют динамичные бизнес-идеи и побуждающие проповеди. А должно заполнять чистое и неразбавленное Божье Слово, проповедь которого Святой Дух обещал отмечать чудесами и знамениями (и верно исполняет обещанное по сей день). Бесспорно, некоторые мотивирующие проповеди, звучащие с кафедры церквей, порой необходимы и полезны. Но помощь, которую дают они, лишь временная. Да и найти её можно в книгах специалистов в области популярной прикладной психологии, жизненная философия и идеи которых могут согласовываться или не согласовываться с Библией.

Лишь Божье Слово обладает силой навсегда преобразить жизнь человека! Ещё совсем не поздно Телу Христову полностью оправиться! Более того, сделать это никогда не поздно, если остаются христиане, готовые внимать голосу Святого Духа, говорящего с Церковью. Но чтобы Церковь наполнилась божественной силой, необходимой для исправления, изменения и восстановления, она должна позволить Духу преобразить её с ног до головы. Святой Дух пророчески предупреждает Свой народ о том, что единственный способ не поддаться влиянию тьмы, неизбежно надвигающейся на общество, — это внимательно прислушиваться к Его голосу и на основании Божьего Слова применять предлагаемые Им решения.

> Ещё совсем не поздно Телу Христову полностью оправиться! Более того, сделать это никогда не поздно, если остаются христиане, готовые внимать голосу Святого Духа.

Апостол Павел осознавал опасность еретического учения и призывал Церковь противостать этому учению. Основополагающие постулаты апостолов подвергались нападкам со стороны служителей, которые, по собственным их заявлениям, находились на «гребне волны» и якобы в точности знали истинные потребности Церкви. Эти духовные шарлатаны стремились увлечь за собой первых христиан, предлагая тем приятное слуху учение. Они призывали доверчивых христиан изменить свои богословские воззрения по целому ряду вопросов, чтобы сделать христианскую веру более «привлекательной» и не такой «обижающей». Тот, кто поддавался на этот обман, в конечном итоге оказывался в ловушке отступнического вероучения.

Ещё одна разновидность ранних ересей

Среди обмана, который распространяли бесы с целью отвратить ранних христиан от приверженности Божьему Слову, выделялось ещё одно учение заблуждения. Его сторонников называли николаитами. Иисус резко отозвался о них в откровении апостолу Иоанну, когда передал тому послания семи церквям Малой Азии (см. Откровение 1–3).

Николаиты утверждали следующее: «Мы живём чересчур оторвано от всех, чересчур строго. Язычники нас не понимают. Мы не посещаем их театров, их бань и капищ. Может, всё-таки стоит жить менее строго и начать общение с язычниками, чтобы те приняли нас как своих?!» Иисус назвал такие предложения «делами» и «учением николаитов» (см. Откровение 2:6 и 15).

В оригинале слово «николаиты» составное. Одна его часть — производное от слова *nikao*, что значит «победа» или «покорять», а вторая —

> После того как Пергамская община смогла успешно устоять под натиском притеснителей, на церковь обрушилось несколько периодов гонений. И врагу всё-таки удалось прокрасться внутрь церкви. Этот враг оказался страшнее любых преследований извне.

laos, что значит «люди» или «светские люди». Составленное из двух этих частей слово приобретает значение «те, кто покоряет народы» или «те, кто одерживает победу над другими».

Учение николаитов, по сути, было учением о компромиссе, из-за которого Божий народ не раз терпел поражение. Жертвой этого лжеучения становились самые разные сегменты Ранней Церкви, и поэтому Иисус высказался категорично о данной проблеме в обращении к Пергамской церкви (см. Откровение 2:15). После того как Пергамская община смогла успешно устоять под натиском притеснителей, на церковь обрушилось несколько периодов гонений. И врагу всё-таки удалось прокрасться внутрь церкви. Этот враг оказался страшнее любых преследований извне.

Николаиты призывали христиан идти на компромисс с убеждениями для того, чтобы мирно сосуществовать с окружающим обществом. Это внутреннее искушение было значительно более опасным для Ранней Церкви и ставило под угрозу её будущее гораздо больше, нежели любое внешнее сопротивление со стороны мира.

> Когда Божий народ допускает компромиссы в вопросе верности следования за Богом, это всегда приводит к поражению!

Сегодняшняя ситуация во многом схожа с той, ведь некоторые заявляют: «Давайте все успокоимся! Зачем же быть настолько строгими к самим себе?! Ведь мы живём среди неверующих, иногда приходится иметь с ними дело. Так дадим же себе свободу, и тогда мир перестанет считать нас такими упрямыми и зашоренными!»

Каждый раз, когда Божий народ шёл на компромисс со своими праведными убеждениями, он терпел поражение.

Лишался силы. Утрачивал святость. Не добивался победы. Когда Божий народ допускает компромиссы в вопросе верности следования за Богом, это всегда приводит к поражению!

Иисус любил самих николаитов, Он умер на кресте и за них. Но Он ненавидел их учение и убеждения. Подобно Иисусу, нам тоже необходимо занять твёрдую позицию в отношении компромиссов. Да, Бог призвал нас любить окружающих, но при этом оставаться святыми. Для того чтобы переживать Божью силу, мы должны жить согласно высоким стандартам. А эти стандарты — в Божьем Слове. Уступки миру — смертельная опасность как для каждого отдельно взятого христианина, так и для всей поместной церкви. Бог призывает нас решительно *отказаться от любых компромиссов*.

Мы живём в то время, когда христиане оказываются перед искушением пойти на компромисс со своими библейскими убеждениями и изменить их по причине давления со стороны общества. Как уже отмечалось, общественное сознание меняется: то, что когда-то считалось нравственно предосудительным, сейчас совершенно приемлемо, даже если противоречит Божьему Слову.

В современной культуре происходит массовая подмена ценностей и понятий. Но ведь мы как христиане призваны отличаться от мира. Для нас недопустимы компромиссы, даже если они и сулят одобрение мира, подстройку под его мышление и образ жизни. Божье Слово неизменно, и такими же следует быть и нам, верующим ему. Оказавшись под натиском искушения «подвинуться» в своей вере, мы должны опереться на Божье Слово и положиться на Святого Божьего Духа. В них — наша крепость и стойкость! Как устоял Антипа, так и мы сможем устоять под натиском соблазнов, чтобы затем услышать слова Иисуса: «Молодцы! Вы — Мои верные слуги!»

Не отступающие, а окончательно отступившие

Итак, Павел, Пётр, Иоанн и Иуда открытым текстом обличали в своих посланиях гностическую ересь. Описывая же события последнего времени во Втором послании Тимофею, апостол Павел предсказывал ошеломляющие перемены, которым надлежит произойти в самом конце эпохи. Главным из череды этих сейсмических сдвигов в обществе станет масштабное духовное отступничество от Церкви.

Во Втором послании Тимофею 3:5 Павел пророчествует о наступлении времени, когда люди будут иметь «вид благочестия», но «отрекутся» от его силы. Давайте внимательно исследуем эти слова, поскольку они имеют прямое отношение и к нашим дням.

Итак, существительное «вид» — это перевод греческого слова *morphe*, которое указывает на *внешний вид* или *форму предмета*. Таким словом всегда описывают только внешние, видимые характеристики, но никогда не содержимое.

Для наглядности приведу в пример манекен. Когда-то давно манекены выглядели весьма примитивно, сегодня же они могут быть очень похожими на человека! В некоторых случаях манекены изготовлены настолько профессионально, что при беглом взгляде можно принять какого-нибудь из них за настоящего человека. Кстати, однажды в магазине я повернулся к стоявшему рядом, как мне казалось, человеку и задал ему вопрос. И лишь секунду спустя понял, что обратился к манекену! Изделие было наделено настолько точными чертами человеческой внешности и настолько аккуратно сделано, что я принял его за реального сотрудника магазина! Форма выглядела соответствующей, но, разумеется, никакой жизни в ней не заключалось. То была не более чем оболочка.

Манекен прекрасно иллюстрирует значение слова «вид» во Втором послании Тимофею 3:5. Оно указывает на внешнюю форму, относится к внешнему виду, но никоим образом не касается внутреннего содержания.

В этом же стихе Павел пишет о «виде *благочестия*», и потому мы рассмотрим значение слова «благочестие». В греческом оригинале здесь используется слово *eusebeia*, что в данном случае указывает на *набожность* или *религиозность*. В это понятие входят соответствующие действия, священническая одежда, религиозный посыл, религиозные слова, религиозные выражения, символика и другие внешние религиозные предметы, образы и проявления, которые обычно соотносятся с чем-то *религиозным* или кем-то *набожным*.

Когда эти два слова сочетаются в одном выражении — «вид благочестия», то можно представить себе нечто подобное манекену в религиозном одеянии. Представьте себе манекен в одежде священнослужителя. Например, в сорочке с белым воротничком-колораткой или в хитоне с золотой цепью и крестом на груди, да ещё и с Библией в руках. Профессиональный мастер сумеет сделать так, что манекен будет выглядеть, словно живой священнослужитель. Представьте, что кто-то по ошибке примет его за настоящего священника. Этот манекен будет выглядеть по всем правилам, но всё же

> Павел предупреждает, что в конце времён Церковь окажется поражённой отступничеством. Люди в церквях станут «облачаться» в христианское, набожное поведение, но, словно манекены, не будут носить в себе ни жизни, ни духовной силы.

так и останется манекеном — пустой оболочкой, формой, пускай и облачённой в религиозную одежду. Павел предсказал, что к концу «века сего» наступят времена, когда определённый сегмент Церкви будет «одеваться в религиозное убранство» со всеми атрибутами соответствующего «жанра». Однако, словно разодетые манекены, внутри эти люди окажутся безжизненными. По словам Павла, они «отрекутся» от силы подлинного благочестия.

Глагол «отречься» в данном контексте означает «отвергнуть», «отказаться». Через это слово апостол предупредил нас о наступлении времён, когда духовные руководители столкнутся с истиной и силой, но не примут их, откажутся от них и не ощутят их действия. Павел предупреждает, что в конце времён Церковь окажется поражённой отступничеством. Люди в церквах станут «облачаться» в христианское, набожное поведение, но, словно манекены, не будут носить в себе ни жизни, ни духовной силы.

Встретившись с истиной Евангелия, способной преобразить любого человека изнутри, люди, отнесённые Павлом к категории «отступившие», отвергнут Божью истину и примут ложь. Так будет выглядеть *Церковь-отступница*.

Читая этот стих много лет назад, в молодые годы, я изумлялся: «Разве такое вообще возможно в церкви?!» Я не представлял себе ни одной церкви, которая стала бы откровенно отрицать основополагающие учения и истины Библии. Сама идея подобного отступничества казалась мне попросту невозможной. Однако сегодня такое развитие событий уже не выглядит настолько уж нереальным. Мы живём в коварные времена, когда духовные манекены окружают нас повсюду. На них — религиозные одеяния и атрибуты. Они выражаются религиозными терминами, взятыми из Библии, пользуются религиозной символикой, но сами не являются живыми свидетелями Евангелия Иисуса Христа. Они — лишь пустые оболочки, подражающие истинным христианам.

> **На наших глазах происходит отступление от веры, о котором пророчествовал Павел. И со временем оно, словно лавина, приобретает всё более масштабный характер.**

Заблуждение первого и последнего времени и неизменная роль Церкви

На наших глазах происходит отступление от веры, о котором пророчествовал Павел. И со временем оно, словно лавина, приобретает всё более масштабный характер. В самом начале отступление было незначительным, еле зримым отклонением от курса. Однако за последнее столетие отклонение стало весьма заметным. А за последние десятилетия его скорость ощутимо увеличилась, когда существенная часть исторической Церкви решила отойти от чётко заявленных основополагающих библейских истин.

Я признателен Богу и Церкви за богатое духовное наследие многих наших церквей общеизвестных деноминаций, которое они сформировали и передали нам. Большинство из этих церквей родились в силе Святого Духа, на волне пробуждения, начатого нашими братьями и сёстрами, которые верили Библии и посвящали себя благовествованию. Церкви некоторых из этих деноминаций по-прежнему подвизаются за веру и вкладывают огромные материальные средства во всемирное благовестие. К этой категории относится и та церковь, в которой я пришёл ко спасению и был наставлен в вере. Я считаю себя «продуктом» этой церкви и её деноминации, где не только ревностно учат Библии, но и без устали жертвуют, трудятся по всему миру ради исполнения Великого Поручения.

Но не все традиционные христианские церкви сохранили верность изначальному Божьему посланию и своей миссии. И хотя богословские доктрины некоторых церквей в рамках определённых деноминаций на протяжении их истории остаются неизменными, фактическая реализация их веры выявляет *шокирующее отдаление* от основополагающих истин. По иронии судьбы, эти же основополагающие истины отражаются в документах о вероучении, миссии и целях церкви. И написаны они были для того, чтобы их последователи чётко понимали, что основа, направление и сущность учения — *хранить и защищать веру!*

Однако с целью соответствовать культурным нормам современного общества, светским ожиданиям и избежать конфликтов с миром, церкви в этих деноминациях постепенно продвигаются в сторону видоизменения Евангельской вести. Сегодня даже апостолу Павлу пришлось бы приложить максимум усилий, чтобы извлечь из всего проповедуемого в этих церквях что-нибудь хотя бы отдалённо напоминающее Евангелие. Чистые истины Павловых посланий оказались замещёнными «евангелием религиозного плюрализма», ключевыми ценностями которого стали социальная справедливость и социально одобряемое поведение.

В разбавленном Евангелии, предлагаемом миру этими церквями, не обращается особого внимания ни на грех, ни на покаяние в нём, но предполагается, что решения главных проблем человечества кроются в психологии или медицине. Такие церкви утверждают, что надо просто «понять и принять всех», создать людям «подходящие» условия или, на худой конец, предложить им «волшебную таблетку». Необходимость в очищении кровью Иисуса и в преображении силой Святого Духа даже не попадает в поле зрения таких церквей. Увы, это отступление от истины Христовой достигло угрожающих масштабов. Сегодня подобные церкви пропагандируют *приятие и религиозный плюрализм*, будто именно это (а не спасающая и очищающая сила крови Иисуса Христа) является истинным Божьим посланием для современности.

Примером ужасающего отступления от библейских истин, как это ни прискорбно, можно считать Вашингтонский Национальный собор (г. Вашингтон, округ Колумбия). Руководство Национального собора с гордостью заявляет, что является давним сторонником полного приятия и включения в жизнь церкви лесбиянок, геев, бисексуалов, трансгендеров. Руководство собора также считает уравнивание прав членов ЛГБТ-сообщества с другими людьми одним из величайших достижений в области соблюдения гражданских прав в XXI столетии. (Как известно, аббревиатура ЛГБТ расшифровывается как «Л-есбиянки», «Г-еи», «Б-исексуалы» и «Т-рансгендеры».) Особую же гордость, по мнению общины, представляет то, что церковь внесла личный вклад в это достижение. На интернет-сайте Национального собора говорится: «Являясь одной из канонических церквей нашей страны, Вашингтонский Национальный собор стремится стать домом молитвы, где приветствуют всех. Мы как церковь хотим со всей ясностью заявить, что «все» значит «все». Каждый человек любим Богом. Мы проповедуем об этом с кафедры. Однако донести такое послание в наиболее доступной форме возможно лишь через доказательство делом — через соединение людей одного пола узами брака перед алтарём нашего Собора».[16]

Несомненно и неоспоримо, что Бог любит всех и каждого. Более того, Господь изначально так сильно любил людей, что, дабы примирить людей с Собой и дать им вечную свободу, послал Своего Сына Иисуса в качестве совершенной жертвы за их грехи (см. Иоанна 3:16). Но не менее неоспоримо и утверждение Послания Ефесянам 5:5: блудники, нечестивцы, корыстолюбцы и идолопоклонники Царства Божьего не наследуют. В Послании Ефесянам 5:12 подчёркивается, что в общении Божьего народа «стыдно» даже упоминать подобные грехи, не говоря уже о том, чтобы привносить их в непосредственную среду церковной жизни.

Проводить торжественные церемонии бракосочетания людей одного пола перед алтарями наших церквей — всё равно что отпустить пощёчину Самому Богу. Да, любить и уважать нужно каждого, вне зависимости от образа жизни человека. И в каждом необходимо видеть драгоценную душу, ради спасения которой умер Иисус, помня, что Божья сила способ-

---

[16] Gary Hall (Former Dean), "LGBT Advocacy," https://cathedral.org/initiative/lgbt-advocacy/.

на преобразить жизнь любого. Однако обязательство любить и уважать не означает, что мы должны поощрять все поступки этих людей. *Друзья мои, пора посмотреть на эту проблему ясным взглядом Писания!*

Весьма прискорбно, что в своей позиции Вашингтонский Национальный собор — вовсе не исключение. Сегодня по всему миру, приправленный словами о Божьей любви и терпимости, звучит призыв распахнуть объятия перед людьми, живущими как угодно. (Особенно, когда своим образом жизни такие люди выказывают вопиющее неуважение к Писанию.) К сожалению, его подхватывают церкви известных традиционных христианских деноминаций. Это движение стремится проникнуть практически в каждую известную деноминацию, оказывает бесовское воздействие на людей, принуждающее тех подстроиться под новые социальные «нормы». Все чаще общество пытается принудить церкви принимать и благословлять перед алтарями однополые браки, несмотря на то, что такие браки открыто противоречат Писанию.

> **Вместо того чтобы в качестве Божьего пророка и глашатая обличать грех, конкретные церкви *отступают* от своих же собственных формулировок вероучения. А в некоторых случаях фактически от них *отказываются* ради того, чтобы подстроиться под согрешающее общество.**

Формулировки вероучения большинства традиционных христианских деноминаций просты, по-прежнему правильны и соответствуют изначальным истинам. Но в действительности, вместо того чтобы в качестве Божьего пророка и глашатая обличать грех, конкретные церкви *отступают* от своих же собственных формулировок вероучения. А в некоторых случаях фактически от них *отказываются* ради того, чтобы подстроиться под согрешающее общество.

Заблуждение первого и последнего времени и неизменная роль Церкви

Разумеется, такое положение дел наблюдается не во всех церквях традиционных христианских деноминаций. Однако очевидно: либерально настроенные «прогрессивные мыслители» влияют на отношение многих церквей к собственному изначальному вероучению. Ещё печальнее становится от того факта, что данное отступление от основополагающих библейских ценностей происходит в деноминациях, которые когда-то считались эталоном приверженности Евангелию и цитаделью Божьей силы.

Отступление от основ Писания происходит *медленно*, на протяжении длительного периода времени, и зачастую остаётся незаметным до тех пор, пока градус отклонения не становится *слишком большим*. Духи-обольстители, вооружённые бесовскими учениями, постепенно смягчают некогда твёрдую позицию христиан в отношении Писания. И тогда верующие пытаются найти своё место в нравственной неразберихе вместо того, чтобы ей противостоять. Небольшое изменение вносится здесь, едва заметное — там. До тех пор пока человек или целая церковь, когда-то пылавшие Божьим огнём, не становятся лишь бледной тенью самих себя прежних, утрачивают былую славу и превращаются в безжизненную оболочку, лишённую силы.

> Небольшое изменение вносится здесь, едва заметное — там. До тех пор пока человек или целая церковь, когда-то пылавшие Божьим огнём, не становятся лишь бледной тенью самих себя прежних, утрачивают былую славу и превращаются в безжизненную оболочку, лишённую силы.

Отклонение от курса начинается постепенно, когда люди, вставшие на скользкий путь, даже не догадываются о происходящем. Но мало-помалу в процессе отступничества они уходят *всё дальше* от своих прежних верований и посвящения истине, пока не оказываются противниками Библии. В результате процесса отступления церковь или деноминация превращается в некое подобие гуманитарной благотворительной организации. Ей уже недостаёт Божьей силы и придерживается она лишь той части Писания, которая, по мнению общества, является более или менее приемлемой. В итоге её паства устремляется в ад, так как редко слышит обличающую истину, а ведь именно эта истина нужна для покаяния и преображения силой Святого Духа.

Сегодняшнее «отступление от веры», о котором говорилось выше, возникло не в одночасье и не произошло, когда «Церковь на минутку отвернулась». Его начало было положено едва заметным отклонением от истины определённых религиозных кругов. Однако за несколько прошедших десятилетий темпы этого отклонения ускорились настолько, что сегодня оно уже выражается в откровенном отрицании Писания, когда библейское решение того или иного вопроса противоречит мнению светского общества.

> **Соблазн видоизменить истину возник вместе с появлением Церкви. Тот же соблазн «разбавить» истину так, чтобы она звучала не столь пугающе для погибающего мира, присутствует и сегодня. Для нас это не новость. Но нам нельзя поддаваться ему, нельзя позволять врагу осуществить задуманное.**

Те из нас, кто не является частью традиционных христианских деноминаций, способны видеть происходящее со стороны, как внешние наблюдатели. Но и нам, называющим себя пятидесятниками или харизматами, требуется проверить, не наблюдаются ли признаки начавшегося медленного отступления и в наших рядах. Об этом речь пойдёт в следующей главе. Соблазн видоизменить истину возник вместе с появлением Церкви. Тот же соблазн «разбавить» истину так, чтобы она звучала не столь пугающе для погибающего мира, присутствует и сегодня. Для нас это не новость. Но нам нельзя поддаваться ему, нельзя позволять врагу осуществить задуманное.

Речь идёт не о *нашей* собственной вере, а о Господней, и потому нам не дано права изменять её, а лишь *хранить*! Следовательно, нельзя отрицать эту веру — вечные истины и испытанное временем учение Священного Писания. Нам следует защищать, беречь и надёжно держаться её, даже если ради этого придётся пожертвовать собой.

Поразмыслите над этим

1. В наши, последние, времена стремление человека к сверхъестественному проявляется повсеместно, куда ни посмотри! Оно выражено в книгах-бестселлерах, телевизионных передачах и кинолентах, прославляющих оккультизм. Всё большее количество людей увлекаются участием в современных «языческих» религиозных движениях, фестивалях и обрядах.

   Убеждённые приверженцы Божьего Слова в последние времена должны стремиться переживать проявления Божьей силы. Ведь изначально в намерения Господа входило сопровождать знамениями проповедь Евангельской вести (см. Марка 16:20). Если же христиане откажутся от истинных проявлений Божье силы, то все, кто стремится к сверхъестественному, будут вынуждены, не ведая того, довольствоваться лишь ложными знамениями. А эти знамения не способны утолить духовную жажду.

   Относитесь ли вы к числу тех, кто покоряется Святому Духу, когда Он желает проявить через вас свои духовные дары, упомянутые в Первом послании Коринфянам 12:7–11? Каким способом можно научиться лучше слушаться Святого Духа, когда Он намерен в подтверждение Божьего Слова проявить через вас Свою сверхъестественную силу?

2. Гностики утверждали, будто весь Божий гнев уже излился на Христа, так что в будущем можно не ожидать проявлений божественного осуждения. В современной Церкви встречаются те, кто находит в таких заявлениях какую-то «правду». И пусть сегодня подобные заявления формулируются несколько иначе, но их лживая суть от этого не меняется — они остаются лжеучением.

Лично вы встречались с проявлениями возрождающегося гностицизма в нынешней Церкви? Вам известна поместная церковь или деноминация, в которой перестали называть ложь «ложью» и «стремятся помочь» каждому больше не стыдиться своих имеющихся грехов? Как можно охарактеризовать плоды, появившиеся в жизни тех, кто решил в угоду мирскому окружению разбавить Божью истину? Заметили ли вы изменение духовного состояния конкретных людей или поместных церквей, пожертвовавших истинной верой?

3. По утверждению Павла, в последние времена в Церкви возникнет отступничество. Оно станет скрываться за личиной истинной христианской веры, но, подобно манекену, не будет обладать ни жизнью, ни силой.

Вам когда-нибудь доводилось сталкиваться с «духовным манекеном» в лице деноминации, поместной церкви, отдельно взятого духовного руководителя? Святой Дух поможет вам распознать, что истинно от Него, а что является всего лишь формой, оболочкой, набожным облачением (см. 1 Иоанна 2:26, 27). Вы сможете отличить «пустотелое существо» от живого христианина и с тех пор будете в ответе за это своё откровение.

Так каким же должен быть ваш отклик, когда перед вами окажется духовный «манекен»? Как лично вам остаться верным вашему посвящению Божьей истине в стремлении «сохранить веру»?

Глава шестая

ТИХИЙ РУЧЕЁК ИЛИ БУРНАЯ РЕКА?

Каково состояние пятидесятническо-харизматического движения в контексте нынешнего массового отступления от библейских нравственных стандартов?

Мы обязаны дать ответ на этот важный вопрос. Особенно учитывая тот факт, что данное движение связано с крещением Святым Духом, знамением говорения на иных языках и представляет собой крупнейшее христианское движение в Теле Христовом со времён Книги Деяний.

С вашего позволения, начну разговор о пятидесятническо-харизматическом движении с одного примера. Много лет назад мы с супругой и маленькими сыновьями часто проводили богослужения в церквах Северной Америки и добирались до этих церквей на автомобиле. Однажды, передвигаясь по территории канадской провинции Британская Колумбия, мы оказались у речки с кристально чистой сверкающей водой. Эта бурлящая жизнью речка, которая нам так понравилась, называется Колумбией. Позднее в той же поездке, прибыв в американский Портленд (шт. Орегон), мы вновь оказались у реки Колумбии. Однако в этом месте она была совершенно другого размера — её русло выглядело просто огромным! Мы изумились, как та скромная речка с кристально чистой водой превратилась в такой широкий поток?

По среднему расходу воды Колумбия является четвёртой рекой на территории Соединённых Штатов. А по объёму стока среди рек, впадающих в Тихий океан во всей Северной Америке, — и вовсе крупнейшей. Длина реки Колумбии от истока до устья составляет 2000 км. Она течёт с севера, из канадской Британской Колумбии, на юг. Её полные воды прорезают вулканические пласты на границе штатов Вашингтон и Орегон и формируют захватывающее дух от одного только вида ущелье реки Колумбия.

На пути к Тихому океану река Колумбия принимает по меньшей мере 60 значительных притоков и подпритоков, многие из которых сами являются крупными реками. На протяжении основного русла реки установлены 14 плотин, а вся речная система включает в себя свыше 450 плотин и дамб. Сама же площадь бассейна Колумбии сопоставима с площадью Франции. Воды реки орошают территорию размером в 2500 км² в центральной части штата Вашингтон, и одна лишь эта река обладает третьей частью всего гидроэнергетического потенциала Соединённых Штатов. Самая большая глубина русла Колумбии достигает 51 м, а в самом широком месте русла расстояние между берегами — около 200 м.

Увидев размеры реки Колумбии в Портленде, мы были изумлены. Тут же вспомнили речушку с кристально чистой водой, что повстречалась на нашем пути несколькими днями ранее. *Если бы мне захотелось здесь, в Орегоне, зачерпнуть именно той свежей, искрящейся на солнце воды, которую я видел в этой реке, но в Канаде, удалось бы мне как-то отделить ту воду от массива остальных вод, что сейчас протекали передо мной?!* Разумеется, нет! Чистейшая вода, что попалась мне на пути ранее, давно смешалась и растворилась в течении мощной реки, питаемой шестьюдесятью притоками! Та чистая вода, что течёт где-то в Канаде, конечно, присутствовала в потоках Колумбии и в Орегоне. Но после того как к ней присоединилось множество других рек, чистая вода из истока перемешалась с водами этих рек большой системы. Как бы мне ни хотелось попробовать на вкус ту чистейшую бодрящую воду, что я встречал поблизости от истока Колумбии, сделать это попросту невозможно по причине большого количества добавившихся притоков.

Этот пример наглядно иллюстрирует то, что я намерен сказать об излиянии Святого Духа, произошедшем в начале прошлого столетия.

Истоки нынешнего излияния Святого Духа

Самое первое излияние Святого Духа состоялось в День Пятидесятницы. Последующие же подобные ему духовные проявления происходили с тех пор на протяжении всей Эпохи Церкви, когда для этого появлялись отзывчивые и чуткие сердца. Некоторые заявляют, будто дары Святого Духа прекратили своё действие после смерти апостолов. Но изучение истории Церкви указывает на совершенно противоположное! Более того, всякий, кто делает подобные заявления, либо несведущ в церковной истории, либо намеренно и осознанно лукавит.

В истории Церкви возникали периоды, когда дары Святого Духа проявлялись в Теле Христовом чаще и активнее. Иногда, на определённых отрезках долгого пути Церкви, духовные дары, казалось, угасали. Это случалось по разным причинам: порой к ним теряли интерес, порой их запрещали или не понимали. Затем, когда сердца христиан, изголодавшихся по духовному, вновь располагались к дарам Духа, эти дары действовали, как прежде. Исследование истории Церкви подтвердит достоверность моих выводов.

А теперь давайте проанализируем состояние Церкви в конце девятнадцатого столетия. Мы заметим, что в этот период чудодейственные проявления Святого Духа прекратились и в служении традиционной Церкви практически не наблюдались. Затем определённая группа христиан в составе Тела Христова принялась просить Бога о новом движении Духа. И, как это происходило всегда, когда Божий народ предоставлял Святому Духу свободу действий, Он начинал действовать особым образом.

> Определённая группа христиан в составе Тела Христова принялась просить Бога о новом движении Духа. И, как это происходило всегда, когда Божий народ предоставлял Святому Духу свободу действий, Он начинал действовать особым образом.

31 декабря 1900 г. в американском штате Канзас во время богослужений, проводимых Чарльзом Ф. Пархэмом (Charles F. Parham), прямо с Небес начала проистекать чистейшая река Божьей силы.

Новостное агентство CBN News написало об этом уникальном событии в г. Топике (шт. Канзас) следующее:

«В октябре 1900 года в г. Топике (шт. Канзас) небольшая группа верующих под предводительством Чарльза Пархэма основала библейский колледж «Вефиль». Туда приглашались «все служители и христиане, готовые оставить всё, продать всё своё имущество, раздать деньги нуждающимся и отправиться в этот колледж для изучения Библии и молитвы, где все вместе мы будем ожидать от Господа пропитания, топлива, средств и одежды». Никто из участников не платил за обучение и проживание, и все они горели желанием получить необходимую подготовку, чтобы отправиться до краёв земли с проповедью Евангелия во свидетельство всем народам. Единственным их учебником являлась Библия. Их общим желанием было изучать Библию не просто ради получения знаний для разума, но ради того, чтобы каждая истина Священного Писания запечатлелась в их сердцах.

Исследуя Писание, они обнаружили одно серьёзное затруднение: что делать со второй главой Книги Деяний сегодня? В декабре 1900 г. Пархэм поручил своим студентам практическое задание — тщательно исследовать Писание в поисках библейских свидетельств крещения Святым Духом. Ответ у студентов был одинаковым: во всех случаях у первых христиан неопровержимым доказательством крещения Святым Духом было говорение на иных языках.

Вооружившись такой информацией на уровне разума, студенты Пархэма принялись растворять верой это откровение в своих сердцах. 31 декабря 1900 г. Пархэм объявил всенощное молитвенное предстояние. На собрании присутствовали около 75 человек, в том числе 40 студентов. Одна из студенток, Агнесса Озман, попросила, чтобы на неё возложили руки для молитвы о сошествии Святого Духа — она искренне желала стать миссионером и отправиться в дальние страны. Как об этом впоследствии поведал сам Пархэм, после полуночи, при наступлении 1 января 1901 г., он возложил на неё руки и: «[я] едва ли произнёс три дюжины фраз, когда на неё сошла слава, а её голову и лицо, как мне показалось, окружило сияние. Сестра принялась говорить на китайском языке и целых три дня не могла произнести ни слова на родном, английском. Тогда она пыталась писать по-английски, желая поведать нам о своих переживаниях, и вновь из-под её пера выходили китайские иероглифы. Копии этих записок до сих пор хранятся напечатанными в газетах за те дни».

Это молитвенное собрание продолжили ещё на две ночи и три дня. Как писал Пархэм, «мы все прошли стадию прошений и мольбы и твёрдо знали, что благословение теперь наше!» Обо всём остальном, как говорится, поведает история.[17]

Шесть лет спустя, во время открытого общегородского собрания, проводимого Пархэмом в г. Топике, произошло следующее, о чём впоследствии напечатали на первой полосе газеты «Новости Тонганокси» (Tonganoxi Newspaper):

> «Преподобный Чарльз Ф. Пархэм, заявивший о выпавшей ему чести организовать религиозную секту, именуемую "Holy Rollers", находится в Топике и в воскресенье организует открытое богослужение в городском зале собраний. По признанию Преподобного Пархэма, данную общину он основал в Топике около шести лет назад. Его группа верующих произвела достаточно сильное впечатление, пребывая в «духовных родах». Последователи Пархэма организовали молитвенную стражу на рабочих местах в течение дня и ночи, а их руководитель помолился о том, чтобы чудеса, о которых говорится в Книге Деяний, повторились ради благословения его последователей. По словам участников молитвенной стражи, их желания были исполнены 1 января 1906 г., когда они заговорили на разных языках…»[18]

Это скромное молитвенное собрание в г. Топике привело в действие эффект домино, и за десять последующих лет опыт крещения Святым Духом распространился далеко за пределы штата. На том собрании родились несколько круп-

---

[17] Gordon Robertson, "The Roots of Azusa: Pentecost in America," http://www1.cbn.com/churchandministry/the-roots-of-azusa-pentecost-in-topeka.
[18] "Charles Parham Meetings," Tonganoxie Mirror, August 2, 1906, https://www.newspapers.com/clip/25275435/1906_aug_charles_parham_meetings/.

Тихий ручеёк или бурная река?

ных служений исцеления. А также впоследствии из него появились такие большие церковные объединения, как «Ассамблеи Божьи», «Церковь Божья», «Церковь Божья во Христе» и «Пятидесятнические Ассамблеи мира», не говоря уже о нескольких других объединениях и тысячах миссионеров, основавших церкви по всему миру. Всё это было осуществлено в течение каких-то десяти лет, без формальной организации, в отсутствии интернета, других современных средств коммуникации, к которым мы с вами теперь уже привыкли. У них не имелось таких возможностей путешествовать по миру, какие есть сегодня у нас. Это было время на стыке XIX и XX веков.

Новое движение Божьего Духа зародилось в небольшой группе верующих в Канзасе, а впоследствии распространилось на все континенты. Так, в определённый момент раннего пятидесятнического движения в Америке Божий Дух коснулся эмигранта из России по имени Иван Воронаев, переехавшего в США в 1912 г. и служившего пастором русской баптистской церкви в Нью-Йорке. В результате нового духовного переживания Иван Ефимович покорился призыву Святого Духа возвестить на своей родине о доселе неведомом пятидесятническом движении. В 1920 г. с супругой, детьми, а также несколькими служителями-помощниками Воронаев на корабле отправился в Одессу. В ноябре 1921 г. в Одессе была создана первая пятидесятническая церковь, ставшая центром нового миссионерского служения в регионе. Из Одессы весть о силе Святого Духа стремительно распространилась по всей территории СССР.

Как это происходило в Америке (начиная с 31 декабря 1900 г.), Святой Дух так же уже на территории СССР начал повсеместно наполнять духовно жаждущие сердца. Спустя некоторое время Его новое излияние положило начало пятидесятническо-харизматическому движению в СССР, которое по сей день продолжается на всём постсоветском простран-

> В преддверии нового тысячелетия, отвечая на духовный голод и жажду сердец, Бог изливал чистейшую животворную реку Святого Духа и Его силы. Сегодня эта река стала настолько широкой, что занимает положение крупнейшего христианского движения за все 2000 лет церковной истории.

стве и к которому присоединяется всё большее количество духовно жаждущих христиан.

В преддверии нового тысячелетия, отвечая на духовный голод и жажду сердец, Бог изливал чистейшую животворную реку Святого Духа и Его силы. Сегодня эта река стала настолько широкой, что занимает положение крупнейшего христианского движения за все 2000 лет церковной истории.

Подобно реке Колумбия, которую я увидел в Канаде, первые излияния Святого Духа были похожи на чистый тонкий ручей, проистекавший с Небес, от Престола Самого Господа. Однако за многие годы к этому ручью присоединялись другие ручейки, самые разные реки и притоки. И хотя даже сегодня в бурном потоке Духа та первоначальная кристально чистая вода по-прежнему присутствует, но узнать её порой практически невозможно по причине смешения с большим количеством других источников, присоединившихся к основному руслу ниже по течению.

Моё место в этом «потоке»

Прежде чем прочесть несколько следующих абзацев, примите к сведению, что я считаю себя убеждённым харизматом во всех смыслах этого слова.

Я родился и вырос в г. Талсе (шт. Оклахома), где мои родители верно посещали церковь Южно-баптистской Конвенции, служили в ней и внушили нам, детям, что и мы призваны служить Иисусу, считая это своим наиважнейшим приоритетом. Я родился свыше на богослужении нашей церкви в раннем возрасте. Когда мне было 14 (в 1974 г.) я ощутил духовной голод и желание чего-то большего в Боге. Подобное ощущают многие христиане. Так началось моё духовное путешествие, приведшее меня к тому, что однажды я восхитительно наполнился Святым Духом и начал молиться на иных языках.

Живя в Талсе, я постепенно узнал о нескольких крупных служениях, базировавшихся в нашем городе. О трех из них ещё в детстве и юности я слышал чаще, чем о других: о служениях Орала Робертса, Т. Л. Осборна и Кеннета Хейгина. Эти служения были тесно связаны со многими известными харизматическими проповедниками, посещавшими Талсу. Так что у меня имелась возможность часто приходить на собрания, проводимые харизматическими служителями, имена которых впоследствии вошли в историю. Некоторые из этих людей оставили в моей жизни глубокий след. Не устану благодарить Международное объединение бизнесменов полного Евангелия (МОБПЕ) за то, что во время их ежемесячных собраний нас всегда наполняла Божья сила. Благодарен и Кэтрин Кульман за её служения, посещая которые, я собственными глазами видел невообразимые чудеса.

С тех пор минуло несколько десятилетий, и каковы мои взгляды в этой области сегодня? Я по-прежнему харизмат в полном смысле слова, молюсь на иных языках, возлагаю руки на больных, изгоняю бесов и верю в действие даров Святого Духа в сегодняшней Церкви. Крещение Святым Духом преобразило меня и открыло путь к источнику Божьей силы, за что я бесконечно благодарен Богу!

В 1991 г. Бог направил меня с семьёй в бывший Советский Союз для участия в очередном замечательном историческом духовном движении, начавшемся после падения «железного занавеса». Народы, изголодавшиеся по истине о Спасителе мира, массово приходили на собрания послушать Евангелие и в ответ на призыв к спасению посвящали себя Иисусу Христу. С тех пор я имел возможность пережить весь спектр сверхъестественных явлений из Книги Деяний — чудеса, знамения, дивные Божьи дела и проявления Его силы. Бог являл Своё могущество в этой части света. Когда будет записываться история современной Церкви, уверен, что всё, произошедшее на постсоветском пространстве, будет запечатлено как одно из мощнейших евангелизационных движений.

Мой взгляд
на современное харизматическое движение

Современное пятидесятническо-харизматическое движение началось, точно небесный поток живой воды, посланный в последние времена для укрепления Церкви в деле всемирного благовестия.

Начавшееся в Америке в ранние 1900-е гг. излияние Святого Духа преимущественно коснулось церквей, не относящихся к «традиционным» деноминациям. К движению присоединялись менее состоятельные и образованные христиане, равно как и те, кто по разным причинам отчаянно нуждался в особом Божьем прикосновении. Тех же христиан, которые относили себя к более устоявшейся и обеспеченной части церковного мира, в том числе к известным деноминациям, это излияние Святого Духа почти не коснулось. Тем не менее Божья сила начала проистекать, и остановить её было невозможно.

В 1914 г. появилось объединение «Ассамблеи Божьи», а вскоре — и другие пятидесятнические деноминации. Эти первые организованные пятидесятнические объединения признавали необходимость упрочить начатое Богом. И ради сохранения доктринальной целостности Божьего движения создали централизованное догматическое вероучение. Они сформировали систему подотчётности и образования своих последователей, дабы воспитать из них духовно зрелых служителей Евангелия. Первые руководители этих объединений, получившие мощный «заряд» силы и огня Святого Духа, были готовы дерзновенно благовествовать и приводить к Богу огромное количество людей.

Позднее, после 1921 года, подобные духовные явления наблюдались и на территории СССР. Однако, поскольку в советском обществе распространялся коммунизм и богоборческие настроения, пятидесятническое движение (наряду с другими христианскими течениями) было вынуждено уйти в подполье. А на Западе в это время движение развивалось свободно и становилось всё более многочисленным. В СССР пятидесятники хранили веру и пребывали в силе Духа, хотя, в отличие от своих братьев и сестёр по вере в западных церквах, не имели возможности участвовать в общественной жизни своего государства. Получилось, что в то время как в Америке и Европе движение Святого Духа развивалось, набирало мощь и публичность, российское пятидесятничество было вынуждено находиться в подполье. Однако оно превратилось в мощное глубинное течение, пусть и не такое видимое и заметное, как западное пятидесятническо-харизматическое движение.

Впоследствии пятидесятнические и харизматические служители в Америке осознали, что для охвата благовествованием максимально возможной аудитории неспасённых людей им необходимо покинуть пределы

> Первые руководители этих объединений, получившие мощный «заряд» силы и огня Святого Духа, были готовы дерзновенно благовествовать и приводить к Богу огромное количество людей.

церковных помещений. Так, к концу 1940-х и 1950-х гг. евангелисты начали проводить свои служения — в том числе с исцелениями — в огромных сборно-разборных палатках. Благовестники переезжали из города в город и принимали в своих шатрах массы людей, которых касался и чудом исцелял Господь.

Затем для расширения аудитории принялись издавать материалы евангелизационного содержания в формате книг и журналов, начали транслироваться по радио. Благодаря этим действиям количество охваченных Евангелием людей постоянно росло. Такой успех благовествования не остался незамеченным среди представителей традиционных церквей. Они стали принимать во внимание содержание послания, которое наполненные Духом служители так дерзновенно произносили, сопровождая свою проповедь чудесами и знамениям.

В 50-х и 60-х гг. начало существенно возрастать влияние на светское деловое сообщество представителей Международного объединения бизнесменов полного Евангелия (МОБПЕ). Причиной тому стало массовое исполнение Святым Духом деловых людей из традиционных церквей на собраниях объединения. Затем эти деловые люди понесли учение и практику крещения Святым Духом в свои церкви. В результате скромное движение, долгое время считавшееся маргинальным, постепенно превратилось в одно из основных евангельских харизматических движений.

В 1960-х гг. некоторые пятидесятническо-харизматические служения вышли на телевизионное вещание, после чего начался беспрецедентный духовный и количественный рост христиан, стали постепенно стираться деноминационные барьеры. В то же самое время в большом количестве открывались университеты, институты и колледжи, взявшие за основу своего доктринального учения пятидесятническо-харизматическое богословие.

Тихий ручеёк или бурная река?

Следующее значимое событие в обсуждаемой нами области произошло в 1967 г. Во время студенческого слёта при Университете Дюкейн (Duquesne University) о повторении событий Дня Пятидесятницы принялись молиться несколько студентов-католиков. Что ж, Бог ответил на их молитвы прямо на том слёте, и все присутствовавшие были крещены Святым Духом со знамением говорения на иных языках.

Покидая слёт, преображённые студенты горели желанием рассказать о своих сверхъестественных переживаниях всем остальным в лоне католической церкви. Впоследствии молва о крещении Духом католиков в Университете Дюкейн дошла и до Университета Нотр-Дам, где также произошло подобное событие. С этого началось всемирное харизматическое движение среди римских католиков. Святой Дух действовал среди католиков с такой силой, что вести об этом достигли даже Ватикана.

В 1992 г. Папа Иоанн Павел II назвал харизматическое движение «даром Святого Духа для Церкви». Накануне праздника Пятидесятницы в 2004 г. он заявил: «Благодаря харизматическому движению множество христиан, мужчин и женщин, молодых людей и взрослых, открыли для себя смысл Пятидесятницы, увидев в нём живую реальность повседневной жизни. Надеюсь, что духовная сила Пятидесятницы распространится по Церкви и вновь побудит многих к молитве, святости, единению и благовестию».[19]

> Святой Дух действовал среди католиков с такой силой, что вести об этом достигли даже Ватикана.

Преувеличить важность произошедшего в 1967 г., когда католические студенты приняли крещение Святым Духом,

---

[19] Папа Иоанн Павел II во время первой вечерни Пятидесятницы, Проповедь Иоанна Павла II 29 мая 2004, http://w2.vatican.va/content/john-paul-ii/en/homilies/2004/documents/hf_jp-ii_hom_20040529_vigil-pentecost.html.

невозможно. Божья сила сошла на традиционную Римско-католическую церковь, а это означало, что к движению Святого Духа, наконец, примкнули представители всех религиозных кругов, социальных слоёв, люди с самым разным материальным положением, мужчины и женщины, как образованные, так и нет.

К концу 1970-х гг. участники движения прекратили широкое использование термина «пятидесятнический», и движение получило название «харизматическое». Так его в основном и называют с тех пор. Вот что отметило переименование движения:

- Появлялись харизматические церкви.

- Начали повсеместно организовываться харизматические деноминации и «ассоциации веры».

- Открывались харизматические университеты, привлекшие тысячи студентов.

- Издательства харизматического толка выпускали большое количество печатной продукции.

- Огромными тиражами выходили периодические издания харизматического содержания.

- Для распространения своих проповедей и учений харизматические служения активно использовали радио и телевизионное вещание.

- По всему миру служили миссионеры-харизматы.

Вместе с упомянутыми нововведениями возрастало внимание к учению о вере, чудесах и дарах Святого Духа с практикой духовных явлений. Всё это происходило в атмосфере глубокого почтения к библейскому учению.

Тихий ручеёк или бурная река?

В конце 1970-х и начале 1980-х гг. в СССР отмечались периодические излияния Святого Духа. Так, ощутимое обильное духовное излияние произошло в Таллине, а затем — и в других областях Советского Союза. То были пророческие знамения грядущей новой эпохи Духа. К этому времени преследования христиан со стороны государства стали менее жестокими, хотя окончательно и не прекратились. Постепенно верующие в Иисуса принялись открыто исповедовать свою веру и благовествовать.

Затем, в 1980-х и 1990-х гг., подобно тому, как в реку впадают притоки, к хору харизматического движения в Америке присоединились новые голоса. И хотя эти незнакомые доселе движения расширили общий поток, однако и привнесли не имевшие никаких связей с прошлым учения, духовную и богослужебную практику. Это было нечто принципиально новое, что существенно отличалось по качеству и замутило изначально чистые воды движения, текшие в основном русле.

Подобная же картина наблюдалась в 1990-х гг. и в бывшем СССР. Причиной тому стал поток миссионеров с Запада, приезжавших в русскоязычные области некогда закрытой страны. Движение Духа вызывало здесь восторг и радость. Миссионеры предложили русскоязычной Церкви фундаментальное библейское учение, неведомые доселе евангелизационные методы и стратегии, а также вложили в неё солидные материальные средства для основания тысяч поместных общин. Однако существенная часть этих миссионеров являлись представителями незнакомых пятидесятникам бывшего СССР сегментов и групп мирового пятидесятническо-харизматического движения.

Сегодняшнее мировое харизматическое движение подобно широкой реке, и в него впадает огромное количество разнообразных духовных течений. И как притоки способны привносить в материнскую реку в равной степени и полезные минералы, и губительные нечистоты, так и духовные «притоки» несли с собой в объединённое харизматическое движение как положительное, так и отрицательное. По большей части первые руководители движения уже отошли к Господу, а сменившие их за кафедрой молодые служители зачастую едва ли имели хоть какую-то историческую или доктринальную связь с пионерами движения. Сегодняшнее пятидесятническо-харизматическое течение представляет собой смешение идей и стилей, взятых из практик самых разных сегментов Церкви. В этом христианском сообществе нет единого вероучения или свода основополагающих доктрин. И эта широкая река, наполненная водами столь большого количества харизматических «притоков», продолжает расширяться.

Духовное происхождение представителей пятидесятническо-харизматического сообщества разнообразно, а само движение является частью второго по численности последователей (после Римско-католической Церкви) сегмента Тела Христова.

В мире насчитывается приблизительно 1,2 миллиарда католиков, 800 миллионов протестантов, 260 миллионов православных христиан и некоторое количество представителей других менее многочисленных христианских деноминаций[20], что в сумме даёт приблизительно 2,3–2,5 миллиарда человек, или 33% от населения планеты. Из этого общего числа христиан приблизительно 700 миллионов (т.е. ориентировочно каждый четвёртый христианин) причисляют себя к пятидесятническо-харизматическому движению. Эта статистика воодушевляет, особенно учи-

---

[20] см.: https://en.wikipedia.org/wiki/Christianity_by_country, https://en.wikipedia.org/wiki/Protestantism, https://web.archive.org/web/20170525141543/http://www.gordonconwell.edu/resources/documents/1IBMR2015.pdf.

тывая, что движение родилось (с исторической точки зрения) совсем недавно, не больше 100 лет назад. И возникло из маленькой группы по изучению Библии в г. Топика (шт. Канзас)!

Текущая угроза

Нет никакого сомнения в том, что мы стали свидетелями излияния Святого Духа, о котором пророчествовал Иоиль (см. Иоиль 2:28, 29). Однако сегодня харизматическое движение находится в опасности, потому что вобрало в себя громадное количество самых разных богословских воззрений. В составе движения присутствуют христиане практически из всех деноминаций, из каждого богословского лагеря со своими эсхатологическими представлениями. Здесь есть и те, чьи церкви можно назвать «ищущими», есть и представители традиционных пятидесятнических церквей, объединения церквей «Слово веры» и «Третья волна» и т.д. и т.п. Словом, всё, что только можно себе представить и назвать «духовным течением».

Харизматическое движение привлекло миллионы людей, воспитанных в самых разных духовных кругах. С одной стороны, это замечательно, поскольку свидетельствует об устранении преград внутри Тела Христова. Однако (с точки зрения учения) воды «харизматической реки», к сожалению, сильно загрязнены. Христиане, считающие себя арминианами, кальвинистами, баптистами, пресвитерианами, методистами, лютеранами, католиками, епископальными верующими, приверженцами Англиканской церкви, членами объединения «Ассамблеи Божьи» и «Слово веры», Адвентистами Седьмого Дня и т.д., вместе, стоя плечом к плечу, поклоняются Богу. Однако все эти разнообразные объединения христиан, принявших крещение Святым Духом со знамением говорения на иных языках, по-прежнему расходятся в основополагающих богословских вопросах. Огромное разнообразие христиан, называющих себя «харизматами», не имеют централизованного догмата, благодаря которому должны были бы держаться вместе и на основании которого определять, что является здравым учением, а что нет. Мы не станем упоминать здесь ещё целое множество обособленных групп, незначительных по размеру и влиянию, у которых нет ни признанного духовного происхождения, ни действительной принадлежности к какому-либо известному объединению. Среди них попадаются довольно маргинальные, использующие идеи New Age и духовные практики спиритизма. Но и они, наряду с другими, влились в общую реку под названием «всемирное харизматическое движение»!

> Сегодняшнее пятидесятническо-харизматическое течение представляет собой смешение идей и стилей, взятых из практик самых разных сегментов Церкви. В этом христианском сообществе нет единого вероучения или свода основополагающих доктрин. И эта широкая река, наполненная водами столь большого количества харизматических «притоков», продолжает расширяться.

Подобно мощной реке с множеством самых разных «ручейков», вливающихся в основное русло, маленькая группа единомышленников превратилась в огромное течение. И внутри него смешалось множество доктрин, верований, практических методов и стилей. В результате в движении до сих пор не удаётся избежать серьёзной доктринальной неразберихи. Некоторые практические методы и верования в определённых секторах харизматического движения настолько странны и нелепы, что рядовые христиане вынуждены искать в рамках движения наставников и служения, которые могли бы стать для них «тихой и безопасной гаванью». Иными словами, многие христиане внутри харизматического движения нуждаются в духовной безопасности, поэтому ищут такие служения и таких лидеров, которым можно было бы довериться, чтобы в безопасности плыть в живительном потоке Святого Духа. Они хотят найти такую общину, которая станет для них своеобразным якорем, надёжно соединяющим их с основанием Божьего Слова, а также вернёт к чистым истокам реки Святого Духа.

Несмотря на то, что многим верующим приходится по нраву разнообразие вкусов и оттенков внутри харизматического движения, верующие тем не менее считают для себя предпочтительным, и даже необходимым, присоединяться к конкретным объединениям, внутри которых будут ощущать духовную безопасность. Я также находился среди тех, кто занимался подобными поисками. И нашёл для себя духовное окружение, представители которого твёрдо стоят на прочном основании Священного Писания и преданно верят в его авторитет, при этом ничуть не лишены способности к здравомыслию, чутко следуют за движением Святого Духа, строго придерживаются библейской нравственности и живут порядочно перед Богом и людьми.

Нельзя забывать о том, что полноводная река с неукреплёнными

> Харизматическое движение привлекло миллионы людей, воспитанных в самых разных духовных кругах. С одной стороны, это замечательно, поскольку свидетельствует об устранении преград внутри Тела Христова. Однако (с точки зрения учения) воды «харизматической реки», к сожалению, сильно загрязнены.

> Люди хотят найти такую общину, которая станет для них своеобразным якорем, надёжно соединяющим их с основанием Божьего Слова, а также вернёт к чистым истокам реки Святого Духа.

берегами всегда рискует затопить и загрязнить прилегающие территории. Нынешнее харизматическое движение, которое я искренне люблю, не имеет укреплённых берегов. И вот что я подразумеваю под «безопасными берегами»: 1) свод основополагающих элементов догмы, по которым все участники пришли к согласию; также доктрины, надёжно укоренённые в Писании; 2) духовный авторитет, наделяющий руководителей объединений в составе движения способностью поддерживать единое направление, общность целей и чистоту учения. В конце концов, на лидерах харизматического движения лежит ответственность неуклонно держаться здравого учения, быть верными принципам подотчётности в общении с другими служителями и максимально упорядочивать свою жизнь в соответствии с непогрешимыми истинами Священного Писания.

Некоторые выводы

Я свято верю в харизматическое движение. Для меня оно — сверхъестественная работа Святого Духа, и я благодарен Богу за возможность в нём участвовать. Но для того чтобы это движение воплотило отведённый для него Божий замысел, ему нужно помочь «оставить воды в безопасных берегах». Опасность наводнения возрастёт, если мощная река харизматического движения продолжит нести полные воды дальше по нынешней траектории своего развития и не задумается о том, что её берега размывает и ей необходима прочная дамба, которая сдерживала бы поток в берегах Священного Писания. Реку харизматического движения может разбавить такое

> **Бог призывает христиан-харизматов пробудиться и скорректировать траекторию развития их общего движения, дабы вернуться к основополагающим доктринам Его вечного Слова.**

количество разных вод, что она попросту выйдет за пределы Божьего русла. А чем дальше (и дольше) эта река течёт без укреплённых Богом берегов, тем более «разбавленным» будет становиться её благовестие, которое изначально было предназначено для последнего времени, для финального урожая душ.

Но ведь так происходить не должно! Бог призывает христиан-харизматов пробудиться и скорректировать траекторию развития их общего движения, дабы вернуться к основополагающим доктринам Его вечного Слова.

И если христиане, составляющие сегодняшнее харизматическое движение, будут неуклонно стоять на истинах Писания и введут систему подотчётности (чтобы помочь своему руководству не сбиться с курса), то всё движение продолжит расти и вновь станет мощной и здоровой рекой Божьей истины и силы. Ведь таков был изначально Божий замысел, таковым он и остаётся.

Текущее положение дел в мировом харизматическом движении *не соответствует* Божьему замыслу, что доказывает острейшую необходимость в применении правильных доктрин и основательного библейского учения. Харизматическое движения находится в таком состоянии, что для тех из нас, кто причисляет себя к харизматической Церкви, возникает острая необходимость старательно сохранять здравый разум в эти последние времена на закате Эпохи Церкви.

К сожалению, движение уже настолько сильно отклонилось от курса, что некоторые христиане, называющие себя харизматами, больше не верят в существование ада и склонны проповедовать универсализм. Следовательно, все, кто придерживается таких убеждений, более не сосредоточиваются на миссионерстве. И хотя многие утверждают, что верят в абсолютный авторитет Священного Писания, их действия свидетельствуют о склонности, если понадобится, устранить часть Писания, дабы убеждения выглядели «более правильно».

Опасность доктринального невежества

В целом харизматы преуспели в навыках использования Библии для наглядности своих проповедей. Само по себе это неплохо. Однако библейское учение «стих за стихом», которое всегда служило надёжной опорой, практически превратилось в слабый отголосок прошлого. Движение выросло до внушительных размеров за *относительно короткий промежуток времени*, так что на надлежащую закладку надёжного библейского фундамента в жизни миллионов христиан, называющих себя харизматами, попросту не хватило времени. Если коротко, в рамках харизматического сегмента Тела Христова в отношении здравого учения на каком-то этапе произошла утеря «контроля качества».

В рядах харизматов в атмосфере полной неразберихи и в отсутствии единой доктрины, да ещё при лишних духовных «шумах» от бесконечного звучания новых голосов с их новыми богословскими идеями, духи-обольстители чувствуют себя как рыбы в воде. Они могут беспрепятственно проникать куда угодно и уводить за собой людей подальше от истины.

И сегодня многие харизматы, к сожалению, уже незнакомы с определёнными библейскими доктринами.

Многие харизматические христиане десятилетиями сидят на строго ограниченной духовной диете. В результате этого они сведущи лишь в узком спектре духовных доктрин — таких, например, как спасение, вера, исцеление и преуспевание. В вопросе других же существенных библейских доктрин эти христиане, увы, безграмотны. Такая неграмотность присутствует даже в отношении основополагающих доктрин, которые следует знать и принимать каждому, кто считает себя исполненным Духа. Речь идёт, например, об учении о дарах Духа, учении о крещении и о возложении рук (см. 1 Коринфянам 12; Евреям 6:1, 2).

Проблема доктринального невежества среди харизматических христиан настолько же серьёзна, насколько серьёзно то, что церкви традиционных деноминаций откровенно отвергают авторитет Библии в практическом выражении своей веры. Харизматическая дилемма в общем не является осознанным отвержением истины (в отличие от того, что происходит во многих традиционных церквях). Распространённое невежество в основах вероучения в харизматических кругах зачастую приводит к тому, что эти христиане заблуждаются, не зная о том, что заблуждаются. Чаще всего подобное случается по причине стремления «принять к себе всех с любовью».

Если мы не проявим достаточную осторожность, то доктринальное невежество среди харизматических христиан произведёт на свет «гибридную веру», в которой будут намешаны неизвестно какие богословские представления. Следовательно, в стремлении принять в свои ряды всех, нельзя забывать о разуме. Важно понимать: *то, во что* мы верим, настолько же важ-

> В рядах харизматов в атмосфере полной неразберихи и в отсутствии единой доктрины, да ещё при лишних духовных «шумах» от бесконечного звучания новых голосов с их новыми богословскими идеями, духи-обольстители чувствуют себя как рыбы в воде. Они могут беспрепятственно проникать куда угодно и уводить за собой людей подальше от истины.

но, как и само *наличие* у нас *веры. Это ещё одна причина следить за тем, чтобы не потерять голову!*

Духовные руководители Церкви на постсоветском пространстве обязаны со всей ответственностью оберегать Божью паству, блюстителями которой их поставил Святой Дух (Деяния 2:28). Им крайне важно прилагать максимум усилий, чтобы, поддерживая движение Святого Духа, оставаться на прочном библейском основании. Мы обязаны внять Божьему призыву не только применять в своём практическом служении духовные дарования, но и не терять при этом головы в плане доктринальной чистоты и взвешенности. Такой баланс важен, нужен и вполне возможен!

Ранняя Церковь: проводим параллели

Как подчёркивалось в начале этой главы, на тот момент, когда апостол Павел пророчествовал о ещё более ужасающем нашествии духообольстителей с бесовскими учениями в самом конце «века сего», в Ранней Церкви сражение за истину против заблуждения уже велось. И хотя Святой Дух предупреждал святых о том, что с приближением Эпохи Церкви к её завершению возникнут заблуждения, Ранняя Церковь уже активно сопротивлялась воздействовавшим на неё духовным силам тьмы в их попытке изменить вероучение. Во многих отношениях первые святые сражались за веру так же, как сражаются за неё сегодняшние христиане.

> **Эта замечательная вера была раз и навсегда передана всем святым. И предводители первых церквей вполне осознавали ответственность, возложенную на них Богом, по защите и сохранению этой веры любой ценой и по передаче её в чистейшей форме последующим поколениям.**

Против заблуждения высказывались все новозаветные авторы. Но и после того как был полностью написан Новый Завет, нападения на истину и попытки заменить её заблуждением продолжались практические три столетия. Иуда учил, что христианам должно «подвизаться» за веру (Иуда 3), и потому служители Ранней Церкви вступили в битву за чистоту веры, как им и велели. Эта замечательная вера была раз и навсегда передана всем святым. И предводители первых церквей вполне осознавали ответственность, возложенную на них Богом, по защите и сохранению этой веры любой ценой и по передаче её в чистейшей форме последующим поколениям.

В результате предводители Ранней Церкви принялись усердно писать доктринальные тексты с целью чётко определить постулаты христианской веры и в точности сформулировать все основополагающие доктрины. С этого и начались попытки сохранить истинное направление развития Церкви по мере её распространения на новых географических территориях. При покорении Евангелием очередной новой земли христиане сталкивались с местными диковинными поверьями и философскими убеждениями. Благовестникам приходилось не допускать смешивания этих поверий с евангельскими учениями. Ведь в противном случае новообращённые на новых территориях рисковали принять видоизменённое «евангелие» и загрязнённое Писание.

Ранние Отцы Церкви гениально записали первые доктринальные утверждения, основанные на апостольском учении Нового Завета. В символах веры и вероучения, зафиксированных в тех древних документах, чётко и ясно сформулированы важнейшие фундаментальные учения Нового Завета. Они были записаны настолько превосходно, что стали для Церкви постулатами веры и по-прежнему остаются основами христианского вероучения.

По мере приближения конца «века сего» мы увидим всё, о чём нас предупреждал Святой Дух, когда говорил о последних днях. Мы будем всё больше и чаще замечать вокруг результаты действий духов-обольстителей, вооружённых бесовскими учениям. Увидим, как они активно уводят общество и даже часть Церкви в духовное безумие. Это значит, что нам необходимо прекрасно разбираться в основополагающих непререкаемых истинах своей веры. Вооружённые неизменными и вечными истинами Божьего Слова, мы сможем уверенно распознать ложь и как Божьи представители противостать её распространению в нашем сумасшедшем мире.

> **В высшей степени важно, чтобы сегодня, в последний час текущей эпохи, христианские лидеры приложили максимум усилий для защиты харизматического движения и сохранения его на доктринально верном пути — укоренённым в Священном Писании.**

Церковь отчаянно нуждается в харизматическом движении для продвижения дела Христова до краёв земли. Ведь начало этому движению положил Бог, и сделал Он это, чтобы наделить Церковь Своей силой. Скажем больше: Церковь *должна* заручиться сверхъестественной поддержкой Святого Духа и, имея весь духовный арсенал, выполнять порученное Христом задание, т.е. проповедовать Евангелие по всему миру до дня Его возвращения. Но в высшей степени важно, чтобы сегодня, в последний час текущей эпохи, христианские лидеры приложили максимум усилий для защиты харизматического движения и сохранения его на доктринально верном пути — укоренённым в Священном Писании.

В следующих главах мы вновь обратимся ко Второму посланию Тимофею 4:2-5 и узнаем, что ещё написал апостол Павел о заблуждении конца «века сего» и что нам необходимо для противостояния этому заблуждению. *Давайте трезво взглянем на те вещи, которые нам предстоит обсудить далее!*

Поразмыслите над этим

1. Когда человек предоставляет Святому Духу свободу, Дух принимается за дело!

   Есть ли в вас что-либо, оставшееся от «само» (самооправдания, самопродвижения, самосохранения и своекорыстия), что занимает ваше внутреннее пространство, предназначенное только для Святого Духа? Святой Дух желает начать действовать в вас так, как вы себе никогда не представляли, желает приготовить вас к осуществлению Своего замысла. Но вам нужно помочь Святому Духу и вместе с Ним сначала разобрать завалы, чтобы предоставить Ему всё внутреннее пространство. То, что Он делает для вас как для Его сына или дочери, Он сделает для всех Своих детей, как только те предоставят Ему свободу действий.

2. Подумайте о направлении развития пятидесятническо-харизматического движения, определившемся за несколько последних десятилетий. Бог желает убрать в Теле Христовом все преграды (см. Ефесянам 4:13–16). Однако среди христианских служителей должно наметиться единое стремление защитить чистоту веры, надёжно основанной на Его фундаментальных и неподвластных времени истинах. Так воды Слова, проистекающие из Тела Христова, не будут загрязняться.

   Какие незыблемые истины из Божьего Слова побуждают вас надёжно утвердиться в убеждении, что этими истинами никогда не стоит жертвовать даже «во имя единства в Церкви»? Почему столь важно, чтобы эти основополагающие истины никогда не подвергались попытке изменения в погоне за трендами нынешнего времени или в угоду предпочтениям людей?

3. Невежество ведёт к принятию лжи без осознания этого. Вы помните, как сами искренне верили в правдивость чего-то, а впоследствии, когда у вас появлялось больше знаний и мудрости, с удивлением выясняли, что заблуждались и верили в ложь? Как можно защитить себя и своё непосредственное окружение от «обрыва якорного троса» по причине невежества относительно какого-то важного и фундаментального принципа веры?

Глава седьмая

ВЫ СДАДИТЕ ЭКЗАМЕН НА ЗНАНИЕ ДОКТРИН?

В наши дни продолжается удивительное излияние Святого Духа, которое дьявол стремится перекрыть.

Большинство христианских служителей прилагают максимум усилий, чтобы самим верно ориентироваться в эти бурные времена и помочь другим не потерять из виду правильное направление. Ведь стремительно несущийся по бурным водам нравственных потрясений современный мир с каждым днём теряет остатки здравого смысла. Но, к сожалению, некоторые служители сходят с твёрдых позиций вечных Божьих истин в угоду популярности в светском обществе. Это отступление зачастую происходит не нарочно, только факт остаётся фактом: в сегодняшней Церкви подобное имеет место!

> Сегодня продолжается удивительное излияние Святого Духа, которое дьявол стремится перекрыть.

В предстоящие дни каждому крайне важно делать всё от него зависящее для дальнейшего исполнения Божьего плана на земле.

> **В предстоящие дни каждому крайне важно делать всё от него зависящее для дальнейшего исполнения Божьего плана на земле.**

Помня об этом, нам для своей же безопасности следует углубиться в Слово. Необходимо постараться как можно лучше понять, что апостол Павел написал о заблуждении последнего времени, а также об ответственности Церкви в борьбе с его гнусным распространением.

В данной главе нам предстоит всесторонне изучить этот вопрос и постараться найти на него ответ. Мы также обсудим слова Павла из Второго послания Тимофею 4:2–5. Здесь Павел говорит о том, что необходимо *знать и провозглашать истину в её наичистейшей форме*. Именно это и есть Божье противоядие от распространяющегося обольщения последнего времени. Далее мы порассуждаем о некоторых доктринах христианской веры, сформированных на заре истории Церкви. Все они коренятся в Писании, а потому надёжны, основательны и непререкаемы. Это догматы для всех христиан. И, наконец, в завершении главы я посчитал необходимым предложить вам свод основополагающих христианских доктрин или «догматов веры». Изучив и усвоив их, вы сможете утвердиться в своих отношениях с Богом.

В первую же очередь давайте оценим значимость всего, что мы обсуждали в предыдущей главе. В период написания Нового Завета к истине примешивалось ядовитое заблуждение. Я вновь вспомнил об этом совсем недавно, прочитав историю о женщине, которая постепенно отравила всё своё семейство. И вот как она это сделала: на протяжении длительного времени женщина подмешивала в еду и напитки домочадцев небольшое количество яда. Отрава в малых дозах совершенно не чувствовалась, смешиваясь со вкусом еды. Домочадцам даже не приходило в голову, что они потребляют яд. Они наслаждались прекрасной едой, приготовленной, как думали, с любовью, и совершенно не подозревали, что поглощают смертельный яд, который с течением времени накопится в организме, что и приведёт к летальному исходу.

Эта история наглядно объясняет всю опасность смешивания истины даже с *мизерными* дозами заблуждения. В небольших количествах заблуждение кажется безобидным. Но оно не нанесёт вреда лишь в том случае, если христианин как можно скорее распознает ересь и вернётся к постоянному духовно полезному рациону. Если же христианин систематически и на протяжении длительного времени принимает духовную пищу, приправленную заблуждением (даже в незначительных дозах), он отравится. В конечном итоге это окажется смертельным в духовном смысле и приведёт к «кораблекрушению в вере» (см. 1 Тимофею 1:19).

Как мы увидели, Ранняя Церковь принимала отравленное духовное питание. Опасные учения преподносили ей служители, которые, в свою очередь, оказались обманутыми духами-обольстителями и отклонились от здравого учения. По этой причине Павел призвал Тимофея *никогда* не уклоняться от выполнения данного Богом поручения. Он увещевал своего любимого ученика преподносить чистое Божье Слово всякий раз, когда тот будет обращаться к людям публично.

Пробуждение с Библией в руках

Соблазн исказить истину существовал с момента возникновения Церкви. Чтобы понять это, достаточно исследовать послания Павла Тимофею и Титу (см. 1 Тимофею 1:3–7; 6:3–5; 2 Тимофею 2:16-18; 3:1-8; Титу 1:11-14). Уничтожить истину сатане не под силу, поэтому он старается нейтрализовать её действие. Он разбавляет, добавляет примеси, сокращает. Его цель — низвести Евангелие в глазах окружающих до уровня философского учения, одного из многих. По этой причине нам требуется занять твёрдую позицию относительно вечной непогрешимости Писания. Нам решительно нельзя ни верить, ни следовать какой-то мысли, пока та не будет проверена или подтверждена Библией!

В это время, на закате «кончины века», в высшей степени важно, чтобы духовные наставники не уклонялись от ответственности провозглашать истину. Они должны призывать Церковь вернуться к авторитетному слову Священного Писания. Даже неосознанное умаление ценности Библии подводит Церковь и всё общество к краю пропасти. Бог настоятельно повелевает нам вернуться к Его Слову. Мы должны испытать *пробуждение надлежащего отношения к Библии*.

В связи с этим ещё более ощутима нехватка зрелых лидеров на ключевых позициях. Таких, которые бы несли знамя авторитета Священного Писания и смело провозглашали его слова обществу. Увы, многие крепкие столпы Божьего Царства стареют, отходят от активного публичного служения, а иные уже ушли к Господу. Церкви недостаёт их сильного духовного руководства. Поэтому более молодому поколению *необходимо* занять их место в строю!

> Тело Христово остро нуждается в зрелых духовных наставниках, готовых принять эстафету в деле возвышения авторитета Божьего Слова. В таких, которые будут смело провозглашать нынешним поколениям совершенное, надёжное, непогрешимое, правдивое и неизменное Слово живого Бога.

Тело Христово остро нуждается в зрелых духовных наставниках, готовых принять эстафету в деле возвышения авторитета Божьего Слова. В таких, которые будут смело провозглашать нынешним поколениям совершенное, надёжное, непогрешимое, правдивое и неизменное Слово живого Бога.

Вы сдадите экзамен на знание доктрин?

С усердием защищать библейские истины — это настоящая ответственность *каждого* призванного лидера в нынешние времена. Божий народ необходимо обеспечить духовным питанием на годы вперёд, чтобы тот мог приносить добрые, здоровые плоды.

Каждый родитель знает, что дети норовят «тянуть в рот» всё, что только попадётся под руку. Помнится, чего только ни приходилось мне извлекать изо рта моих сыновей, когда они были ещё совсем маленькими: жуков, игрушки и даже мусор. Маленькие дети действительно пробуют на вкус всё, до чего только могут дотянуться. Они, не задумываясь, отправляют в рот всё подряд.

Сегодня Церковь полна людей, которым к настоящему времени уже надлежало бы духовно повзрослеть. Однако они по-прежнему остаются на младенческом уровне, так и не дав Божьему Слову вырастить их до духовной зрелости (см. Евреям 5:12-14). По этой причине огромное количество христиан, точно малые дети, успели попробовать на вкус достаточно духовной отравы, совершенно неполезной и непригодной к употреблению. Такие верующие «тянут в рот» смеси из кусочков истины и лжеучения. Всё это не только размывает духовное основание, снижает способность христиан приносить значимый в вечности плод, но и уводит их прочь от истинного курса. Людей, отведавших такой «духовный коктейль», неминуемо ждёт кораблекрушение в самых разных областях жизни.

В последние времена духи-обольстители и бесовские учения всё активней проникают в Церковь, и духовные руководители обязаны принять на себя ответственность по защите Божьей паствы. Их первым и главным наказом от Бога остаётся обеспечивать народ прочным библейским фундаментом, на котором можно уверенно строить жизнь. Вторая обязанность лидеров — оставаться начеку. Им необходимо быть готовыми в любой момент распознать ядовитые вещества, которые христиане успели «положить в рот». Пока заблуждение не проникло внутрь и не переварилось, его нужно как можно скорее удалить. Ведь в противном случае оно уведёт паству с Божьего пути, с пути здравого библейского учения.

Духовные «виночерпии» — кто эти люди сегодня?

Сказанное выше напоминает мне об античных виночерпиях, те были либо высокопоставленными офицерами, либо в высшей степени надёжными слугами. В их обязанности входило пробовать напитки, подаваемые важным персонам, которых они обслуживали. Чем-то подобным занимались также и придворные дегустаторы, пробовавшие пищу, приготовленную для их знатного хозяина и его гостей. Зачастую обе эти должности — виночерпия и дегустатора — занимал один и тот же человек.

Сервировка во время приёмов пищи в домах знатных особ выглядела превосходно: красиво и богато. Не отставало и качество приготовленных яств и напитков. Всё было на высоте! Тем не менее оставалась вероятность того, что какой-нибудь злоумышленник тайком подмешает в прекрасные блюда смертельное зелье. По этой причине при дворе вводилась должность «виночерпия», на которую назначался надёжный человек, готовый рискнуть жизнью ради защиты своего господина. В обязанности этого служителя входило лично дегустировать пищу или напитки, прежде чем они окажутся на столе. Виночерпий должен был убедиться, что трапеза безопасна и все блюда пригодны к употреблению.

После пробы небольшой порции того, что в будущем предстояло предложить господам, профессиональные дегустаторы проверяли своё самочувствие. Важно было убедиться, что с ними всё в порядке. Если пища или напиток вызывали в организме виночерпия какую-либо негативную реакцию, конкретное блюдо снималось с меню. И далее выясняли, какой именно из ингредиентов мог стать причиной дурного самочувствия служителя. Попутно разбирались, не были ли пища или напиток отравлены.

Если виночерпий заболевал или умирал, новость доводилась до сведения поваров. Дальше начинался процесс выяснения того, что именно они подмешали в свои блюда, что привело к таким плачевным и даже трагическим последствиям. Героизм виночерпия и его готовность пожертвовать собой были достойны уважения. Ведь, продегустировав пищу и напитки *прежде чем* те оказались на общем столе, он сохранял жизнь людям, которые могли бы серьёзно отравиться по неведению.

Римской истории известен случай, который можно назвать наглядным примером безответственного отношения виночерпия к своим обязанностям. В 54 году н. э. умер император Клавдий. Это произошло, скорее всего, в результате употребления ядовитых грибов, тайно подмешанных в еду августейшего правителя. Возможно, злодеяние было совершено по приказу его же супруги — Агриппины (матери Нерона). Странно, что самочувствие виночерпия (по совместительству и дегустатора) ничуть не изменилось на момент подачи блюда к столу. А ведь он должен был попробовать пищу со злополучными грибами прежде, чем та окажется на столе императора. По всеобщему мнению, этот виночерпий просто уклонялся от своих обязанностей. А некоторые историки даже утверждают, что яд в пищу императору подложил сам виночерпий.

По большей части пищевые отравления, приводящие к болезни и смерти людей, не являются подстроенными кем-то. Чаще они происходят случайно потому, что качество используемых ингредиентов не было надлежащим. Повар попросту не удосужился проверить годность продуктов к употреблению. Причём пищевые отравления обычно предотвращаются легко. Если на кухне царит чистота, испорченные продукты не используются, отравления можно не опасаться. А уж когда блюда в меню продегустировал сам повар, тут точно есть гарантия, что и с вами всё будет хорошо.

А теперь давайте применим эту аналогию к современной Церкви. В Первом послании Тимофею 4:1 мы прочли пророчество Святого Духа о том, что в конце нашей эпохи духи-обольстители, вооружённые бесовскими учениями, попытаются совратить и христиан. Существительное «учения» здесь — это перевод греческого слова *didaskalia*, которое указывает на то, как *умело составленный материал преподносится слушателям в привлекательной и манящей «упаковке»*.

Павел использовал это слово в Первом послании Тимофею 4:1, дабы предупредить нас ещё об одной ловушке. В последние времена, действуя через людей, которые сами оказались обманутыми, духи-обольстители будут искусно упаковывать лжеучение в привлекательные обёртки, так что ложь станет выглядеть приятной. Она вызовет симпатию и даже сможет растрогать до глубины души многих верующих. Если бы христиане последнего времени догадывались, что принимают отравленную духовную пищу, они, несомненно, не стали бы её употреблять. Но поскольку заблуждение окажется завуалировано поистине мастерски, многие «купятся» на это учение духов-обольстителей. *Вот о чём именно* пророчествовал в Первом послании Тимофею 4:1 Святой Дух.

Здесь я вновь вспоминаю пример с виночерпием. В последние дни отравляющее духовное влияние распространяется повсеместно. Поэтому руководители Церкви обязаны помнить, что для Бога ценнее всего Его народ. Для Отца нет никого более важного, более дорогого Его взору, более любимого, чем люди, искупленные Христовой кровью. Следовательно, огромнейшее значение имеет то, что предлагают святым в качестве духовного пропитания служители — те, кому Бог поручает заботу о Своих детях.

Для лидера нет большего должностного преступления, чем подавать возлюбленной Христом Церкви отравленные духовные блюда, от которых паства заболевает и умирает. Потому так важно, чтобы духовные руководители с готовностью первыми «пробовали» на пригодность пищу перед тем, как подавать её пастве. Им необходимо убедиться, что эта пища не обернётся бедой для Божьего народа.

Являясь лидерами последнего времени, мы должны предоставить «сидящим за столом» гарантии того, что духовная трапеза, которую им предлагаем, безопасна. Мы обязаны предъявить плоды, созревшие в нашей собственной жизни, в подтверждение качества духовной пищи, которую предлагаем. Только так сможем гарантировать, что и у Божьего народа появятся здоровые плоды, способные продолжительное время наделять людей силой и умением жить согласно воле Божьей.

> Мы обязаны предъявить плоды, созревшие в нашей собственной жизни, в подтверждение качества духовной пищи, которую предлагаем. Только так сможем гарантировать, что и у Божьего народа появятся здоровые плоды, способные продолжительное время наделять людей силой и умением жить согласно воле Божьей.

Считаю нужным ещё больше подчеркнуть важность роли христианского служителя в качестве духовного виночерпия в наши дни. Как упоминалось ранее, в древности виночерпии дегустировали не только приготовленные блюда, но и вина. Они пробовали все напитки, которые затем выносились гостям. Подобным же образом служители, занимающие руководящее положение, должны быть готовы проверять качество *духовного вина*. И только после этого предлагать испить его своим подопечным.

В Священном Писании вино зачастую символизирует Святого Духа и Его влияние на жизнь Церкви. Когда на Божий народ изливается сила Святого Духа, она часто производит эффект духовного «опьянения». Под влиянием «духовного вина» меняется образ мыслей и поведение присутствующих при этом излиянии. Такая сила приводит Божий народ под управление Святого Духа, Который стремительно развивает в людях жизнь Самого Господа (см. Римлянам 8:5, 6).

В Послании Ефесянам 5:18 Павел призывает нас: «И не упивайтесь вином, от которого бывает распутство; но исполняйтесь Духом». Повелительная форма глагола в данном предложении указывает на то, что это именно *повеление*. Т.е. мы призваны постоянно находиться в атмосфере «опьяняющего» и преображающего влияния Святого Духа. Благословенные результаты такого сверхъестественного наполнения Святым Духом перечисляются в Послании Ефесянам 5:19–21:

> Назидая самих себя псалмами и славословиями и песнопениями духовными, поя и воспевая в сердцах ваших Господу, благодаря всегда за все Бога и Отца, во имя Господа нашего Иисуса Христа, повинуясь друг другу в страхе Божием.

Нам нужно постоянное наполнение Святым Духом, чтобы мы покорялись Его управлению и «пропитывались» Его присутствием. Однако в условиях духовного климата последних дней нужно быть осторожными. Необходимо всегда удостоверяться в том, что духовное «вино», которое мы пьём, действительно изливает на нас Святой Дух.

Как было отмечено в предыдущей главе, в последнее время в харизматическом сообществе зазвучало множество неизвестных голосов. Нам следует проявлять осторожность, чтобы не предаваться без разбора каждому новому духовному веянию. Всё, что нам предоставляется, необходимо тщательно проверять. Христианским руководителям и их подопечным нужно убедиться, что предлагаемое «вино» действительно представляет собой действие Святого Духа. В этом — наша ответственность.

> Нам нужно постоянное наполнение Святым Духом, чтобы мы покорялись Его управлению и «пропитывались» Его присутствием. Однако в условиях духовного климата последних дней нужно быть осторожными. Необходимо всегда удостоверяться в том, что духовное «вино», которое мы пьём, действительно изливает на нас Святой Дух.

В истории Церкви были разные времена. Но как только Библия теряла свою авторитетную позицию, верующие утрачивали чувствительность. Они делались неспособными определять, что является, а что не является настоящим проявлением Святого Духа. В такие времена христианские течения погружались в бессмыслицу, которую некоторые выдавали за движение Духа. Зачастую это приводило к формированию неверного представления о Святом Духе.

Да, Святой Дух действительно способен проявлять Себя огромным количеством чудесных способов, в том числе совершенно непривычных для нас. Однако не стоит забывать о том, что Он знает разум Бога (см. 1 Коринфянам 2:11). Его проявления никогда не будут идти вразрез с тем самым

Писанием, которое Он же и одухотворил! Всё сказанное должно напомнить вам о необходимости здравомыслия. Бог ожидает, что вы проявите рассудительность перед тем, как принимать ту или иную духовную пищу или «вино». Далеко не всё, что кажется «духовным», пригодно к употреблению!

«Всё испытывайте…»

В Первом послании Фессалоникийцам 5:21 Павел написал о том, как важно проверять учения и духовные проявления, прежде чем принимать их за истинные. Вот слова апостола: «Всё испытывайте, хорошего держитесь». С вашего позволения, для большей ясности в раскрытии главной мысли данного стиха расскажу вам одну историю.

Однажды в Москве я приобрёл скрипку, которая *практически* с полной вероятностью была инструментом Страдивари. Я тщательно изучил вопрос о том, как отличить подлинную скрипку этого знаменитого мастера от профессионально выполненной подделки. Проверив предлагаемый мне инструмент, я убедил самого себя, что передо мной — действительно настоящая скрипка Страдивари. И я её приобрёл. Однако стоило мне показать инструмент специалисту, как тут же выяснилось, что мне продали весьма старую искусно выполненную подделку. Только опытный эксперт смог определить, что это вовсе не оригинал. Сегодня эта поддельная скрипка Страдивари висит в одном из моих кабинетов как напоминание о том, что не всё кажущееся настоящим в *действительности является таковым*.

Этот пример вполне уместен для понимания ситуации, которая возникла однажды в Фессалоникийской церкви. Некто в той общине заявлял, будто обладает даром пророчества. Но то не был настоящий дар Святого Духа, а всего лишь имитация, сильно напоминавшая реальный духовный дар.

Вы сдадите экзамен на знание доктрин?

Церковь же поверила и приняла его за подлинник. Судя по всему, человек или люди, через которых проявлялся так называемый «дар Духа», занимали в общине влиятельное положение. Видимо, именно это и стало решающим фактором выбора серьёзного отношения церкви к ложному явлению.

Впоследствии горе-пророки изрекли, будто Иисус уже возвращался за Церковью. Распознав ложность этих «пророчеств», прихожане были весьма огорчены такой духовной *подделкой*. Они решили забраковать *вообще все* пророческие утверждения.

Разумеется, закрывать сердце для всех пророческих высказываний было бы неверным решением. Несмотря на то что ложные пророки злоупотребили доверием церкви, это не лишает ценности истинные пророчества. Ведь речь идёт о Божьем даре, столь необходимом Церкви.

Решив из-за негативного опыта не впускать в сердце это небесное дарование, местные христиане сами лишили себя свежих посланий от Святого Духа. А ведь те были частью их духовного жизнеобеспечения.

И в наше время при разных обстоятельствах многие христиане пострадали от употребления «вина» ненастоящих духовных проявлений. Однако это не означает, что теперь нельзя доверять всем необычным духовным явлениям. Не забывайте: в нашей жизни многое используется неправильно. Например, можно управлять автомобилем настолько безответственно, что устроить аварию. Но ведь из-за этого мы не перестанем садиться за руль. Подобные инциденты — напоминание о том, что водить следует аккуратно

> Несмотря на то что ложные пророки злоупотребили доверием церкви, это не лишает ценности истинные пророчества. Ведь речь идёт о Божьем даре, столь необходимом Церкви.

и обдуманно. Навсегда отказаться от автомобиля лишь по той причине, что кто-то пострадал или умер в аварии, было бы неразумным решением.

Написав фессалоникийцам о злоупотреблении духовными дарами, Павел не стал запрещать все пророчества подряд из-за нескольких ложных. Он просто порекомендовал христианам *проверять* духовные явления, прежде чем принимать их как истинные. Вот как написал Павел: «*Испытывайте всё…*» (1 Фессалоникийцам 5:21). *Иными словами, когда речь заходит о том, что вам предстоит употребить в качестве духовной пищи и питья, не теряйте головы!*

Глагол «испытывайте» у Павла — это перевод греческого глагола *dokimadzo*, который буквально означает *одобрять после проверки качества*. Это слово использовалось в самых разных контекстах, но чаще всего применялось при описании процесса тестирования монет для определения их подлинности.

Поддельные монеты выглядели, как настоящие. В древности поддельные монеты встречались очень часто. Общепринятой практикой было проверять их на подлинность. Монеты, оказавшиеся в результате проверки поддельными, изымались из обращения. Принимать как платёжное средство стремились только подлинные, тщательно проверенные монеты.

Вот из какой области взял слово «испытывайте» апостол Павел в Первом послании Фессалоникийцам 5:21. Павел не советовал фессалоникийским христианам отвергать все пророческие изречения. Отнюдь, он призывал *проверять* или «*испытывать*» их. Прежде чем полностью принимать содержание как *написанных*, так и *произнесённых вслух* духовных выражений, Божий народ должен был проверить их подлинность.

Далее Павел пишет: «Испытывайте всё, хорошего держитесь». Глагол «держитесь» — это перевод греческого *katecho*, состоящего из приставки *kata* и корня *echo*. *Kata* означает «вниз», а *echo* — «держать» или «обнимать». Образованное из этих частей слово *katecho* означает «крепко держать», «прижимать к земле, чтобы предмет не ускользнул, не вырвался из рук, не укатился». Это описание человека, который изо всех сил ухватился за предмет обеими руками, крепко держит его в своих объятиях и *не собирается* выпускать.

Павел призывал фессалоникийских христиан не отказываться от всех пророчеств лишь потому, что имелись случаи злоупотребления ими. Верующим следовало *принимать* хорошие пророчества и *крепко держаться* за них. Прилагательное «хорошее» указывает на что-то *здравое, порядочное*. Это что-то было проверено, испытано и оказалось *настоящим*, подобно монете, которую проверили, испробовали и сочли пригодной для публичного обращения. То, чего *крепко держаться* велит нам Павел, должно пройти проверку и оказаться настоящим, истинным, надёжным и заслуживающим доверия. Следовательно, Святой Дух призывает нас *взяться обеими руками и крепко держать* за те духовные истины и явления, которые прошли проверку. Если они были найдены *подлинными, законными*, то мы призваны ценить их как дар, нисходящий непосредственно от *Него*.

Важные вопросы для духовных руководителей

В Первом Фессалоникийцам 5:21 мы прочли о том, как Павел предлагает проверять духовную пищу и питьё с мудростью, прежде чем их употреблять. Задать самому себе несколько важных вопросов перед тем, как «положить в рот» духовное блюдо, — весьма нужная и полезная практика.

В Послании Иакова 3:1 нам предстоит увидеть, что авторитетные духовные служители за всё, что представляют в качестве истины и одобряют, будут судимы строже других. По этой причине духовным лидерам нужна мудрость. Им надлежит тщательным образом исследовать содержимое одобряемого или преподаваемого материала. На них лежит святая обязанность как следует, от начала и до логического завершения, продумать своё учение. Только после этого можно предлагать его слушателям. Лидерам должно хватить мудрости ответить на следующие вопросы:

- Это учение действительно основано на Библии?

- Соответствует ли оно духу всего Писания?

- Я разрешил бы «употребить» данное учение в пищу своим детям?

- Это уравновешенное учение или, скорее, «перекос» в привлекательной упаковке?

- Данное учение смешивает чьё-то собственное мнение с истиной? Грозит ли оно ослабить характер верующего человека, искривить его путь и отразиться на качестве его духовного основания?

- Это учение способно побудить христиан жить верой?

- Оно воодушевляет людей приносить плод во славу Божью, основываясь на Его Слове и Его обетованиях и постоянно приближаясь к Нему?

- Это учение гармонирует со всем Священным Писанием или умаляет жертвенное служение Христа? Может ли оно увести христианина туда, куда Бог его не направляет?

- Будет ли такое учение формировать устойчивый, благочестивый Христов характер у слушающих? Как оно отразится на жизни тех, кому я его понесу?

Духовным наставникам нельзя забывать о предупреждении, звучащем в богодухновенном Послании Иакова 3:1: «Братия мои! не многие делайтесь учителями, зная, что мы подвергнемся большему осуждению». Существительное «учители» здесь соответствует еврейскому слову «раввин». А существительное «осуждение» в греческом подлиннике — *krima*, что указывает на *вердикт*. Его можно перевести как *судебный приговор*, вынесенный в результате формального расследования. В данном стихе Святой Дух серьёзно предостерегает людей, наделённых духовной властью, о том, что в конечном итоге их будет тщательно проверять Сам Бог. Он проверит, взаимосвязано ли преподаваемое или одобряемое ими учение со всем Священным Писанием как единое целое. Это означает, что для Бога имеет значение каждое слово, каждое выражение, произнесённое духовным руководителем на людях. Даже на основании одного этого библейского текста мы понимаем, почему служителю нельзя забывать о главном: у каждого слова есть свои последствия.

> Для Бога имеет значение каждое слово, каждое выражение, произнесённое духовным руководителем на людях. Служителю нельзя забывать о главном: *у каждого слова есть свои последствия*.

«В котле — смерть!»

В Четвёртой книге Царств 4:38–41 записана замечательная история об одной группе людей, проходивших обучение пророческому служению у Елисея. Библия повествует, что Елисей повелел им отправиться в поле и собрать всё необходимое для приготовления супа. Один из тех молодых людей по ошибке набрал ягод с дикого ядовитого кустарника, который по внешнему виду был очень похож на куст другого растения с вполне съедобными плодами. Этот ученик пророка, по-видимому, новичок в кулинарном деле, не разобравшись, кинул горсть ядовитых ягод в кастрюлю. Он смешал их с прочими, здоровыми и съедобными, ингредиентами, собранными для приготовления супа.

То, что показалось молодому неопытному человеку вполне безвредным (возможно, оно и было таковым в очень малых дозах), являлось отравой. В больших дозах эти ягоды вызывали сильную рвоту, затем — образование язв в кишечнике и в итоге — смерть. Опытный собиратель — ягодник или травник — без труда увидит разницу между съедобными и несъедобными растениями. Но по причине неопытности молодой пророк при выборе нужных продуктов ошибся. Ядовитые ягоды попали в котёл с похлебкой. В итоге получилось смертоносное варево, употребив которое, люди неизбежно бы погибли.

Вернувшись с поля с большим количеством свежих ягод, молодой пророк мелко их покрошил и засыпал в котёл. Затем бросил туда же мясо, нарезанное кусочками, овощи и, залив водой, поставил на огонь. Когда всё вскипело, получилась, как ему казалось, аппетитная похлёбка, в которую, однако, закралась невидимая смерть. В Писании нет никаких указаний на то, что пророк намеревался кому-либо навредить. По неопытности он всего-навсего оказался не в состоянии отличить съедобное от несъедобного.

Когда суп был готов, молодой человек разлил его по тарелкам и передал всем присутствовавшим. Далее, как следует из Четвёртой книги Царств 4:40 (Расширенный перевод Библии), произошло вот что: «Мужчинам подали похлёбку. Но как только они начали есть эту похлёбку, то подняли крик: «Божий человек, в котле — смерть!» И не могли есть».

Начав есть похлёбку, люди почувствовали горький вкус ядовитых плодов и поняли, что случилось. Тогда они и закричали: «В котле — смерть!» Елисею пришлось найти выход из положения, и он его нашёл: «И сказал он: подайте муки. И всыпал её в котел и сказал [Гиезию]: наливай людям, пусть едят. И не стало ничего вредного в котле» (4 Царств 4:41).

Под словом «мука» в этом стихе подразумевается *пшеничная* мука. А в Писании пшеница иногда символизирует Божье Слово. Проведя аналогию, мы увидим в этой библейской истории символический пример: опасное духовное заблуждение может коварно и незаметно оказаться в «котле» здравого учения. Тот, кто добавил отравленные ингредиенты, смешав их со съедобными, вероятно, сделал это ненамеренно, как молодой пророк из библейской истории.

Вот что происходит в результате духовной незрелости, отсутствия опыта, а также недостаточного знания Библии. Христианские служители порой вмешивают в учение, которое изначально предполагалось как полезное для слушателей, ядовитые элементы. У ряда служителей просто нет достаточного опыта, чтоб распознать в некоторых духовных составляющих скрытую опасность. Именно так и получилось в случае с неопытным и, наверное, по-настоящему искренним учеником пророка Елисея. Человек просто не понимал, что выбранный им продукт таил в себе смертельную опасность. Ни о чём не догадываясь, он с чистым сердцем приготовил смертоносное варево.

Зрелому пророку пришлось вмешаться, чтобы изменить качество смертельно опасной похлёбки, а также исправить положение в целом. Елисей попросил предоставить ему солидную меру пшеничной муки, которая затем также пошла в котёл. Вновь можно увидеть символ — вот что происходит, когда в ту или иную ситуацию привносится Божье Слово. Оно, как мощное противоядие, способно нейтрализовать действие вредоносных учений, непригодных для потребления. «Мука» текстов Священного Писания, в больших количествах проникая внутрь проблемы, в корне меняет дело. Животворные слова чистой истины несут в себе силу, сводящую на нет действие всех ядов.

Божье Слово — библейская истина, силой Святого Духа способная нейтрализовать любое пагубное действие духовного яда. Откуда бы ни взялся этот яд, негативно сказавшийся на Божьем народе (добавили его в учение случайно или осознанно), истина сильнее.

Как написано в Послании Иакова 3:1, служители, наделённые духовными полномочиями, будут держать отчёт за всё, что произнесли. Всё что утвердили и чем «окормляли» святых, собравшихся за их столом, окажется тщательно исследовано. По этой причине служителям необходимо разбираться в духовных компонентах учения. Важно следить за тем, чтобы преподавать Божьему народу истины из Его Слова. Ведь истина несёт в себе жизнь, а не смерть. Ни одному настоящему духовному руководителю не нужно, чтобы посреди проповеди или урока святые вдруг закричали: «В котле — смерть!»

Христианские руководители обязаны осознавать личную ответственность за то, что выкладывается на общий духовный стол. Подобно духовным виночерпиям, лидерам необходимо быть уверенными, что в «котле» не окажутся испорченные продукты. Ничто не должно нанести вред духовному здоровью слушателей. Скажем больше, лидеры обязаны сами первыми попробовать приготовленную духовную пищу и питьё. Предоставьте святым за вашим духовным столом достоверное свидетельство безопасности подаваемого вами духовного блюда.

Так должно происходить всегда, когда христиане садятся «к столу» послушать духовных наставников. Божьей пастве необходимо быть уверенной в том, что лидеры, поставленные над ней Богом, предложат *только* качественную духовную пищу и питьё. Такие, которые станут способствовать её духовному здоровью и защищать от вреда и опасности.

Станьте разумным потребителем

Да, Божьи служители действительно дадут Богу отчёт. Они ответят за то, какие учения и принципы преподносили вверенным им людям или позволяли преподносить другим. Однако Бог ожидает, что и сам народ будет проявлять благоразумие. Человеку и самому следует думать, какую именно духовную пищу он употребляет в том или ином случае.

Много лет назад, путешествуя по Сибири, я зашёл в столовую. Это было откровенно грязное и неприятное на вид заведение. Я *понимал*, что питаться здесь — дело рискованное, но мне очень хотелось есть. Поэтому, поборов сомнения, я заказал еду. Грязный пол, недомытая посуда, потёртые стены и мебель, в придачу ко всему — кислый запах повсюду. Словом, ужасная картина. Всё говорило о том, что здесь не может быть свежей и здоровой пищи. Мой разум вопил: «НЕ ЕШЬ!» Прислушайся я к своему инстинкту самосохранения, а не к разыгравшемуся аппетиту, я бы, несомненно, вышел оттуда, не заказал бы там и крохи. В таком случае мне удалось бы избежать отравления, которое я всё-таки «заработал», съев пищу, приготовленную в условиях полной антисанитарии.

Точно так же и вы, прислушиваясь к духовному инстинкту самосохранения, будете понимать, какое из предлагаемых вам учений опасно для жизни. Если вы духовно чутки к голосу Святого Духа и продолжаете к Нему прислушиваться, то услышите Его предупреждение. Проявите внимательность с духовной точки зрения к своему окружению — тем самым вы окажете себе неоценимую услугу. Остерегайтесь «немытых полов и посуды», будьте чуткими, чтобы вовремя ощутить духовное зловоние. Если сохраните бдительность, то, попав в небезопасное место, сразу же это поймёте.

Когда окажетесь в духовно неопределённой обстановке, ваш внутренний инстинкт просигналит об этом. Он предупредит, что принимать духовную пищу, предлагаемую здесь, рискованно. Не игнорируйте сигналы своего инстинкта. Просто поменяйте обстановку и найдите то место, где, как вы поймёте, духовная пища безопасна для употребления.

Способность избежать того, чтобы в «котёл» духовного рациона попала смерть, зависит от вашей чуткости к Святому Духу и умения мыслить здраво. Например, как бы вы поступили, окажись вы в грязной столовой вместе со своей семьёй? Если бы видели и осознавали, что ваши близкие вот-вот съедят пищу, которой неизбежно отравятся, неужели вы остались бы там и продолжали есть «по вере»? Разумеется, нет! Всегда нужно обращаться к здравому смыслу, он поможет поддержать духовное благополучие точно так же, как помогает защищать физическое здоровье (как в примере со столовой)! В конце концов, зачем посещать непонятные места и поедать всё подряд, от чего потом «заболевает» ваш дух?!

Будьте осторожны, если где-то перед вами ставят тарелку с духовной едой сомнительного качества. Бог ожидает, что вы будете проявлять уважение к самим себе и уважение к тому труду, который Он производит в вас. Поэтому воздержитесь от поедания этой пищи и уйдите оттуда. Бог возложил на вас ответственность защищать ваше духовное благополучие. А потому нужно всегда прогнозировать, какими будут долгосрочные последствия от потребляемой вами пищи. Небесный Отец ожидает, что к этой ответственности вы отнесётесь серьёзно.

Ответственность за охрану собственного духовного здоровья и адекватная оценка качества принимаемой духовной пищи всегда лежала на плечах каждого конкретного христианина. Но, как пророчествовал Святой Дух, *особенно* актуально это стало именно сейчас — в **последние дни**. Бог предупреждал, что в это время в Церкви появятся чуждые учения, а значит, христиане должны научиться мыслить и оставаться предельно чуткими к голосу Святого Духа, живущего в их сердцах.

> **Бог возложил на вас ответственность защищать ваше духовное благополучие. А потому нужно всегда прогнозировать, какими будут долгосрочные последствия от потребляемой вами пищи. Небесный Отец ожидает, что к этой ответственности вы отнесётесь серьёзно.**

Я применяю этот принцип к себе каждый день. Например, несмотря на то, что наш домашний телевизор настроен на несколько христианских каналов, не каждой программе я позволяю проникать в личную атмосферу семейной гостиной. Я избирателен в том, что будет, а что не будет звучать в нашем доме и в нашей жизни, даже если это идёт под вывеской «христианское». Я прекрасно понимаю, что яд, даже в малых дозах, произведёт своё убивающее действие. Не важно, что он перемешан с большим количеством здоровой пищи. Если употреблять его на протяжении длительного периода времени — возникнет смертельная опасность.

Призываю вас отказываться от любого блюда, подпорченного ересью. Научитесь сначала определять качество духовной пищи и только потом употреблять её. Так благодаря здравой пище вы укрепитесь в вере и обретёте благочестивый характер. Это особенно важно в наше время, когда у нас имеется свободный доступ к самым разным сочетаниям духовных блюд. Бог ожидает, что вы будете думать, прежде чем взять то, что вам предлагают, а не есть всё подряд «по вере». Побольше размышляйте и доверяйте живущему в вас Святому Духу в том, что касается здравомыслия и здравых суждений. Тогда с вами всё будет в порядке. Если вы решите «принимать в пищу» только духовно здоровые продукты, Бог направит вас к надёжному источнику здравого учения.

Главная задача
для любого проповедника и учителя

Для тех, кому дано поручение проповедовать Божье Слово, вопрос духовной диеты всегда имел особое значение! Это побудило Павла написать Тимофею: «Проповедуй слово, настой во время и не во время, обличай, запрещай, увещевай со всяким долготерпением и назиданием» (2 Тимофею 4:2). Бесспорные доктрины христианской веры и сегодня не потеряли своей истинности для всего мира. Но прежде чем перейти к ним, предлагаю разобрать этот стих и узнать значение наказа Павла Тимофею.

Итак, глагол «проповедуй» является переводом греческого слова *kerusso*, что означает «провозглашать», «заявлять», «объявлять», «возвещать». В данном контексте это слово фактически описывает деятельность *kerux* — официального королевского глашатая. В обязанности глашатая *kerux* входило всем объявлять августейшие желания, постановления, приказы, политические решения и послания. Делалось это с предельной ясностью и безупречным произношением. Ведь говорить от имени и по поручению царя — особая ответственность. От глашатая как от представителя первого лица государства требовалось быть точным, аккуратным. Он должен был верно донести до народа все царские послания.

Это означает, что служители, которым доверено быть глашатаями от имени и по поручению Бога, должны провозглашать Его Слово со всей аккуратностью, точно и верно передавая Божье послание.

Для того чтобы духовные руководители не забывали, что именно им следует проповедовать на собраниях, Павел написал, что проповедовать нужно «слово». В греческом подлиннике это понятие обозначено как *logos*, что буквально переводится как «слово» и относится к *написанным словам*.

> Служители, которым доверено быть глашатаями от имени и по поручению Бога, должны провозглашать Его Слово со всей аккуратностью, точно и верно передавая Божье послание.

Причём Павел пожелал поставить на этом особенно сильное смысловое ударение и потому использовал слово с определённым артиклем. Ошибки быть не может: Павел сообщал Тимофею (а в его лице и всем христианским служителям), что текст, который прозвучит в собрании детей Божьих из уст Тимофея, должен браться из *самого* Божьего Слова. Апостол категорично заявляет: главная задача каждого духовного руководителя — в своих публичных выступлениях от имени и по поручению Бога доносить записанное Божье Слово, т.е. *Библию*. В свете того, что проповедующие являются глашатаями от имени и по поручению Бога, нам всем (каждому духовному лидеру) следует близко к сердцу принять следующий Библейский принцип. Мы встречаем его в Книге Иезекииля 3:1–3: «И сказал мне: сын человеческий! съешь, что перед тобою, съешь этот свиток [т.е. Божье послание], и иди, говори дому Израилеву. Тогда я открыл уста мои, и Он дал мне съесть этот свиток; и сказал мне: сын человеческий! напитай чрево твое и наполни внутренность твою этим свитком, который Я даю тебе; и я съел, и было в устах моих сладко, как мёд».

Предназначение этого отрывка — подчеркнуть, что Бог ожидает от Своих посланников. Прежде всего им самим нужно принять и полностью растворить в себе каждое слово, которое должно прозвучать от имени Господа. Божьему глашатаю строго запрещалось, услышав слова от Бога, сразу же преподносить их народу. Нужно было сначала «попробовать на вкус», тщательно «переварить» каждую частицу этого послания. Такой принцип применяется в равной степени как к приятным заявлениям от Бога, так и к неприятным, например, осуждающим или порицающим с целью дальнейшего исправления. Прежде чем Божьему глашатаю удастся *в силе Духа* донести царское послания до народа, он должен исследовать порученное Ему слово. Просите у Бога мудрости, чтобы как следует ознакомиться с содержанием слова, выяснив все подробности его первоначального значения.

> Духовному руководителю надлежит наполнить всё своё существо словами, полученными с Небес для проповеди. Эти слова нужно полностью растворить в себе, чтобы их влияние было максимально глубоким. Лишь тогда можно вставать за кафедру и во всеуслышание произносить Божье послание со властью и силой Духа.

Это ожидание со стороны Господа возлагает на духовных руководителей, призванных проповедовать часто и всенародно, большую ответственность. В современной жизни существует масса отвлекающих факторов, вечная нехватка времени. В таких условиях проповедник порой просто не успевает «переварить» (осмыслить) весть, которую Бог поручает ему произнести на ближайшем собрании. Как следствие, много проповедей, произнесённых профессионально, всё же не содержат в себе силы Святого Духа.

Духовному руководителю надлежит наполнить всё своё существо словами, полученными с Небес для проповеди. Эти слова нужно полностью растворить в себе, чтобы их влияние было максимально глубоким. Лишь тогда можно вставать за кафедру и во всеуслышание произносить Божье послание со властью и силой Духа.

Когда проповедник говорит то, что не вошло внутрь него самого, он, словно повар, который готовит блюда, даже не представляя, каковы они на вкус. Возможно, этот повар знает все рецепты наизусть, имеет под рукой все необходимые ингредиенты и способен без труда приготовить любое кулинарное чудо. Но если он на самом деле ни разу не пробовал пищу собственного приготовления, все его познания останутся лишь теорией. Он не сможет беседовать о своих блюдах с уверенностью и авторитетом, поскольку не знает, какие они в действительности на вкус.

Теперь становится понятным, почему такому количеству проповедей и учений в сегодняшней Церкви недостаёт силы Святого Духа. Вынужденные готовить одно духовное блюдо за другим, проповедники берут в руки Библию, словно поварскую книгу. Пару-тройку стихов из Писания, щепотку свежих новостей, шуток по вкусу — «обед» готов. Им нельзя отставать от расписания, поэтому они бегут из кухни в столовую и ставят на стол пищу. Но сами-то они её даже не попробовали. Им редко удаётся «переварить» проповедуемые истины, они попросту «выкладывают» проповеди. Может, их и интересно послушать, но в жизни прихожан вряд ли что-то меняется после таких проповедей.

Проповедник, которому доверено выступать от имени Бога, обязан принять Божье Слово в глубину своего естества.

обязан напитать собственного «внутреннего человека», чтобы сначала в нём самом произошли перемены, исправления, состоялось насыщение. Такой служитель должен проглотить всё вверенное ему послание *целиком*. У него нет права выбирать, что из этого послания есть, а что не есть. Как представителю Христа ему нужно забыть о собственных чувствах и мыслях. Слово должно полностью проникнуть вглубь существа, перевариться и раствориться в проповеднике, стать предельно понятным. Только в таком случае это слово прозвучит с силой и властью. Вне всякого сомнения, проглотить некоторые части Божьего послания будет нелегко. Но тем не менее одно из требований к духовному руководителю — это переваривать *всё*, что несёт в себе Божье Слово.

К этим наставлениям следует отнестись крайне серьёзно каждому, кто призван проповедовать или преподавать Божье Слово людям. Бог через Иезекииля ясно даёт понять, что никакой проповедник, если не наполнится в первую очередь сам, не сможет передать Слово в силе Духа истины другим.

> Служители обязаны стоять твёрдо на стороне истины, даже когда меняется духовная атмосфера и современная Церковь не принимает истину, которую велел провозгласить для неё в этот час Господь.

Проповедники и духовные учители обязаны изучать Божье Слово, молиться и готовиться к проповедям. Только после надлежащей подготовки они могут со спокойной совестью полагаться на помазание и вдохновение Святого Духа. Только так они, проповедуя из своего духа и души, применяя свой опыт, подбирая нужные слова, оттачивая мысли, будут способны возвестить людям всё то, что открыл в Писании Господь.

Голоса Божьих глашатаев должны стать для Церкви пророческими. В таком качестве служители обязаны стоять твёрдо на стороне истины, даже когда меняется духовная атмосфера и современная Церковь не принимает истину, которую велел провозгласить для неё в этот час Господь.

Принцип из третьей главы Книги Иезекииля недвусмысленно показывает, что каждый духовный руководитель обязан прочесть Божье обращение, поразмыслить над ним и донести его до людей в том виде, в каком предполагает это Иисус. В Божьем послании к Церкви могут звучать истины, трудные для восприятия и болезненные «при глотании», направленные на исправление и, следовательно, неприятные для слуха. Однако, когда Господь возвещает Своему народу такие непростые для восприятия истины, Святой Дух предоставляет и сверхъестественную анестезию. Божье обличение не разочаровывает, не осуждает, не оставляет в состоянии отчаянья. Напротив, Бог преподносит истину так, что она очищает, утешает, воодушевляет, внушает надежду и придаёт сил.

> Служители обязаны стоять твёрдо на стороне истины, даже когда меняется духовная атмосфера и современная Церковь не принимает истину, которую велел провозгласить для неё в этот час Господь.

Мы как духовные лидеры призваны провозглашать Божьи принципы, в том числе неприятные для слуха. Нам нужно, чтобы слушающие Бога через нас, полагаясь на обезболивающее действие Святого Духа, приняли обличение и позволили истине исправить их. При этом они не должны чувствовать, что их «бьют Библией по голове». Бог ожидает от нас, Своих глашатаев, что мы будем передавать Его обращения в соответствии с замыслом Автора и в силе Святого Духа.

Прежде чем сменить тему, позвольте выразить ещё одну важную мысль. В шестой главе мы упомянули, что многие христиане сегодня несведущи в библейских истинах. В контексте такого положения дел важность построчного изучения и преподавания Священных текстов невозможно переоценить. Данный подход к Библии гарантирует, что каждая истина и каждый предмет, представленные в конкретном отрывке, будут рассмотрены.

Одна из важнейших граней посвящённости проповеди Божьего Слова — это одинаково серьёзное отношение ко всем истинам во всех текстах Священного Писания. Следуя водительству Святого Духа, надлежит основательно изучать (а затем преподавать Божьему народу) всё Его Слово. Бывает, что изучение и преподавание Библии стих за стихом не является сильной стороной пастора или одним из его дарований. В таком случае пастору следует сосредоточиться на своих основных дарах. Однако при этом ему обязательно нужно найти служителей, способных и готовых преподавать Божье Слово вверенной ему пастве. В этой области у церкви не должно быть недостатка. Пастору надлежит неуклонно преследовать главную цель — заложить в сердца своих прихожан прочное и надёжное доктринальное основание, на котором они смогут строить жизнь.

> **Главная цель — заложить в сердца прихожан прочное и надёжное доктринальное основание, на котором они смогут строить жизнь.**

Нам непозволительно даже на мгновение отклоняться от непогрешимого и нетленного Божьего Слова. Мы должны и впредь оставаться посвящёнными верному истолкованию, преподаванию и проповеди Божьего Слова в силе Святого Духа. Следовать этому наставлению жизненно необходимо, особенно во времена, когда люди постепенно отступают от здравого доктринального учения. Как бы ни поступали окружающие, *мы с вами* должны оставаться чистыми сосудами истины. И это — *наше* решение.

Злободневные темы и культурные особенности: молчать — не вариант!

Одна из граней проповеди и учения от имени Бога (под Его авторитетом) — рассмотрение злободневных тем и культурных особенностей в свете Божьего Слова. Это также входит в обязанности проповедника и учителя. В Писании содержатся истины, способные стать ответом на любые общественно-резонансные вопросы. В Библии можно найти принципы для правильного подхода к социальным дилеммам, применимые во все времена.

Писавшие Новый Завет поднимали множество злободневных тем и затрагивали культурные особенности, актуальные в первом столетии нашей эры. Речь идёт, например, об отношениях между полами, браке и супружестве, рабстве, пристрастиях, злоупотреблении спиртным и других подобных явлениях. Бывшие язычники, обратившиеся в христианство, принесли с собой «богатое приданое». Это был целый клубок из беспорядочных связей, самых разных пристрастий и зависимостей, искажённого образа мыслей. Ведь ущерб, нанесённый их душам за годы жизни без Христа, был немалый и имел свои последствия. Духовные руководители Ранней Церкви дерзновенно проповедовали и учили на темы, которые оставались актуальными для христиан в то время. И наставления, прозвучавшие в те годы, можно уверенно считать вневременными!

Множество людей пострадали от неразберихи в области нравственности и в *сегодняшнем* мире. Святой

> Сегодняшние духовные руководители должны противостать распространяющемуся заблуждению. Необходимо поднимать злободневные темы современности, как бы «неудобно» это ни было с культурной или нравственной точки зрения.

Дух пророчествовал о том, что в последние времена искажённое мышление пропитает большую часть общества. Мы не раз отмечали, что на Божьих часах эти времена уже настали. А это значит, что сегодняшние духовные руководители должны противостоять распространяющемуся заблуждению. Необходимо поднимать злободневные темы современности, как бы «неудобно» это ни было с культурной или нравственной точки зрения.

> **Молчать — не вариант!**

Христиане, поддавшиеся обольщению, в большинстве своём не в курсе, что его влияние духовно ядовито. Они не подозревают, какая смертельная опасность таится в нём для вечной души, а также всего доброго, что есть в их жизни. Нужно, чтобы Божий глашатай раскрыл им глаза на то, какие проблемы подстерегают их в перспективе. Молчать — не вариант!

Роль пастора и служителя во многом схожа с ролью отца в семье. Определённые истины должны звучать в доме именно из уст главы семейства. В противном случае детей воспитают сверстники, скептики и другие люди, часто несведущие в духовных вопросах, а порой сознательно уводящие от них.

Свято место пусто не бывает: если злободневные темы не прозвучат из уст Божьих служителей, образовавшийся вакуум моментально заполнится мирскими «учениями». В результате этого бессчётное количество людей неизбежно и окончательно заблудятся. Служители, игнорирующие «трудные» вопросы, судя по всему, до конца не осознали или сознательно не приняли возложенную на них Богом ответственность. Ведь именно они обязаны были давать людям правильные ответы. Божьим глашатаям *должно* уверенно провозглашать мнение Бога относительно противоречивых «культурных особенностей». Поступая так, они помогут христианам не потерять головы посреди этого мира, который, судя по всему, в нравственном отношении сошёл с ума.

Духовная битва на высочайшем уровне

В продолжении Второго послания Тимофею 4:2 Павел пишет: «Проповедуй слово, *настой…*» Глагол «настой» — это перевод греческого слова *ephistemi*, военного термина, который буквально означает «не оставлять своего поста». То, что в повелении Тимофею (а в его лице и всем духовным руководителям) проповедовать Слово Павел применил военный термин, не случайно! Вот вам истина: провозглашение Божьего Слова с публичной платформы — это духовная битва в её ярчайшем выражении!

Библия острее любого обоюдоострого меча (см. Евреям 4:12). Между Книгами Бытие и Откровение содержатся ответы на все жизненно важные вопросы и решение всех насущных проблем. Библия способна наполнить жизнью сердца, привести в порядок запутавшийся разум, освежить душу, раздираемую на части буйством эмоций.

> **Провозглашение Божьего Слова с публичной платформы — это духовная битва в её ярчайшем выражении!**

Когда Божье Слово исходит из уст, соединённых с сердцем и полных веры, это Слово срывает ярмо и преображает жизнь.

- Слово проникает в сердца людей, живущих во грехе.

- Слово делает свободными тех, кто оказался в рабстве.

- Слово сияет настолько ярко, что тьма расступается.

- Слово исцеляет тело и освобождает разум.

- Слово приносит покой детям и взрослым.

- Слово сокрушает твердыни и преображает ум.
- Оно меняет судьбы людей!

Библия освещает путь, дарует свободу разуму, силу духу, решимость воле и исцеление телу. Она позволяет увидеть светлое будущее. В Божьем Слове содержится сила, противостоять которой не способен даже дьявол! *И это Слово призваны проповедовать духовные руководители!*

> Библия освещает путь, дарует свободу разуму, силу духу, решимость воле и исцеление телу. Она позволяет увидеть светлое будущее. В Божьем Слове содержится сила, противостоять которой не способен даже дьявол!

Немудрено, что сатана стремится остановить проповедь, преподавание и служение Слова. Он ненавидит сам факт того, что Божье Слово проповедуется по всей земле. Враг знает, что ментальные, эмоциональные и духовные твердыни *рушатся*, когда Слово провозглашается в силе и со властью! Это объясняет, почему Павел повелел Тимофею и всем духовным руководителям: «Не сходите со своего поста и продолжайте проповедовать Божье послание так, как это и должно происходить по Его воле!»

Ответственность руководителя в «хорошие времена» и «тяжёлые времена»

Второе послание Тимофею 4:2 продолжается следующими словами: «Проповедуй слово, настой *во время и не во время*...» Что значат выражения «во время» и «не во время»? Не стоит путать эти выражения с известными нам наречиями «вовремя» и «не вовремя»! И в первом, и во втором выражении существительное «время» является переводом одного и того же греческого слова *kairos*. Так называли *промежуток времени* или *пору*. Значение корня *kairos* могло меняться с добавлением к нему приставок. Например, приставки *eu*, несущей в себе значение «хороший», «удачный», «доставляющий удовольствие». Когда приставка *eu* соединяется с корнем *kairos*, получившееся слово *eukairos* начинает означать «хорошие времена», «приятная пора», «сезон, когда всё в жизни приносит наслаждение». А когда к корню *kairos* присоединяется приставка *a*, полученное таким образом слово *akairos* означает «неудачное время», «тяжёлые времена», «безрадостная пора».

Написав *eukairos* и *akairos* («во время и не во время»), что следует понимать как «удобное время и тяжёлые времена», Павел повелел духовным руководителям не оставлять пост, не прекращать проповедь Божьего Слова, что бы ни происходило в их окружении.

Итак, соединив все пояснения, данные выше, мы можем прочесть изучаемый стих следующим образом: *«Займите твёрдую позицию и волевым решением оставайтесь на своём посту, чтобы проповедовать Божье Слово так, как того ожидает от вас Бог! Неважно, удачное вы выбрали время или неудачное, приносит вам это занятие удовольствие или не приносит. Этот пост — на вашей ответственности! Итак, окопайтесь и усилием воли проявите верность на своём посту, что бы ни происходило в вашем непосредственном окружении»*.

Всеобъемлющая роль кафедры

Далее Павел написал: «Проповедуй слово, настой во время и не во время, обличай, запрещай, увещевай со всяким долготерпением и назиданием» (2 Тимофею 4:2). По словам апостола, нам крайне необходимо исполнять все три поручения, связанные с публичной проповедью Слова — *обличать*, *запрещать и увещевать*. Позвольте показать разницу между этими тремя гранями служения Словом.

- «Обличать» — это перевод греческого слова *elegcho*. В данном контексте оно означает «порицать» слушателя и «заставлять его осознать свою вину» посредством чёткой проповеди или преподавания Божьего Слова. В этом смысле «обличать» означает порицать настолько действенно, чтобы человек одумался. Слушающий должен прийти в себя и убедиться в неправильности собственных поступков и образа мыслей. На этом этапе он вынужден решить — покаяться или отказаться от того, что сейчас ему известно как истина.

Изменить сердце человека и всю его жизнь под силу только Святому Духу. Для этого необходимо Его сверхъестественное воздействие. Однако также и со стороны слушателя требуется осознанное решение. Без этого никакие перемены в его жизни так и не начнутся. Обличение является важной гранью проповеди и преподавания Слова. С помощью такой проповеди Святой Дух начнёт разжигать в Церкви духовное пламя и производить в ней чистоту и святость.

- «Запрещать» — перевод греческого слова *epitimao*. Это же слово встречается нам в Евангелиях, где говорится о том, как Иисус «запрещал» нечистым духам. Речь идёт *о выговоре, т.е. выражении неодобрения мыслей, поступков или образа жизни человека*. Этим действием Бог указывает на неправоту в конкретном её проявлении, а затем даёт указания для того, чтобы всё исправить и впредь не повторять ошибок. Это действие сверхъестественно подавляет главенствующую роль зла и противостоит всему неправильному в жизни человека или общества.

Данное слово ясно показывает, до какой степени важно, чтобы через провозглашение Божьего Слова грех и греховное поведение человека были разоблачены и подверглись исправлению. С отсутствием благочестивого обличения у христианина притупляется чувствительность совести ко греху и его разрушительным последствиям.

- «Увещевать» — это перевод греческого слова *parakaleo*, которое понимают как «побуждать», «наставлять», «предостерегать». Речь идёт о таких проповедях или учениях, которые наделяют христианина духовной силой. Они побуждают человека простираться вперёд, к выполнению наивысшей воли Бога. Они помогают преодолевать трудности, с которыми приходится сталкиваться на пути. Божье «увещевание» имеет силу. Оно помазано. Оно пробуждает в слушателе желание не мириться с поражением, а стремиться к победе. Такая проповедь и учение необходимы Церкви, чтобы сосредоточиться на победоносной жизни. Христианам важно услышать, что они способны победить этот мир и осуществить мечты, вложенные в их сердца Богом.

Зачастую в наше время, когда духовный руководитель обличает и запрещает, его осуждающе называют зашоренным, критиканом, судьёй, негативистом. Особенно в нынешнем духовно-нравственном климате. Сегодня политкорректность имеет в жизни людей больший вес, нежели Священное Писание. Когда я писал эти самые строки, мне пришло сообщение от одного пастора, церковь которого покинули несколько человек. Они приняли такое решение потому, что этот проповедник коснулся «трудных» вопросов, всего лишь осветил их с библейской точки зрения, но был обвинён в «зашоренности» взглядов.

В некоторых случаях служители становятся объектом травли со стороны людей в церковных собраниях. А причиной всему — верность служителей небесному повелению обличать и запрещать, когда в этом возникает необходимость. Однако Божьи требования неизменны. Господь повелел Своим глашатаям бескомпромиссно провозглашать Его Слово, невзирая на последствия.

> Божьи требования неизменны. Господь повелел Своим глашатаям бескомпромиссно провозглашать Его Слово, невзирая на последствия.

В Церкви должны освещаться все три грани проповеди Божьего Слова — «обличение», «запрещение» и «увещевание». К сожалению, первые две грани — *обличение* и *запрещение* — зачастую так и остаются незадействованными, «дабы никто не обиделся». А в результате вопросы, которые необходимо поднимать в церкви ради исправления людей или положения, нередко оставляются без внимания.

Сегодня достаточно большая доля проповеди и учения состоит лишь из *увещевания* (разумеется, так происходит не всегда). Увещевание, как было отмечено ранее, побуждает христиан к лучшей жизни позитивными словами. В мире, наполненном негативизмом, это, конечно же, необходимо. Но тем не менее, несмотря на приятное ощущение от таких проповедей, Церкви недостаёт двух других граней этого служения. Они стратегически необходимы, ведь сначала под влиянием силы Святого Духа происходит изменение людских сердец, и лишь затем, уже с изменёнными сердцами, эти люди устремляются к своей победе.

Здравое учение или опасное заблуждение?

Во Втором послании Тимофею 4:3 Павел написал: «Ибо будет время, когда здравого учения принимать не будут, но по своим прихотям будут избирать себе учителей, которые льстили бы слуху».

В оригинале этот текст чётко указывает на будущее — *на последние времена*. В тот период возрастёт количество «христианских сообществ», которые «...здравого учения принимать не будут...» Святой Дух не уточняет, скольких именно увлечёт в неверном направлении, но грамматическая форма греческих слов в этом стихе подразумевает *большое количество* людей.

Как пишет Павел, христианское сообщество последних дней утратит вкус Писания и больше не будет «принимать» здравого учения. Глагол «принимать» на греческом — *anechomai*, и означает он, что люди *больше не станут считаться* со здравым учением или *не будут проявлять терпимости* к нему.

Прилагательное «здравый» в греческом оригинале — *hugiaino*. Это слово всегда указывает на нечто *цельное, здоровое*; нечто, что приводит в *здоровое состояние*. А под существительным «учение» подразумеваются *проверенные временем истины и постулаты* христианской веры.

В приведённом выше стихе Святой Дух указал на конкретный отрезок времени, когда большой сегмент христианского сообщества перестанет принимать такое учение. Дух фактически пророчествует, что некоторые христиане постепенно потеряют аппетит к здравому учению. Более того, они начнут испытывать к нему *неприязнь*, их будет воротить от истинного библейского учения, которое когда-то охотно принимали. Вместо того чтобы держаться вечных целостных истин, такие христиане станут жаждать проповедей и учения иного содержания.

Во Втором послании Тимофею 4:3 говорится: «...но по своим прихотям будут избирать себе учителей, которые льстили бы слуху». Существительное «прихоти» здесь относится к *желаниям* или *капризам*. Посредством этого греческого слова Павел сообщает, что поколение, живущее в самом конце нашей эпохи, отвергнет испытанные временем истины. Люди захотят другого «учения», которое прекрасно соответствует изменчивым нравам и капризам времени. В последние дни, как возвестил Святой Дух, появятся «духовные» учители нового сорта. Они будут потворствовать плотским желаниям и предпочтениям своего поколения. Эти так называемые «лидеры» предложат своим слушателям изменённую версию Библии, «актуальную» для поколения, которое уже сбилось с пути. Святой Дух предсказывает, что ораторы и лекторы такой категории будут пользоваться у своих слушателей огромной популярностью!

> Каждый духовный руководитель желает вещать на максимально широкую аудиторию и знать, что его слушают массы людей. Однако целью настоящего лидера никогда не должно становиться стремление «собрать толпу».

В самой популярности нет ничего предосудительного. Каждый духовный руководитель желает вещать на максимально широкую аудиторию и знать, что его слушают массы людей. Однако целью настоящего лидера никогда не должно становиться стремление «собрать толпу».

Нет, его цель — проповедовать Божье Слово без искажений, ведь он — Господень глашатай!

Так или иначе, Святой Дух пророчествовал, что в конце «века сего» эфир заполнят многочисленные лжеучители. Они предложат слушателям искажённый вариант истины и увлекут за собой широкие массы людей. В эти последние дни количество ораторов, «льстящих слуху», будет стремительно возрастать. Увы, заблуждающееся поколение слушателей станет выбирать себе именно таких наставников.

Глагол «избирать» во Втором послании Тимофею 4:3 — это перевод греческого слова *episoreuo*. Оно подразумевает

Вы сдадите экзамен на знание доктрин?

уйму или *толпу* учителей, движимых единственным намерением — понравиться современникам. Это окажется не трудно, ведь их проповеди будут удовлетворять предпочтениям и запросам большинства людей. Вот о чём Святой Дух предупредил нас посредством этого слова: хотите верьте, хотите нет, но в конце Эпохи Церкви от истинного курса отклонится огромное число духовных учителей. Ими овладеет дух этого мира, так что они подменят проповедь истины собственными посланиями, которые в духовной сумятице последних дней пойдут «на ура».

Возможно, отступление от истины, о котором 2000 лет назад пророчествовал Святой Дух, уже происходит? Наблюдаем ли мы стремление духовных лидеров угодить миру, производя новый «бренд» христианства, который идеально вписывается в окружающую обстановку? Замечаем ли, как наши современники-служители отходят от истины, о чём и пророчествовал Святой Дух?

Истина,
похожая на миф

Павел продолжил свой текст так: «и от истины отвратят слух и обратятся к басням» (2 Тимофею 4:4).

Апостол Павел предсказал, что некоторые христиане отвергнут нерушимую истину и заменят её «баснями». Слово «басни» здесь — это перевод греческого существительного *mythos*, от которого произошло известное нам понятие «миф» или «фантазия». Используя это слово, Павел имел в виду *не те* мифы, которые мы представляем себе. Апостол предрекает, что заблуждающиеся учители последнего времени заменят подлинное библейское учение искажённым посланием, настолько далёким от истинного, что оно фактически будет звучать как мифическая версия истины.

Павел использовал слово «басни» и в Первом послании Тимофею 1:4, где речь также идёт о лжеучителях. Апостол пишет: «…и не занимались баснями…» В оригинале на месте нашего слова «баснями» стоит всё то же *mythos*, которое понимали как «мифы» или «фантазии». Здесь это слово относится к новомодным учениям, совершенно не похожим на библейское послание.

Вот каким образом Павел характеризует популярные учения первого столетия нашей эры. Как отмечалось в предыдущей главе, они распространяются людьми, которые искажают истину. Звучащие проповеди в таких учениях привлекательны на слух, но неправильны, они бессильны изменить человека.

В Первом послании Тимофею 1:6 Павел заявляет, что преподносящие доктринальную бессмыслицу, «отступив», «уклонились в пустословие». На месте нашего деепричастия «отступив» в оригинале используется слово *astocheo*, что значит «промахнуться мимо мишени». Таким словом апостол подчёркивает: духовные наставники, о которых идёт речь, больше не попадают в цель здравого учения.

Глагол «уклонились» в нашей Библии — это перевод греческого слова *ektrepo*, которое взято из области медицины, где оно относится к *вывиху (кости, вышедшей из сустава)*. Использовав медицинский термин *ektrepo*, Павел сообщает нам, что, когда духовные наставники отступают от истины (*не попадают своими проповедями в цель здравого учения*), они становятся, словно «кости, вышедшие из сустава» в Теле Христовом.

У вас когда-нибудь случался вывих? Если так, вам не понаслышке известно, как это в действительности *больно*! Пусть при вывихе весь организм и продолжает функционировать, как прежде, но одна лишь косточка, вышедшая из сустава, создаёт неимоверную боль. Такую сильную, что на неё приходится реагировать всему организму!

С помощью этой аналогии Павел объясняет, насколько тяжелыми последствиями чревато отступление даже одного известного служителя от библейских истин. Оно неизбежно приводит к плачевным последствиям для многих членов Церкви. Один духовный наставник, «выпавший из сустава», способен вызвать дискомфорт, причинить боль и даже нанести увечья Телу Христову.

> Один духовный наставник, «выпавший из сустава», способен вызвать дискомфорт, причинить боль и даже нанести увечья Телу Христову.

Во Втором послании Тимофею, 4-й главе, Святой Дух ясно заявил, что *новомодные учители с учением, перекроенным на новый манер*, предложат Церкви поразительную смесь истины с ересью. Многие христиане, поддавшись их обольщению, отклонятся от истинного христианства и увлекутся неверными представлениями. *Разве это уже не происходит?!*

Как иметь свою голову на плечах

В завершении своего предупреждения в адрес Тимофея Павел повелел молодому служителю: «Но ты будь бдителен во всем, переноси скорби, совершай дело благовестника, исполняй служение твое» (2 Тимофею 4:5).

Призыв апостола «будь бдителен» — это перевод греческого слова *nepho*, которое означает «сохранять трезвость» или «мыслить трезво, а не так, как оглупевший пьяница». Словом, речь идёт о *трезвости мышления*. А грамматическая форма этих слов подчёркивает, что это *повеление*, а не совет! Иными словами, *мыслить трезво, ясно и чётко — это повеление*.

Использовав такое слово, Павел повелел каждому духовному наставнику отчётливо представлять себе, что именно он сообщает слушателям. Необходимо всегда думать, прежде чем говорить.

Божье требование прозвучало однозначно: мы, служители Церкви, призваны мыслить трезво, руководствоваться чёткими, ясными и здравыми суждениями. Нужно внимательно исследовать то, чему мы учим и что одобряем с кафедры. Напомню: поскольку мы будем судимы строже (см. Иакова 3:1), от нас требуется мыслить здраво и тщательно продумывать, что принимаем и сообщаем окружающим.

Выражение «переноси скорби» также важно. Оно говорит о том, что мы можем столкнуться с определённым противлением. Непросто сохранять здравость мышления в то время, когда многие вокруг пренебрегают разумом. На нас могут посыпаться обвинения в отсталости и архаичности. Есть вероятность прослыть «зашоренными», «зацикленными на отживших своё понятиях, в то время как весь мир движется вперёд». Возможно, во времена «бурных перемен» кто-то даже назовёт нас «повёрнутыми на Библии».

Выражение «переноси скорби» — это перевод греческого глагола *kakopatheo*, состоящего из корней слов *kakos* и *pathos*. Прилагательное *kakos* описывает нечто *злое, скверное*, в то время как существительное *pathos* означает «трудности», «страдания», в том числе *эмоциональные или психологические*. Здесь Павел пишет Тимофею (а в его лице — каждому Божьему глашатаю последнего времени) о том, что служители должны быть готовы к тому, что не все оценят по достоинству их твёрдую библейскую позицию.

Существительное «благовестник» переведено с греческого *euangelistes*, которое в новозаветном контексте относится к проповеднику Благой вести. Но у этого слова есть ещё одно (гораздо более древнее) значение, играющее особую роль в данном стихе. Слово «благовестник» — в греческом подлиннике *euangelistes* — в самом раннем своём употреблении обнаружено на античных надгробиях. Его писали на памятниках известных *спиритических медиумов* или *проводников духов*.

Как то или иное слово будет использоваться в обиходе впоследствии, определялось первоначальными принципами его употребления. Греческое слово *euangelistes* было впервые введено в язык для обозначения тех, кто своим голосом озвучивал послания, переданные из потустороннего мира в мир людей. Данный факт помогает нам лучше понять важность этого слова в тексте апостола Павла. Вот что имеет в виду апостол: он побуждает Тимофея (и всех Божьих глашатаев) делать всё, что в его силах, чтобы оставаться как можно более *чистым проводником* Божьего голоса в мире людей.

Задача Божьих вестников — говорить не от своего лица, но покоряться Божьему Слову настолько, чтобы оно беспрепятственно проистекало через них к слушателям и оставалось при этом максимально точным. И хотя Павел обратился непосредственно к Тимофею, апостол в действительности написал эти слова для каждого Божьего благовестника. Причём адресовал их не только духовным наставникам, но и всякому *христианину*. Павел держал в уме тех, кто будет жить в конце эпохи, т.е. *нас с вами*. Его обращение адресовано христианам последнего времени, которые застанут эпидемию безумства в окружающем их мире. Настанет страннеййшая пора, когда заблуждение будет прорываться в Церковь в беспрецедентных масштабах.

В конце Эпохи Церкви, помимо отступивших от истины, выделится и другая группа верующих. Христиане из этой группы будут твёрдо держаться неизменного Слова истины и провозглашать его вечное учение вопреки последствиям и противлению. Давайте сделаем всё, чтобы *нам с вами* входить в состав именно *этой* группы! Невзирая на трудности, с которыми, наверняка, столкнёмся, решим провозглашать высшие библейские истины. Давайте стоять твёрдо, уверенно полагаясь на непогрешимое и правдивое Божье Слово.

Никогда не забывайте, что, если библейское учение преподносится правильно, оно оказывает на людей отрезвляющее воздействие. Это учение помогает христианам выстраивать мысли в соответствии с Божьей правдой. Во времена неопределённости оно даёт уверенность. Чистое и неповреждённое учение помогает в любых жизненных обстоятельствах чувствовать себя защищёнными. Благодаря ему мы способны приносить плод во славу имени Иисуса.

Мы живём в последние времена, о которых пророчествовал Святой Дух, предупреждая нас о том, что некоторые служители увлекутся чуждыми учениями. Следовательно, от нас требуется усердно молиться, чтобы в Церкви не убывало количество опытных, умелых и основательных учителей, любящих Библию. Молиться, чтобы чистое Божье Слово текло ко всем, жаждущим истины.

Вы точно знаете, чему учит Библия?!

Нередко современные христиане остаются несведущими в элементарных аспектах новозаветных доктрин. Многие служители, стоящие за кафедрой, мастерски умеют выражать свои мысли в превосходных мотивационных проповедях. Но все ли из них знают основополагающие библейские принципы? Некоторые ощущают собственную несостоятельность или отсутствие морального права преподавать Библию стих за стихом.

Более того, многие, зная Библию, уже не проповедуют её столь же дерзновенно, что и прежде. Дело в том, что, в сравнении с другими видами проповедей, библейские перестали быть популярными. Служители стараются избегать призывов к исправлению, т.е. «обличению и запрещению» (см. 2 Тимофею 4:2), даже основанных на Библии. В результате этих и массы других факторов сегодня, без сомнения, полным ходом идёт отступление от Писания. О чём и пророчествовал Святой Дух (см.1 Тимофею 4:1) касательно последних времён.

Так подчёркивается острая необходимость для каждого, кто призван к духовному лидерству, изучать Библию и по-настоящему в ней разбираться. Это сочетается с необходимым требованием поддерживать активную молитвенную жизнь и близкие личные отношения с Богом. Ведь только благодаря им служитель достигает духовного дерзновения.

Но, как мы отмечали ранее, отступление от истины само по себе не является для Церкви чем-то совершенно новым. Духи-обольстители с бесовскими учениями проявлялись и в прежние века. И всегда их целью было увести Божий народ от авторитетного библейского учения. Ранняя Церковь также боролась с проникновением в своё общение доктринальных заблуждений и крайностей в духовных вопросах и практиках. В процессе этого противостояния, в особенно важные его моменты, служители Ранней Церкви созывали собрания, на которых записывались положения вероучения, основанные на непререкаемых новозаветных истинах.

Благодаря таким ранним сводам истин Церковь могла поддерживать порядок в вероучении. Ведь, как свидетельствует история, богословская неразбериха периодически возникала в самых разных уголках христианского мира и в различные периоды. Заблуждавшиеся служители время от времени уводили Церковь с позиций здравого учения. Духовные наставники Ранней Церкви, во избежание полного вероотступничества, утвердили непререкаемые постулаты христианского вероучения, которые и стали мерилом правильности любого учения в лоне Церкви.

С момента принятия эти доктрины считались наиболее важными постулатами христианской веры и не подлежали изменениям. Обсуждения могли продолжаться по многим другим вопросам. Но *эти* доктрины принимались и объявлялись во всём мире как официальные доктрины христианской веры. На протяжении столетий символы веры, утверждённые руководителями Ранней Церкви, играли важнейшую роль. Они помогали Церкви сохранить правильное направление (хотя бы в русле основных положений веры).

> На протяжении столетий символы веры, утверждённые руководителями Ранней Церкви, играли важнейшую роль. Они помогали Церкви сохранить правильное направление (хотя бы в русле основных положений веры).

Многие символы веры писались на протяжении нескольких столетий. В нижеследующих абзацах представлены древние и наиболее достоверные символы веры Ранней Церкви. На их фундаменте сформировались положения современного нам христианского вероучения. Данные символы веры содержат непререкаемые, неизменные истины Нового Завета, которые по сей день лежат в основании веры христиан всего мира.

Староримский Символ веры (примерно II в. по Р.Х.)

Древнеримский Символ веры — это ранняя редакция свода истин, впоследствии получившего название «Апостольского Символа веры». Это наиболее ранний из известных символов христианской веры, считается в мировом христианстве самым первым (написан во втором столетии).[21] Он получил такую известность в Ранней Церкви, что в своих трудах на него ссылаются даже Тертуллиан и Ириней.[22]

В завершении четвёртого века руководитель Ранней Церкви по имени Тураний (Руфин Аквилейский) написал пояснения для этого символа на латыни, где подробно изложил мысль об авторстве данного текста. По мнению Турания, древний символ веры составили сами апостолы непосредственно после Дня Пятидесятницы. И лишь впоследствии они отправились благовествовать за пределы Иерусалима.[23] В наиболее раннем из сохранившихся документов, датируемом 390 г. по Р.Х., нижеследующий свод истин называется «Апостольским Символом веры».[24]

---

[21] John Norman Davidson Kelly, Early Christian Creeds (London: Longman, 1972), p. 101.
[22] Kelly, Creeds, pp. 100–130.
[23] Rufinus, Commentarius in Symbolum Apostolorum, (P.L. xxi. 335B).
[24] Амвросий Медиоланский, от лица Миланского Совета Папе Римскому Сирицию, приблизительно в 389–393 гг. по Р.Х. Амвросий написал: «Пусть поверят апостольскому Символу веры, который Римская Церковь всегда хранит и соблюдает в чистоте». Амвросий Медиоланский. Письма. 42.5, https://azbyka.ru/otechnik/Amvrosij_Mediolanskij/pisma-54-77-pisma-ne-voshedshie-v-sobranie/4_16#note680.

Итак, вот содержание Староримского Символа веры:

Верую в Бога Отца, Всемогущего;
и во Иисуса Христа,
единородного Сына Божия, Господа нашего;
рождённого от Духа Святого от Марии девы,
распятого при Понтии Пилате и погребённого,
воскресшего в третий день из мёртвых,
вознёсшегося на небеса,
сидящего одесную Отца,
откуда Он придёт судить живых и мёртвых;
И в Духа Святого;
в Церковь Святую,
в отпущение грехов,
в воскресение тела
в жизнь вечную.[25]

Никейский Символ веры (примерно 325 г. по Р.Х.)

Никейский Символ веры составлен в 325 г. по Р.Х. на знаменитом соборе епископов в г. Никее, что находился в Малой Азии. Собор был созван с целью опровергнуть ересь о том, что природа Христа не божественная (данная ересь сильно распространилась в церквях на тот момент). По материалам историков, на историческом событии присутствовали почти 1800 человек — делегаты от поместных церквей, среди которых было около 300 епископов. Они съехались со всех уголков Римской империи. На Никейском Соборе составили доктринальное исповедание веры, с помощью которого и оказалась опровергнута распространявшаяся по Церкви ересь.

---

[25] https://ru.wikipedia.org/wiki/Староримский_Символ_веры

Вы сдадите экзамен на знание доктрин?

Текстом Никейского Символа веры принято считать следующее исповедание:

Верую во единого Бога Отца Всемогущего, Творца неба и земли, всего видимого и невидимого.
И во единого Господа Иисуса Христа, Сына Божия единородного, от Отца рождённого прежде всех веков, Бога от Бога, Свет от Света, Бога истинного от Бога истинного, Рождённого, Несотворённого, Единосущного с Отцом, чрез Которого всё сотворено. Который ради нас, людей, и ради нашего спасения сошёл с небес.
И воплотился от Святого Духа и Марии девы, и стал человеком. Был распят за нас при Понтии Пилате, пострадал и был погребён, и воскрес в третий день по Писаниям, и восшёл на небеса, и сидит одесную Отца.
И опять придёт со славою судить живых и мёртвых, и Его царству не будет конца.
И в Духа Святого, Господа Животворящего, от Отца Исходящего, вместе с Отцом и Сыном Поклоняемого и Славимого, Говорившего через пророков.
И во единую, святую, соборную и апостольскую Церковь.
Исповедую единое крещение во оставление грехов.
Ожидаю воскресения мёртвых и жизни будущего века.
Аминь.

Апостольский Символ веры (примерно 390 г. по Р.Х.)

Исповедание веры, которое принято называть «Апостольским Символом веры», в своей древнейшей форме датируется приблизительно 140 г. по Р.Х. Оно также известно как Староримский Символ веры (см. выше). В его нынешнем содержании он был составлен, как считается, приблизительно в 390 г. по Р.Х. Отцы Церкви ссылались на него как на «правило веры». Его считают кратким собранием учения апостолов, по причине чего он и получил название «Апостольский Символ веры».

Этот исторический символ веры содержит в себе непререкаемые основополагающие постулаты христианской веры. На протяжении последующих столетий он оставался неким «фильтром истины». С его помощью в христианстве определяли чистоту и, соответственно, искажение того или иного учения. В настоящее время этот конкретный символ веры всё ещё звучит в церквях основных христианских деноминаций.

Содержание Апостольского Символа веры таково:

Верую в Бога, Отца Всемогущего, Творца неба и земли. И в Иисуса Христа, Единственного Его Сына, Господа нашего, Который был зачат Святым Духом, рождён Девой Марией, страдал при Понтии Пилате, был распят, умер и погребён, сошёл в ад, в третий день воскрес из мёртвых, восшёл на небеса и восседает одесную Бога Отца Всемогущего, оттуда придёт судить живых и мёртвых. Верую в Святого Духа, Святую Вселенскую Церковь, общение святых, прощение грехов, воскресение тела, жизнь вечную. Аминь.

Как следует из Писаний Нового Завета и исторических учений Церкви, приведённые выше символы веры составлялись с конкретной целью. Каждая поместная церковь и каждый христианин должны были иметь в поле зрения свод неопровержимых истин и доктрин христианской веры. Прочитав эти символы веры, будет полезно на некоторое время предаться размышлениям о следующем вопросе: *насколько хорошо я разбираюсь в неопровержимых библейских доктринах?!*

Вы сдадите экзамен на знание доктрин?

В этих символах содержатся существенные и обязательные к принятию доктрины христианской веры. По сути, это и есть основа веры. Символы веры не являются как таковым Священным Писанием. Однако в них запечатлены истины Божьего Слова, представляющие ранние основные положения христианской веры, несомненно, достойные внимания и принятия.

В процессе написания этой главы я просмотрел сотни интернет-сайтов церквей и служений для ознакомления с их официальным вероучением. Меня поразил тот факт, что у харизматических церквей и служений фактически нет единого созвучного вероисповедания, которое объединяло бы их всех.

У одних вероисповедание изложено весьма полно и доступно, у других опубликован лишь минимум информации о том, во что они верят. Есть и такие, у кого вероисповедание написано размыто. Создаётся впечатление, будто они не намерены занимать твёрдую позицию по основным библейским доктринам. А ведь всем церквям и служениям нужно разумно излагать то, во что они верят, на основании каких фундаментальных доктрин христианской веры осуществляют свою деятельность. Этот принцип никак не обойти, ведь *то, во что мы верим, крайне важно!*

Понимаю, что посетителей интернет-сайта церкви или служения не заинтересует перечисление доктрин. В конце концов, сайт — это не богословский трактат. Я также осознаю, что у нас нет ни времени, ни места (на сайте) для перечисления абсолютно всех принципов и постулатов нашей веры. Однако позвольте на основании библейского учения и достоверных символов веры Ранней Церкви порекомендовать вам перечень основополагающих доктрин веры. Нижеперечисленные доктрины приводятся в качестве рекомендуемого вероучения и вероисповедания как лично для вас, так и для вашей семьи, группы, церкви, служения или организации.

Возможно, когда вы дочитали настоящую книгу до сего места, вам пришла мысль, что пора обновить или пересмотреть вероисповедание вашей церкви или служения. Если так, то можете воспользоваться следующим материалом, как сочтёте необходимым.

Рекомендуемый перечень постулатов веры

СВЯЩЕННОЕ ПИСАНИЕ

Библия, Ветхий и Новый Заветы, является единственным непогрешимым вдохновлённым Божьим Словом. Его авторитет совершенный, окончательный и вечный. Его невозможно дополнить, сократить или заменить чем бы то ни было и как бы то ни было. Его Автором является Бог, его целью — спасение, а содержанием — истина без какой-либо примеси заблуждения. Библия — источник и основа всего доктринального учения, обличения, исправления и наставления. В ней имеется всё необходимое для благочестия и христианского образа жизни. Священное Писание безошибочно. Оно является авторитетным правилом веры и поведения (см. 2 Тимофею 3:16; 1 Фессалоникийцам 2:13; 2 Петра 1:21).

БОГ

Есть лишь один единственный живой и истинный Бог. Вечный триединый Бог раскрывает себя человечеству как Отец, Сын и Святой Дух — три отдельные Личности, обладающие конкретными личностными качествами, притом не знающие разделений в своей природе, сущности и бытии (см. Матфея 3:13–17; Матфея 28:18–20; Иоанна 1:1; Иоанна 14:26; Иоанна 17:3; Римлянам 3:30; Иакова 2:19).

БОГ ОТЕЦ

Бог Отец заботливо правит сотворённой Им вселенной и всем творением, включая созданного по Его образу человека. Бог управляет ходом человеческой истории в согласии с целями и предназначением Своей благодати. Бог является Отцом в истине для всех, кто становится Его детьми по вере в Иисуса Христа (см. Ефесянам 1:3–10; 1 Иоанна 3:1).

БОГ СЫН

Христос является вечным Божьим Сыном. Иисус Христос был зачат от Святого Духа и родился у девы Марии. Он почтил установленный Богом Закон личным послушанием и заместительной смертью на Кресте. Таким образом Он сделал всё необходимое для искупления человечества от греха. Он телесно воскрес из мёртвых на третий день и вознёсся в Небеса, где восседает по правую сторону от Бога Отца, будучи Главой Церкви (см. Иоанна 1:1; Евреям 1:2; Матфея 1:18; Евреям 5:8; Ефесянам 1:7; 1 Коринфянам 15:3–8; Деяния 1:9; Евреям 10:12; Ефесянам 1:20, 21).

БОГ СВЯТОЙ ДУХ

Святой Дух является Божьим Духом и Богом в полном смысле этого слова. Он прославляет Христа, обличает человека во грехе, убеждает в праведности и суде. Он призывает людей ко Христу и совершает в них духовное возрождение. Он сверхъестественным образом формирует христианский характер, утешает христиан и наделяет их духовными дарами, с помощью которых христиане служат Богу посредством Церкви. Святой Дух запечатлевает христиан до наступления полного искупления и наделяет духовной силой для поклонения, благовестия и служения (см. 2 Коринфянам 3:17, 18; Иоанна 16:8–14; Титу 3:5; Галатам 5:22, 23; Иоанна 14:16–21; 1 Коринфянам 12:7–11; 2 Коринфянам 1:21, 22; Ефесянам 1:13, 14; Деяния 1:8).

ЧЕЛОВЕК, ГРЕХОПАДЕНИЕ И ИСКУПЛЕНИЕ

Человек — сотворённое существо, созданное по образу и подобию Бога. По причине преступления и грехопадения Адама в мир проник грех. Вследствие греха человек подвергся не только физической, но и духовной смерти со всеми последствиями. Из-за осознанного преступления человек оказался отделённым от Бога. Теперь всё человечество нуждается в искуплении. Иисус Христос, Божий Сын, явился для того, чтобы отменить дела дьявола. Он пролил кровь и отдал жизнь ради искупления людей и восстановления отношений человека с Богом. Будучи сотворённым по образу Бога, каждый, независимо от расовой принадлежности, обладает достоинством и заслуживает уважения и христианской любви (см. Бытие 1:26–28; Римлянам 5:12–15; 1 Коринфянам 15:20–22; Иакова 3:9; Римлянам 3:10, 23; Римлянам 5:14; 1 Иоанна 3:8).

СПАСЕНИЕ

Единственная надежда человечества на спасение заключается в крови Иисуса Христа. Спасение — это Божий дар человечеству. Оно никак не связано с делами и исполнением Закона, но действует только по благодати через веру в Иисуса Христа. Спасение принимается по вере посредством покаяния, в котором признаётся господство Иисуса Христа и Его искупительный труд. Только это является основанием для спасения, и ни в каком другом имени спасения не обрести. Спасение нужно каждому. Благодаря спасению человек обретает вечную жизнь (см. Иоанна 3:3–5; Ефесянам 2:8–10; Деяния 5:12; 2 Коринфянам 7:10; 1 Иоанна 5:12).

ОСВЯЩЕНИЕ

Мы верим, что освящение является окончательным, но прогрессивным действием благодати. Оно берёт своё начало в момент возрождения и продолжается до момента завершения спасения при возвращении Христа. При том, что освящение совершается одномоментно при спасении человека как действие, оно также продолжается как процесс: спасённый ежедневно признаёт себя мёртвым для греха, а живым для Бога, полагается на силу Святого Духа и покоряется Его водительству (см. Евреям 12:14; 1 Фессалоникийцам 5:23; 2 Петра 3:18; 2 Коринфянам 3:18; Филиппийцам 3:12–14; 1 Коринфянам 1:30).

ЦЕРКОВЬ

Церковь — это земная среда обитания Бога в Духе. Церковь представлена в лице поместных общин или собраний, состоящих из христиан, принявших водное крещение и связанных друг с другом верой и общением на основании Евангелия. Жизнь и поведение этих верующих определяет Божье Слово. Верующие применяют духовные дары, права и привилегии, которые получили от Бога по благодати. Христиане желают нести Евангельскую весть до краёв земли. Поместная церковь принимает поручение от Христа благовествовать неспасённым в силе Святого Духа. Поместная церковь — это одновременно и место, и среда, в которой христиане поклоняются Богу и проходят процесс духовного роста и зрелости (см. 1 Коринфянам 1:2; Евреям 10:25; 1 Коринфянам 12:12–14; Иакова 5:14).

ВОДНОЕ КРЕЩЕНИЕ

Священное Писание велит каждому, кто покаялся и принял Иисуса Христа как Господа, пройти водное крещение. Этим действием христианин заявляет миру, что умер вместе со Христом и воскрес с Ним для обновлённой жизни. Водное крещение не является обязательным для спасения, но требуется каждому христианину для начала жизни в послушании Богу (см. Матфея 28:19; Римлянам 6:4; Колоссянам 2:12; Деяния 8:36–39).

ПРИЧАСТИЕ (ХЛЕБОПРЕЛОМЛЕНИЕ, ВЕЧЕРЯ ГОСПОДНЯ)

Священное Писание установило Причастие как таинство, что надлежит совершать до дня возвращения Христа. Вечеря Господня состоит из двух элементов или даров: хлеба и плода виноградной лозы — которые символизируют ломимое тело и пролитую кровь

Господа Иисуса Христа. Святые дары служат символом, напоминающим нам о неразрывном завете с Иисусом. Во время Причастия вместе со святыми дарами христиане верой принимают исцеление и восстановление, а также благословение искупительного Христова труда, который и представляют эти святые дары (см. Матфея 26:26–28; Луки 22:19, 20; Иоанна 6:48–51; Деяния 2:42–46; 1 Коринфянам 11:17–34).

ПОСЛЕДНИЕ СУДЬБЫ МИРА

Бог приведёт этот мир к ожидаемому завершению в определённое Им время и определённым Им способом. В конце нынешней эпохи Иисус Христос вернётся — лично и видимым образом. Мёртвые воскреснут, а Христос станет праведно судить всех людей. Для нечестивцев будет определён ад, а праведники получат свою награду и войдут в вечные обители с Господом (см. Матфея 16:27; 2 Коринфянам 5:9–11; 1 Фессалоникийцам 5:1–3; Откровение 1:7; Откровение 22:12).

ВОСКРЕСЕНИЕ

На третий день после смерти на Кресте Иисус Христос был физически воскрешён из мёртвых в прославленном теле. Мы верим, что воскресший Христос вернётся за своими святыми — как живыми, так и усопшими до Его возвращения. Мы верим, что в конечном итоге будут воскрешены как спасённые умершие, так и неспасённые. Спасённые отправятся в жизнь, а неспасённые — в вечное осуждение и смерть (см. 1 Фессалоникийцам 4:16, 17; Откровение 20:6).

АД И ВЕЧНОЕ ВОЗМЕЗДИЕ

Человек, не принявший Христа Спасителем и умерший во грехах, окажется погибшим навеки, и его участью станет огненное озеро. У такого человека уже не будет возможности услышать Благую весть и покаяться. Судьба человека, попавшего в огненное озеро, неизменна. Понятия «вечный» и «вовеки», указывают на длительность наказания осуждённых в огненном озере. Также они несут в себе то же значение, что и «бесконечное» существование, указывающее на продолжительность радости и блаженства святых в Божьем присутствии (см. Евреям 9:27; Откровение 19:20).

ОКОНЧАТЕЛЬНЫЙ, ИЛИ «СТРАШНЫЙ», СУД

Библия учит, что в определённое время совершится окончательный, или «страшный», суд над нечестивыми, которые воскреснут и станут судимы по своим делам. Те, чьё имя не окажется записанным в Книге Жизни, будут определены вместе с дьяволом, его ангелами, зверем и лжепророком на вечное осуждение в озере, горящем огнём и серой. Это состояние называется «второй смертью» (см. Откровение 20:6).

ВЕЛИКОЕ ПОРУЧЕНИЕ

Долгом и привилегией каждого христианина в отдельности и Церкви в целом является действенное стремление сделать все народы учениками Христа. Господь заповедал нам непрестанно благовествовать и стремиться привести к вере неспасённых людей. Для этого мы призваны свидетельствовать о Христе, являть Его своим образом жизни и пользоваться другими средствами и методами, соответствующими духу и характеру Христова благовествования. Как следует из Великого Поручения, каждой церкви надлежит посвятить себя распространению Евангелия Иисуса Христа вплоть до краёв земли. Участие в благовестии предполагает молитву и материальные вложения (см. Матфея 28:19, 20; Деяния 1:8).

В свою очередь, я рекомендую пополнить список основополагающих принципов веры нижеследующими пунктами. Этих формулировок нет в исторических символах веры, принятых Ранней Церковью. Тем не менее я считаю их необходимыми для надёжного основания здравого харизматического учения.

КРЕЩЕНИЕ СВЯТЫМ ДУХОМ

Крещение Святым Духом было обещано каждому христианину. Но не стоит путать его с рождением свыше. В результате крещения Духом Святым верующие наполняются силой для благочестивой жизни и служения, а также дарами Святого Духа. Физическим доказательством состоявшегося крещения Духом является конкретное знамение, а именно говорение на иных языках. Слова и фразы иного языка вкладывает в христианина Сам Святой Дух (см. Матфея 3:11; Иоанна 14:16; Деяния 1:8; Деяния 2:38, 39; Деяния 19:1–7; Деяния 2:4).

ДАРЫ СВЯТОГО ДУХА

«Дары Святого Духа» — это сверхъестественные дарования для верующих, способствующие созиданию и укреплению Церкви. Посредством этих дарований миру является сила и характер Христа. Дары Святого Духа действуют в Церкви по сей день и продолжат действовать до конца Эпохи Церкви (см. Римлянам 12:5–8; 1 Коринфянам 1:5–9; 1 Коринфянам 12–14).

ИСЦЕЛЕНИЕ

Божья воля — исцелять больных. Он добивается этого разными способами и средствами, в том числе (но не только) молитвой веры с возложением рук и помазанием елеем. При этом также действуют дары Святого Духа. Следует помнить, что исцеление заложено в искупительном труде Христа, а потому предлагается каждому христианину в любой точке планеты (см. Марка 16:18; Иакова 5:14, 15; 1 Петра 2:24; Матфея 8:17; Исаии 53:4, 5).

РАСПОРЯЖЕНИЕ МАТЕРИАЛЬНЫМИ ЦЕННОСТЯМИ

Бог является высшим источником всех благословений. Всем, чем мы располагаем, мы обязаны исключительно Ему. Притом Бог заповедал своему народу быть мудрыми распорядителями материальных средств. На христианах лежит духовное обязательство по части Евангелия перед всем миром, которое вверено Церкви для ответственного хранения и распространения. Помимо этого, христиане обязуются перед Богом распоряжаться своим имуществом разумно. Суммируя всё сказанное: христиане носят в себе обязательство уделять служению Богу столько времени, сколько потребуется, применять в служении Ему свои способности и предоставлять Ему свои материальные средства в той мере, в какой Он побудит их (см. Псалмы 23:1; Иакова 1:17; Матфея 25:21; 1 Петра 4:10; 2 Коринфянам 9:6, 7).

И, наконец, в нынешние, последние, времена сильно востребовано основательное библейское учение о супружестве и семье. Оно необходимо для чёткого наставления большому количеству людей, в голове которых смешались все ценности. Окружающее общество продолжает отклоняться от библейской истины и принимает за истину искажённые противоречивые взгляды на супружество, семью и воспитание детей. С приближением к концу «века сего» границы допустимого и неприемлемого стираются обществом, которое с точки зрения нравственности сходит с ума. Поэтому отдельные христиане, церкви, служения и христианские организации должны занимать в этих вопросах совершенно чёткую библейскую позицию. Вот почему я рекомендую включить в ваше официальное вероисповедание нижеследующее положение.

СУПРУЖЕСТВО И СЕМЬЯ

Библия учит о том, что Бог учредил семью как основополагающий институт человеческого общества. Семья составляется людьми, связанными друг с другом супружеством, кровью, а также разными формами и видами опеки и попечительства. Супружество — это соединение одного мужчины и одной женщины пожизненным супружеским (брачным) заветом. Муж призван любить свою жену так, как Христос любит Церковь. На муже лежит данная Богом ответственность обеспечивать семью всем необходимым, защищать и вести её за собой. От жены ожидается добровольное послушание руководству её супруга, действующего в духе слуги и служителя, а также уважение к нему — точно так же, как от

Церкви ожидается добровольное почитание Христа как её Главы. Жена сотворена по образу Бога, как и муж, следовательно, супруги равны друг другу.

С момента зачатия дети являются благословением и наследием от Господа. Ими надлежит дорожить и воспитывать их в соответствии с принципами Священного Писания. Родители призваны являть своим детям Божий образец супружества (см. Ефесянам 5:21–32; Ефесянам 6:4; 1 Петра 3:1–9; Псалмы 126:3, 4; Второзаконие 4:9, 10; Второзаконие 6:7).

Другие, более общие, доктринальные положения являются открытыми с богословской точки зрения, а потому подлежат разумному обсуждению и даже допускают различие точек зрения и мнений. Что же до вышеперечисленных основополагающих истин христианской веры, относительно них никаких обсуждений быть не может! Это неизменные доктрины нашей веры, а потому они достойны утверждения, принятия и распространения.

В предыдущих главах мы отметили, что к истинному учению, которое апостолы отстаивали всеми своими силами и авторитетом, прибавлялись ложные ещё в период написания Нового Завета. Как мы поняли, соблазн исказить истинную веру возник вместе с появлением самой Церкви.

> Мы должны углубиться в Писание и решительно не принимать ничего, не верить ничему и не следовать за тем, что невозможно подтвердить Библией.

В последние дни нашей завершающейся эпохи духовным наставникам крайне необходимо отчётливо понимать, во что они верят. Они не должны уклоняться от ответственности, но должны чётко и ясно провозглашать Божье Слово. Обязанность Его глашатаев — призывать Церковь покоряться авторитетным положениям Священного Писания. Мы должны углубиться в Писание и решительно не принимать ничего, не верить ничему и не следовать за тем, что невозможно подтвердить Библией.

В следующей главе мы исследуем тексты апостола Петра о наивысшей важности Божьего Слова. Этому ученику Господа довелось стать свидетелем величайшего откровения — на горе Преображения Христос явился пред ним во всём Своём великолепии. Однако в своём послании (см. 2 Петра 1:17, 18) Пётр недвусмысленно написал, что даже этот его беспрецедентный духовный опыт не идёт ни в какое сравнение с силой написанного Божьего Слова!

Поразмыслите над этим

1. Противник ищет любую возможность — лазейку — для доступа к нашим личным делам и к делам Церкви. Он всегда преследует одну цель — сбить Церковь с библейского пути и лишить достоверности слова Бога о том, что ожидает всех нас впереди. Для дьявола жутчайшим развитием событий станет осуществление величайшего Божьего замысла, а именно — повсеместное излияние Святого Духа в дни перед возвращением Иисуса. Сатане известно, что весь ужас предначертанного финала ожидает его сразу же после возвращения Христа.

   Что вы приняли от Господа в качестве обещания, связанного с вашим будущим во Христе? Позаботились ли вы о том, чтобы все возможные лазейки в вашу жизнь были наглухо закрыты, дабы у противника не нашлось ни единого способа сбить вас с пути Божьего обещания и лишить возможности увидеть его исполнение?

2. В современной Церкви прослеживается «нисходящий тренд» — движение вниз по наклонной. Оно было начато рядом духовных наставников, которые сбились с верного и прямого пути вечных Божьих истин и теперь пытаются стать более «актуальными» для мира. Слишком часто это их стремление к «актуальности» занимает место почтения к святым словам живого Бога.

   Вы когда-нибудь оказывались в западне стремления соответствовать окружающим вас людям, даже если это означало отступление от твёрдой позиции в отношении Божьего Слова? Или вы, наоборот, приняли твёрдое решение оставаться Божьим глашатаем в тех или иных обстоятельствах, за что дорого поплатились?

В нынешнее время вам представится масса возможностей выбрать либо первый, либо второй путь. Определили ли вы уже в молитвенном общении с Господом, что намерены предпринять в моменты испытаний вашей верности Его Слову? Решите для себя раз и навсегда, что не сойдёте с Божьих позиций и позволите Господу выразить Его намерения через вас при первом же случае, когда библейской истине потребуется утвердиться и рассеять ложь и заблуждение!

3. Как известно, ложь никого не предупреждает о своём появлении и не объявляет о том, что уже пожаловала! Изощрённость противника не знает границ, его умению обольщать и соблазнять позавидует любой чародей. Библия предупреждает о том, что дьявол мастерски маскируется под Ангела света (см. 2 Коринфянам 11:14).

Насколько прочным можно считать ваше собственное богословское основание, заложенное неопровержимыми истинами христианской веры? Сможете ли вы заметить даже тень заблуждения, чтобы вам и окружающим избежать духовных заболеваний? Готовы ли вы, если придётся, в одиночку постоять за истину и провозгласить её, чтобы её чистота оказалась восстановленной?

Глава восьмая

САМОЕ ВАЖНОЕ ОТКРОВЕНИЕ

Мы уже говорили о твёрдой позиции апостола Павла в борьбе с ересями. Вдохновляемый Святым Духом, апостол смело противостоял им при написании новозаветных посланий. А как высказывался о доктринальных заблуждениях своего времени апостол Пётр? В данной главе мы изучим *его* мнение по этому поводу, а также убедимся в чрезвычайной важности Божьего Слова в нашей жизни. Ни личное мнение, ни личный опыт — ничто не может встать на одну ступень с авторитетным мнением Священного Писания.

Времена меняются, и духи-обольстители распространяют бесовские учения повсеместно, даже в церковном сообществе. По этой причине Церкви и миру нужны те, кто не отступит от Божьего Слова и продолжит строить свою жизнь на безошибочном и непогрешимом Божьем откровении. Бог вверил его человечеству как основание вечной истины для жизни.

Мы уже упоминали в предыдущих главах, что в первом столетии нашей эры появлявшиеся в Церкви влиятельные служители пытались изменить вероучение. Одновременно с ними духовные учители-гностики увлекали христиан чудаковатыми откровениями и учениями, совершенно не обо-

> **Времена меняются, и духи-обольстители распространяют бесовские учения повсеместно, даже в церковном сообществе. По этой причине Церкви и миру нужны те, кто не отступит от Божьего Слова и продолжит строить свою жизнь на безошибочном и непогрешимом Божьем откровении.**

снованными Божьим Словом. Но, поскольку эти учения звучали весьма заманчиво, их принимало большое количество христиан. Введённые в заблуждение люди отпадали от взвешенных и веками проверенных библейских истин. Естественно, заблудившиеся сразу же оказывались в ловушке зыбких, ненадёжных теорий и умозаключений, а также сомнительного духовного опыта.

В своих посланиях Пётр смело и безапелляционно разоблачил эти проблемы. Судя по всему, прочитав переписанное христианами письмо Петра, Иуда был настолько возмущён в духе, что тут же написал уже своей читательской аудитории. Он призвал Божий народ: «...подвизаться за веру, однажды преданную святым» (ст. 3). В своём послании Иуда побуждает первых христиан не внимать еретическим учениям, которые к тому времени уже начали проникать в Церковь (см. главу четвёртую настоящей книги).

Поднимая тему проблемных служителей, отклонявшихся от испытанной временем истины Священного Писания, Пётр упоминает о своём собственном духовном опыте. Он упоминает увиденное им на горе преображение Самого Господа. Такое решение апостола имеет стратегическое значение. Духовное переживание Петра в том случае представляло собой реальное и беспрецедентное событие. Оно существенно превосходило любую диковинную сказку из тех, что придумывались и преподносились Церкви лжеучителями и носителями непонятных откровений. Рассказывая о случае на Горе Преображения, Пётр чётко даёт понять главное: насколько бы славным ни было это сверхъестественное переживание, оно уступало авторитетному и надёжному суждению Божьего Слова.

Превосходящий всё духовный вес Божьего Слова

В главе третьей мы упоминали, что на заре церковной истории духи-обольстители с бесовскими учениями вознамерились увести Церковь от истины. Лжеучители предлагали христианам бессмысленные учения и возмутительные рассказы о сверхъестественных переживаниях, никоим образом не подтверждённых в Писании.

Бог, несомненно, желает посещать Свой народ, что всегда связано с изумительными сверхъестественными переживаниями. В Своём Слове Господь ясно учит нас, что подобные встречи с Ним являются гранью служения Святого Духа в Церкви. Однако духовный опыт, о котором шла речь в проповедях лжеучителей, не имел ничего общего с Богом. Эти увлекательные рассказы, с помощью которых лжеучители приманивали своих неразборчивых слушателей, были придуманы ими же самими. Ни одно слово в таких рассказах не выдерживало никакой критики в свете Священного Писания.

Учители-гностики либо выдумывали свои рассказы с целью обмануть людей, либо сообщали о реальных сверхъестественных встречах с бесами, лживо те встречи истолковывая. Эти люди дали место в своей жизни духам-обольстителям. Не столь важно, придумали лжеучители свои истории или, не ведая того, сами были обольщены, итог их деятельности оказывался одинаков: по Церкви распространялась духовная инфекция.

Очевидно, что до написания своего послания Пётр столкнулся с некоторыми из лжеучений, разносимых гностиками. То, как лжеучители издевались над Божьим Словом, извращая его, очень встревожило апостола. Он настолько сильно был обеспокоен, что решил затронуть острую тему и разоблачить ложь.

Заблуждавшиеся учители причисляли себя к высшей духовной касте, познавшей суть всех передовых идей. Вот почему в разговоре об этих «мудрецах» и их извращённом учении Пётр заявил: никто из них не испытывал того, что могло бы хоть как-то сравниться с переживаниями апостола на Горе Преображения. На той святой горе Пётр, Иаков и Иоанн волей Господа оказались в составе небольшой элитной группы. Только им довелось увидеть, услышать и ощутить то, что не удавалось увидеть, услышать и ощутить никому другому. Никакому гностику не хватило бы фантазии придумать что-либо подобное опыту трёх апостолов на Горе Преображения. Никто не мог хоть как-то сопоставить свой «опыт» с *реальными* переживаниями людей, видевших Иисуса в такой обстановке. И, несмотря на всё великолепие сверхъестественных переживаний на святой горе, апостол чётко дал понять: даже такая встреча с небесными представителями не имела в его жизни столько веса, сколько имело Божье Слово. В сущности, Пётр заявил, что откровения более грандиозного, чем Божье Слово, для человечества не существует. Апостол также подчеркнул, что Писание не нуждается в изменениях, дополнениях и исправлениях, чтобы стать более «актуальным» для общества, которое «не стоит на месте» (см. 1 Петра 1:23–25; 2 Петра 1:19–21).

> **Пётр заявил, что откровения более грандиозного, чем Божье Слово, для человечества не существует. Апостол также подчеркнул, что Писание не нуждается в изменениях, дополнениях и исправлениях, чтобы стать более «актуальным» для общества, которое «не стоит на месте».**

Слова апостола во Втором его послании (1:16) фактически обвиняют в ереси известных учителей того времени, посмевших исказить истину и придумать несуразные россказни. Как было отмечено в главе пятой, заблуждавшиеся духовные предводители ставили перед собой определённую цель. Путём искажения Евангельской вести они расширяли свою аудиторию и приобретали известность среди возрастающего числа христиан. В стремлении достичь цели они не только искажали Евангелие, но рассказывали небылицы и выдуманные истории. Это особенно привлекало новообращённых верующих, недавно вышедших из язычества.

Пётр *наотрез отказался* следовать такой логике. Он *не собирался ни искажать Писание, ни даже сравнивать его* с каким бы то ни было духовным опытом. Ничто не могло по глубине, значимости и духовному весу сравниться с самим Божьим Словом. Совершенно точно: своими словами Пётр намеревался восстановить должный порядок и провести чёткую границу между собой и учителями, что сбились с пути.

Хитросплетённые басни

В начале своего второго послания апостол Пётр написал: «Ибо мы возвестили вам силу и пришествие Господа нашего Иисуса Христа, не хитросплетенным басням последуя...» (2 Петра 1:16).

Слово «хитросплетённые» — это перевод греческого *sophidzo*, которое указывает на нечто *умело сфабрикованное*, *«состряпанное»*, *коварно выдуманное*, *хитро подделанное* и *подстроенное с изобретательностью*. Словом *sophidzo* Пётр заявляет о том, что лжеучители сочиняли небылицы с целью показаться своим слушателям привлекательными. Вместо того чтобы здраво учить принципам Священного Писания, эти люди намеренно искажали библейскую истину. Они пытались таким образом подтвердить и упрочить свои вымышленные истории. Слушателям предлагался целый набор взятых неизвестно откуда искажённых доктрин и причудливых небылиц о неких сверхъестественных событиях и явлениях. В доказательство их правдивости приводились несколько разрозненных текстов из Писания. Так мошенники превращали Библию в инструмент для создания правдоподобной среды, в которой можно будет удобно разместить ересь. Разумеется, делали они это в своих собственных корыстных интересах.

Всё описанное творилось в ранние годы существования Церкви. В сегодняшнем мире заблуждающиеся служители по большей части уже не прибегают к диковинным небылицам. Но тем не менее многие заявляют, что в их распоряжении имеется «обновлённая» истина. В этом смысле современные лжеучители также проповедуют баснеподобные откровения, ведь предлагаемые ими доктрины слишком сильно расходятся с истинным библейским учением. Нынешние лжепроповедники, подобно лжеучителям первого столетия, не испытывают должного уважения к Божьему Слову. А ведь это по-настоящему святое сокровище — откровение Бога человечеству. То, что проповедуется некоторыми представителями самых разных сегментов Церкви, можно уверенно отнести к «басням». Ведь их учения разительно искажают новозаветную истину.

В качестве примера приведу недавнее заявление одного известного христианского служителя. По словам этого человека, если в основании веры христианина лежит Библия, эта вера хрупка и неустойчива, словно «карточный домик». Рано или поздно она рассыплется. Служитель добавил, что христианство, основанное на Библии, висит на волоске. И коль мы намерены привести к Богу растущее поколение, нам обязательно нужно изменить проповедуемое учение. Всё дело в том, что это подрастающее поколение попросту больше не верит Библии так, как верило ранее. Оно больше не считает её единственно непогрешимым и боговдохновенным Божьим Словом, как считало прежде.

Это еретическое утверждение! И пропускать подобное мимо ушей непозволительно никому из тех, кто занимает видное положение в духовном руководстве! Священное Писание является не только основанием и сердцевиной *нашей* веры, но и главным источником проповеди и учения Самого Христа и апостолов!

Если представители «подрастающего поколения» были научены Божьему Слову как следует, но впоследствии решили для себя ему не верить, что ж, это их право. Но мы, христиане постарше, не должны разувериться в безошибочном Божьем Слове или верить ему лишь частично. То, что некоторым молодым людям Библия больше не нравится, что она перестала быть им «понятной», не может являться для нас достаточным аргументом.

Факт остаётся фактом: те, чья вера укоренена в Библии, строят жизнь на несокрушимой скале, которая поможет им выстоять в любую жизненную пору (см. Луки 6:48). Что бы ни заявлял этот заблуждающийся служитель, я убеждён: *единственный способ обеспечить себя надёжным основанием для жизни — это укорениться верой в Божьем Слове!*

> Те, чья вера укоренена в Библии, строят жизнь на несокрушимой скале, которая поможет им выстоять в любую жизненную пору.

Любой утверждающий или даже *предполагающий*, что Библия устарела, находится во власти заблуждения. Увы, то, что некоторые служители Церкви придерживаются столь неверного мнения насчёт Писания, имеет печальные последствия, ведь их последователи, полагающиеся на суждение этих людей, также поверят в то, что Библия перестала быть надёжной и достойной всякого доверия. В результате вера в Божье Слово начнёт ослабевать, постепенно люди придут ко мнению, что Библия — это лишь *одна из* множества «священных» книг. Иными словами, все, кто поверит подобным заявлениям, примут для себя опасное умозаключение: Библия — это не «то самое» Божье Слово. Они станут воспринимать её как сборник жизненных принципов, предположений, советов и необязательных для исполнения духовных теорий, которым можно верить, а можно и не верить. Но такое заключение — путь, ведущий напрямую к погибели.

К сожалению, если этот конкретный служитель не покается, он и все, кто следует за ним, доверяя его суждениям, в конечном итоге сведут авторитет Писания к нулю, начнут изменять Библию, подстраивая её под себя и своё культурное окружение. Такие служители, вполне вероятно, согласятся с сексуальными предпочтениями публики, идущими вразрез с чётким и конкретным учением Библии, а затем и вовсе станут их поощрять.

> Как только духовный якорь под названием «Священное Писание» отсекается и отбрасывается в сторону, корабль отклоняется от курса. Он уходит всё дальше и дальше, пока не окажется совершенно потерянным в море хаоса и смятения.

Как только духовный якорь под названием «Священное Писание» отсекается и отбрасывается в сторону, корабль отклоняется от курса. Он уходит всё дальше и дальше, пока не окажется совершенно потерянным в море хаоса и смятения. Именно к этому и приведёт отказ от Писания или попытка Писание исказить, если, разумеется, не произойдёт покаяния и возвращения к Библии как к авторитетному Божьему Слову.

Вы, дорогой читатель, прекрасно знаете, что мы с вами живём в век информации. В эту пору люди располагают информацией самого разного рода (или имеют доступ к ней) в таких объёмах, которые раньше было трудно себе представить. Традиционное понимание многих реалий сегодня вызывает вопросы, подвергается сомнению, обсуждается и оспаривается. Многие меняют свои убеждения. В некотором смысле это полезно. Например, благодаря научным открытиям и передовым технологиям образования расширяется наше понимание ряда вещей.

Мы же с вами обязаны помнить: всё, во что верим, что поощряем и чему учим публично, влияет на судьбу людей в вечности! В этот век сомнений следует проявлять максимальную осторожность. Опасно стать чрезмерно свободомыслящими, это позволит духу века сего отключить или даже притупить наш разум. Наш ум должен быть восприимчивым к истине, нам *необходимо* иметь голову на плечах!

По этой причине я советую всем, кто проповедует и учит, равно как и всем, кто их слушает, постоянно задаваться вопросом: «Восприняли бы апостолы, написавшие Новый Завет, то, что я проповедую (или слушаю), как истину?» Вас должно насторожить, если информация настолько новая, прогрессивная и «продвинутая», что даже апостолы не смогли бы ничего разобрать в ней. Можно быть уверенным: проповедник или учитель, её излагающий, уклонился от Евангельской вести настолько сильно, что оказался в опасной зоне полуправды.

> Наша задача как призванных Богом служителей изучать Библию, в точности знать, что она говорит о том или ином аспекте жизни. Преподносить истину мы должны так, как она представлена в Божьем Слове.

Мы, служители Евангелия, *обязаны* относиться к Писанию как средоточию всего, что нам поручено возвещать миру. Нам непозволительно использовать Библию в качестве «рамочки», которая удачно сочетается с доносимой нами мыслью. Такой подход приведёт к манипуляциям с Божьим Словом, попытке заставить его сказать именно то, что хотим *мы от него услышать*. А Библия должна говорить её собственные слова!

Наша задача как призванных Богом служителей изучать Библию, в точности знать, что она говорит о том или ином аспекте жизни. Преподносить истину мы должны так, как она представлена в Божьем Слове. Содержание Библии — это и есть главная мысль любой проповеди!

Искажённое учение и его неизбежные последствия

Вернёмся к словам Петра во Втором послании Петра 1:16: «Ибо мы возвестили вам силу и пришествие Господа нашего Иисуса Христа, не хитросплетённым басням последуя...»

Существительное «басни» здесь — перевод греческого слова *muthos*. От корня этого слова мы получили понятие «миф». Использовав его для описания еретических учений заблуждающихся проповедников, Пётр заявил: всё, что утверждают и с чем соглашаются такие люди, скорее миф, нежели истина.

Интересно, что слово «басни» встречается и у апостола Павла в Первом послании Тимофею 1:4. Наставник велит Тимофею: «И не занимались *баснями* и родословиями бесконечными...» Помимо этого стиха апостол использовал понятие «басни» повторно в том же письме своему ученику (1Тимофею 4:7): «Негодных же и бабьих *басен* отвращайся...»

В первом отрывке (1Тимофею 1:4) Павел соединил басне-подобное учение с тем, что сам же назвал «бесконечными родословиями». Прилагательное «бесконечные» является переводом греческого слова, которое подчёркивает то, насколько сильно способно удалиться от истины какое-то учение, не сопряжённое с Писанием. Так, в греческом это слово звучит как *aperantos* и характеризует нечто *несдержанное, несуразное* или *не соответствующее истине*.

Прибегнув к слову *aperantos* в данном стихе, Павел даёт нам понять, что у *безумия* есть свойство становиться всё *хуже и хуже*. Если те, кто принимает, утверждает и преподносит другим искажённые доктрины, не вернутся в положение равновесия, они могут дойти до беспредельных крайностей. Почему? Потому что их сорвало с якоря в области личных убеждений и веры. Они больше не укоренены в авторитетном Божьем Слове!

Во втором отрывке (1 Тимофею 4:7) апостол серьёзно предупреждает об опасности людей, сорвавшихся с якоря непогрешимого Божьего Слова. Ведь в конечном итоге они окажутся в таком сильном и глубоком заблуждении, что, по словам Павла, их убеждения станут «негодными». Данное слово — перевод греческого *bebelos*, оно указывает на нечто настолько *противное*, что ему не должно быть места в человеческом жилище. Одно из значений слова *bebelos* — «навоз».

Этим словом Павел подчёркивает, что искажённое учение, которому дозволено проникнуть в Церковь или в жизнь конкретного христианина, в конечном итоге приведёт к полнейшему беспорядку. Искажённое, еретическое учение

> Если те, кто принимает, утверждает и преподносит другим искажённые доктрины, не вернутся в положение равновесия, они могут дойти до беспредельных крайностей. Почему? Потому что их сорвало с якоря в области личных убеждений и веры. Они больше не укоренены в авторитетном Божьем Слове!

противно и имеет настолько далеко идущие и губительные последствия, что к нему следует относиться как к экскрементам.

Разве мы позволим кому-нибудь принести кучу навоза в гостиную нашей квартиры? *Разумеется, нет!* Именно эту мысль доносит до нас Павел словом *bebelos*, говоря об извращённом учении. Таким экспрессивным словом апостол даёт понять, что ереси нельзя терпеть ни в Церкви, ни в личной жизни. В противном случае обольщающее действие этой ереси превратит нашу жизнь в одно сплошное зловонное месиво!

У греческого слова *bebelos* есть ещё одно не менее важное значение, которое следует принять к сведению. Этим самым словом древние греки называли *человека, пересекавшего порог чужого жилища без разрешения*, или *несанкционированное проникновение в помещение, обстановку, измерение* и т.п. Так Павел, вероятно, указал на то, что заблуждавшиеся учители, привносившие в Церковь лжеучения и рассказывающие людям небылицы о чудаковатых духовных переживаниях, в действительности, возможно, пересекали границу другого измерения, не получив на то Божьего разрешения. Нарушив границы духовных сфер и миров (повторю: без Божьего позволения), эти лжеучители подвергли себя действию обольщения. В результате некоторые из них, побывав в чуждых духовных измерениях, принесли оттуда страннейшие откровения и диковинные басни. То были плоды сверхъестественных переживаний — вполне реальных, однако запрещённых Богом. Вероятно, по этой самой причине лжеучители и их слушатели сбились с истинного пути.

Гора Преображения

Продолжим изучать слова апостола Петра во втором его послании (1:16): «Ибо мы возвестили вам *силу* и пришествие Господа нашего Иисуса Христа, не хитросплетённым басням последуя…» Существительное «сила» в данном стихе — это перевод слова *dunamis*, широко распространённого и потому хорошо изученного греческого слова, которое понимали как «взрывная мощь» или «взрывная способность».

В данном стихе Пётр рассказывает о своём духовном переживании на Горе Преображения. Он выразительно описывает, каково это было, как в действительности ощущалось, когда в тот памятный день сила Иисуса коснулась его и прошла по всему его существу. Следует напомнить: тогда Пётр соприкоснулся с духовной силой не впервые. До того случая на горе Иисус при нём уже исцелял больных, изгонял бесов, ходил по воде, умножал количество пищи и даже воскрешал мёртвых. И тем не менее всё, что Петру доводилось испытывать и переживать за время следования за Иисусом, не шло ни в какое сравнение с мощью и размахом *этого* события.

В тот день на Горе Преображения вместе с Иаковом и Иоанном Пётр ощутил не сравнимые ни с чем силу, мощь и потенциал Иисуса. То, как именно Пётр описал преображение Иисуса, объясняет, что это событие произвело на ученика Господа невероятно сильное впечатление. Даже спустя годы оно по-прежнему оставалось свежим в его памяти. Эта встреча лицом к лицу до глубины коснулась его души. На той горе Пётр ощутил на себе беспрецедентную меру божественной силы, собственными глазами увидел Иисуса в Его славе и собственными ушами услышал голос Самого Бога.

> В тот день на Горе Преображения вместе с Иаковом и Иоанном Пётр ощутил не сравнимые ни с чем силу, мощь и потенциал Иисуса.

Очевидцы Его величия

Даже через много лет Пётр по-прежнему находился под воздействием этого переживания. Он шаг за шагом проводит нас за собой по всем событиям, участником которых вместе с Иисусом и двумя другими Христовыми учениками ему довелось оказаться в тот день. По словам Петра, он и его спутники стали «очевидцами Его величия».

Существительное «очевидцы» — перевод греческого слова *eoptes*, которое означает «смотрящий на что-то». Расширенное понимание этого слова таково: «наблюдатель, ставший непосредственным свидетелем событий и увидевший всё своими глазами». Древние греки использовали слово *eoptes* ещё и в другом значении: «тот, кто посвящён во все глубины религии мистерий».

В античном мире языческие тайные культы и религии, а также религии мистерий, были секретными и закрытыми. Постичь их глубины дозволялось лишь небольшому количеству избранных. Требовалось пройти обряд посвящения в одном из тайных культов, чтобы присоединиться к элитному кругу таких избранных.

Тот, кто не выражал особого желания стать участником культа (*видеть* всё происходящее и *пройти* обряд посвящения), не допускался до участия в серьёзных ритуалах. Если же человек *страстно желал* принимать активное участие, был готов пройти процесс посвящения, его приветствовали в рядах приверженцев данной религии. Особые познания, обретённые благодаря доступу к тайнам культа, предоставлялись только приглашённым в касту высшего духовного эшелона религиозного сообщества.

Разумеется, используя слово *eoptes* во втором своём послании (1:16), Пётр прекрасно понимал все его значения и оттенки. Он включил их все, назвав себя в этом стихе «очевидцем» величия Иисуса. Значение греческого слова, переведённого как «очевидцы», совершенно чётко и ясно даёт понять, что Пётр фактически сообщал своим читателям следующее: «*Мы, побывавшие на Горе Преображения, пережили то, что больше не переживал никто. Благодаря этой потрясающей встрече со Христом мы поднялись на высочайший уровень духовного опыта. Мы были посвящены в элитное сообщество трёх апостолов. Такого Иисуса — в Его силе, могуществе и величии — видели ТОЛЬКО МЫ!*»

Используя всю полноту смысла слова «очевидец» (*eoptes*), которой оно обладает в греческом языке, Пётр желал подчеркнуть для своих читателей нечто архиважное. Он откровенно заявил о том, что, поднявшись на Гору Преображения вместе с двумя другими учениками, стал свидетелем события, невероятного по своей силе. Он увидел то, что не доводилось видеть никому другому; услышал то, что никто до него не слышал; и получил такой сверхъестественный опыт от встречи со Христом, который достался лишь ему и двум другим ученикам — Иакову и Иоанну.

Созерцание величия Иисуса Христа

К моменту, когда Пётр завершил описание своего сверхъестественного переживания, те, кто распространял «басни» и небылицы, должно быть, пришли в состояние оцепенения. Они-то знали, что случай с Петром действительно имел место. За одну лишь встречу Пётр пережил сверхъестественную силу и божественное присутствие. Он оказался в числе трёх исключительных и просвещённых людей из ближайшего круга Христа. Тем не менее обратите внимание, что стояло на первом месте в сердце Петра, когда он вспоминал об этом невероятном событии. Апостол пишет, что сам он и двое других учеников были «очевидцами *Его величия*».

Существительное «величие» — перевод греческого слова *megaleiotes*, которым наглядно характеризовали *великолепие* и *благородство высокопоставленного лица*. Важные особы были окружены такой роскошью, а их внешний вид был столь великолепен, что от одного лишь их присутствия люди падали ниц. Этим простые обыватели выражали своё восхищение и почтение. Вспоминая тот случай на горе, Пётр использует слово megaleiotes. Так он повествует нам о своей реакции на увиденное — на то, как Иисус предстал перед ним преображённым, во всей Своей славе и великолепии. То была поистине святая, величественная встреча с Небесами, во время которой Пётр простёрся перед Иисусом в смиренном почтении и восхищении.

> Пётр рассказывает нам о своей реакции на увиденное — на то, как Иисус предстал перед ним преображённым, во всей Своей славе и великолепии. То была поистине святая, величественная встреча с Небесами, во время которой Пётр простёрся перед Иисусом в смиренном почтении и восхищении.

Апостол пишет: «Ибо Он принял от Бога Отца честь и славу, когда от велелепной славы принёсся к Нему такой глас: Сей есть Сын Мой возлюбленный, в Котором Моё благоволение. И этот глас, принесшийся с небес, мы слышали, будучи с Ним на святой горе» (2 Петра 1:17, 18).

На момент написания Петром второго послания полное славы откровение Иисуса, принятое апостолом в тот день, было по-прежнему свежо в его сердце. Явленное Петру на Горе Преображения великолепие Христа изменило жизнь этого ученика навсегда. Миновали годы, а Пётр продолжал вспоминать преобразившее его жизнь переживание и рассказывать о нём так, словно всё произошло только что.

Вернейшее пророческое слово

Поведав о своём личном глубоком духовном опыте — об уникальной и неповторимой сверхъестественной встрече с божеством Христа — Пётр продолжает повествование. Он заявляет, что при всём великолепии этого переживания оставалось нечто, что было ещё более надёжным. И на этом можно уверенно созидать свою жизнь и укрепляться в вере. Он пишет: «И притом мы имеем вернейшее пророческое слово; и вы хорошо делаете, что обращаетесь к нему, как к светильнику, сияющему в тёмном месте, доколе не начнёт рассветать день и не взойдёт утренняя звезда в сердцах ваших» (2 Петра 1:19).

В этом стихе Пётр называет Божье Слово «вернейшим пророческим словом». В оригинале на месте прилагательного «вернейшее» стоит слово *bebaios*, которым описывается нечто *достоверное, настоящее, правдивое, гарантированное, утверждённое, прочное и основательное, достоверное и стабильное*. Речь идёт о чём-то, *доказавшем свою правдивость*, причём настолько основательно, что доказательство *имеет на себе печать юридической силы*.

Таким словом Пётр сообщает о том, что при всей уникальности его переживания на вершине горы, оно тем не менее оказалось лишь мимолётным ощущением в сравнении с Божьим Словом. Как безапелляционно заявил апостол, именно Писание является «вернейшим» среди всех остальных свидетельств. Иными словами, если бы Петру пришлось решать, какое подтверждение Божьего величия — личный опыт или Священное Писание — будет самым весомым, выбор для него был бы очевиден! Пётр недвусмысленно провозгласил, что Божье Слово имеет больше духовного веса и авторитета, нежели

> Пётр недвусмысленно провозгласил, что Божье Слово имеет больше духовного веса и авторитета, нежели всё остальное. Ничто не сравнится с абсолютными и неизменными истинами Священного Писания.

всё остальное. Ничто не сравнится с абсолютными и неизменными истинами Священного Писания.

Пётр настолько глубоко убеждён в превосходстве Божьего Слова над всем остальным, что подчёркивает: «И вы хорошо делаете, что обращаетесь к нему, как к светильнику, сияющему в тёмном месте…» Глагол «обращаетесь» — это перевод глагола *prosecho*, который означает «обращать пристальное внимание на что-то», «полностью сосредоточиваться на чём-то», «принимать к сведению и затем предаваться глубоким размышлениям об услышанном, увиденном». Использовав это слово в отношении авторитета Священного Писания, Пётр, в сущности, говорил: «Если и погружаться во что-то всем своим сознанием, то непременно — в Священное Писание. Оно надёжнее всего на свете».

Этим заявлением Пётр не умалял важности и значимости духовного опыта. Но, поскольку Писание в высшей степени надёжно и безошибочно, Пётр желал, чтобы читатели (среди которых сегодня и мы с вами) знали: если захотим предаться размышлениям о чём-то из духовного мира, то пусть все наши мысли будут заняты размышлениями об абсолютных истинах Божьего Слова!

Настоящее духовное просвещение

Во Втором послании Петра (2Петра 1:19) апостол подчёркивает превосходящую всё важность Божьего Слова. И здесь же он говорит о том, что Писание является «светильником, сияющим в тёмном месте». Существительное «светильник» — это перевод греческого *luchnos*, слова, которым называли масляную лампаду. Предназначение данного предмета — светить продолжительное время и, разумеется, рассеивать темноту. Причастие «сияющий» указывает на действие масляного светильника. В оригинале здесь используется глагол *phaino*, что означает «светить», но грамматическая форма глагола (настоящее время активного залога) указывает на *непрекращающееся свечение*. Священное Писание — это Божий светильник, непрестанно проливающий свой свет на людей или общество. Если удалить Божье Слово — мир без этого светильника окажется в кромешной мгле.

Духовную тьму способен рассеять только свет Божьего Слова. Вот почему бесы люто ненавидят такой свет и его носителей! Однако Пётр на этой мысли не останавливается, в её продолжение он заявляет, что Писание проливает свет в «тёмном месте». Данное словосочетание является переводом греческого слова *auchmeros*, которое описывает *мрачное, страшное, зловещее место*. Апостол заявляет: когда Божье Слово возвещается (приветствуется и принимается верой как истина), его свет непрестанно проливается в мрачных, страшных, зловещих местах. Это происходит как в жизни людей, так и в жизни окружающего общества.

Когда библейская истина провозглашается в чистоте, она действует в духовном мире так же, как в мире естественном действует светильник, освещающий тёмное помещение. Божья истина, когда её принимают, проливает свет во все сферы жизни, просвещает разум. Она помогает осознать важное и нужное, устраняет

> Священное Писание — это Божий светильник, непрестанно проливающий свой свет на людей или общество. Если удалить Божье Слово — мир без этого светильника окажется в кромешной мгле.

> Божья истина, когда её принимают, проливает свет во все сферы жизни, просвещает разум. Она помогает осознать важное и нужное, устраняет невежество, которое держит под своим контролем омрачённые умы.

невежество, которое держит под своим контролем омрачённые умы.

Духовный закон гласит, что *истина* зажигает *свет*. Когда человек, обратившийся к Божьему Слову, вникает в него, позволяя мощному свету истины наполнить свою жизнь, свет непременно рассеивает духовную тьму. Это относится и к конкретному человеку, и ко всему обществу. Правда в том, что, когда Священное Писание сияет в сердцах и умах всего общества, сила и глубина воздействия истинного света увеличиваются в разы! Там, где Библию открыто проповедуют и принимают, где ей верят и с ней считаются, общество в целом становится лучше. Уважение к Божьим принципам, на основании и с учётом которых принимаются решения по улучшению общественной жизни, способствует устранению из жизни общества пагубных последствий правления тёмных сил.

Во Втором послании Петра 2:19 мысль апостола продолжается словами о том, что мы должны позволить Писанию проливать свет «…доколе не начнет рассветать день и не взойдет утренняя звезда в сердцах ваших». Этими словами Пётр рисует картину рассвета, во время которого встающее солнце рассеивает ночную мглу.

Когда утром над горизонтом светят первые лучи восходящего солнца, этот свет кажется тусклым, слабым. Но в ходе рассвета солнце поднимается над линией горизонта всё выше, свет становится всё сильнее. Вскоре тьма вовсе исчезает. Подобно этому, когда Евангельская весть только начинает звучать в жизни человека или общества, её свет скромен. По мере же принятия вести возрастающим числом людей, свет Евангелия становится сильнее и ярче, и начинают происходить духовные преобразования. В случае с обществом, Евангельская истина проникает во все сферы его жизни: в образование, деловую сферу, управление, индустрию развлечений и т.д. и т.п. Тьма обольщения постепенно рассеивается.

Итак, всего-навсего необходимо, чтобы Священное Писание прилежно прилагалось к жизни человека или общества. Всякий раз, когда это происходит, чудо преображения повторяется. Те, кто некогда пребывал во тьме, испытывая на себе все негативные последствия такой жизни, переходят во свет и получают все славные благословения жизни во свете. Подобно тому, как восходящее каждое утро солнце постепенно прогоняет сумрак ночи, так же человек или общество, принимающие Божье Слово и послушные ему, постепенно переходят из области духовной тьмы в Божий свет. В этом свете и начинаются все добрые изменения.

Историей доказано, что так оно и происходит. Не только в прошлом, но и в настоящем. Целые страны, находившиеся когда-то под властью тьмы, сегодня меняются благодаря всепроницающему свету Божьего Слова. Когда Библию проповедуют, принимают на веру и применяют на деле, она устраняет духовную тьму. Свет Божьего Слова расправляется с невежеством, болезнями, социальной несправедливостью, нищетой и расизмом. Библия, несомненно, повышает качество жизни каждого, кто обращается к её свету.

Во Втором послании Петра 2:19 яркий свет Писания уподобляется «утренней звезде». Это словосочетание указывает на сияние солнечного света и его способность полностью рассеивать тьму. Таким словосочетанием переведено греческое слово *phospheros*, состоящее из корней *phos* и *pheros*. Первый корень — *phos* — в переводе с греческого означает «свет», в то время как корень *pheros* является производным от глагола «нести». Значение слова, получившегося при соединении этих корней, характеризует Писание с удивительной стороны: показывает, что то является главным средством в Божьем замысле по просвещению истинным светом тёмных мест в жизни людей или целого общества. Теперь становится очевидным, за что сатана так люто ненавидит Библию с её истиной. Не удивительно, почему в последние времена он всеми силами стремится устранить её из общественной жизни. Пока сияет свет Божьего Слова, действие тьмы прекращается, а её последствия нейтрализуются. Когда же это Слово лишают авторитета (это происходит в сердце человека), духовная тьма сразу же и автоматически получает право на усиление своего присутствия.

Духи-обольстители с их дьявольскими учениями обманом улавливают людей через невежество последних. Невежественным человеком легко манипулировать, лишив его способности чётко видеть и здраво мыслить.

> Пока сияет свет Божьего Слова, действие тьмы прекращается, а её последствия нейтрализуются. Когда же это Слово лишают авторитета, духовная тьма сразу же и автоматически получает право на усиление своего присутствия.

Сегодня подобное происходит повсеместно и прямо на наших глазах. По мере того как Божье Слово лишается своего некогда почётного положения в общественной жизни, образовавшийся вакуум тут же заполняется тьмой. Общество, когда-то имевшее познания о Боге и Его Слове, постепенно оказывается в катастрофическом состоянии духовного невежества. На этом фоне в обществе развивается искажённое мышление, ведущее к несуразным умозаключениям, которые влекут за собой разрушительные последствия в жизни отдельно взятых людей. Граница между добром и злом стирается, она практически уже стёрлась. Люди утратили способность видеть разницу между этими двумя извечными понятиями даже в элементарных вопросах.

Апостол Павел в своём Втором послании Коринфянам 4:4 указал на пагубное воздействие духовной слепоты. Вот его слова: «... неверующих, у которых бог века сего ослепил умы, чтобы для них не воссиял свет благовествования о славе Христа, Который есть образ Бога невидимого».

Итак, Павел пишет, что сатана «ослепил» умы неверующих людей. На месте глагола «ослепил» в оригинале стоит слово *tuphloo*. Оно указывает не просто на неспособность человека видеть или отсутствие у него зрения, а на то, что этого человека *намеренно ослепили*, удалив у него глаза! Разумеется, такое состояние является *необратимым*: бедняга не просто потерял зрение как способность, а буквально *потерял сами глаза*!

По словам апостола Павла, сатана «ослепил *умы* (неверующих)...» Существительное «умы» — это перевод греческого *poeta*, существительного в форме множественного числа от *nous* (что означает «разум»). С помощью этого слова Павел указывает на *мысли, суждения, мнения, ощущения, убеждения, взгляды*, а также *способность к рассуждению*. Апостол недвусмысленно заявляет о том, что сатана «выколол» у скептиков, неверующих и представителей невозрождённого общества духовные глаза, *лишив тех способности видеть истинное положение вещей*. Их *мысли, суждения, мнения, ощущения, убеждения, взгляды*, а также *способность к рассуждению* о том, что они увидели, услышали и ощутили, являются либо ограниченными, либо искажёнными. Получается, что эти люди *ослеплены* и *не способны сформировать правильный взгляд* на происходящее с ними и вокруг них.

Ваши неспасённые друзья или близкие замечают Евангельские истины? Что ж, этот стих раскрывает причину, по которой они никак не могут увидеть истинное положение вещей. Они не способны взять в толк то, что вы пытаетесь им донести. И дело не в их наивности или необразованности, а в *слепоте*! Выколов им духовные глаза, сатана «заблокировал» их мозг, лишил способности видеть всё в истинном свете. Теперь им *нечем* смотреть на духовный мир. Можно ли вновь воссоздать этот особый род зрения, вернуть таким людям способность видеть истину? Конечно, однако это возможно только во свете Божьего Слова, которое должно для них прозвучать и которое они должны будут принять.

Все факты налицо: в наши дни происходят события, о коих давным-давно пророчествовалось в Священном Писании как о событиях последних времён. Они разворачиваются прямо перед нашим взором. Мы пересекли границу последнего этапа «кончины века сего» и вступили в неё. Благодарение Богу за то, что, изучая Писание, мы способны безошибочно определить, что живём в то самое время, указанное в библейских пророчествах. И, вооружённые этим пониманием, мы должны жить трезво. Нам необходимо помнить, что нынешнее время стремительно приближает нас к завершению заключительного отрезка «последних времён». Мы также обязаны использовать оставшееся время мудро и непрестанно просвещать Божьим Словом сердца людей, ослеплённых сатаной.

> **Мы обязаны использовать оставшееся время мудро и непрестанно просвещать Божьим Словом сердца людей, ослеплённых сатаной.**

По этой причине нам с вами так важно продолжать служение благовестия. Важно нести Евангелие и молиться, чтобы Святой Дух вернул людям духовные глаза и способность, увидев предлагаемую истину, принять её как единственный способ избавления.

Лжеучители в древности и сегодня

Святой Дух предсказывал, что в конце времён общество подвергнется действию заблуждения, которое проникнет даже в Церковь. Мы также упоминали, что с опасностью обольщения первым столкнулось не наше с вами поколение. Лжепророки и лжеучители распространяли духовную бессмыслицу среди христиан ещё в ранние годы существования Церкви. Эта проблема возникла уже тогда, и с ней приходилось бороться апостолам, а также другим святым, писавшим тексты Нового Завета.

И всё же Святой Дух говорил, что в последние дни этого мира обольщение будет иное. Господь готовил Церковь к беспрецедентному нашествию духов-обольстителей, несущих обман и заблуждение в последние дни перед возвращением Христа. Мы с вами, избранные Богом для нынешнего времени и поколения, станем очевидцами событий, возвещённых в пророчествах на заре Церкви, но относящихся к нашему времени.

В Первом послании Тимофею 4:1 Святой Дух ясно пророчествовал об опасности серьёзнейшего заблуждения, что возникнет в последние времена в мире и даже в Церкви. И мы свидетельствуем о том, что именно это и происходит сегодня, когда демонические «нововведения» становятся нравственной повесткой дня. Новую мораль без устали пропагандируют через систему образования, судебную систему, индустрию развлечений, культуру и многие другие сферы современной жизни. Принцип безбожной политкорректности проникает во все уголки общества. Дьявол принуждает жителей планеты отказаться от испытанных временем библейских истин в угоду этому пресловутому принципу. И как же подобное нравится обществу!

Бесы ненавидят Библию: когда сияет свет Евангелия, он лишает тьму власти, там, где царило невежество, расцветает богопознание. Люди, подвластные силам тьмы, умаляют авторитет Библии. Они называют её реликвией и утверждают, будто в современной действительности она уже не актуальна.

> **Пусть конкретные приёмы, которыми сатана пользуется сегодня, отличаются от древних, последствия его действий в долгосрочной перспективе остаются прежними. Это ослабление влияния Библии и усиление согласия общества с тем, что Библию не стоит воспринимать буквально в качестве Божьего окончательного и авторитетного Слова.**

На самом же деле библейские истины становятся болезненным обличением для всех, кто активно формирует новые нравственные принципы для «нового» мира.

Сатане известно, что его дни сочтены, а потому он и выпускает в мир людей духов-обольстителей. Эти духи обманом навязывают обществу и даже отдельным частям Церкви идеи религиозного плюрализма. Они поощряют к образу жизни, который не только противоречит учению Нового Завета, но и буквально несколько лет назад считался откровенным безумием.

Мы отметили, что в первые годы существования Церкви апостолы приняли поручение выявлять, обличать и исправлять заблуждавшихся служителей. Лжеучители и лженаставники буквально «полезли из всех щелей» уже вскоре после рождения Церкви. Они пытались заменить истину искажённым учением, «состряпанным», чтобы сделать христианство более «приемлемым» и «удобным» для общества.

Сегодня мы наблюдаем схожую с первой демоническую попытку обольстить мир. Только на сей раз масштабы и интенсивность этого обольщения совершенно иные! Пусть конкретные приёмы, которыми сатана пользуется сегодня, отличаются от древних, последствия его действий в долгосрочной перспективе остаются прежними. Это ослабление влияния Библии и усиление согласия общества с тем, что Библию не стоит воспринимать буквально в качестве Божьего окончательного и авторитетного Слова.

Когда Пётр писал своё второе послание, его чрезмерно тревожило нашествие лжеучителей, пагубное влияние которых уже начало сказываться на жизни многих христиан. Апостол прекрасно раскрыл природу и отличительные особенности этих заблуждавшихся служителей. Он живо описал их действия, объяснив, как именно такие служители перешли из категории духовно просвещённых в категорию духовно обольщённых. Пётр столь же ярко изложил перспективу этих лжеучителей в случае, если они не покаются и не вернутся на позиции библейской истины. Наконец, апостол объяснил христианам, как *им* надлежит поступать, когда они осознают, что в поведении и учении того или иного духовного предводителя начали проявляться симптомы заблуждения.

В следующей главе мы изучим другие изречения Петра из его второго послания. Что же касается главного вывода настоящей главы, его жизненную значимость невозможно переоценить: более важного откровения, чем авторитетное, ни с чем не сравнимое и вечное Божье Слово, записанное в Библии, попросту *не существует!*

Поразмыслите над этим

1. Когда Божьи слова исходят из человеческого духа или входят в него, они перевешивают все другие духовные переживания, насколько яркими и зрелищными те бы ни были. Откровения более значимого, чем Божье Слово, в мире не существует, поскольку в Божьем Слове чётко выражаются все намерения его Автора.

   В вас горит желание быть с Господом ближе? В вашей жизни есть области, в которых необходима Его мудрость? Уделите определённое количество времени сосредоточенному размышлению над Словом с конкретной целью — *узнать сердце Бога ещё лучше*.

   Господь хочет сообщить вам нечто особенное, и вы поймёте это по тому, как Божьи слова оживят ваше сердце и расширят ваше представление о Нём, Его воле, намерениях и действиях. Всякий раз, когда вы прилагаете усилия и усердно вникаете в Божье Слово, вы непременно поднимаетесь на высочайший уровень откровения Божьей истины.

2. Духовные руководители, заявляющие, что библейская весть должна быть «гибкой» и время от времени её следует изменять в зависимости от обстоятельств, становятся разносчиками духовного инфекционного заболевания, которое поражает и их последователей. А ведь те, между прочим, верят, что их наставники провозглашают истину!

   Вы замечали возникновение и развитие подобных духовных инфекционных заболеваний в жизни окружающих вас? В определённое время, вероятно, эти люди были убеждены в том, что Библия — надёжный источник абсолютной Божьей истины. Но с течением времени под влиянием отравляющего лжеучения их доверие Божьему Слову пошатнулось.

Что лично вам под силу предпринять для того, чтобы обратить вспять этот опасный процесс в жизни ваших близких и друзей? Ища у Бога ответ, продолжайте непрестанно молиться, пусть ваши духовные уши остаются «настроенными на волну» Святого Духа. Пребывайте в Слове. Затем, услышав то, что скажет Святой Дух, исполняйте Его повеления. Бог почтит вас за духовную жажду по Его Слову, а ваша непреклонная позиция в отношении истины станет источником ещё более мощного влияния на ваших близких. Тогда они не поддадутся соблазну сомнений и лжеучений, кто бы их ни распространял!

3. Рассеять духовную тьму способно лишь сияние Божьего Слова, а пылкая, пламенная молитва становится «генератором» движущей силы преображения человека. Можете ли вы вспомнить ключевой момент своей жизни, когда испытали на себе непосредственное действие этих самых истин? На какие отрывки из Священного Писания Господь указал вам? Эти отрывки превратились в ваших руках в духовный меч, которым вы разрубили узы, что прежде сдерживали вас?

Глава девятая

ОТРЕЗВЛЯЮЩЕЕ НАПОМИНАНИЕ ЗАБЛУЖДАЮЩИМСЯ ХРИСТИАНАМ И ДУХОВНЫМ РУКОВОДИТЕЛЯМ

Как отмечалось в предыдущих главах, *в рядах* Ранней Церкви имелись служители, ратовавшие за приспособление к образу жизни их языческого окружения. Взамен они надеялись получить временное послабление преследований. Этот соблазн, атакующий Церковь изнутри, был для неё гораздо более опасным, чем прямое внешнее давление тёмных сил. Обольстившиеся служители пользовались в христианском сообществе известностью и уважением. Их братья и сёстры по вере никак не ожидали опасности со стороны своих наставников. Тот факт, что эти духовные предводители занимали в поместных церквях руководящее положение, говорит об их давней причастности к общине (поскольку таковы были требования для служителей (см. 1 Тимофею 3:6). И, несмотря на высокое положение этих лидеров в их церкви, а также уважение со стороны членов общины, что-то заставило их пойти на компромисс с совестью, а в итоге — покориться злу. Выбранный ими сомнительный образ жизни действительно принёс некоторые послабления в отношениях с миром. Давление со стороны язычников теперь ощущалось меньше, однако это таило в себе опасные последствия в масштабах вечности.

В своём втором послании Пётр, имея в виду эту коварную атаку на Церковь, начавшуюся в её недрах, выражается следующим образом: «Были и лжепророки в народе, как и у вас будут лжеучители, которые введут пагубные ереси и, отвергаясь искупившего их Господа, навлекут сами на себя скорую погибель» (2 Петра 2:1). То, что апостол говорил о лжепророках, являлось суровой реальностью. Во время написания письма многие церкви по всей Римской империи непосредственно сталкивались с этим. Однако слова апостола также стали пророческими в отношении грядущего отступничества. В приведённом стихе Пётр пророчествует о будущем такими словами: «…как и у вас *будут* лжеучители…» Существительное «лжеучители» — буквальный перевод греческого слова *pseudodidaskalos*, состоящего из корней *pseudo* и *didaskalos*. Первый корень — *pseudo* — указывает на *ложь или ложность в любых её проявлениях. Речь идёт о человеке, создающем о себе у других ложное представление; человеке, живущем и поступающем притворно; о том, кто намеренно показывает факты или истину в ложном свете*. Второй корень — *didaskalos* — используется в значении «умелый и опытный наставник».

Полученное путём соединения этих двух корней — *pseudo* и *didaskalos* — существительное *pseudodidaskalos* характеризует наставника, который, по всей вероятности, в начале своей деятельности был действительно призван Богом и учил истине. Однако со временем сошёл с верного пути. Его нынешние проповедь и учение *поддельные*, он превратился в *поддельного учителя*. Пётр использует данное слово пророчески, указывая на некое время в будущем («будут»), когда в конце текущей эпохи появятся конкретные духовные наставники, преподающие не истину, а её подделку. По их собственным заявлениям, они окажутся «на передовой» прогрессивного мышления, новейших богословских идей и откровений. В действительности же учение таких духовных наставников никак не связано с апостольской проповедью и учением, изложенными на страницах Нового Завета.

Пётр продолжает свою мысль: «Были и лжепророки в народе, как и у вас будут лжеучители, которые *введут* пагубные ереси и, отвергаясь искупившего их Господа, навлекут сами на себя скорую погибель» (2 Петра 2:1). Глагол «введут» — это перевод греческого слова *pareisago*, состоящего из приставок *para*, что значит «рядом», и *eis* в значении «внутрь», а также корня *ago* — «я веду».

Приставка *para* в данном контексте указывает на то, что лжеучители, о которых повествует Пётр, окажутся *вместе с верующими, рядом с ними*. Вторая приставка — *eis* — говорит о том, что своё лжеучение они *привнесут в церковную среду*. И, наконец, глагол *ago* предполагает, что эти служители будут занимать в церкви *руководящее положение*. Они — вовсе не странствующие проповедники, что просят впустить их в церковь. Это духовные труженики, *хорошо известные, знакомые церковной общине* не понаслышке.

Более того, слово *pareisago*, использованное во Втором послании Петра 2:1, чаще всего означает «преступник-контрабандист». Так называют того, кто пытается незаконно перевезти через границу запрещённые товары. Как правило, такие люди любыми способами скрывают свои намерения для сохранения всей операции в тайне. Ввоз контрабанды никогда не происходит «случайно», и потому Пётр использует именно слово «преступник-контрабандист». Он подчёркивает, что в своих действиях лжеучители вовсе не глупы и не наивны. Они прекрасно знают, что их слова и поступки идут вразрез с истиной. Пётр ведёт речь о служителях, осознанно ставших пособниками противника. Действуя на церковь усыпляюще, они намерены обманным путём предложить своим братьям и сёстрам по вере бесовское учение.

В то время, когда Пётр писал своё Второе послание, обольщение действовало тонко и коварно. Христиан уговаривали относиться к язычеству и убеждениям язычников более уважительно, терпимо и с пониманием. В разум верующих вкладывалось убеждение, что строгая приверженность истине вовсе не требуется, что она лишь ещё больше отдаляет Церковь от мира.

Предложения лжеучителей и лженаставников казались мудрыми. Принятие этих предложений оставляло надежду на то, что жить в языческом окружении христианам станет гораздо легче. В действительности же то была бесовская операция под прикрытием. Она провоцировала искажение истины в целях достижения компромисса с миром. Пусть в результате компромисса и наступит некоторое ослабление преследований, компромисс всегда влечёт за собой долгосрочные разрушительные последствия для Церкви.

> Предложения лжеучителей и лженаставников казались мудрыми. Принятие этих предложений оставляло надежду на то, что жить в языческом окружении христианам станет гораздо легче. В действительности же то была бесовская операция под прикрытием. Она провоцировала искажение истины в целях достижения компромисса с миром.

Лжеучители, которые появятся в конце нынешней эпохи, будут вносить заблуждение в Церковь очень хитро. Их действия можно смело сравнить с действиями человека, который подмешивает в чью-то еду небольшие дозы яда, желая оставить своё преступление в тайне. Вне всякого сомнения, слово *pareisago* говорит о *тайной деятельности*. Это действия того, кто знает, что он предлагает новую богословскую идею или учение, которые вызовут у Церкви недоверие и подозрение. Понимая, что внести свои идеи в Церковь открыто не удастся, лжеучитель ищет способ сделать это тайком. Слово, использованное Петром, подчёркивает продуманность действия, по крайней мере, со стороны духа-обольстителя, стоящего за обманом. Это слово говорит о попытке ввести в Церковь ересь хитро, исподволь, скрытно, чтобы никто ничего не заподозрил.

Правда, есть среди лжеучителей и такие, кто принял ересь за истину и искренне поверил в неё. Это означает, что духовные контрабандисты, преступно вносящие в Церковь ереси, могут на поверку оказаться невольными носителями смертельного с духовной точки зрения яда. Возможно, они и не осознают, какой ущерб наносят своей церковной семье. Эти люди не понимают, что сами стали жертвой хитро подстроенного обмана духов-обольстителей, поскольку на самом деле убедили себя в совершенной истинности преподаваемого ими учения.

> Стратегия противника заключается в том, чтобы пробить в стене брешь и затем через эту брешь внести ересь, из-за которой настоящее библейское христианство станет бессильным и недееспособным. В таком «христианстве» грех будет поощряться, отделение от мира и святость — оставаться без внимания, а потребность в покаянии как образе жизни забудется.

Тем не менее факт того, что эти лжеучители вносят свои новые учения в Церковь со всей осторожностью, присущей контрабандистам, говорит кое о чём. По крайней мере, о понимании того, что предлагаемое ими учение выходит за рамки общепринятого библейского. Вот как духи-обольстители способны действовать через служителей-отступников, проникая под прикрытием в Церковь. Стратегия противника заключается в том, чтобы пробить в стене брешь и затем через эту брешь внести ересь, из-за которой настоящее библейское христианство станет бессильным и недееспособным. В таком «христианстве» грех будет поощряться, отделение от мира и святость — оставаться без внимания, а потребность в покаянии как образе жизни забудется.

Наличие в слове *pareisago* (напомним, во Втором послании Петра 2:1 это слово переведено на русский как «введут») приставки *para* весьма немаловажно. Как упоминалось ранее, значение этой приставки — «рядом» или «близко». Для нас это предупреждение: духовные контрабандисты помещали ересь рядом с истиной. Причём ересь в таком случае нередко казалась более понятной и приемлемой, нежели истина! Подобное особенно опасно для новообращенных, которым недостаёт духовной зрелости. Они готовы учиться всему новому, однако до определённого момента не обладают способностью различать, где перед ними оказывается истина, а где — заблуждение.

Руководству Церкви особенно важно *сейчас*, на закате последних времён, со всей ответственностью оберегать паству, над которой Святой Дух поставил их блюстителями (см. Деяния 20:28). Как в своё время это делали Пётр и Иуда, так и сегодня духовные руководители обязаны со всем усердием бережно ухаживать за паствой, доверенной им Самим Богом. Нельзя допустить, чтобы в среду Божьего народа внедрилось лжеучение!

Пагубные ереси

«Пагубными ересями» называет Пётр лжеучение, распространявшееся в те времена — речь идёт об учении, признающем допустимость и даже необходимость компромисса. В нынешнее время слово «ересь» звучит достаточно строго, даже сурово, оно указывает на *лжеучение* или *ложную доктрину*. В древнегреческой же литературе его значение было го-

Отрезвляющее напоминание заблуждающимся христианам и духовным руководителям

раздо менее экспрессивным. Так, словом *haireseis* античные греки называли *школу той или иной мысли*.

Но Пётр добавляет к этому существительному определение «пагубный». В греческом здесь используется слово *apoleia*, что буквально переводится как «погибель». Таким словом апостол категорично подчёркивает, к чему приведёт учение о допущении компромисса, если ему не воспрепятствовать — к *разрушению, опустошению, гибели*.

В то время христиане страдали от жестоких гонений. *Внутри* Церкви появилась группа служителей, по мнению которых вероучение можно было изменить в угоду окружающему миру. Цель — завоевать расположение общества. Вам такой подход ничего не напоминает?! Вместо того чтобы отстаивать истину и оставаться отделёнными от мира, одни из первых христианских учителей ратовали за компромисс. Вот что Пётр назвал «пагубным». Дальше — хуже. Служители, попавшие в обольщение, начали распространять это опасное суждение среди остальных христиан, которые пытались выжить в атмосфере преследований.

И хотя решение пойти на компромисс с миром могло отчасти ослабить гонения на Церковь, всё же оно обошлось бы христианам слишком дорого. Оно ослабило бы Церковь, сделало её больной и привело бы к поражению. Поэтому Пётр, обращаясь к христианам всех времён и народов, протрубил тревогу: нельзя соглашаться идти на компромисс, иначе это ослабит Церковь.

> Пётр, обращаясь к христианам всех времён и народов, протрубил тревогу: нельзя соглашаться идти на компромисс, иначе это ослабит Церковь.

К сожалению, как продолжал сетовать Пётр, лжеучителями оказались братья-христиане, поверившие лжи и позволившие бесам обольстить их. А всё почему? Потому что обменяли истину на временное послабление преследований!

Пётр пишет: «Были и лжепророки в народе, как и у вас будут лжеучители, которые введут *пагубные ереси*…» (2 Петра 2:1). Апостол предупредил христиан о том, что у них *будут* учители, которые намеренно или ненамеренно, но, вероятнее всего, тайно и скрытно, предложат Церкви «пагубные ереси». Немного ранее мы отметили, что прилагательное «пагубные» в греческом оригинале — слово *apoleia*, оно означает «разрушенный», «разложившийся», «прогнивший», «развалившийся». Существительное «ереси» — перевод слова *haireseis*, буквальное значение которого — «выбор». То есть словосочетание «пагубные ереси» несёт в себе значения «губительный, отвратительный, разорительный выбор».

В древнегреческой культуре понятие «ереси» считалось техническим и подразумевало *любую секту, что распространяла интеллектуальные, исторические, философские, политические, религиозные или научные убеждения, противоречившие общепринятому пониманию*. Такие группы назывались еретическими потому, что их взгляды расходились с общепринятым мнением. Со временем же понятие «ересь» приобрело иное значение. Во дни написания Нового Завета оно относилось к выбору учения — определяло *предпочтительные убеждения*, шедшие вразрез со Священным Писанием или не подтверждённые его текстами. Следовательно, в конечном итоге такие убеждения отвергались как несовместимые с постулатами христианского вероучения.

Таким образом, «еретическим учением» считалось любое учение или убеждение, расходившееся с фундаментальным учением Священного Писания. Соответствовавшее же Писанию вероучение (так называемое *«ортодоксальное»*) в Новом Завете именуется «здравым учением». Оно согласуется с изложенными в Библии многовековыми истинами.

Фактически «ереси», о которых идёт речь, оказались настолько далёкими от христианства, что Пётр посчитал их «пагубными ересями». В оригинале порядок слов в данном словосочетании обратный, т.е. «ереси пагубные». Существительное «ереси» стоит первым, а его определение «пагубные» написано следом. С помощью такого порядка слов Пётр подчёркивает важную мысль: если человек принимает еретическое учение и постоянно в нём пребывает, в конечном счёте это приведёт его к *пагубным* последствиям. Т.е. человека ждёт духовная *деградация*, моральное *разложение* и, наконец, *крушение* в вере. Таково значение фразы «пагубные ереси».

Во Втором послании Петра 2:1 автор трубит тревогу, призывая христиан быть начеку и не идти на поводу у лжеучителей, сеющих «пагубные ереси». Иными словами, постоянный «приём внутрь» неправильного учения со временем приведёт к деградации, разложению, крушению в вере сначала отдельно взятого христианина, затем — поместной общины, а в конечном итоге — и всей Церкви.

Отвергающие искупившего их Господа

Далее во Втором послании Петра 2:1 нам даётся более подробное объяснение природы и характера «пагубных ересей»: «Были и лжепророки в народе, как и у вас будут лжеучители, которые введут пагубные ереси и, *отвергаясь искупившего их Господа*...»

Причастие «искупивший» здесь — это греческое *agoradzo*, которое в Новом Завете означает «искупление». Пётр использовал именно такое слово неслучайно. Заблуждавшиеся духовные руководители, о которых он пишет, были «искуплены» Господом. Иными словами, то не были неспасённые притворщики, пытавшиеся закрепиться в Церкви.

Отнюдь, речь идёт о «своих», верующих, искуплённых Христовой кровью давних членах христианского сообщества. Но в определённый момент, когда от них ожидалась решительная приверженность Евангелию, они пошли на компромисс. Эти люди сочли, что отклониться от абсолютной истины будет разумным, логичным решением с учётом сложившихся тяжёлых обстоятельств, в которых оказалась Церковь. Однако компромисс с миром ещё «выстрелит» против них: в конечном итоге своим решением они обрекут себя на духовную деградацию и отступничество.

Пётр беспокоился: если отступившим от истины духовным учителям не воспрепятствовать, они распространят своё учение, что навредит не только поместной общине, но и всему Телу Христову. Это будет схоже с действием вируса или инфекции, которые неизбежно размножаются и распространяются по всему организму.

> Для того чтобы пошатнулось духовное здоровье поместной общины, требуется всего лишь несколько наставников, оказавшихся в обольщении. Следовательно, когда обольщение происходит, для предотвращения печального развития событий нужны срочные меры.

Помните: для того чтобы пошатнулось духовное здоровье поместной общины, требуется всего лишь несколько наставников, оказавшихся в обольщении. Следовательно, когда обольщение происходит, для предотвращения печального развития событий нужны срочные меры.

Физические инфекции зарождаются на клеточном уровне, и пока в нашем теле присутствует относительно небольшое количество патогенных микроорганизмов, инфекцию можно победить. Борьба с заболеванием успешна на его ранней стадии. Если же инфекцию или вирус оставить без внимания, то вскоре ситуация выйдет из-под контроля. Это приведёт к серьёзным последствиям для организма, вплоть до летального исхода.

Подобное происходит и в случае с духовной инфекцией. Пока духовное заболевание, вызванное лжеучением в среде поместной церкви, находится на ранней стадии, справиться с ним гораздо легче. Если же не принимать никаких мер, болезнь распространится дальше. Пагубное лжеучение (духовная инфекция) «подкосит» сначала всю поместную общину, а затем перекинется на соседние церкви, поражая всё большую часть Тела Христова. В конкретном случае, о котором пишет Пётр, духовная инфекция проникала в поместные церкви через некоторых служителей. Их влияние на соответствующих христианских собраниях давало им «стартовую площадку» для распространения лжеучения среди знакомых им христиан. И хотя количество лжеучителей на то время всё ещё оставалось незначительным, запустился процесс «размножения» носителей. Процесс распространения этой «духовной болезни» внутри церквей был *аналогичен процессу размножения вируса*.

Если распространению духовной инфекции не воспротивиться силой Святого Духа, она будет передаваться от одного христианина к другому. Поражёнными окажутся не просто несколько человек, а целые собрания. Подобно тому, как на ранней стадии распространения останавливают обычную инфекцию, Бог призывал Церковь незамедлительно прекратить распространение вредоносного учения.

> **Подобно тому, как на ранней стадии распространения останавливают обычную инфекцию, Бог призывал Церковь незамедлительно *прекратить* распространение вредоносного учения.**

Самое сложное — это определить присутствие духовной инфекции в церкви и приступить к лечению, если источником и разносчиком пагубного недуга является служитель. Особенно когда он пользуется расположением и доверием прихожан. Если вовремя не устранить лжеучение из сердца служителя, оно непременно передастся другим верующим. Точно так же, как от носителя инфекции вирусы неизбежно передаются его здоровому окружению. Этот процесс необходимо пресекать, ведь в противном случае со временем болезнь поразит внушительный сегмент Церкви. Духовный наставник оказывает на окружающих влияние и обладает определённым количеством связей. Поэтому *для распространения духовной болезни по всей Церкви вовсе не требуется большого количества носителей лжеучения. Достаточно и нескольких влиятельных служителей!*

Имена служителей Ранней Церкви, ставших источником ересей и лжеучения, нам неизвестны. На момент написания Петром его посланий, судя по всему, количество духовно инфицированных учителей оставалось незначительным. Пётр же прекрасно понимал: если положение не исправить, ересь будет распространяться, как инфекция, пока не окажется заражённой *вся* Церковь.

Во Втором послании Петра 2:1 говорится, что лжеучители «отвергли искупившего их *Господа…*» Существительное «Господь» в данном стихе — это не обычное греческое слово из Нового Завета, под которым подразумевается Господь Иисус. В данном контексте используется греческое слово *despotes*, понятие из области управления. Так можно было бы назвать исполнительного директора организации или руководителя административного отдела. В древности оно относилось к начальнику, в непосредственном подчинении которого находятся ответственные служащие.

Понятие *despotes* также использовалось в технической сфере и обозначало должность старшего управляющего в большом хозяйстве. Этот старший распорядитель руководил всем обслуживающим персоналом: раздавал поручения слугам и работникам, спрашивал с них и получал отчёт о выполнении работ, выдавал жалование. При необходимости этот человек также увольнял (или выдворял) работников. Вот какое слово использовал Пётр в своём Втором послании (2:1), говоря о тех, кто отверг искупившего их «Господа».

Через слово *despotes* Пётр указывает на то, что конкретные духовные руководители были подотчётны Иисусу как духовному Исполнительному Директору. Занимать руководящее положение в Церкви этим служителям позволил призвавший их Христос. Они — Его подчинённые в «административном отделе» Церкви, и для них Иисус не только Спаситель, но и Главный Управляющий. Раз Он их призвал, то Он же их и направляет, исправляет и ожидает от них отчёта в исполнении Своих поручений.

Отказ, брошенный в лицо Господу

Итак, по словам Петра, в последние времена сообщество сбившихся с пути служителей *отвергнет* Господа, Который их искупил. В оригинале на месте деепричастия «отвергаясь» в Синодальном переводе Библии стоит глагол *arneomai*, означающий «отрицать или отказываться осознанно», «отрекаться с осознанием происходящего», «отвергать, понимая, что делаешь», «осознанно отклонять», «осознанно не признавать». Речь идёт о человеке, который *с полным пониманием дела снимает с себя ответственность, бросает других людей и уходит от них; он «умывает руки» в знак полного отрицания своей причастности*. Действия и слова такого человека хорошо взвешены и выверены. Он отдаёт себе отчёт в том, что делает.

В приведённом выше стихе глагол *arneomai* описывает действия человека, который прислушивается к словам Христа, почитая Его как своего Главного Управляющего, затем отвергает эти слова. Судя по всему, заблуждавшимся служителям не понравились ни Господне обличение, ни Его призыв к исправлению. И, вместо того чтобы принять наставления Иисуса и послушаться, они отвергли Его совет. А по сути, отвергли Его самого. Вероятнее всего, эти служители оказались перед выбором: либо повиноваться Господу и быть готовыми потерять часть последователей, либо *не повиноваться* Господу. Они решили поступить по-своему и не внимать предупреждениям Святого Духа.

Мы все повинны в том, что на своём христианском пути не всегда прислушиваемся к советам Святого Духа. Однако, когда мы погружаемся в заблуждение и намеренно упорствуем в нём, нас неминуемо ждёт финал, о котором будем горько сожалеть.

Погибель: живым разорвут на части

Во Втором послании Петра 2:1 также говорится: «Были и лжепророки в народе, как и у вас будут лжеучители, которые введут пагубные ереси и, отвергаясь искупившего их Господа, *навлекут сами на себя скорую погибель*».

Глагол «навлекут» — это перевод греческого *epago*. В текстах времён написания Нового Завета оно употреблялось в следующем значении: *выпустить на жертву диких псов, которые разорвут жертву на части, буквально расчленят её*. Согласитесь, это весьма выразительное слово с богатой образностью. Таким словом Пётр предупредил всех духовных руководителей: если служитель отказывается прислушаться к Господним обличениям и решает идти своей дорогой, его гибель уже *вышла* ему навстречу.

В нашем стихе *не* сказано, что погибель ниспосылается человеку *Господом*. Нет, люди «*сами на себя* навлекут скорую погибель». Фактически, эти служители производят суд над самими собой. Пётр назвал такой суд «скорой погибелью». Прилагательное «скорый» здесь — перевод греческого *tachinos*, которое указывает на нечто *внезапное, стремительное*. Существительное же «погибель», встречавшееся нам выше по тексту этого же стиха, на греческом — *apoleia*, что означает «разрушение», «разложение», «гниль», «разруха». Таким словом в данном контексте Пётр сообщает о том, что лжеучители непременно пожнут всё, что посеяли. Если они сеяли «пагубные ереси», обрекающие Церковь на гниение и разруху, то рано или поздно «пожнут» то же — испытают пагубу и крушение. Изменить им такое развитие событий возможно лишь покаянием и покорностью Господним наставлениям. Тогда Бог вернёт их на прежний истинный путь.

Пример «скорой погибели»

Как долго дозволено лжеучителю действовать без обличения и исправления? На мой взгляд, ответ на этот вопрос таится в истории о священнике Илии и его сыновьях Офни и Финеесе.

В Первой книге Царств 2:12 говорится об отступничестве сыновей Илия. Хотя те и продолжали служить, фактически они отступили от Господа настолько далеко, что смело воровали жертвоприношения и творили непотребства с женщинами, служившими при скинии (см. 1 Царств 2:14, 22)! Нам не известно, в течение какого времени продолжалось подобное, но, судя по всему, достаточно долго.

Наказание за столь отвратительное поведение проявляться не торопилось. Господь не воздействовал на Офни и Финееса вплоть до тех пор, пока их злодеяния не достигли предела. Это произошло, когда все остальные люди прекратили посещать Божий дом из-за священников. В Первой книге

Царств 2:17 написано: «И грех этих молодых людей был весьма велик пред Господом, ибо они отвращали от жертвоприношений Господу». Народ настолько устал от злоупотреблений в Божьем доме со стороны священников, что просто перестал приходить в скинию для жертвоприношения.

Для Бога это стало последней каплей. Служитель, своим поведением отвращающий людей от Бога и Церкви, балансирует на грани серьёзного взыскания со стороны Господа.

Внимательно читая Писания и детально изучая историю, мы узнаём, что Бог невероятно терпелив и некоторое время сносит действия сбившихся с пути служителей. Но, как явствует из Первой книги Царств 2:17, когда своими поступками служитель отвращает Божий народ от Церкви, это вменяется ему в грех. Подобное преступление Библия называет «весьма великим грехом пред Господом». Именно таким был грех Илия: отказавшись остановить сыновей, Илий стал соучастником их греха. Он закрывал глаза на поведение сыновей, хотя прекрасно понимал, что те творят.

> Служитель, своим поведением отвращающий людей от Бога и Церкви, балансирует на грани серьёзного взыскания со стороны Господа.

В итоге Илий и его сыновья получили по заслугам. Суд был *молниеносным*. Они испытали на себе «скорую погибель», как выразился Пётр в своём Втором послании (2:1). Бог предоставил Офни и Финеесу достаточно времени для покаяния. Наконец, стало очевидным, что они не намерены прекращать грешить. Илий же не собирался властью отца останавливать их. Между тем исполнение народом заповеди о поклонении Богу стало сильно затруднено из-за поведения священников. В этот момент наступил молниеносный суд. Илий и оба его сына умерли *в один день*!

Отрезвляющее напоминание
заблуждающимся христианам и духовным руководителям

Прочитанный нами отрывок повествует не только о суде над Илием и его сыновьями, но и об окончании эпохи Силома. До этого времени Силом являлся духовным центром, местом пребывания Божьего дома и священнодействия Илия с его сыновьями. Дело в том, что Силом оказался осквернён нечестивым поведением Офни и Финееса и, по мнению многих библеистов, был просто стёрт с лица земли сразу после смерти священнической семьи.

Итак, Илию и его сыновьям был дан срок для самостоятельного исправления. Но спустя определённое время Бог совершил над ними Свой суд. Поступив так, Господь чётко дал понять всем: Он не намерен бесконечно сносить духовное руководство, с головой ушедшее в обольщение.

Прилагательное «скорый» во Втором послании Петра 2:1 является переводом греческого слова *tachinos*, которое характеризует *внезапное, стремительное* действие или событие. Это слово идеально описывает произошедшее с Илием и его сыновьями. Суд над ними совершился в «скором порядке», поскольку они долго упорствовали в своём греховном поведении.

> Илию и его сыновьям был дан срок для самостоятельного исправления. Но спустя определённое время Бог совершил над ними Свой суд. Поступив так, Господь чётко дал понять всем: Он не намерен бесконечно сносить духовное руководство, с головой ушедшее в обольщение.

Затем во Втором послании Петра 2:2 апостол предупреждает о том, что в конце эпохи лжеучители уведут от истины *многих*. Вот как пишет Пётр: «И *многие* последуют их разврату…» На месте прилагательного «многие» в оригинале стоит слово *polloi*, указывающее на *большое количество людей*. В данном стихе Святой Дух настойчиво через Петра подводит нас к важной мысли. К самому концу Эпохи Церкви в результате деятельности лжеслужителей от библейского основания отступит большое количество христиан.

Духовная торговля и манипуляции «льстивыми словами»

Продолжая пророчествовать о возникновении в конце «века сего» ересей, Пётр предупредил нас, что «из любостяжания будут уловлять вас льстивыми словами» (2 Петра 2:3). Прилагательное «льстивые» в оригинале — *plastos*. Этим словом описывали *придание чему-то определённой формы*. От этого слова получили знакомые нам «пластик» и «пластичный». Прибегнув к данному слову, Пётр с сожалением сообщает о том, что лжеучители, о которых он повествует и пророчествует, будут *придавать своим идеям самые различные формы. Они облекут их в разные слова* (в зависимости от цели и намерения).

Прилагательное *plastos* также относилось к *подделыванию* чего-то, например, *подделыванию* картины известного художника, монеты или денежной купюры, чьей-то подписи и т.п. Поскольку подделать предмет живописи, денежный знак или подпись случайно невозможно, речь идёт о намеренном и спланированном обольщении. По словам Петра, подобно тому, как горшечник придаёт комку глины любую форму по собственному желанию, лжеучители будут придавать своим идеям любые формы, выражать их любыми словами, как им заблагорассудится. Появление здесь слова *plastos* также говорит о том, что лжеслужители не посвящены абсолютной библейской истине. Они с лёгкостью изменяют значение Писаний, придавая Библии тот смысл, который им нужен для манипулирования людьми.

Целиком последняя часть Второго послания Петра 2:3 звучит так: «И из любостяжания будут *уловлять* вас льстивыми словами». Глагол «уловлять» в этом стихе в оригинале представлен словом *emporeomai*. От этого слова в английском языке произошло понятие emporium, что в переводе на русский означает «торговый центр, универмаг».

Во времена же написания Нового Завета глагол *emporeomai* преимущественно понимали как «продажа всего на свете». Этим же глаголом характеризовали деятельность рыночных *торговцев*, которые расставляли свои ларьки на базарных площадях и торговали всякой всячиной. Исследовав новый рынок, определив уровень спроса и предложения для каждой покупательской аудитории, эти торговцы-ларёчники выясняли, какой товар будет продаваться «на ура». Потом они принимались со всем энтузиазмом кричать о своём товаре в данном населённом пункте или его районе. Эти древние маркетологи прогремели дурной славой из-за того, что подсовывали покупателям бракованный товар, на словах же они заявляли о его якобы превосходном качестве. Способность этих торговцев подбирать нужные фразы в нужный момент «прославила» их на весь античный мир. Они мастерски манипулировали сознанием людей, зная, как максимально эффективно построить диалог с потенциальным покупателем. Заговорив зубы своей жертве, торговцы опустошали кошелёк бедняги его же собственными руками.

> Как в древности на обычных городских рынках делали свои чёрные делишки торговцы-ларёчники, так же будут поступать лжеучители последнего времени. Они попытаются придать библейской истине новую форму, новый «дизайн», новое звучание, соответствующее их желаниям и аппетитам, *словно истина — мягкая глина или пластилин*.

Просто поразительно, но именно такими словами через послания Петра Святой Дух сообщил нам о сборище обольщённых духовных наставников. Им надлежит появиться в конце «века сего» и проникнуть на территорию современной Церкви, словно на «рынок церковных услуг»! Как в древности на обычных городских рынках делали свои чёрные делишки торговцы-ларёчники, так же будут поступать лжеучители последнего времени. Они попытаются придать библейской истине новую форму, новый «дизайн», новое звучание, соответствующее их желаниям и аппетитам, словно истина — мягкая глина или пластилин.

Эти обманщики осознанно примутся искажать истину, чтобы заполучить свой «сегмент рынка». Они с готовностью облекут истину в новую форму в угоду капризам и причудам заблудившегося поколения, которому хочется слышать то, что будет ему по нраву.

Всё вышесказанное составляет значение словосочетания «и из любостяжания будут уловлять вас льстивыми словами». С помощью греческих слов *plastos* и *emporeomai* Пётр живо и ярко охарактеризовал лжеучителей, которые появятся в завершении эпохи. Это служители, готовые наговорить что угодно и кому угодно, лишь бы завладеть долей «христианского рынка».

Дремота перед судом

Пётр продолжает своё предупреждение в отношении служителей, которые ведут себя в Церкви столь неслыханно. Апостол говорит, что зачастую такие люди не догадываются, насколько далеко зашли, а в действительности играют с огнём. Отсюда и слова Петра во Втором послании 2:3: «суд им давно готов, и погибель их не дремлет».

Существительное «суд» в данном стихе — перевод греческого слова *krima*, широко известного в древнегреческом мире

Отрезвляющее напоминание заблуждающимся христианам и духовным руководителям

в значении «решение суда», «приговор». В античности чаще всего под ним подразумевали *обвинительный приговор*. Это означает, что Судья всей земли с самого начала наблюдал за обманувшимися служителями и определил, что, если представители этой кучки лженаставников не внемлют Его голосу и не изменят направление своей деятельности, Небесный Суд приведёт в исполнение уже вынесенный им обвинительный приговор.

Более того, Пётр недвусмысленно заявляет, что грядущее осуждение за все их злодеяния «не дремлет».

Русский глагол «не дремлет» — это перевод греческого глагола *ouk argei*, где *ouk* является наиболее экспрессивной формой отрицания, сродни «категорически нет». Сам же глагол *argei* — это грамматическая форма от *argos*, что переводится как «медлить», «откладывать» или «прозябать». Соответственно, вместе с экспрессивной отрицательной частицей данный глагол следует понимать так: «суд не просиживает время впустую и не мешкает». Псевдонаставники, возможно, об этом не догадываются. Они преспокойно занимаются перекраиванием истины на свой манер (придают ей новую форму, новое звучание и значение). Затем приценивaются, намереваясь выгодно продать свои манипуляции с истиной на «церковном рынке». А между тем осуждение для них уже готово и направилось к своему получателю.

> Судья всей земли с самого начала наблюдал за обманувшимися служителями и определил, что, если представители этой кучки лженаставников не внемлют Его голосу и не изменят направление своей деятельности, Небесный Суд приведёт в исполнение уже вынесенный им обвинительный приговор.

Если точнее, Пётр заявил: «погибель их не дремлет». Здесь слово «погибель» — всё то же греческое *apoleia*, указывающее на *разрушение, деградацию, разложение, крушение и развал*. Данное слово апостол использует для описания будущего «урожая», который пожнут эти псевдоучители после того, как они посеяли в Божью Церковь столько неправды. Ранее упоминалось, что лжеучители, о которых пишет Пётр, посеяли нравственно прогнившее и губительное еретическое учение. В результате их самих теперь ожидает «урожай» духовной деградации и полного развала.

Глагол «дремать» здесь — это греческое *nustadzo*. В Новом Завете он встречается ещё лишь раз — в Евангелии от Матфея 25:5, где Иисус рассказывает притчу о пяти разумных и пяти неразумных девах.

Так, услышав о приближении жениха, пять разумных дев приготовились и вместе с полными светильниками взяли с собой дополнительный запас масла. Пять неразумных дев также услышали о скором приходе желанного гостя, но ошибочно сочли, что в их распоряжении ещё много времени. Они решили, что ещё успеют подготовиться ко встрече с возлюбленным. Поскольку жених медлил, все девы прилегли и «задремали». А когда он наконец появился, готовыми ко встрече оказались лишь пять разумных дев, которые припасли достаточно масла. Так вот, глагол «задремали» здесь — это то же слово *nustadzo*, что встречается во Втором послании Петра 2:3.

По словам Иисуса, при появлении жениха пять неразумных дев также пробудились. С горечью они осознали, что готовиться к этому событию (то есть, запастись маслом) нужно было гораздо раньше! К сожалению, они поняли это слишком поздно, когда изменить положение уже не представлялось возможным.

Итак, в Евангелии от Матфея 25:5 Святой Дух использовал то же самое слово «задремали» (в оригинале), что и во Втором послании Петра 2:3. И вот что Он хочет поведать нам: как неразумные девы не осознавали, что время позднее и нужно отнестись к ситуации серьёзно и заранее подготовиться, так и многие из сбившихся с пути духовных наставников в конце нынешней эпохи не будут осознавать неизбежность и близость своего осуждения. Даже когда оно окажется на пороге.

> Как неразумные девы не осознавали, что время позднее и нужно отнестись к ситуации серьёзно и заранее подготовиться, так и многие из сбившихся с пути духовных наставников в конце нынешней эпохи не будут осознавать неизбежность и близость своего осуждения. Даже когда оно окажется на пороге.

По заявлению Петра, пока псевдоучители духовно почивают, праведный небесный суд *не дремлет*, и за все злодеяния им готовится суровый, неумолимый приговор.

Упорство во грехе и нежелание покаяться со стороны псевдонаставников может означать следующее: они убедили самих себя в том, что им удастся избежать осуждения. Вполне вероятно, что в результате систематического непослушания и духовной глухоты, сердца этих служителей очерствели. Их совесть покрылась коростой, сквозь которую не может проникнуть нежный голос Святого Духа. Возможно, эти люди давно перестали ощущать обличения Святого Духа и реагировать на Его попытки вернуть их на путь истины.

Неужели Бог по-прежнему кого-то судит?

Бог возложил наказание за наши грехи на Иисуса. Иисус понёс его на Голгофском кресте. И мы бесконечно благодарны Богу за это! Однако Библия недвусмысленно заявляет, что Бог будет судить любого служителя или прихожанина церкви, если тот станет обходиться с другими верующими неподобающе. Под этим имеется в виду злоупотребление доверием Божьей паствы, ложное или некачественное учение, которое влечёт за собой пагубные последствия. Никому не позволено уводить людей от испытанных временем основополагающих и неизменных принципов Божьего Слова.

Апостол Павел предупредил о реальности небесного наказания в Первом послании Коринфянам 3:16, 17. Апостол написал: «Разве не знаете, что вы храм Божий, и Дух Божий живёт в вас? Если кто разорит храм Божий, того покарает Бог: ибо храм Божий свят; а этот [храм] — вы». В этом отрывке Павел назвал Церковь Божьим «храмом». «Храм» здесь — переведённое на русский язык греческое слово *naos*, которым называли украшенные храмы. Такие храмы отличались богатым внутренним убранством и отделкой, выполненной с использованием золота, серебра и драгоценных камней. Чтобы понять образ, создаваемый этим словом, представьте себе дворец с высокими сводчатыми потолками. На стенах — элементы декора и отделки из мрамора, гранита, золота и серебра. Повсюду — изображения библейских сюжетов, высеченные из камня и вырезанные из дерева. Клубы дыма от благовоний, символизирующих молитвы и поклонение, наполняют внутреннее пространство храма.

Называя нас Божьим «храмом», апостол Павел подразумевал *красиво украшенное и богато убранное святилище*, сродни тому, что мы описали чуть выше. Павел отнёс это слово со всеми его значениями к Церкви. Читатели Павловых посланий выросли в греческой культуре и постоянно видели храмы в своих городах. И когда в тексте этого апостольского послания христиане столкнулись со словом *naos*, в их разуме, наверняка, сразу же возник образ храма, схожего с описанным выше. Это было бы естественным. В представлении христиан, живших в древнегреческом окружении, понятие *naos* всегда относилось к *красивому, роскошному храму или святилищу*. Храмы и капища того времени представляли собой величественные сооружения. В них были помещения с высокими арочными или сводчатыми потолками, мраморными колоннами, гранитным полом, резными деревянными элементами орнамента. Сверху всё покрывалось золотом и серебром. На алтаре непрестанно возжигались благовония, дым от которых окружал жертвенник и возносился к высокому своду потолка.

Сегодня Церковь — это живой и настоящий храм Святого Духа на земле. Бог особым образом преобразил нас, чтобы сделать обиталищем Своего Духа. За нас была заплачена высочайшая цена — кровь Иисуса, затем Святой Дух и Божье Слово освятили нас и щедро наполнили богатством благодати.

Церковь настолько дорога Богу, как в прямом, так и переносном смысле, что в Книге Откровение 1:19 она символически представлена в виде *золотого* светильника. Во времена написания Нового Завета золото считалось самым дорогим металлом и товаром. Использовав такое сравнение, Бог заявил на всю вселенную, что дороже и ценнее Церкви для Него нет ничего на свете!

Бог сильно дорожит Церковью, и Павел выразил это так: «Если кто разорит храм Божий, того *покарает* Бог...» Глаголы «разорит» и «покарает» являются переводом одного и того же греческого слова *phtheiro*, что означает «портить», «грабить», «разрушать», «опустошать», «стирать с лица земли». Несомненно, апостол Павел использовал данное слово в этом контексте с намерением

> За нас была заплачена высочайшая цена — кровь Иисуса, затем Святой Дух и Божье Слово освятили нас и щедро наполнили богатством благодати.

показать Божье отношение к Церкви. Чётко и ясно апостол заявляет: горе тому, кто поступит с Церковью неправомерно — испортит её, ограбит, разрушит или лишит её истины и силы. Моментально в отношении злоумышленника вступит в силу закон сеяния и жатвы. Этот человек сам будет ограблен, сокрушён, опустошён и в конечном счёте стёрт с лица земли.

Итог таков: кто поступит с Божьим домом нечестиво, тот пожнёт в точности то, что посеял. В нынешнем духовном контексте подобное толкование Писания, возможно, покажется кому-то слишком суровым, но именно так учит Библия. А где этому принципу учат и с ним считаются, там в разуме духовных наставников присутствует трезвое отношение к Церкви как к обществу верующих Божьих детей. В разуме же самих Божьих людей всегда присутствует чёткое понимание всей серьёзности Церкви.

В этом деле ставки не просто *высоки* — они *безмерно высоки*! Следовательно, лидерам Церкви важно понимать, что преподавание доктрин и учений, не подтверждённых Священным Писанием, неизбежно приведёт к весьма печальным последствиям!

Летопись Божьего возмездия

Во Втором послании Петра 2:4-6 апостол освещает последствия восстания против Бога: «Ибо, если Бог ангелов согрешивших не пощадил, но, связав узами адского мрака, предал блюсти на суд для наказания; и если не пощадил первого мира, но в восьми душах сохранил семейство Ноя, проповедника правды, когда навёл потоп на мир нечестивых; и если города Содомские и Гоморрские, осудив на истребление, превратил в пепел, показав пример будущим нечестивцам».

В этих стихах Пётр провозглашает, что, *вне всякого сомнения*, Бог привлечёт к ответственности духовных наставников, виновных в распространении по Церкви заблуждения и ересей. Апостол привёл в качестве примера несколько событий из общей истории, вот как реагирует Бог на неповиновение Ему:

- Бог осудил ангелов, восставших против Его власти.

- Бог осудил целую древнюю цивилизацию — современников Ноя, восставшую против Его власти.

- Бог осудил города Содом и Гоморру — превратил их в пепел — из-за их восстания против Его власти.

И вот что хочет подчеркнуть Пётр: Писание показывает, что реакция Бога на восстание против Него неизменна. Так неужели можно заявлять, что Бог закроет глаза на деятельность псевдонаставников, исказивших библейскую истину и уведших Церковь с верного пути?!

Осуждение согрешивших ангелов

Для разъяснения своей мысли Пётр вспоминает примеры возмездия за непослушание из Ветхого Завета. Первым его наглядным примером стало осуждение согрешивших ангелов. Во Втором послании Петра 2:4 Пётр написал: «Ибо, если Бог ангелов согрешивших не пощадил, но, связав узами адского мрака, предал блюсти на суд для наказания…»

Глагол «пощадить» — это перевод греческого слова *pheidomai*, которое означает «щадить» или «отнестись к кому-то снисходительно». Этим словом категорично подчёркивается, что Бог *не проявил снисходительности* даже к ангелам, не покорившимся Его власти. Он осудил согрешивших ангелов без единого колебания. Таким образом, в данном стихе звучит суровое предупреждение о том, что Бог не позволит никому противиться Его установлениям безнаказанно.

Бог, как пишет Пётр, «...*связав узами адского мрака, предал блюсти на суд для наказания*...» Прилагательное «адский» здесь — это перевод греческого слова с корнем *tartaros*. Так называли *подземную пещеру, в которой восставшие ангелы содержатся до дня суда и наказания*. Именно этим страшным словом Пётр сообщает о том, что согрешившим ангелам, несомненно, не удалось избежать божественного возмездия. Пожалуй, более понятной эта часть стиха станет, если сказать, что Бог заточил согрешивших ангелов в *месте заключения*.

Пётр продолжает свою историю: «Ибо, если Бог ангелов согрешивших не пощадил, но, связав узами адского мрака, *предал* блюсти на суд для наказания...» Глагол «предал» в оригинале — производное от *paradidomi*, что означает «передать что-то кому-то». Так рисуется драматичная и яркая картина Божьих действий. Представьте себе следующее: *Бог держит восставших ангелов за шиворот и затем собственноручно передаёт их в место заключения. И там им предстоит пребывать вплоть до дня вечного осуждения*. Смысл данного образа в том, что грех этих ангелов был настолько велик, что Бог не стал просить других ангелов привести Божий приговор в исполнение от Его имени. Вместо этого Бог *лично* исполнил приговор.

В ст. 4 также говорится, что Бог связал их «узами» мрака. Существительное «узы» — *seira*, буквально оно означает «цепи». В Послании Иуды, ст. 6, где говорится об этом заключении восставших ангелов «в цепи», используется слово *desmos*. Слово *desmos* у Иуды указывает на *нерушимые узы или цепи, которые невозможно разорвать*. Это значит, что данная категория ангелов будет *связана узами вовеки*.

Что же касается слова *seira* в послании Петра, оно также тесно связано с греческим словом *siros*, которое указывает на *подземные ямы*, служившие в хозяйстве в качестве *зернохранилищ*. От этого древнего слова и реалий, что за ним стояли, родился принцип современных *элеваторов* — ёмкостей для хранения зерновых. Ещё более раннее значение слова *siros* — *пещера, яма, темница*. Все значения данного слова в послании Петра идеально соответствуют богословскому представлению о *tartaros*. Это место заточения падших ангелов — подземная пропасть, бездна, в которой пребывают, заключённые во тьму, восставшие против Бога духи.

Пётр даже пояснил, что собой представляет это подземное место лишения свободы. Он пишет, что Бог *передал* ангелов заточению в цепях «адского мрака». Существительное «мрак» — перевод слова *zophnos*, которое характеризует *кромешную тьму, бесконечную и вечную мглу, место или среду, где света нет и быть не может*.

Вы не находите, что подобное осуждение для ангельского существа, созданного жить в *вечном свете* Божьей славы, — это настоящее наказание?! Связать существо света неразрываемыми цепями и поместить в *темницу*, место вечной мглы, — это поистине ужаснейшее из всех наказаний!

Великий потоп

Подчеркнув истину о том, что Бог не намерен проявлять снисходительность к восставшим против Него ангелам, Пётр переходит ко второму наглядному примеру Божьего суда за бунт и непокорность. Во Втором послании Петра 2:5 записано: «И если [Бог] не пощадил первого мира, но в восьми душах сохранил семейство Ноя, проповедника правды, когда навёл потоп на мир нечестивых...»

Пётр делает акцент: «И если [Бог] не пощадил первого мира…» Глагол «пощадить» — перевод всё того же греческого слова *pheidomai*, которое, напомним, буквально означает «пощадить», но также и *проявить снисходительность*. Этим словом Пётр категорично заявляет: как Бог не проявил снисходительности в отношении согрешивших ангелов, так Он не проявил её и в отношении мира, существовавшего до Всемирного потопа. Вынося осуждение древнему миру, Бог был непреклонен. И этими словами Пётр, как и ранее, даёт понять, что Бог справедлив и не позволит никому сознательно противиться Его Слову без последствий.

> Божье правосудие настолько решительно, что, когда мир во дни Ноя упорствовал в отвратительно греховном образе жизни и отказывался раскаяться, Бог осудил всю ту древнюю цивилизацию.

Словосочетание «первый мир» весьма значимо. Слово «первый» — это перевод прилагательного *archaios*, которое в данном контексте означает «древний» или «старый». Существительное «мир» в греческом языке — *kosmos*. В этом контексте оно значит «упорядоченный мир». Иными словами, в тексте Петра слово *kosmos* указывает на *цивилизацию*, *культуру* или *общество*.

Пётр вновь и вновь подчёркивает, что Бог нелицеприятен ни в отношении людей, ни в отношении цивилизаций. Божье правосудие настолько решительно, что, когда мир во дни Ноя упорствовал в отвратительно греховном образе жизни и отказывался раскаяться, Бог осудил всю ту древнюю цивилизацию.

Фактически, Он осудил её полностью и окончательно — уничтожил, стерев с лица земли. В живых осталась лишь горстка из восьми человек — семейство Ноя.

Только представьте себе, что происходило с нечестивым миром того периода в то время, как Ной и его родственники покоились в безопасности, пребывая под Божьей защитой в ковчеге. Пётр описал потоп следующими словами: «...навёл потоп на мир нечестивых» (2 Петра 2:5). Глагол «навёл» — перевод греческого слова *epago*. Одно из его значений — выпускать, как *выпускают диких свирепых псов, которые разрывают человека или животное на части, буквально расчленяя его*.

Это же слово мы рассматривали ранее, во Втором послании Петра 2:1, где апостол говорит о суде, который псевдослужители «навлекут сами на себя». Теперь же, в контексте 2-й главы и 5-го стиха, Пётр показывает, *что потоп сделал с древней цивилизацией, существовавшей прежде этого глобального наводнения*. Иными словами, воды потопа набросились, словно дикие свирепые псы на древний мир, они буквально разрывали его на части, пока от прежней жизни не осталось и следа.

Разрушение было полным и окончательным, вот почему для констатации положения дел Пётр использовал слово *kataklusmos*. В переводе с греческого это слово означает «наводнять»,

> **Всемирный потоп стал поистине катастрофически разрушительным явлением. И причиной его было человеческое упорство, вызывающее поведение по отношению к Богу, нежелание людей каяться. Это-то и потребовало от Бога чёткой реакции, и такой реакцией стало решительное осуждение.**

«переполнять водой», «затоплять», «погружать в воду», «скрываться под водой». Как вы догадались, слово *kataklusmos* вошло во многие языки мира как «катаклизм», т.е. катастрофа.

Всемирный потоп стал поистине катастрофически разрушительным явлением. И беда не в том, что под его водами навсегда исчезли все исторические записи и сведения о той ранней эпохе. Даже не в том, что он погубил все достижения человеческого разума того периода. Беда в человеческом упорстве, в вызывающем поведении по отношению к Богу, в нежелании людей каяться. Это-то и потребовало от Бога чёткой реакции, и такой реакцией стало решительное осуждение.

Содом и Гоморра

В конце упомянутого выше отрывка Пётр приводит в качестве наглядного примера Божьего осуждения самое яркое и жуткое событие. Во Втором послании Петра 2:6 читаем: «И если города Содомские и Гоморрские, осудив на истребление, превратил в пепел, показав пример будущим нечестивцам».

Обратите внимание на следующие слова Петра: «И если города Содомские и Гоморрские, осудив на истребление, *превратил в пепел*...» Словосочетание «превратить в пепел» — это перевод греческого глагола *tephroo*, что означает «испепелить», «превратить в один сплошной пепел». Это же самое слово древнеримский историк Дион Кассий использовал для описания активности Везувия. Как пишет историк, край кратера знаменитого вулкана становился всё тоньше и хрупче.[26] Время от времени истончившаяся горная порода не выдерживала и с треском и грохотом обрушивалась в глубокое жерло. Со временем там оказалась вся верхушка вулкана. Обвалившаяся порода ссыпалась в жерло и навсегда исчезала в вулканическом пепле.

Использование слова, имевшего такой исторический подтекст, в повествовании о Содоме и Гоморре, судя по все-

---
[26] Дион Кассий. Римская история. LXVI.21.

му, указывает на следующее: земля, на которой некогда располагались (а затем были столь яростно сожжены дотла) два этих нечестивых города, из-за огромного количества огня и серы, выпавших на неё с неба, стала чрезвычайно зыбкой. Мало того что территория сожжённых городов оказалась сплошь покрыта пеплом, так ещё и грунт стал проваливаться. В итоге зыбкая почва в этом географическом регионе основательно просела. В результате вся область, в которой находились города нечестия и порока, оказалась погребённой под пеплом вперемешку с рыхлой почвой. После того как пыль и пепел окончательно осели, местность выглядела так, словно никаких городов на ней не было и в помине!

На мой взгляд, это весьма занимательно. Дело в том, что побережье Мёртвого моря, на территории которого, согласно библейской истории, когда-то располагались Содом и Гоморра, является самым низким участком суши на планете!

Пётр продолжил своё повествование, сообщая нам о том, что Бог «...осудил [Содом и Гоморру] на истребление...» Глагол «осудил» — перевод греческого слова *katakrino*, состоящего из приставки *kata*, что подразумевает движение вниз, и корня *krino*, что переводится как «осуждение» или «приговор» и несёт в себе значение «обвинительный приговор», «обвинительное решение суда». Посредством этого слова Пётр даёт понять, что нечестие и порок, царившие в Содоме и Гоморре, навлекли на них суровое осуждение со стороны Небес. В головы жителей этих двух городов, вероятно, даже не приходила мысль о том, что Бог всё видит и взыщет с них за такой образ жизни. Однако Небесный Суд вынес своё решение в отношении этих нечестивых безбожников, окончательно сбившихся с пути. Суровый приговор гласил: не достойны существования.

Фактически, Пётр заявил: «И если города Содомские и Гоморрские, осудив на *истребление*, превратил в пепел, показав пример будущим нечестивцам...» Существительное «истребление» — перевод греческого слова *catastrophe*. Это слово перекочевало и в наши языки, став известным для всех понятием «катастрофа». Произошедшее с Содомом и Гоморрой являлось поистине *катастрофическим событием*. Более того, масштаб катастрофы был огромен. Когда дым от пожаров, вызванных огнём и серой, наконец, рассеялся, на месте, где некогда стояли два города, остались только пепел и рыхлая земля.

Это известно нам из Книги Бытие 19:28. Здесь говорится о том, что увидел Авраам, когда на утро после обрушения с небес огня и серы посмотрел на ту землю. Там, где ещё предыдущей ночью находились два города, был лишь шлейф дыма: «И посмотрел [Авраам] к Содому и Гоморре и на все пространство окрестности и увидел: вот, дым поднимается с земли, как дым из печи».

Модель в руках скульптора

Пётр завершает этот отрывок послания словами о том, что своим осуждением Содома и Гоморры Бог «показал *пример* будущим нечестивцам». Существительное «пример» — перевод греческого слова *hupodeigma*. Данное слово впервые появилось в обиходе для обозначения *модели уменьшенного масштаба, которую использовали скульпторы*. Прежде чем браться за изготовление заказанного изделия в его реальном масштабе, скульптор изготавливает *уменьшенную модель* будущего изваяния. Скульптор детально прорабатывает прототип: ему нужно убедиться, что каждая деталь измерена точно и верно, с соблюдением всех пропорций. И когда уменьшенная модель окажется точной копией заказа (когда скульптор будет уверен, что все строгие художественные требования, наконец, соблюдены), он принимается за реальную работу. А уменьшенная модель становится образцом, руководствуясь которым, мастер изготавливает скульптуру в заказанном окончательном виде и размере.

Использовав понятие *hupodeigma*, Пётр недвусмысленно предупреждает нас о том, что судьба Содома и Гоморры — это некий «прототип» грядущего суда над «нечестивым» человечеством, которому надлежит совершиться в конце всех эпох.

Прилагательное «нечестивый» в данном стихе — форма греческого прилагательного *asebes*, которым называли людей, проявлявших *непочтительность, неуважение* и выказывавших *недостойное отношение* ко всему, что связано с Богом.

Как было отмечено в главе второй, апостол Павел пророчествовал о том, что к концу «века сего» общество станет беззаконным (см. 2 Тимофею 3:1–5). Иными словами, люди начнут относиться к утверждённым, испытанным временем Божьим заповедям неуважительно, непочтительно, безучастно. Здесь же апостол Пётр характеризует то же самое общество последнего времени, что и Павел, но прилагательным *asebes*. Это общее определение описывает людей, которые уже давно *живут, не разбирая, что вокруг них считается священным, Божьим*. И когда Пётр назвал судьбу Содома и Гоморры «примером», вот какой оборот приняло это конкретное пророчество: разрушение двух древних городов является для Бога некой уменьшенной копией. Оно, как модель для скульптора, стало прототипом последнего суда, который неминуемо совершится над этой категорией человечества — нечестивцами.

> Судьба Содома и Гоморры — это некий «прототип» грядущего суда над «нечестивым» человечеством, которому надлежит совершиться в конце всех эпох.

Из приведённых стихов мы делаем вывод: справедливый Божий суд над неповиновением неизбежно совершался.

Примеры тому — суд над восставшими ангелами, суд над непокорным древним человечеством в эпоху Ноя и над нечестивыми городами Содомом и Гоморрой. Точно так же и в будущем, в конце «века сего», совершится суд над безбожным миром.

Напомню: в начале второй главы своего второго послания Пётр указывает на время в будущем, когда сбившиеся с пути духовные наставники тайком привнесут в Церковь свои ереси. В этой же главе апостол старательно перечислил показательные случаи Божьего суда. Мы увидели, что ожидает всех, кто идёт против истины и отказывается прислушаться к призыву Творца остановиться и покаяться.

- Если Бог осудил ангелов, не покорившихся Его власти.

- Если Бог осудил всю древнюю цивилизацию, не покорявшуюся Его власти во дни Ноя.

> Данный отрывок Священного Писания на самом деле свидетельствует о Божьем милосердии. Господь через Петра написал всё это как предупреждение каждому христианину, а особенно лидерам и духовным наставникам Божьей Церкви.

- Если Бог осудил Содом и Гоморру и превратил их в пепел, потому что те не покорялись Его власти.

- То, несомненно, Бог *будет* судить духовных руководителей, которые продолжают упорно не покоряться Его авторитетному Слову.

В этих стихах Пётр описывает развитие событий, которое я не пожелал бы никому! Апостол рассуждает *о возможности такого сценария* для тех, кто заблуждается сам и предлагает заблуждение под видом библейского учения другим. И поэтому данный отрывок Священного Писания на самом деле свидетельствует о Божьем милосердии. Господь через Петра написал всё это как предупреждение каждому христианину, а особенно лидерам и духовным наставникам Божьей Церкви.

- Обдумав приведённые выше реальные примеры из истории, нам необходимо ответить на следующие вопросы:

- Чем можно помочь людям, сбившимся с пути, чтобы им не довелось пожать «погибель»?

- Какую роль мы призваны сыграть в жизни обманутых христиан, чтобы помочь тем избавиться от ослепившего их обольщения и таким образом избежать Божьего суда?

- Как сегодня можно поспособствовать освобождению духовных наставников или христиан из сетей духов-обольстителей и бесовских учений?

В двух заключительных главах настоящей книги мы продолжим изучать слова Петра. Мы узнаем о нашем с вами участии в освобождении прихожан церквей или духовных наставников, сбившихся с истинного пути. Верю, что вы чётко увидите свою важную роль как Божьего сотрудника в деле освобождения тех, кто попал в заблуждение, чтобы помочь им вернуться на путь подлинно библейских откровений.

Поразмыслите над этим

1. В мире людей целью любого контрабандиста является перевезти через границу запрещённые товары или изделия, скрыв их от глаз представителей государственной власти. Причём сами запрещённые товары или изделия документально представляются как законный груз. Духовные контрабандисты движимы той же целью и действуют по той же схеме. Они представляют христианам истину и ложь «в одном пакете», чтобы скрыть настоящий характер лжи. Духовные контрабандисты стремятся сделать запрещённое учение «удобоваримым» для своих слушателей, чтобы те, ничего не заподозрив, приняли это учение в разум и сердце. Лжеучители рассчитывают, что слушающие их христиане не обладают достаточным уровнем духовной проницательности для распознания лжи в предлагаемой им «библейской» вести.

   Насколько качественно подготовили самого себя в Божьем Слове *вы*, чтобы своими духовными глазами моментально определить «контрабанду», как бы хитро и искусно её ни маскировали? Что ещё вам необходимо предпринять для того, чтобы заполнить все пробелы духовной подготовки в Слове?

2. Закон сеяния и жатвы действует безотказно с начала мироздания. Нейтрализовать действие этого закона не под силу никому из людей, какими бы смышлёными они себя ни считали. Отступившие от истины служители, уводящие от неё и своих последователей — Божьих детей — рано или поздно пожнут именно то, что посеяли.

   Можете ли вы привести примеры известных служителей последнего столетия, которые начинали своё поприще замечательно, однако в результате череды неверных решений принялись сеять в Церковь пагубное заблуждение? Из всех тех служителей-отступников, имена которых вы вспомнили, кто именно в конце концов покаялся и вернулся на истинный путь? А что стало с теми, кто так и не одумался?

3. Сегодня духовный маркетинг, основой которого является манипуляция сознанием ради достижения целей нашего противника, процветает, как никогда прежде! Слова, специально подобранные для соответствия эгоистичным целям некоторых лжепроповедников, звучат уже давно. И единственный способ оставаться полностью свободным от влияния обольщения и манипуляции сознанием — это хранить свои сердца в чистоте, быть чуткими к наставлениям Святого Духа, проявлять здравомыслие, в основе которого лежит истина Божьего Слова.

Оцените собственную склонность к манипулированию сознанием окружающих вас, равно как и к подбору определённых слов и выражений в каждой конкретной ситуации с целью извлечь из этой ситуации максимальную выгоду для себя или добиться эгоистичных целей. К какому выводу после этого честного исследования самого себя вы пришли?

Глава десятая

ЗНАЕТ ГОСПОДЬ, КАК ИЗБАВЛЯТЬ БЛАГОЧЕСТИВЫХ ОТ ИСКУШЕНИЯ

Представьте себе следующее…

Мерцание далёких огней согревало ночное небо нежным светом и привлекало внимание странника. Ветер едва заметно колыхал полог его походного шатра, сшитого из шкур дорогих породистых коз, что когда-то паслись на лугах Месопотамии. Лот с любопытством вглядывался вдаль. Там, у самой кромки горизонта, виднелся «золотой» город. Отсюда был хорошо слышен бой барабанов, энергично выбивающих затейливый ритм. Порой ноздри Лота щекотал аромат жаренной на вертеле дичи, приправленной пряными травами. Всё это до боли напоминало ему родной Ур.

Разрыв с Авраамом по-прежнему будоражил разум Лота. Их пути разошлись, и они перестали путешествовать в поисках обещанной Богом земли вместе. Лот, возможно, впервые в жизни осознал, что отныне его судьба была в его руках. Теперь он сидел на месте полновластного хозяина у двери *своего* шатра и всматривался в бескрайние равнины. Огни города манили его. Перед его мысленным взором разворачивались широкие, как сами эти земли, перспективы для жизни и бизнеса.

Последние пять лет Лот брёл в тени своего дяди Авраама. Всецело доверяя вере последнего, он перестал полагаться на собственные ощущения. Тогда-то виды, звуки и запахи Содома начали пробуждать в нём интерес. Они влекли его душу, которую Лот уже давно перестал контролировать. Мысли мягко и нежно звучали в его голове, отдаваясь в сердце приятным журчанием ручейка. Постепенно они набирали силу, пока не захватили его разум и не увлекли, как течение мощной реки, которому уже невозможно сопротивляться.

О том, что творится в Содоме, знали все. То был город порока и разврата. Он совершенно не подходил для жизни человека, пребывающего в завете с Богом. Однако, поразмыслив, Лот убедил себя, что у него достанет моральных сил преодолеть тлетворное влияние. Уж он-то сможет сохранить своё благочестивое воспитание в культурной среде нового города. А когда станет «одним из них», может быть, даже посвятит хотя бы некоторых в свою веру. Лот был благословенным человеком и благодаря семейному ремеслу обладал большим материальным состоянием. Он сможет устроиться в Содоме, позволив себе насладиться плодами праведных трудов. А попутно будет свидетельствовать окружающим о Божьей благости.

Решение основаться в Содоме крепло в разуме Лота с каждым новым ударом содомских барабанов. Уже вскоре племянник Авраама был не в силах противиться нарастающему соблазну. Мысли, случайно залетевшие в его разум при виде далёких огней, пустили корень в его душе и проросли незаметно. *Знал ли он тогда, что на кону стояла его жизнь?*

Поговорим о Лоте, поскольку его жизнеописание имеет непосредственное отношение к размышлениям о псевдослужителях в предыдущей главе. Вышеописанный сценарий (с Лотом в главной роли) не сильно отличается от того, что в действительности произошло с этим человеком Завета и его ближайшими родственниками. Пример Лота стал пронзительным предупреждением для нас, верующих во Христа, всех, кто состоит с Ним в завете.

Историю Лота, рассказанную во Втором послании Петра 2:7–9, можно считать классическим примером отступничества. Это отступление от истины Священного Писания происходило как на нравственном, так и на духовном уровне. Лот, одно за другим, оставлял собственные убеждения и постепенно уговаривал самого себя двигаться в неверном направлении. Позднее мы увидим, что это его решение стало причиной ужасной личной трагедии.

Нам предстоит тщательно исследовать библейское повествование о Лоте. Мы постараемся понять, почему апостол Пётр привёл его в качестве примера *верующего человека* и *предводителя, который* окончательно сбился с пути.

Итак, начнём. Напомню, что во второй главе своего Второго послания, Петр говорит о проблеме заблуждающихся духовных наставников. Автор письма предупреждает, что ближе к концу «века сего» их будет появляться всё больше и больше (ст. 1-3). Как вы сами убедились, действия Бога очень последовательны. Апостол показывает нам на трёх ярких примерах, как Господь поступает с людьми, слышащими Его голос, но не желающими покоряться Его власти. Цель этой главы — предупредить заблуждающихся служителей (да и, собственно говоря, *всех христиан*, попавших в обольщение), а также возвестить всем остальным, что им следует предпринять при встрече с прихожанином или служителем церкви, который сбился с пути.

Но всё же почему Пётр привёл Лота в качестве примера заблудившегося *духовного руководителя*? Как мы увидим,

Лот отклонился от пути веры, по которому некогда шёл. Он приспособился к окружающему миру и пожертвовал своим благочестивым образом жизни в угоду культуре. Как раз о таких изменениях в образе жизни некоторых служителей Церкви ближе к завершению нынешней эпохи и предупреждал Святой Дух.

В Книге Бытие 11:26–28 мы читаем о том, что у Аврама (прежде чем он стал называться Авраамом) был брат по имени Аран. Он-то и являлся родным отцом Лота. Но Аран умер ещё до того, как Аврам верой отправился из Ура Халдейского, земли своих предков, в обетованную землю. После смерти Арана Аврам и Сара (ещё до того, как её имя стало «Сарра») взяли на себя родительские обязанности в отношении Лота. Такой обычай был распространён во многих древневосточных культурах. Это означало, что Аврам занял в жизни Лота авторитетное положение. Поскольку у Аврама и Сары на тот момент не было собственных детей, Лот стал для них, словно родной сын, он сделался частью их семьи.

С учётом вышесказанного можно с определённой степенью уверенности заключить: всё, что в этой семье происходило, так или иначе касалось Лота. Вероятней всего, в тот день, когда Аврам поведал родным о том, что слышал реальный голос Бога (см. Деяния 7:2, 3), Лот также находился где-то неподалёку. Данное событие положило начало грандиозным переменам в жизни Аврама. До этого он был язычником и соблюдал древние предания. Предки научили его поклоняться богу луны (культ наиболее распространённый среди народов, населявших Ур Халдейский). Представьте, как прозвучало заявление Аврама об отказе от древних языческих суеверий и желании следовать за Богом, Которого никто из местных жителей не знал. Наверняка, это вызвало самый настоящий скандал, и не только в семействе Аврама, но и во всём окружении. Несомненно, подобное развитие событий коснулось бы и Лота.

Знает Господь, как избавлять благочестивых от искушения

Поскольку Аврам был для Лота вместо родного отца, разумеется, они жили недалеко друг от друга. Поэтому первые решительные шаги веры, которые сделал Аврам, племянник не мог не заметить. И когда его состоятельные дядя и тётя покинули свой уютный дом в Уре Халдейском, чтобы идти за небесным голосом, Лот, согласно библейскому повествованию, последовал за ними (см. Бытие 11:31).

В пятой главе моей книги «Божья воля — ключ к вашему успеху» очень подробно говорится о Божьем призвании в жизни Аврама. И не только о победах, но и об ошибках, совершённых патриархом в первые годы его следования за Богом. В упомянутой главе мы подчёркиваем, что изначально Бог повелел Авраму отправиться в путь одному (в смысле, вместе с Сарой, разумеется). «И сказал Господь Авраму: пойди из земли твоей, от родства твоего и из дома отца твоего, в землю, которую Я укажу тебе» (Бытие 12:1). Однако Аврам позволил Лоту отправиться вместе с ним из города отцов на поиски неизвестной земли, обещанной неведомым Богом. На примере этой первой оплошности Аврама можно многому научиться. Настоятельно рекомендую вам прочесть пятую главу моей книги «Божья воля — ключ к вашему успеху». Уверен, то, что там рассказано на основе данного библейского повествования, способно принести вам пользу. В рамках же нашего нынешнего исследования ограничимся таким фактом: когда слуги Аврама принялись собирать его вещи, складывать на верблюдов и ослов для путешествия, Лот находился поблизости. И когда Аврам и Сара на несколько лет остановились в одном из городов по пути следования, Лот также жил вместе с ними.

Через время Аврам и Сара вместе со всеми сопровождающими двинулись дальше. Они пересекли пределы обетованной земли, где лицезрели исполинов, населявших те края. Лот по-прежнему находился рядом с Аврамом и Сарой, он увидел первоначальную реакцию дяди на это зрелище и сразу же понял, с какими серьёзными испытаниями им всем придётся столкнуться в новой и неизведанной земле.

Лот видел, как Аврам воздвигал Богу жертвенник, как воззвал к Всевышнему о помощи, как будущий патриарх вновь посвятил себя и свою семью Богу, покорившись Его воле (см. Бытие 12:6, 7). Эта молитва ознаменовала решающий момент на пути веры Аврама. Как и прежде, можно утверждать с определённой долей уверенности, что при том священнодействии Лот находился рядом со своим дядей. Возможно, даже помогал ему собрать камни для жертвенника, полностью осознавая, что в этот памятный день всё семейство вновь посвятило себя Божьему замыслу и воле. Лот сопровождал Аврама и Сару даже во время их непродолжительного визита в Египет, где на себе испытал Божью защиту и покровительство (см. Бытие 12:10–20).

Словом, прожив рядом с Аврамом продолжительное время и проделав вместе с ним столь долгий путь, Лот не мог не вникнуть в причины и суть следования Аврама за Богом. Он понимал, что значит обращение от идолов к живому Богу и покаяние, осознавал важность послушания Божьему голосу. Сам образ жертвенника красноречиво свидетельствовал о серьёзности Божьего требования жить в полном посвящении и преданности Господу. Во многом Лот стал спутником Аврама в его приключении веры, о котором мы сегодня читаем. Лот не просто наблюдал со стороны за этим приключением, но участвовал в нём. Он лично прошёл весь путь вместе с Аврамом и Сарой. Их вера стала его верой.

И тем не менее Лот, при такой богатой и поучительной истории жизни рядом с дядей, к сожалению, расстался с ним. Как только ему представилось право выбрать свои пределы обитания, Лот выбрал Содом — один из наиболее развращённых городов той эпохи (см. Бытие 13:10–13).

Лот сопровождал дядю в путешествии веры и на примере Аврама осознал важность следования Божьему призыву. Он понимал ценность жизни, посвящённой Богу от начала и до конца. Тем не менее на пороге судьбоносного решения для самого себя и всего семейства Лот каким-то образом убедил себя в том, что сможет пойти на компромисс, не пострадав при этом.

Племянник Аврама покинул Ур Халдейский с его языческим укладом жизни и обычаями, но эти обычаи не покинули *его*. И на важнейшем перекрёстке жизненных путей его привлекла среда обитания, знакомая с детства. Беда в том, что Лот не только сам пришёл в эту тлетворную обстановку, он привёл туда свою семью — жену, дочерей, зятьёв. По прошествии времени, как кажется, все они стали вариться в одном большом котле города с дурной славой, сделавшись жертвами его развратного влияния.

> На пороге судьбоносного решения для самого себя и всего семейства Лот каким-то образом убедил себя в том, что сможет пойти на компромисс, не пострадав при этом.

Историю Лота можно назвать историей человека, имевшего прекрасный духовный старт, но в процессе сошедшего с дистанции — то есть с пути веры. Возможно, духи-обольстители «помогли» Лоту сделать выбор в пользу жизни в безнравственном обществе, в окружении разврата и мерзостей — всего, что противно Богу. Решив обосноваться в Содоме, Лот по сути вернулся в ту же тлетворную обстановку, что была в Уре Халдейском. В Уре он и его семья прожили много лет, прежде чем вышли оттуда с Аврамом и Сарой (см. Притчи 26:11), когда Аврам услышал призыв истинного живого Бога и последовал этому призыву.

Вопиющий, разнузданный образ жизни в Содоме был во многих отношениях схожим с обстановкой, окружавшей

Лота в Месопотамии. В Содоме, среди нечестия и беззакония, Лот, познавший и испытавший на себе обилие Божьей благодати, оказался в привычной и удобной для себя среде обитания. Как же сильно он отдалился от всего, что знал, во что верил и что переживал в отношениях с Богом! Отбросив доброе прошлое, Лот решил войти в общение с жителями Содома и наслаждаться «комфортной» жизнью.

Жить в Содоме Лота не заставлял никто. Попав туда впервые и увидев всю развращённость этого города, Аврамов племянник имел возможность развернуться и уйти. Однако решил поступиться убеждениями и устроить себе новую жизнь именно здесь. Лот прекрасно понимал, что город совершенно не подходит для праведника, его семьи и потомства.

Судя по тому, как именно Лот принимал в ту пору жизненно важные решения, кажется, что в его душе по-прежнему жил и здравствовал Ур Халдейский. Казалось, годы, что Лот ходил путём веры вместе с дядей, прошли даром. Для нас в этом кроется важный урок! Нам нужно хорошо запомнить: если не разобраться с потенциальной проблемой, пока она ещё в зародыше, та разрастётся и непременно «выстрелит» в самый критический момент жизни!

> Если не разобраться с потенциальной проблемой, пока она ещё в зародыше, та разрастётся и непременно «выстрелит» в самый критический момент жизни!

Вероятнее всего, именно это и произошло с Лотом, когда вместе с семьёй он прибыл в Содом. Скорее всего, плотской натуре Лота этот город показался настоящим раем, в котором всё представлялось привычным и знакомым. Всё выглядело именно так, как прежде, до их путешествия с дядей. Потому Содом сразу же привлёк его.

Отступничество Лота было постепенным. По сути, то же самое происходит и с любым отступником-христианином или духовным наставником, которые отходят от веры. Они отходят от всего, что прежде знали, во что верили и что переживали в своих личных отношениях с Богом и Его Словом. История Лота, пожалуй, стала в Писании классическим примером того, как в жизни христианина постепенно происходит отступление от Бога и Его Слова. Это и являлось ключевой темой в одной из глав Второго послания Петра, который привёл судьбу Лота в качестве примера отступничества.

С чего начинается отступничество

В Книге Бытие 13:6, 7 говорится, что у Аврама и Лота было много слуг, скота и другого материального имущества. Но со временем их земля оказалась для них настолько тесной, что пастухи обоих господ вели непрестанные споры за территорию. Дядя с племянником попросту перестали уживаться друг с другом. Вот как это выглядело:

> «И непоместительна была земля для них, чтобы жить вместе, ибо имущество их было так велико, что они не могли жить вместе. И был спор между пастухами скота Аврамова и между пастухами скота Лотова...»

Писание указывает на то, что Аврам любил Лота как сына и не хотел ссориться. Потому он предложил племяннику следующий выход из ситуации: «И сказал Аврам Лоту: да не будет раздора между мною и тобою, и между пастухами моими и пастухами твоими, ибо мы родственники; не вся ли земля пред тобою? отделись же от меня: если ты налево, то я направо; а если ты направо, то я налево» (Бытие 13:8, 9).

В следующем стихе говорится: «Лот возвел очи свои и увидел всю окрестность Иорданскую, что она, прежде нежели истребил Господь Содом и Гоморру, вся до Сигора орошалась водою, как сад Господень, как земля Египетская» (Бытие 13:10).

Даже по античным меркам Содом и Гоморра считались роскошными, богатыми городами. Они предлагали своим жителям и гостям прекрасные финансовые возможности. Огни, звуки и запахи этих городов доносились до того места, где в то время обосновался Лот. Так что, по всей вероятности, соблазн жить в одном из этих городов уже некоторое время подступал к душе Лота — *ещё до того*, как Аврам предложил им жить порознь. Лот был спутником своих состоятельных дяди и тёти в их следовании за Богом. Но путь веры ни одному из них не показался приятной прогулкой! Кочевать с караванами в течение нескольких лет, без сомнения, опыт не из лёгких. Возможно, Лот подумывал о том, что это хождение за Богом порядком измотало его и его семью — всё было далеко не так, как они себе представляли. Доподлинно нам это неизвестно, однако, не исключено, что именно после *таких* размышлений, услышав предложение Аврама расстаться, Лот без промедления направил взор к Содому.

Вероятно, кто-то из ваших знакомых тоже устал идти за Богом, расхотел следовать за Его призванием и выполнять поручения. Вам вспоминаются верующие, убедившие себя в том, что жизнь с комфортом лучше? История знает огромное количество людей, которые горячо следовали за Богом некоторое время, но затем их пыл угасал. Это происходило по разным причинам. Постепенно человек убеждает себя в том, что для него и его семьи будет лучше, если сделать себе послабление!

Вдумайтесь: весьма вероятно, что с Лотом произошло именно это. Так или иначе, едва услышав предложение Аврама выбрать землю, Лот указал на Содом и Гоморру. Не иначе, мысль отделиться от Аврама, уже какое-то время крутилась в голове Лота, прежде чем Аврам высказал своё предложение. Вряд ли такое быстрое решение отправиться в Содом было спонтанным.

Попрощавшись с дядей, Лот направился в Содом не сразу. Всё же этот человек долго шёл за Богом, достаточно, чтобы понимать: Содом и Гоморра — это не те города, в которых стоит жить ему и его семье. Однако, как написано в Книге Бытие 13:11–13, вскоре начался путь Лота к компромиссу: «И избрал себе Лот всю окрестность Иорданскую; и двинулся Лот к востоку. И отделились они друг от друга. Аврам стал жить на земле Ханаанской; а Лот стал жить в городах окрестности и раскинул шатры до Содома. Жители же Содомские были злы и весьма грешны пред Господом».

Очевидно, Лот в конце концов убедил сам себя переехать в не совсем нормальное для него окружение. Выбирая для постоянного места жительства безбожную обстановку, племянник Аврама осознанно нарушал Божьи и собственные принципы, которыми руководствовался до переезда в Содом. Ему приглянулся этот город, по-человечески он был привлекателен, сулил неплохие перспективы. Но Лот не мог не понимать, что для такого, как он (хорошо знавшего Бога и имевшего с Ним отношения), это место было *запретным*.

Напомню: Пётр привел Лота в качестве наглядного примера духовного руководителя, отступившего от веры. Зачастую духовные руководители, подобно Лоту, начинают шествие за Богом с крепкой верой и глубоким посвящением покорно следовать Божьему призванию. В начале этого пути они полностью отдаются Иисусу и нередко испытывают в самых разных областях своего служения Богу и людям чудодейственную силу Святого Духа. Однако впоследствии по самым разным причинам, например, из-за усталости, разочарования, всё чаще поддаются искушению снизить высокие стандарты святости. Они думают, что таким образом значительно облегчат себе существование. Одни начинают размышлять над тем, что позиция религиозного плюрализма упростит их жизнь, считают, что если согласятся с отличающимися или противоположными религиозными взглядами окружающих, то будут приняты в их обществе. Другие решают для себя, что им не помешает сделать некоторые уступки в пользу мира по злободневным этическим и «культурным» вопросам (по которым взгляды Писания и мира диаметрально расходятся). Но таким образом они ослабляют свою твёрдую, убедительную библейскую позицию в этих областях.

Всё же дело в том, что никто из любящих Иисуса вдруг, ни с того ни с сего, не скажет: «Сегодня я намеренно отступлю от своей твёрдой библейской позиции». Отступничество — это процесс *постепенного*, порой *едва заметного*, отхода от истины. Медленно, но верно человек шаг за шагом приближается к позиции терпимости. Ему уже не режет слух и не колет глаз всё то, что ещё совсем недавно он считал греховным и отвратительным.

Согласитесь, именно такой процесс мы наблюдаем в случае с Лотом. Как следует из Библии, Лот «раскинул шатры *до* Содома». Иными словами, Лот расставил свой шатёр на равнине таким образом, что при откинутом пологе шатра открывался вид на город вдалеке. Вечерами Лот садился под навесом шатра, чтобы насладиться после знойного дня прохладным ветерком. Лот всматривался в манящие содомские огни. Более чем вероятно, по ветру до него доносились и городские звуки, и разнообразные запахи.

Возможно, Лот, даже регулярно перемещал свой шатёр на метр в сторону Содома. День за днём он всё ближе подбирался к заманчивому, хотя и нечестивому, городу. И однажды оказался настолько близко к городской черте, что решение просто взять и переехать в сам Содом далось проще простого. И мужчина, научившийся у своего дяди жить благочестиво, решил обосноваться в самом логове разврата. Он просто убедил себя в том, что такое решение было идеальным как для него, так и для его ближайших родственников.

Ранее мы отметили, что Содом и Гоморра во многом походили на Ур Халдейский, где также царили разврат и идолопоклонничество. Обстановка Ура Халдейского была пропитана злом, и Бог вызволил оттуда Лота, когда тот решил отправиться за Богом вместе с Аврамом. Но поскольку Лот вырос в столь мрачной с духовной точки зрения атмосфере, она притягивала его. Там он переживал ощущения, знакомые с детства. Да и юность его также прошла в Месопотамии. Лот не смог устоять перед тягой своего нового греховного окружения.

Вернёмся к тексту, в котором говорится, что Лот «раскинул шатры до Содома». Смотрите: он не устремился в Содом и не пустился во все тяжкие сразу, как только стал самостоятельным. Однако, поставив шатёр с видом на этот город греха, Лот подверг свой разум наплыву мечтаний. Он представлял, каково было бы жить там и участвовать во всём происходящем в городе. И вот наступил день, когда Лот решил: хватит мечтать о жизни в Содоме — он просто взял и переехал туда!

Это пример того, как грех умело и хитро заигрывает с нашими мыслями. Несмотря на то, что

> Лот не устремился в Содом и не пустился во все тяжкие сразу, как только стал самостоятельным. Однако, поставив шатёр с видом на этот город греха, Лот подверг свой разум наплыву мечтаний. Он представлял, каково было бы жить там и участвовать во всём происходящем в городе. И вот наступил день, когда Лот решил: хватит мечтать о жизни в Содоме — он просто взял и переехал туда!

Лот не направился в логово разврата и греха телесно, он тем не менее уже давно поселился там в своих мечтах. Подобным же образом, когда христианин на протяжении времени позволяет греху заигрывать со своими мыслями, рано или поздно ставшие греховными мысли начинают управлять им. Они могут утащить его на дно и вовлечь в фактическое участие во грехе.

> Когда христианин на протяжении времени позволяет греху заигрывать со своими мыслями, рано или поздно ставшие греховными мысли начинают управлять им. Они могут утащить его на дно и вовлечь в фактическое участие во грехе.

Как железо естественно тянется к магниту, так и что-то в нечестивом Содоме влекло Лота, затрагивая определённые струнки его души. Через время Лот уже не жил на равнине неподалёку от Содома, он поселился в самом городе.

Праведник, живший ниже стандартов праведности

В качестве места для себя Лот выбрал город, приготовленный Богом к уничтожению. Но прежде чем Бог обрушил на Содом и Гоморру потоки огня и серы, Лот всё же пожал благословения Божьего завета с его дядей Авраамом (после заключения завета Аврам стал Авраамом). По словам Петра, Бог «...*избавил* праведного Лота, утомлённого обращением между людьми неистово развратными» (см. 2 Петра 2:7).

Глагол «избавил» — это перевод греческого слова *ruotai*. В древнегреческом обиходе это слово подразумевало *отчаянную попытку спасти человека, стоящего на краю пропасти*. Поскольку Пётр прибегнул к такому конкретному слову, мы заключаем, что Бог протянул руку в самое логово разврата и порока, в которых утопал Содом. Он буквально «выхватил» оттуда Лота с его семьёй прямо перед тем, как обрушить на два нечестивых города посреди равнины свой неотвратимый суд. Иными словами, душа Лота огрубела. Под действием множества преступлений, которым Лот позволил проникнуть в своё сердце, он утратил духовную чувствительность. Для спасения Авраамова племянника с его семьёй потребовалось вмешательство самого Бога. Господь буквально опустил руку в содомскую бездну и вытащил оттуда Лота. Иначе тот промешкал бы и превратился в один сплошной пепел. Ведь огненное бедствие должно было обрушиться с минуту на минуту и в считанные часы уничтожить всю область! Кстати, несмотря на то, что Лот жил в одном из самых развращённых городов тогдашнего мира, Пётр характеризует его как «*праведного* Лота».

Прилагательным «праведный» переведено греческое слово *dikaios*, которое в Новом Завете чаще всего понималось именно так — *праведный* в отношениях с Богом. Оно и указывало на *праведность* как состояние перед Ним. То, что Пётр охарактеризовал племянника патриарха человеком «праведным», подтверждает одну глубочайшую истину: даже в отступившем верующем Бог способен разглядеть посвящение, которое тот сделал ради Него. Пусть даже с тех пор прошли годы и сейчас личная жизнь этого человека в беспорядке и прежнее посвящение покрыто слоями греховной грязи. Видя отступление Лота, Бог тем не менее смог назвать его «праведным». А значит, можно быть уверенным: Бог смотрит на знакомого нам христианина или сбившегося с пути духовного наставника сквозь их грех и обольщение, пленившие окаменевшие сердца.

Напомню: в своём послании Пётр поднимает проблему отступивших от истины духовных наставников. А значит факт того, что апостол назвал «праведным» Лота, свидетельствует о следующем: даже когда эти духовные наставники в обольщении, когда наносят вред самим себе, своим семьям и Телу Христову, Иисус всё равно смотрит на них сквозь их заблуждение и отступление. Несмотря на отступление от истинного вероучения, несмотря на то, как сильно они запятнали себя грехом, они по-прежнему принадлежат Господу.

Назвав Лота праведным, Пётр продолжает характеризовать его как человека, «утомлённого обращением между людьми неистово развратными». Причастие «утомлённый» здесь чрезвычайно важно, поскольку в оригинале на его месте стоит слово *kataponeo*, состоящее из приставки *kata*, несущей в себе идею *властвования*, и корня *poneo*, который означает «трудиться до изнеможения». Целиком же глагол *kataponeo* буквально означает «полное изнеможение». Таким образом, русское причастие «утомлённый» — в греческом оригинале *kataponeo* — можно перевести так: «изматывать», «утомлять», «сокрушаться», «приводить в состояние полного изнеможения».

> Лот изо всех сил пытался убедить себя, что сможет жить рядом с грехом, но не участвовать в нём, однако уже скоро испытал на себе всю силу и власть греха. То, что творилось в городе, постепенно изматывало его душу, ослабило, а затем и надломило дух, лишив сил сопротивляться греху.

При помощи причастия «утомлённый» можно проследить, как постепенно ухудшалось нравственное и духовное состояние Лота. Сначала он поставил шатёр с видом на Содом. Затем перебрался в этот город, полагая, что сможет жить рядом с грехом и не участвовать в нём. Изначально он не хотел попадать под его влияние. Однако всепроникающее зло и нечестие в атмосфере, в которой жил Лот, в конечном итоге «утомили» его. Иными словами, безнравственность и духовная распущенность вокруг Лота постепенно ослабляли его способность противиться греховному окружению. Он изо всех сил пытался убедить себя, что сможет жить рядом с грехом, но не участвовать в нём, однако уже скоро испытал на себе всю силу и власть греха. То, что творилось в городе, постепенно измотало его душу, ослабило, а затем и надломило дух, лишив сил сопротивляться греху.

И в какой-то момент, когда сил сопротивляться у Лота уже не оставалось, он всё же *поддался* влиянию своего окружения.

Быть принятым «за своего» — настоящая трагедия

До какой степени Лот поддался влиянию греховного окружения, нам неизвестно. Однако, когда Ангелы, которым было поручено уничтожить город, появились в нём в первый раз, они обнаружили Лота сидевшим «у ворот Содома» (Бытие 19:1). Выражение «сидеть у городских ворот» в античности означало «входить в число городских руководителей». Это показывает, до каких глубин нравственно и духовно успел опуститься Лот.

Мы определённо знаем, что Лот ошибочно полагал, будто сможет жить среди беззакония, не поддаваясь его влиянию. Но моральное и духовное давлением Содома было слишком велико. Не прошло много времени, как праведный человек, живший прежде верой, «влился» в городское общество. И влился основательно, Лот был даже удостоен «привилегии» *сидеть у городских ворот*!

То, что Лот вошёл в городское руководство, поистине поразительно! Неужели он закрыл глаза на сексуально развращённое поведение городских жителей? Чтобы прижиться в новом окружении, праведник решил не возмущаться по поводу их греховного образа жизни? Об этом можно лишь догадываться, но факт того, что Лот заседал у городских ворот, остаётся фактом: жители города приняли его за «своего».

Обратите внимание на то, что именно «утомило» Лота. Пётр характеризует его как «утомлённого *обращением* между людьми *неистово развратными*». Для того чтобы понять и оценить новую ежедневную среду обитания Лота в Содоме, следует рассмотреть всё словосочетание «*обращение* (между) *неистово развратными* (людьми)».

В оригинале на месте слова «развратный» стоит греческое *aselaeia*, указывающее на *необузданную жизнь* с акцентом на *чувственность*. Слово «обращение» — в греческом *anastrophe* — переводится как «поведение», «образ жизни». Вот как можно прочесть это словосочетание, переведённое целиком: Лот мучился в окружении бесчестных людей с *безудержно развращённым, возмутительно нечестивым, неистово чувственным образом жизни и поведением*.

От нескончаемого давления греховного окружения может ослабеть даже самый стойкий христианин. По этой причине Павел призывал новозаветных христиан во Втором послании Тимофею 2:22 «убегать юношеских похотей». К сожалению, Лот не захотел добровольно выйти из нечестивого города, в котором ранее решил поселиться. Вместо этого он продолжал находиться в развращённом окружении. Он жил среди этих людей, каждый день видел все их нечестивые действия и слышал скверные разговоры. Подобное происходило так долго, что в конце концов Лот поддался влиянию окружения. Каким-то образом получив собственное место у городских ворот, Лот стал естественным участником всех событий городской жизни.

Грех способен звать за собой

Здесь мне вспоминается случай из Ветхого Завета, когда Валаам попытался проклясть Божий народ, но из этого ничего не вышло. Колдовство Валаама, направленное на израильтян, не принесло желаемого результата, тогда он обманом предложил им необузданный, чувственный образ жизни, послав израильским мужчинам блудниц-моавитянок.

В Книге Чисел 25:1–3 об этом написано следующее: «И жил Израиль в Ситтиме, и начал народ блудодействовать с дочерями Моава, и приглашали они (дочери моавитские) народ (израильских мужчин) к жертвам богов своих, и ел народ [жертвы их] и кланялся богам их. И прилепился Израиль к Ваал-Фегору». Израильтяне попали в ту же ловушку, что и Лот. Причём Лот завлёк в неё сам себя. Все они играли с огнём, пока огонь не сыграл злую шутку с ними.

> Израильтяне попали в ту же ловушку, что и Лот. Причём Лот завлёк в неё сам себя. Все они играли с огнём, пока огонь не сыграл злую шутку с ними.

Обратите внимание на последовательность действий во всех этих процессах. Она раскрывает то, как чувственность и соблазн склонили израильтян к *вопиющему* греху.

Во-первых, дочери моавитские обратились к мужскому естеству в израильтянах. Блудницы, прислуживавшие у Вааловых жертвенников, порхали на глазах у израильских мужчин, выставляя перед ними напоказ практически обнажённые тела. Они манили их насладиться плотскими утехами.

Во-вторых, женщины-моавитянки позвали израильтян за собой в греховное окружение. Давая понять, что ими можно пользоваться беспрепятственно, моавитянки поманили мужчин Израиля последовать за ними. Они позвали их покинуть свои шатры и пойти туда, куда израильтянам ходить решительно не стоило! Несмотря на то, что Бог ранее уже являл израильтянам Свою верность, они сами дали ход собственным похотливым мыслям. Подгоняемые желанием, спровоцированным видом блудниц, мужчины в итоге поддались соблазну «подойти поближе и посмотреть получше».

В-третьих, моавитянки заманили мужчин-израильтян в самое средоточие греха. Вот мы и подошли к третьему шагу в развитии падения. Оказавшись в греховной обстановке, где процветала чувственность (именно туда их заманили моавитянские блудницы), мужчины Израиля, как говорится об этом в Библии, ели идоложертвенное мясо (см. Числа 25:2).

Так уж получилось, что пища, потребляемая в языческих капищах, предлагалась неподалёку от жертвенника, у которого совершались «священные» половые акты. В данном контексте предполагается, что израильские мужчины пришли не просто поесть мяса, а фактически и *посмотреть* на происходившее прямо перед их глазами.

В итоге соблазн пересилил мужчин и, как явствует из Книги Чисел 25:2, они «поклонились богам их». Иными словами, оказавшись лицом к лицу с грехом, израильские мужчины принесли свои благочестивые убеждения и нравственность в жертву бесам. В Книге Чисел 25:3 говорится: «И прилепился Израиль к Ваал-Фегору». Это означает, что израильские мужчины действительно вступили в половую связь, которую ранее рисовала их фантазия при виде моавитянских женщин. А всё началось с того, что они позволили в *своём собственном стане* блудницам соблазнительно расхаживать перед ними!

То, что мы видим в случае с израильскими мужчинами, можно назвать пошаговым процессом фактического падения. Подобное происходит в жизни христианина практически каждый раз, когда он поддаётся соблазну греха. Таким же образом свой грех совершил и Лот.

1. **Грех воззвал к нему** — и тогда Лот пододвинул свой шатёр поближе к Содому.

2. **Грех продолжал взывать к нему, приглашая проследовать за собой,** — и тогда Лот покинул равнину и бездумно переехал непосредственно в сам Содом.

3. **Грех искусил и соблазнил его** до такой степени, что Лот оказался у ворот Содома в качестве одного из городских руководителей (вот почему все содомские мужчины знали, в каком доме он живёт, как это явствует из Книги Бытие 19:4).

4. **Грех «утомил» его** — это означает, что Лот оказался побеждённым в результате повседневных соприкосновений с грехом путём его созерцания. Каким-то образом он поддался соблазну. Неизвестно, до какой степени Лот покорился содомлянам, однако, по словам апостола Петра, выбрав комфортную жизнь, Лот в результате потерял всё.

Жизнь среди чужих

Следует напомнить, что Пётр назвал Лота «праведным». Более того, говоря о Лоте, апостол подчеркнул это дважды. Пётр стремился выразить свою мысль как можно яснее: несмотря на то, что при действии духов-обольстителей и бесовских учений Лот поддался соблазну и сбился с пути, в Божьих глазах он не перестал оставаться праведником. Жизнь Лота — прекрасное свидетельство для сегодняшних прихожан и духовных наставников, которые отступили от истинного вероучения, некогда принимаемого ими.

Разумеется, каждый, кто идёт дорогой обольщения, безвозвратно теряет многое — вечные награды. Отступники потерпят ощутимый урон и не получат благословений, обещанных им по завету и для земной жизни. Пожалуй, одной из серьёзнейших потерь является потеря мира и покоя. Возможно, их ждут потери в семье, на работе, в материальной

> Мы обязаны всегда помнить это предупреждение и передавать его следующим поколениям: каждый, кто отклонится от пути послушания и истинной веры, неизбежно лишится чего-то ценного и дорогого.

сфере. Мы обязаны всегда помнить это предупреждение и передавать его следующим поколениям: каждый, кто отклонится от пути послушания и истинной веры, неизбежно лишится чего-то ценного и дорогого.

Пётр не случайно использует слово «праведный» для характеристики Лота. Так апостол уверяет нас в том, что обольстившиеся христиане, следующие за заблудшими наставниками, всё ещё хранят спасение. Однако, подобно Лоту, они стали жертвой духов-обольстителей, которым удалось извратить и осквернить истинное вероучение. Как следствие, эти христиане стали жить и вести себя во многом, как мирские люди, что Библия всегда осуждала.

Во Втором послании Петра 2:8 говорится: «Ибо сей праведник, живя между ними, ежедневно мучился в праведной душе, видя и слыша дела беззаконные». Деепричастие «живя» стало переводом греческого *egkatoikeo*, что означает «заселиться в дом и чувствовать себя там хорошо». Так мы узнаём о первых двух ошибках Лота. Он выбрал неправильное место для жизни и неправильную компанию для построения отношений.

Причём Лот не только выбрал не тех людей, с какими следовало строить близкие отношения. Судя по всему, подавив в себе мучения собственной души, Лот ещё и согласился принять их нравственные ценности и образ жизни. Создаётся впечатление, что Лот постепенно освоился в общении с выбранными им «друзьями». Он с готовностью отложил собственные убеждения для того, чтобы ощутить сладость мирского успеха, который сулил ему Содом.

Так поступают многие христиане и духовные наставники, споткнувшиеся на пути истины. А всё потому, что для удовлетворения своих духовных потребностей выбирают не тех друзей, советников — не тот круг общения. Многие достойные наши братья и сёстры во Христе споткнулись, потому что прислушались к совету тех, кого им не следовало слушать. Они поступились собственными убеждениями и последовали совету, который считали сомнительным. Эти братья и сёстры прислушались к нечистым рекомендациям, потому что им хотелось быть принятыми или получить какие-то привилегии. Многие из таких христиан начинали свой путь с Богом замечательно, но позже через череду ошибочных решений пожертвовали честностью, оставили порядочность и остановились в своём духовном развитии.

> Мы узнаём о первых двух ошибках Лота. Он выбрал неправильное место для жизни и неправильную компанию для построения отношений.

Словом, решение «поселиться» среди «чужих» всегда является опасным шагом. «Не те» люди, которых христианин ошибочно посчитал своими духовными друзьями, рано или поздно увлекут его в глубины обольщения. По этой причине христиане — *особенно* духовные наставники — должны быть осмотрительны в выборе круга общения!

Заглушённая совесть

Пётр продолжает свой рассказ о духовном и нравственном отступничестве Лота, указывая на положение того в Содоме. Во Втором послании Петра 2:8 мы читаем: «(Лот — ред.) живя между ними... *видя* и *слыша* дела беззаконные».

Деепричастия «видя» и «слыша» раскрывают следующую *серьёзную* ошибку Лота. Этот наглядный пример Петра демонстрирует силу влияния нечестия на жизнь христианина.

> То, что мы смотрим и слушаем, в конечном итоге определяет наше бытие.

Даже современная статистика подтверждает тот факт, что после просмотра в определённом объёме сцен насилия на экране, чувствительность человека к насилию притупляется. Та же статистика подтверждает, что, когда человек смотрит достаточный объём порнографических сцен, со временем он утрачивает чувствительность души. Он теряет осознание греховности своего поведения — его совесть притупляется. То, что мы смотрим и слушаем, в конечном итоге определяет наше бытие.

Живя в Содоме, Лот насмотрелся и наслушался нечестия в таком объёме, что его душа огрубела и перестала реагировать на греховность подобного образа жизни. Сердце праведника очерствело: зло, которое постоянно творилось перед глазами, больше не смущало его. Он уже ощущал себя в такой обстановке как рыба в воде.

Случившееся с Лотом произойдёт с любым духовным наставником, если тот выберет неправильный круг общения. Когда служитель постоянно находится в окружении тех, кто отклонился от вероучения Священного Писания, вначале он ещё будет ощущать некоторое беспокойство от их нехристианского поведения. Однако, если продолжит находиться в их обществе, слушать их слова, его душа со временем *огрубеет* по отношению ко греху. Он перестанет обращать внимание на сомнительное поведение окружающих его «друзей». Через время этот служитель, скорее всего, будет склонен вести себя так же, как его окружение. Он станет копировать отношения, взгляды, убеждения, лексику и поступки своих заблуждающихся «друзей» и знакомых.

Лот совершил ужасную ошибку — он постоянно *смотрел* и *слушал* то, что сильно вредило его душе. Всё сказанное спровоцировало состояние «утомлённости» в жизни Лота.

Бог чётко призывает нас хранить свои глаза и уши, чтобы не совершить подобную ошибку. Он призвал нас быть честными, порядочными и не допускать компромиссов.

> Бог призвал нас быть честными, порядочными и не допускать компромиссов.

Духовная пытка

Пётр продолжает свой рассказ о том, как всепроникающий грех Содома пропитал душу Лота, следующими словами: «...живя между ними, ежедневно *мучился* в праведной душе, видя и слыша дела беззаконные».

На месте слова «мучился» в этом стихе в оригинале у Петра стоит глагол *basanidzo*, что буквально означает «пытать» или «пытка». Таким образом, мы понимаем, что, по крайней мере в первое время своего пребывания в Содоме, этот праведник мучился и страдал душой, глядя на греховные дела горожан и слушая об их похождениях. Поначалу, не успев огрубеть, душа Лота разрывалась на части. Добровольно живя в этом зловещем греховном окружении (где ему совершенно не следовало жить), племянник Авраама вынужден был привыкать к тому, что он всегда считал неприемлемым. И это было настоящей *пыткой* для его разума и души. Всем своим существом, каждой своей клеткой, он ощущал невыносимые мучения.

Лот отважился заигрывать с грехом в своём разуме. Он поселился среди нечестивцев. Постоянно подвергал глаза и уши потоку разврата и безнравственности, загрязнявших его душу. В результате всего этого жизнь Лота превратилась в одну сплошную душевную пытку. А в конечном итоге это привело к очерствению его души и совести. Так Лот погрузился в обольщение. Обольщение Лота и его нечувствительность ко греху стали настолько явными, что Богу пришлось буквально *выдёргивать* праведника, дабы его не уничтожили огонь и сера Божьего суда.

Господь знает, как избавлять благочестивых!

Если положение Лота стало результатом его собственного добровольного решения, то почему же Бог так радикально вмешался в ситуацию и спас Лота? Разве тот не самостоятельно сделал неверный выбор? Почему же Бог спас его от вечных последствий этого выбора?! Более того, когда сбившийся с пути христианин или заблуждающийся духовный наставник продолжает поступать, как и прежде, что именно побуждает Бога к действию? Почему Он избавляет и этого человека от гибели? Пётр отвечает на столь важные вопросы всё тем же наглядным примером — историей Лота.

Так, во Втором послании Петра 2:9 апостол пишет: «Знает Господь, как избавлять благочестивых от искушения…»

Поскольку в данном тексте апостол Пётр приводит в качестве примера жизнь Лота, давайте откроем Ветхий Завет. Прочтём о том, *как именно* Бог избавил Лота от греховного образа жизни. В Книге Бытие 18:1 говорится, что Господь вместе с двумя Ангелами явился дяде Лота у дубравы Мамре. В Книге Бытие 18:16 и 17 мы читаем: «И встали те мужи и оттуда отправились к Содому [и Гоморре]; Авраам же пошёл с ними, проводить их. И сказал Господь: утаю ли Я от Авраама [раба Моего], что хочу делать!»

Авраам и три небесных гостя направились к краю горы, с которой открывался вид на долину, где и располагались Содом с Гоморрой. И там Господь сказал Аврааму: « вопль Содомский и Гоморрский, велик он, и грех их, тяжёл он весьма; сойду и посмотрю, точно ли они поступают так, каков вопль на них, восходящий ко Мне, или нет; узнаю» (Бытие 18:20, 21).

Из последующих стихов мы узнаём, что Господь направил двух своих Ангелов в Содом и Гоморру с поручением расследовать царивший там грех. Что же касается Авраама, в Бытие 18:22 о нём говорится следующее: «И обратились мужи оттуда и пошли в Содом; Авраам же ещё стоял пред лицем Господа».

Обратите особое внимание на последние слова приведённого стиха: «...Авраам же ещё стоял пред лицем Господа». Авраам *знал, что* именно Ангелы обнаружат в Содоме и Гоморре. Дядя Лота был прекрасно осведомлён о крайне греховном, развращённом образе жизни людей в этих городах. Конечно же, Авраама до глубины души волновала судьба Содома и Гоморры. И немудрено, ведь в этом зловещем рассаднике греха жил его близкий родственник. Авраам понимал: стоит только гневу Божьего суда обрушиться на нечестивые города, ни Лоту, ни его семье никак не уцелеть!

Заступничество Авраама

Вот для чего «Авраам же ещё стоял пред лицем Господа» (Бытие 18:22). Патриарх понимал: если он не вступится за Лота, тот неминуемо погибнет вместе с Содомом и Гоморрой. Руководствуясь такими соображениями, Авраам решил заступиться за Лота перед Господом и сделал шаг навстречу Ему. Первые слова в переговорах Авраама с Богом о судьбе Лота записаны в Бытие 18:23. Прочитаем: «И подошёл

Авраам и сказал: неужели Ты погубишь праведного с нечестивым [и с праведником будет то же, что с нечестивым]?»

Выражение «и подошёл Авраам» указывает на серьёзность намерений патриарха ходатайствовать об избавлении Лота. Такое поведение заступника значимо, когда речь заходит о судьбе отступившего от истины христианина или духовного лидера. Важно отметить, что пребывание во власти обольщения портит жизнь не только самому обольщённому, но и людям из его ближайшего окружения. Когда отдельно взятые христиане или их наставники начинают верить ереси, это угрожает погубить не только их самих. Связанные с ними люди также оказываются под ударом. Поэтому мы обязаны вступиться за них, как в своё время сделал Авраам. Нам нужно просить Господа об их избавлении, чтобы им удалось избежать последствий своего ошибочного выбора. Ведь мы тоже хотели бы, чтобы кто-то вступился и за нас перед Господом, попадись мы в сети обольщения и подвергнись риску пострадать от пагубных последствий! Несмотря на неправильный образ жизни Лота в Содоме, Авраам приблизился к Господу и принялся ходатайствовать о спасении племянника.

> Несмотря на неправильный образ жизни Лота в Содоме, Авраам приблизился к Господу и принялся ходатайствовать о спасении племянника.

Итак, мы видим, что, несмотря на неправильный образ жизни Лота в Содоме, Авраам приблизился к Господу и принялся ходатайствовать о спасении племянника. Сцена разговора Авраама с Богом, описанная в Книге Бытие, похожа на общение двух человек за столом переговоров. Патриарх обсуждал с Господом все варианты спасения Лота от грядущего неминуемого суда над Содомом и Гоморрой, а также другими развращёнными городами во всей обречённой на истребление долине. В Книге Бытие 18:24 записана мольба Авраама: «Может быть, есть в этом городе пятьдесят праведников? неужели Ты погубишь, и не пощадишь [всего] места сего ради пятидесяти праведников, [если они находятся] в нём?»

Авраам продолжил переговоры об избавлении остатка праведников в Содоме и Гоморре. А если там найдётся 45 праведников (см. ст. 28)? А если обнаружится 40 праведников (см. ст. 29)? А если в городах насчитается хотя бы 30 праведников (см. ст. 30)? Или только 20 (см. ст. 31)? В конце концов в своём ходатайстве Авраам дошёл до цифры 10. Наконец он получил от Господа ответ: «…не истреблю ради десяти» (см. ст. 32).

Услышав это, Авраам обрёл уверенность в том, что Бог почтит собственное обещание, а значит, судьба Лота и его семьи — в надёжных руках! По мнению некоторых иудейских богословов, целиком семейство Лота, проживавшее в Содоме, насчитывало как раз 10 человек. Если это так, если Авраам знал о том с самого начала, то почему тогда, когда приступил к ходатайству и говорил о праведниках в Содоме, назвал цифру «50»? Есть ли какое-то логическое объяснение тому, почему патриарх начал с пятидесяти, а завершил десятью?

Напомню: Авраам стал первопроходцем в вере, сегодня мы бы сказали, что он был первым, кто жил по вере (со всеми вытекающими из этого понятия словами и действиями). Возможно, приступив к ходатайству об избавлении своих любимых родственников, Авраам ещё не знал, насколько дерзновенным в разговоре с Богом можно быть верующему. Судя по всему, патриарх осторожничал, прежде чем убедился, что теперь почва готова для *смелой* просьбы. Однако сегодня нам вовсе не требуется так осторожничать в молитве за тех, кому необходимо наше смелое заступничество. Послание Евреям 4:16 вселяет в нас совершенную уверенность: «Посему да приступаем с дерзновением к престолу благодати, чтобы получить милость и обрести благодать для благовременной помощи». Существительным «(с) дерзновением» здесь переведено греческое слово *parresia*. Оно было распространённым в языке оригинала в древние времена. Обычно его использовали в значении «высказывать свои соображения» и делать это с *невероятной смелостью, уверенностью и прямотой*.

Поскольку в Послании Евреям 4:16 Святой Дух использовал слово *parresia*, мы понимаем, что, когда приближаемся к Господу в молитве с открытым сердцем и душой или просьбой о помощи, нам не стоит бояться «избыточной» откровенности, «явной» смелости, «чрезвычайной» прямоты, «предельной» честности, «излишней» искренности или даже «чрезмерной» резкости.

Разумеется, непозволительно разговаривать с Богом непочтительно, однако и стыдиться говорить открыто о том, что наболело, тоже не стоит!

Обращаясь к Господу, помните: Он *хочет* услышать от нас всё, как есть на самом деле! Слово *parresia* также говорит о том, что Бога наша честность не тревожит. Если потребуется, Он обличит нас или направит к Слову, чтобы исправить неверное понимание каких-то вещей. Но Он всегда радуется, когда мы приходим к Нему, какие есть, и говорим с Ним свободно и открыто.

Далее, в Евреям 4:16, Святой Дух продолжает увещевать нас: «...да приступаем с дерзновением к престолу благодати, чтобы *получить* милость и обрести благодать для благовременной помощи». Глагол «получить» — это перевод греческого слова *lambano*, что означает «хвататься за что-то и держаться, чтобы сделать это своей собственностью». Например, это слово можно употребить, когда человек протягивает руку, чтобы *схватить, поймать* что-то. В некоторых случаях это слово применяется в значениях «резко, грубо, с силой схватить что-то, чтобы присвоить».

Это означает, что при ходатайстве за тех, кто попал в беду, вы имеете право *с усилием ухватиться* за Божью избавляющую милость. Далее в этом же стихе сказано, что, поступая так, мы «*обретём* благодать для благовременной помощи». Здесь глагол «обрести» является переводом широко распространённого греческого слова *heurisko*. Основное значение этого слова — «находить». За данным значением стоит мысль о находке, полученной в результате *поиска*.

Обычно слово *heurisko* указывает на находку, открывшуюся благодаря тщательному расследованию, научному исследованию или академическому изучению. В таком исследовании не остаётся места случайности. После долгих часов работы и длительного изучения темы труды, время и усилия исследователя окупаются — он находит то, что так долго и усиленно искал! И в подобный эмоциональный момент восторга восклицает: «Эврика!», т.е. «Нашёл!»

> Когда вы ожидаете явления избавляющей Божьей силы, вы получите именно то, что вам от Господа нужно. Так что не прекращайте искать Божьего ответа до тех пор, пока не ухватитесь за него и не сделаете его своим!

Всё это означает, что, когда вы ожидаете явления избавляющей Божьей силы, вы получите именно то, что вам от Господа нужно. Так что не прекращайте искать Божьего ответа до тех пор, пока не ухватитесь за него и не сделаете его своим!

Но со словом *heurisko* связано ещё нечто важное. Это слово указывает на находку или открытие, сделанные не только ради самого себя, но ради кого-то ещё. Например, если кому-то из ваших знакомых нужно избавление (как Лоту в описываемой ситуации), вы можете направить свою веру и получить избавление для нуждающегося человека.

Подтекст слова *heurisko* подразумевает «получение чего-то для кого-то другого», а это значит, что вы можете обратиться к нашему великому Первосвященнику за помощью для своего знакомого или друга. Вы способны снискать помощь для тех, кому она необходима. Это относится и к сбившимся с пути христианам, и к заблудшим служителям, к которым вы неравнодушны.

Выражение «для благовременной помощи» — перевод греческого слова *boetheia*, применяемого в области военного ремесла. Само по себе это слово можно перевести и как «помогать», т.е. «помогать человеку, который оказался в нужде». Однако в военном ремесле к данному слову добавляется гораздо более глубокое значение, благодаря чему его значимость существенно возрастает.

Во времена написания Нового Завета слово *boetheia* применялось чаще всего в военном деле. Оно указывало на тот момент, когда воин узнаёт, что его товарищ по оружию остался один против нескольких противников, оказался в плену или ранен. Как только эта информация дошла до сведения воина, он сразу же отправляется в бой ради поддержки или спасения своего товарища. Одного лишь известия о том, что его брат по оружию оказался в беде, было достаточно, чтобы воин вступил в бой. Не жалея сил, тот старался спасти своего однополчанина — вызволить его из-под удара и доставить в безопасное, защищённое место.

Святой Дух использует это самое слово, чтобы подсказать, что делать, когда *мы* оказываемся в беде *сами* или когда трудности возникают у дорогих нам *людей*. Мы призваны смело и откровенно идти к престолу Небесного Отца и просить о помощи для себя или ходатайствовать о других. И тогда Иисус, словно сильный Воин, отправится в бой и обеспечит избавление нам или тем, за кого мы молились!

Это и есть та самая «помощь», которую Иисус хочет предоставить нам, когда мы отважно ходатайствуем за людей, оступившихся и «раненых в бою» (тех, кто поддался соблазну искажённого мышления, неверных убеждений или греховного образа жизни). Если мы готовы взыскать Господа и попросить Его о помощи, Иисус за них вступится! Нам также нужно не прекращать ходатайство, «стоя в проломе» ради нуждающихся до тех пор, пока в их жизни не проявится сверхъестественная помощь! Господь ожидает, когда в момент острой необходимости мы смело предстанем перед престолом Небесного Отца и дерзновенно попросим Его об излиянии избавляющей силы.

Помня об этом, нам следует приближаться к Богу, как сделал Авраам ради Лота. Наша ответственность — уверенно ходатайствовать за сбившихся с пути прихожан церкви или духовных наставников, идущих не туда, куда следует. И скажу

> Нам следует приближаться к Богу, как сделал Авраам ради Лота. Наша ответственность — уверенно ходатайствовать за сбившихся с пути прихожан церкви или духовных наставников, идущих не туда, куда следует. И скажу предельно откровенно: как мы смеем их осуждать в то время, когда за них нужно усиленно молиться и ходатайствовать?!

предельно откровенно: как мы смеем их осуждать в то время, когда за них нужно усиленно молиться и ходатайствовать?!

Авраам прекрасно понимал, *что* произойдёт, когда Божьи Ангелы достигнут пределов нечестивых Содома и Гоморры и исследуют степень развращённости жителей данных городов. Патриарха это сильно тревожило, ведь он любил Лота. И любовь побудила его вступиться за племянника. Сомнений не оставалось: если сейчас же не вступиться за своих, то уже очень скоро огонь и сера обрушатся с Небес и непременно испепелят Лота со всеми его домашними.

Также активно должны действовать мы при виде брата или сестры по вере, уклонившихся от истины, равно как и духовного наставника, увлечённого ересью или другим заблуждением. Нам, как Аврааму, нужно всем сердцем вступиться за этих людей перед Божьим лицом. Мы призваны ходатайствовать за них, прося Бога вернуть их на истинный путь, чтобы нынешний образ жизни (в обольщении) не привёл к непоправимым последствиям ни их самих, ни людей, с которыми они связаны.

> **Когда мы совершенно уверены в том, что кто-то будет избавлен от погибели благодаря нашей заступнической молитве, душу наполняет сверхъестественный покой!**

Наконец, в Книге Бытие 18:33 говорится: «И пошёл Господь, перестав *говорить* с Авраамом; Авраам же возвратился в своё место». Слово, которое в русском переводе Библии обозначено глаголом «говорить», в английском переводе значится как «общаться» (commune). И тот факт, что молитва Авраама перед Богом названа «общением» с Ним, свидетельствует о следующем: Богу доставляет удовольствие, когда Его дети приходят к Нему ради смелой и откровенной ходатайственной молитвы о своих ближних. Бог обрадовался молитвенной смелости Авраама и обрадуется вашей смелости, когда вы предстанете перед Ним в уверенной молитве за отступивших от истины.

В Бытие 18:33 говорится, что, совершив труд заступнической молитвы, Авраам «возвратился в своё место». Что за глубокое и значимое утверждение! Из него мы понимаем, что, получив от Бога в молитве гарантию надёжной защиты и безопасности для Лота и его семьи, Авраам мог уверенно вернуться в свой шатёр и спокойно спать, зная, что Господь непременно исполнит Своё Слово. Когда мы совершенно уверены в том, что кто-то будет избавлен от погибели благодаря нашей заступнической молитве, душу наполняет сверхъестественный покой!

По этой причине Авраам вернулся домой, лёг спать, и сон его был спокоен. Патриарх знал, что Бог уважит его просьбу и что Лот с семейством будут сохранены. Между тем Содом и Гоморру ожидает неминуемое истребление.

Бог вспомнил об Аврааме

В продолжении библейского повествования мы читаем о том, как в Содом прибыли Ангелы. Они в ту же ночь пришли в город с целью исследовать степень развращённости его жителей. Повстречавшись с Ангелами, Лот упросил их ни в коем случае не оставаться ночью на улицах города, а войти в дом. Возможно, ему было известно, *что* именно увидят Ангелы, если останутся на улицах Содома в ночное время. Вероятно, Лот не желал, чтобы, перемещаясь по городу ночью, Ангелы застали буйство греха. Также не исключено, что Лот хотел защитить Ангелов от возможных сексуальных домогательств со стороны местных мужчин.

Тем временем мужчины-содомляне оказались настолько извращёнными, что, когда узнали о двух незнакомцах, остановившихся в доме Лота, «от молодого до старого, весь народ со всех концов города, окружили дом» (Бытие 19:4). Два Ангела пришли в Содом в облике сильных красивых мужчин и пробыли в городе всего лишь несколько часов. Однако весть о том, что в город пожаловали двое странников, распространялась по всем уголкам Содома со скоростью лесного пожара. Содомляне распалились сильной похотью и совершенно не скрывали своих злых намерений относительно двух новых мужчин. Потому в стихе 5 говорится: «…и вызвали Лота и говорили ему: где люди, пришедшие к тебе на ночь? выведи их к нам; мы познаем их».

В Бытие 19:7 звучит ответ Лота, подошедшего к двери: «…братья мои, не делайте зла». Этот стих раскрывает глубину компромисса в жизни Лота. Здесь племянник Авраама делает нечто немыслимое: называет мужчин-содомлян «братьями». Судя по всему, Лот настолько сильно заглушил голос совести, что разделил свою жизнь с местными людьми. А ведь это противоречило всем стандартам праведности, о которых он знал и которых должен был придерживаться.

В полной мере отступничество Лота раскрывается в Книге Бытие 19:8, где записан его дальнейший ответ местным мужчинам. Это просто не укладывается в голове! Читаем: «Вот у меня две дочери, которые не познали мужа; лучше я выведу их к вам, делайте с ними, что вам угодно, только людям сим не делайте ничего, так как они пришли под кров дома моего».

В понимании Лота (насколько же искажённым стало его мышление!) было вполне нормальным отцу предложить местным мужчинам вступить в половую связь с его дочерями, чтобы содомляне не домогались Ангелов! Однако дочери Лота оказались содомлянам вовсе не интересны. Тем хотелось «познать» двух мужчин, вошедших вечером под кров Лотова дома. В Книге Бытие 19:9 говорится об этом так:

«Но они сказали [ему]: пойди сюда. И сказали: вот пришлец, и хочет судить? теперь мы хуже поступим с тобою, нежели с ними. И очень приступали к человеку сему, к Лоту, и подошли, чтобы выломать дверь».

Иными словами, мужчины ответили ему так: «Кто ты такой, чтобы нас судить?!» Этими словами они подтвердили, что в Содоме Лота как праведника не воспринимал никто. Что-то лишило его права голоса в вопросах морали и нравственности. Более того, содомские нечестивцы сочли мнение и выбор Лота лицемерными. То есть, скорее всего, образ жизни Лота не сильно-то и отличался от образа жизни местных жителей. На попытки Лота указать содомлянам, что им делать и как жить, те ответили дикой яростью. Они принялись угрожать, что надругаются над ним самим, если он немедленно не выведет им тех двух странников (Ангелов) (см. ст. 9)!

В Книге Бытие 19:10, 11 говорится о том, что Ангелы сразу же вмешались в дело и для начала избавили Лота от опасности стать жертвой мужского насилия со стороны содомлян. Читаем: «Тогда мужи те простёрли руки свои и ввели Лота к себе в дом, и дверь [дома] заперли; а людей, бывших при входе в дом, поразили слепотою, от малого до большого, так что они измучились, искав входа».

Поскольку содомляне вознамерились сексуально надругаться над пришельцами и угрожали поступить с самим Лотом даже ещё хуже, Ангелы втащили Лота обратно в дом. Они надёжно заперли входную дверь, а затем поразили нечестивцев слепотой. Только так Божьим посланникам удалось хотя бы на время остановить безумие толпы.

Все эти события указывают на то, что содомляне оказались настолько подвластными демоническим силам, что даже в состоянии слепоты попытались найти входную дверь. Они не оставляли желания ворваться в дом, добраться до Лотовых гостей и изнасиловать их. С другой стороны, важно отметить, что слепота, поразившая содомлян, воспрепятствовала им найти выход из города, когда несколько позднее на город обрушился огненный дождь.

Книга Бытие повествует о том, что Ангелы спросили Лота: «Кто у тебя есть ещё здесь? зять ли, сыновья ли твои, дочери ли твои, и кто бы ни был у тебя в городе, всех выведи из сего места, ибо мы истребим сие место, потому что велик вопль на жителей его к Господу, и Господь послал нас истребить его» (Бытие 19:12, 13).

Неминуемому суду над городом надлежало начаться уже вскоре, и потому в Бытие 19:14 мы читаем: «И вышел Лот, и говорил с зятьями своими, которые брали за себя дочерей его, и сказал: встаньте, выйдите из сего места, ибо Господь истребит сей город. Но зятьям его показалось, что он шутит».

Примечательно, что дочери Лота, как оказалось, были замужем, ведь ранее Лот заявил, что у них никогда не было половых отношений с мужчинами. Эта деталь также подчёркивает, насколько пагубным оказалось для собственной семьи Лота пребывание в Содоме. По мнению некоторых библеистов, у Лотовых дочерей до момента повествования не имелось половых отношений с их мужьями потому, что мужья были гомосексуалистами. Иными словами, будучи в законном браке, семейные пары так и не скрепили своих отношений супружеским сексом. Если такое предположение библеистов правильно, оно лишний раз указывает на глубину и масштабность пагубного влияния Содома на отношения между членами семьи Лота.

Обратите внимание на следующие слова из того же библейского текста: «...Но зятьям его показалось, что он шутит» (Бытие 19:14). Это говорит о том, что мужья Лотовых дочерей никогда не замечали за тестем попыток стать духовным предводителем семейства. Более того, когда Лот внезапно заговорил о грядущем Божьем возмездии, зятья не восприняли его слова всерьёз. Должно быть, им подумалось: «Так ты вдруг стал проповедником?! Да ладно, ты серьёзно?! Кто ты такой, чтобы говорить нам о том, что хорошо, а что плохо?!» Несмотря на то, что до переезда в Содом Лот жил и поступал по вере, в самом Содоме он так и не стал для своей семьи духовным предводителем. Вот почему в самый ответственный момент, когда Лот попытался выступить среди своих как заслуживающий внимания духовный лидер, зятья не восприняли его слова всерьёз.

В Книге Бытие 19:15 и 16 повествование продолжается так: «Когда взошла заря, Ангелы начали торопить Лота, говоря: встань, возьми жену твою и двух дочерей твоих, которые у тебя, чтобы не погибнуть тебе за беззакония города. И как он медлил, то мужи те [Ангелы], по милости к нему Господней, взяли за руку его и жену его, и двух дочерей его, и вывели его и поставили его вне города».

На протяжении всей той ночи Ангелы защищали Лота и его семейство от извращённых мужчин-содомлян. Обезумевшие нечестивцы до самого утра пытались проникнуть в дом, чтобы надругаться над гостями Лота и самим хозяином. Прожив ту ночь под защитой Ангелов, утром следующего дня Лот услышал от Божьих слуг повеление спешно собрать всех родственников и покинуть Содом. Нужно было торопиться, чтобы успеть до того, как над городом совершится Божье

> Несмотря на то, что до переезда в Содом Лот жил и поступал по вере, в самом Содоме он так и не стал для своей семьи духовным предводителем. Вот почему в самый ответственный момент, когда Лот попытался выступить среди своих как заслуживающий внимания духовный лидер, зятья не восприняли его слова всерьёз.

возмездие. Как явствует из Библии, Ангелам приходилось поторапливать Лота. Это говорит о том, что Лот едва волочил ноги, очевидно, совершенно не желая покидать город, который уже давно назвал своим домом.

Затем Ангелы вновь предупредили Лота о том, что городу осталось жить считаные минуты. И как отреагировал на это Лот? В Книге Бытие 19:16 говорится, что он ещё раз замешкался, не желая отказываться от своего положения, комфорта и окружения, хотя всё это находилось на грани уничтожения.

> «И как он [Лот] медлил, то мужи те [Ангелы], по милости к нему Господней, взяли за руку его и жену его, и двух дочерей его, и вывели его и поставили его вне города». Иными словами, Ангелы *силой, против желания Лота, вывели* его и членов его семьи за городские пределы.

Совершенно непонятно, почему Лот покидал Содом с такой неохотой. Ангелы готовы прямо на его глазах осуществить Божье возмездие, а он не торопится. Человеку говорят, что вскоре город превратится в пепел, а он отказывается в это верить. Словом, всё закончилось тем, что Ангелам пришлось буквально *взять* Лота и членов его семьи за руку и *силой (против их воли!) вывести* за пределы города до начала его уничтожения!

После нескольких предупреждений Лот и его родственники всё ещё не желали покидать Содом. Они тешили себя надеждой на то, что Бог закроет глаза на грехи содомлян и передумает совершать возмездие над теми, кого Лот уже начал называть «братьями».

В Книге Бытие 19:24, 25 рассказывается, что произошло после того, как Лот с родственниками всё-таки вышли из города:

Знает Господь, как избавлять благочестивых от искушения

> «И пролил Господь на Содом и Гоморру дождём серу и огонь от Господа с неба, и ниспроверг города сии, и всю окрестность сию, и всех жителей городов сих, и [все] произрастания земли».

В момент катастрофы, когда вершилась судьба двух развращённых городов, своё истинное духовное состояние показала жена Лота. Как оказалось, нечестивое окружение Содома сумело отравить её душу смертоносным греховным ядом. Несмотря на данный Ангелами запрет оглядываться на города во время их разрушения, Лотова жена ослушалась. Она обернулась. И в момент непослушания превратилась в соляной столб. Решением обернуться жена Лота ослушалась Божьего повеления и отдала себя на осуждение вместе с городом, из которого только что вышла.

> В момент катастрофы, когда вершилась судьба двух развращённых городов, своё истинное духовное состояние показала жена Лота. Как оказалось, нечестивое окружение Содома сумело отравить её душу смертоносным греховным ядом.

В результате Божьего возмездия, настигнувшего Содом, Гоморру и соседние столь же нечестивые города, эти города оказались навеки стёртыми с лица земли. Без возможности восстановления. То было полное разрушение целой области, осквернённой вопиющим, развращённым образом жизни людей, не желавших каяться в своём грехе.

Во время всех вышеописанных ярких событий Авраам находился в своём шатре и спокойно спал. Приблизившись к Господу накануне в заступническом предстоянии, патриарх получил Божье заверение в том, что Лот и его родственники останутся целыми и невредимыми. В Книге Бытие 19:27, 28 говорится о том, что произошло дальше, когда Авраам проснулся утром после наказания Содома и Гоморры. Он вернулся к тому месту у края горы, на котором стоял перед Господом и ходатайствовал о Лоте, чтобы посмотреть, что произошло, пока он спал. В Бытие 19:27 и 28 читаем: «И встал Авраам рано утром [и пошёл] на место, где стоял пред лицем Господа, и посмотрел к Содому и Гоморре и на всё пространство окрестности и увидел: вот, дым поднимается с земли, как дым из печи».

Основание долины, в которой располагались сожжённые города, просело, ибо земля поглотила те окрестности. От пожарищ, оставленных на месте городов, поднимался дым.

Большинство историков и археологов сходятся во мнении, что Содом и Гоморра некогда располагались неподалёку от южного края Мёртвого моря или, возможно, на его дне. До сих пор побережье Мёртвого моря, не говоря уже о его дне, является самым низким участком суши на планете. Бог полностью уничтожил нечестивые города в той долине. Район Мёртвого моря по сей день остаётся молчаливым свидетелем Божьего возмездия за нераскаянный грех.

> С момента начала связи с греховным окружением и до момента, когда в конечном итоге Лот полностью слился со своей греховной средой обитания, жизнь Лота оказалась сплошной чередой ошибок и проступков, из-за которых он и отступил от веры.

Описание событий завершается такими словами: «И было, когда Бог истреблял [все] города окрестности сей, вспомнил Бог об Аврааме и выслал Лота из среды истребления, когда ниспровергал города, в которых жил Лот». С момента начала связи с греховным окружением и до момента, когда в конечном итоге Лот полностью слился со своей греховной средой обитания, жизнь Лота оказалась сплошной чередой ошибок и проступков, из-за которых он и отступил от веры.

Таков процесс вероотступничества, которого мы как христиане должны избегать. Нам нельзя поддаваться влиянию духовно ядовитого, совершенно не библейского образа мыслей современного общества. «Толерантность» ведёт к приятию, а приятие влечёт за собой изменение идеалов, ценностей и принципов. В конечном же итоге человек, состоящий в завете с Богом, оказывается в глубоком обольщении.

Господь избавил Лота не потому, что Лот был особенным. Бог спас его вместе с семьёй благодаря заступничеству Авраама. Не вступись патриарх за племянника, остался бы Лот среди содомлян и сгорел бы, как и все остальные! Слишком уж огрубело его сердце, чтобы осознать всю серьёзность положения и увидеть острую потребность в избавлении. Бог же вспомнил ходатайство Авраама и избавил Лота с его семейством лишь потому, что Авраам приблизился к Нему и вступился за племянника.

Итак, что же нам делать?

Когда отступивший христианин или заблуждающийся духовный руководитель не осознаёт серьёзность своего заблуждения, нам нужно воззвать к Богу о его избавлении, и Господь прислушается к *нам*! Мы призваны молиться о тех, кто поддался действию обмана. Подобно Лоту, эти христиане, возможно, слишком сильно и долго были обмануты, чтобы осознать критичность собственного положения. Они могут многие годы продолжать пребывать в обольщении, жить, как и прежде. Однако мы своими молитвами об их избавлении способны всё изменить!

Во Втором послании Петра 2:9 апостол подытоживает свою ремарку в адрес Лота следующими словами: «Конечно, знает Господь, как избавлять благочестивых от искушения». А как именно Бог совершает подобное избавление? Он отвечает на заступнические молитвы тех, кто хочет и готов встать «в пролом» ради другого человека, когда тот не в состоянии молиться за самого себя.

Когда христиане принимаются молиться за пойманных в сети обольщения братьев и сестёр по вере, Бог спасает. Немало тех, за кого молились другие, избежали самой настоящей гибели. В последнее время многие отступают от веры, но это не повод сетовать. Христиане, вместо того чтобы критиковать и осуждать сбившихся с пути, должны вновь подвизаться в молитве за своих оступившихся братьев и сестёр в Иисусе и просить Господа об их избавлении.

Святой Дух пророчествовал о том, что в самом конце «века сего» от веры отступят многие. Поэтому сегодня как никогда Бог ожидает, что мы с вами как члены Его Церкви примемся ходатайствовать. Нам нужно с заступничеством молиться о христианах, сбившихся с пути, служителях, попавших в сети обольщения.

> В последнее время многие отступают от веры, но это не повод сетовать. Христиане, вместо того чтобы критиковать и осуждать сбившихся с пути, должны вновь подвизаться в молитве за своих оступившихся братьев и сестёр в Иисусе и просить Господа об их избавлении.

Мы живём на последнем этапе Эпохи Церкви. Об этом недвусмысленно говорится в Первом послании Тимофею 4:1, как уже было отмечено ранее в настоящей книге. Поскольку именно нам довелось жить на этом отрезке истории, среди наших духовных обязанностей по-прежнему остаётся молитва. Мы призваны опуститься на колени и со всей серьёзностью просить о тех, кто отошёл от веры. Нам нужно ходатайствовать об их избавлении от обольщения, о возвращении на истинный путь.

Знает Господь, как избавлять благочестивых от искушения

Нам доверено жить в потрясающую пору, ведь о ней в истории прозвучало столько пророчеств! Как Божий народ мы должны отнестись к заступнической молитве как к небесному поручению (наряду с другими Божьими поручениями). А Дух Святой сподвигнет и других благочестивых духовных наставников включиться в ходатайственную молитву на основании Священного Писания. Нам нужно сделать всё возможное, чтобы способствовать восстановлению в истине отступивших христиан. Итак, общее поручение для всех христиан последнего времени — ходатайствовать об избавлении обольстившихся грехом. Так поступил Авраам!

Раз вы прочли книгу до этой страницы, уверен, вы уже поняли, о каких христианах и духовных наставниках идёт речь, когда говорится о тех, кто отклонился от чистого и здравого библейского вероучения. Подобное отступничество поистине печально! Но вам не нужно сетовать, вам нужно исполнять поручение Самого Господа. Воодушевитесь примером Авраама и вставайте перед лицом Бога с заступнической молитвой о тех, кто сбился с пути!

Если эти христиане действительно прельстились ложью, они, скорее всего, не осознают своей острой потребности в покаянии. Но как только вы начнёте о них ходатайствовать, Бог запустит процесс избавления. И всё потому, что вы, как это сделал когда-то Авраам, приблизились к Господу и вступились за нуждающихся!

Подумайте, если бы в обольщении оказались ВЫ, неужели ВАМ была бы не нужна заступническая молитва неравнодушного брата или сестры по вере?!

Поразмыслите над этим

1. Все мы, подобно Лоту, порой оказываемся на важнейшем перекрёстке жизненных путей, когда приходится принимать решение, от которого зависит дальнейшее направление и, возможно, даже исход нашей жизни. На принимаемое решение будут влиять различные голоса и мнения, в том числе голос нашей собственной души, наши личные предпочтения и желания. Однако единственный Голос, достойный того, чтобы к нему прислушаться, — это голос Божий. В такие минуты исход ситуации будет определяться тем, каким именно голосам мы позволили звучать громче остальных.

   Когда в последний раз такой перекрёсток возник в вашей жизни? Помните голоса, которые боролись за ваше доверие в тот момент? Среди них был голос Святого Духа, родственников, дьявола, мира, вашей собственной плоти, вашего разума и логики, чувств и эмоций. Какой голос оказался самым громким, так что в итоге вы последовали именно его наставлениям? Чему вы научились, приняв решение прислушаться к этому голосу? Как это поможет вам в будущем, оказавшись на очередном жизненном перекрёстке, принять решение, согласующееся с Божьей волей?

2. Никогда не забывайте, что, если вы не решите проблему в корне, эта проблема останется внутри и в критические моменты жизни будет неизбежно давать о себе знать.

   Возможно, эта проблема представляет собой дурную привычку, долгое время связывавшую человека, под влиянием которой изменилось даже само его поведение. Если же корень проблемы — непослушание, а её носитель так и не приложится к нему «топором» Божьего Слова, то прежние привычки вновь окрепнут. Ведь этот человек по-настоящему так и не покаялся в своём бунте против Бога.

Можете ли вы вспомнить какой-то прежний свой грех, над устранением которого долго и упорно трудились? Вы уверены, что обрубили этот удерживающий вас грех под самый корень «топором» Святого Духа через глубокое покаяние? Если ещё нет, уделите время общению с Господом и примите от Него мудрый совет о том, что вам необходимо предпринять, чтобы эта проблема больше никогда не возникала и не препятствовала вашему духовному росту.

3. Возможно, вы лично знакомы с людьми, которые, казалось, жили вполне прилично, но затем, руководствуясь неверной логикой, перестали выполнять Божьи поручения и применять Его дарования, попросту устав жить по вере. Чья-то жизнь может лишь *казаться* приличной, в то время как внутри себя этот человек борется с проблемой и страдает от этого. Как бы вы охарактеризовали фактические последствия чьего-то решения больше не жить в соответствии с Божьими дарованиями? Что мог бы такой человек сделать иначе в критические моменты жизни, когда его вера висела на волоске, чтобы избежать столь плачевных последствий?

Глава одиннадцатая

КАК РЕАГИРОВАТЬ НА ПРОИСХОДЯЩЕЕ

Приближаясь к завершению книги, мы должны ответить на вопрос: *в чём заключается наша ответственность по отношению к брату во Христе или духовному руководителю, когда те отклонились от истины либо в ересь, либо в греховный образ жизни?*

Находясь на финальном отрезке последних времён, мы волей-неволей будем сталкиваться с подобными непростыми вопросами. Многим из нас знакомы христиане или духовные наставники, которых увлекли за собой духи-обольстители. В результате эти люди впали в грех. Теперь они руководствуются странными, небиблейскими убеждениями или ведут нехристианский образ жизни.

Пожалуй, нет на свете картины более душераздирающей для христианина, чем отступничество брата или сестры по вере. Печально видеть, как человек перестаёт полагаться на Библию, а вместо этого верит лжи и живёт в обольщении. Особенно прискорбно, когда с истинного пути сбиваются лидеры Церкви. Увы, со временем они полностью откажутся от здравого учения и благочестивых нравственных взглядов. Всё это приведёт к плачевным результатам как в их собственной жизни, так и в жизни всех, кто решил следовать их примеру и учению.

Но несмотря на отступничество некоторых (см. 2 Петра 2:15), крайне важно помнить, что Божьи дарования и призвания непреложны (см. Римлянам 11:29). Да, эти христиане оказались обманутыми, пошли не в ту сторону или занялись не тем делом. Но стоит им только покаяться и вернуться на истинный путь, как произойдёт чудо. Господне призвание, неизменно пребывающее на них, вновь сделает их способными исполнять Божье предназначение!

> Наш Бог — Искупитель, и в Его намерениях помочь отступившим христианам вернуться к призванию. Чтобы благодаря их служению продолжил осуществляться Его замечательный замысел для нашего дня и часа.

Одним из мотивов, по которым я взялся писать эту книгу, было в том числе и желание помочь читателю понять, как именно ему реагировать на поведение христиан, сбившихся с пути. Ведь на последнем отрезке Эпохи Церкви нам придётся не раз столкнуться с подобным явлением. Наш Бог — Искупитель, и в Его намерениях помочь отступившим христианам вернуться к призванию. Чтобы благодаря их служению продолжил осуществляться Его замечательный замысел для нашего дня и часа.

Сострадание к духовно заблудшим

Давайте ещё раз обратимся к Посланию Иуды и прочтём один важный отрывок. В главе четвёртой настоящей книги мы изучили значение и смысл слов, написанных Иудой в ст. 3. Там он призывает христиан «подвизаться за веру». Однако с *такой* же настойчивостью Иуда наставляет своих читателей проявлять сострадание к тем, кто по разным причинам оказался в обольщении. Иуда написал: «И к одним будьте милостивы, с рассмотрением, а других страхом спасайте, исторгая из огня, обличайте же со страхом, гнушаясь даже одеждою, которая осквернена плотью» (Иуды 1:22, 23).

Когда знакомый и небезразличный нам человек (возможно, тот, кому мы доверяли), впадает в грех или увлекается ересью, мы ощущаем, будто нас предали. Нередко при мысли об этом человеке нас охватывает негодование. В голове возникает вопрос: как вообще он смог так сильно сбиться с пути? Мы возмущены его погружением в откровенное безрассудство, нравственное или духовное. Однако наш враждебный настрой по отношению к тем, кто увлёкся ересью или открыто живёт во грехе, не принесёт свободу пленникам обольщения. Да и нам легче не станет!

По-настоящему понять духовное состояние обольщённого христианина или заблуждающегося наставника, когда ваше отношение к этому человеку испорчено горечью и гневом, невозможно. Соглашусь, что порой невероятно сложно подчинить свои чувства Божьему Слову. Особенно, когда речь идёт о давнем дорогом друге, родственнике или духовном руководителе, которому вы всегда доверяли и на которого равнялись. И всё же вы способны молиться искренне и от сердца только тогда, когда в душе нет негодования и обиды. Пусть вместо них в вас царит Божья любовь. Благодаря вашей искренней молитве сбившийся с пути человек способен освободиться от обольщения, которое довело его до нынешнего состояния.

> Вы способны молиться искренне и от сердца только тогда, когда в душе нет негодования и обиды. Пусть вместо них в вас царит Божья любовь. Благодаря вашей искренней молитве сбившийся с пути человек способен освободиться от обольщения, которое довело его до нынешнего состояния.

В ст. 22 Иуда пишет о христианах, живущих во грехе, и заблуждающихся лидерах следующее: «И к одним будьте *милостивы…*» Прилагательное «милостивый» — это перевод греческого слова *eleao*. В данном контексте оно понимается как «сострадание» и указывает на *глубокие тревожные чувства в душе человека, который увидел или услышал нечто сильно печальное или расстраивающее*. Такие чувства возникают, например, при виде голодающего ребёнка, живот которого вздулся от недоедания. Подобные же чувства могут возникнуть, когда вы видите истощённого человека, умирающего от смертельной болезни. Или при встрече с семьёй, живущей в условиях настолько тяжёлых, что им приходится просить милостыню и искать остатки еды в мусорных баках.

Иуда использовал слово «милостивый» (в греческом *eleoa*), чтобы как можно отчётливее и нагляднее показать серьёзность положения людей, которые, увлечённые обманом или ересью, перестали следовать за Богом и теперь находятся в ужасном состоянии. Словом «милостивый» в данном случае Иуда подчёркивает: духовное состояние отступившего христианина или обольстившегося духовного руководителя *настолько* же бедственно и опасно, как положение голодающего ребёнка, умирающего ракового больного или обездоленной семьи. Нам действительно необходимо понять, насколько серьёзна опасность обольщения. Ересь заражает и ослабляет человека — возникает реальный риск его духовной гибели. Ересь истребляет служения и рушит судьбы.

> **Нам действительно необходимо понять, насколько серьёзна опасность обольщения. Ересь заражает и ослабляет человека — возникает реальный риск его духовной гибели. Ересь истребляет служения и рушит судьбы. Если человек по-настоящему не покается, то процесс заблуждения не прекратится.**

Если человек по-настоящему не покается, то процесс заблуждения не прекратится.

Когда мы позволяем Божьей любви действовать в нашей душе, к обольщённым христианам через нас проистекает сострадание и милосердие. Поток божественного милосердия побуждает нас молиться за этих людей, а осуждение и критика в их адрес прекращаются. Божье сострадание побуждает делать всё возможное, чтобы сбившиеся с пути верующие освободились от власти обольщения.

Что же касается заблуждающихся духовных руководителей, нам следует помнить: они приняли отраву заблуждения. Как следствие — отравились духовными ядами. Эти люди духовно больны, их положение весьма серьёзное. Возможно, вы огорчились из-за того, что они отклонились от истины Священного Писания. Подобное действительно *должно* огорчать любого христианина. Но затаённое негодование на отступивших от истины никак не исправит их плачевного состояния. Более того, храня в сердце неправильное отношение к сбившимся с пути, *вы* и сами оказываетесь не в лучшей форме!

В подобных случаях следует научиться давать ход Христову состраданию. Нужно, чтобы оно из наших сердец проистекало прямо на людей, заражённых духовной отравой заблуждения. Сострадание — это невероятная сила, в которой таится изумительный запас духовной мощи. Позвольте Христову состраданию в молитве проистекать через вас на христиан, поражённых ересью и заблуждением. Эта духовная мощь своим действием запускает процесс долгожданного освобождения от влияния духов-обольстителей, что захватили разум таких христиан. Мощный поток Божьей силы, открывающийся во время вашей молитвы, движимой Христовым состраданием, имеет способность разорвать любые оковы. Положение людей, за которых мы призваны молиться, может оказаться весьма отчаянным. Не просто сорвать путы, что постепенно, сантиметр за сантиметром, сжимались вокруг их разума и души. Открыть глаза таким людям будет по силам только Богу. Пусть же произойдёт Его сверхъестественное вмешательство. Пусть Дух Святой даст прозрение и укажет путь на свободу из тьмы духовного заточения, в котором они сейчас томятся. По этой самой причине Иуда и призывает нас: «…к одним будьте *милостивы…*»

Если вам знакомы отступившие христиане и особенно сбившиеся с пути духовные наставники, вам важно понять, в чём именно заключается их обольщение. Возможно, в подходящий момент даже придётся указать им на причину. А критикой и осуждением в адрес обольщённых верующих мы ничего не добьёмся: ни освобождения, ни мира в отношениях с ними. Да ещё и самим себе навредим. Если потребуется, поговорите с такими людьми о заблуждении, а лучше — молитесь о них и дайте проистечь из вашего сердца состраданию Иисуса Христа. Пусть Господь откроет им глаза и вернёт на путь истинный. Ведь Божье призвание все ещё на них, и они могут вновь встать в строй и служить с прежней силой.

Не забывайте: Господне сострадание — мощная сила, способная пройти сквозь огонь Божьего возмездия и спасти людей прямо на пороге гибели. Именно так и произошло, когда Авраам, будучи движим состраданием, вступился за Лота. Мы *должны* распахнуть сердца и стать чистыми каналами сверхъестественного потока Божьего сострадания. Пусть оно потечёт к тем, кто уловлен в сети обольщения. Пусть сила молитвы приведёт в действие процесс их освобождения!

«С рассмотрением»: умение отличать истину от лжи

Теперь перейдём ко второй истине в увещевании Иуды: «И к одним будьте милостивы, *с рассмотрением…*»

Слово «с рассмотрением» — перевод греческого *diakrinos*, в составе которого есть приставка *dia* со значением «разграничивать», «отделять» и корень *krino*, означающий «(рас)судить» или «определять». Когда же эти приставка и корень составляют единое слово, как в данном стихе, рисуется образ *человека, утратившего способность различать добро и зло*, или образ *людей, которые не могут увидеть разницу между истиной и ложью*.

Интересно, что это же слово прозвучало из уст Иисуса и было записано в Евангелии от Марка 11:23: «…Ибо истинно говорю вам, если кто скажет горе сей: поднимись и ввергнись в море, и *не усомнится* в сердце своём, но поверит, что сбудется по словам его, — будет ему, что ни скажет».

В этом стихе есть глагол «(не) усомнится». В оригинале здесь стоит *diakrinos*, переведённое в Послании Иуды 22 как «с рассмотрением». В Евангелии от Марка 11:23 слово *diakrinos* указывает на *хроническое непостоянство в вере, убеждениях и словах*.

Слово *diakrinos* в Послании Иуды 22, переведённое как «с рассмотрением», — это в оригинале то же самое слово, которое у Марка переведено как «не сомневаясь». На мой взгляд, данный факт весьма значим. Христиане или духовные наставники, отклонившиеся от истины, страдают *хроническим непостоянством в убеждениях*. Конечный итог такого состояния — сомнения в самом Божьем Слове. Они не уверены в основополагающих истинах христианской веры, взятых из Писания, подвергают их авторитет сомнению. Отступившие христиане утопают в обольщении всё больше и больше, как следствие, становятся духовно неустойчивыми. Непрестанные сомнения и колебания насчёт истинности библейских текстов (в которой они никогда прежде не сомневались), стало их *хроническим* состоянием. Использовав в своём послании слово *diakrinos* («с рассмотрением», ст. 22),

Иуда сообщает, что христиане, попавшие в обольщение, становятся неспособными делать адекватные духовные выводы. А потому зачастую принимают за истину всё, что ранее сами же считали духовной ересью или нравственным злом.

Почему соблазняются многие

Из слов Павла во Втором послании Тимофею 2:25 мы понимаем, что обольщённому верующему, равно как и заблуждающемуся духовному руководителю, нужна помощь. Необходимо, чтобы кто-то помог им вернуться на истинный путь. Апостол пишет: «С кротостью наставлять противников…» Глагол «наставлять» здесь ключевой. Он раскрывает причину, по которой огромное количество христиан становятся жертвами духовной ереси. Использовав глагол «наставлять» как рекомендацию для восстановления сбившихся с пути духовных руководителей, Павел подчеркнул главную причину, по которой христиане оказались до такой степени духовно неустойчивыми и сбились с пути библейских истин.

Итак, русский глагол «наставлять» — это перевод греческого глагола *paideuo*, которым описывался процесс *воспитания, подготовки, образования ребёнка* (соответственно, маленького и незрелого). Изначально глагол *paideuo* относился к процессу записи ребёнка в первый класс школы. Там ему предстояло научиться правильному поведению в сообществе других детей, а также получить начальное образование, необходимое для перехода в старшие классы. Используя именно это слово в отношении людей, отклонившихся от пути библейских истин и откровений, апостол Павел даёт нам чётко понять нечто очень важное. Апостол говорит, что мы имеем дело с обольстившимися христианами, которые по какой-то причине пропустили этап «духовного детсада». Эти люди не получили базового христианского образования на основе Божьего Слова. То есть духовную азбуку в руках не держали. Так и не заложив фундамента в виде духовного образования, они пытаются строить следующие «этажи» своего служения. Но такая конструкция шаткая в основании, а потому рано или поздно обрушится.

Судите сами: несуразно, если ребёнок возомнил себя, например, великим физиком, но ни разу в жизни не учил даже алфавита. Нет никакой необходимости доказывать, что такие амбиции обречены на провал. Отсутствие элементарных знаний приведёт к серьёзным ошибкам, а те в свою очередь — к полному фиаско в выбранной профессии. Насколько бы искренне ребёнок ни верил, как бы ни мечтал стать физиком, ничего не получится. Поскольку ему не хватает необходимого объёма предварительных базовых знаний, без которых невозможно добиться профессионального успеха в столь серьёзной сфере.

> **Мы имеем дело с обольстившимися христианами, которые по какой-то причине пропустили этап «духовного детсада». Эти люди не получили базового христианского образования на основе Божьего Слова. То есть духовную азбуку в руках не держали. Так и не заложив фундамента в виде духовного образования, они пытаются строить следующие «этажи» своего служения. Но такая конструкция шаткая в основании, а потому рано или поздно обрушится.**

Во Втором послании Тимофею 2:25 Павел чётко показал причину, по которой христиане и заблуждающиеся духовные руководители отступили от истины слишком далеко. Они так и не получили базового духовного образования. Уровень их познаний в Божьем Слове соответствует возрасту младенца, а не «мужа Божьего». И поскольку им не хватает основ, их духовный фундамент не крепок. Духам-обольстителям и учениям бесовским проще простого увести подобных неукоренённых христиан в заблуждение и ересь.

Такой вот образ предстал перед глазами Павла, когда он написал Тимофею: «с кротостью наставлять противников…» Глагол *paideuo* («наставлять») указывает на то, что для исправления доктринальных заблуждений настоящий наставник обязан вернуть этих людей в «духовную школу». Им необходимо начать с «алфавита» Божьего Слова. Но тут возникает ещё одна проблема: в сердцах, попавших под влияние обольщения, успела поселиться *гордыня*. Вот почему этим людям весьма непросто смиренно принимать наставление в фундаментальных истинах и принципах Евангелия!

А ведь получи христианин надёжное базовое духовное образование со знанием Божьего Слова раньше, вероятно, он не заблудился бы и не ушёл так далеко от истины. Но, увы, без такого основания человек легко принимает ложь за истину. Он даже не осознаёт, что происходит. Нравственные и доктринальные несоответствия в его разуме свидетельствуют о том, что он «пропустил занятия по изучению алфавита». Как следствие, таких верующих бросает из стороны в сторону самыми разными ветрами учений. Эти люди непрестанно гонятся то за одним «новым откровением», то за другим. Немудрено, ведь у них нет надёжного основания, на котором следует строить жизнь и веру.

Хроническую духовную нестабильность можно исправить лишь одним способом — вернуться к основам и начать изучать «алфавит Божьего Слова». Надо же когда-то восполнять то, что не было сделано раньше. В Послании Евреям 5:14 говорится, что основополагающее знание Божьего Слова наделяет христианина способностью отличать правду от лжи. По этой причине Павел призывал Тимофея «наставлять» сбившихся с пути христиан. Иными словами, Павел говорит: «Для того чтобы вернуть отступивших на истинный путь, тебе необходимо отправить их в «начальную школу» и научить библейским основам».

Всё это приводит нас к 22 стиху 1 главы Послания Иуды, где автор заявляет: «И к одним будьте милостивы, *с рассмотрением...*» То есть Иуда рекомендует проверять взгляды подобных христиан, анализировать их способность приходить к твёрдому и надёжному умозаключению в том или ином вопросе. Иуда не обвиняет неосновательных христиан в умышленном нанесении вреда Церкви, а, в сущности, заявляет: «Эти люди, очевидно, так и не получили основательного духовного образования. Стоит ли теперь удивляться, что они приходят к несуразным выводам и заключениям по духовным вопросам?! Они ведь не владеют даже алфавитом!»

Не теряйте времени!

Иуда продолжает свою мысль: «А других страхом *спасайте...*» (ст. 23). Глагол «спасайте» здесь — это перевод греческого *sodzo*. В данном стихе слово стоит в форме настоящего времени, в активном залоге и повелительном наклонении. Это означает, что автор призывает своих читателей к незамедлительному, стремительному и продолжительному (т.е. постоянному) действию. Более того, призыв Иуды является не просто предложением или советом, а *повелением*!

На месте существительного «страх» в оригинале стоит слово *phobos*, которое обычно описывает *страх, вызванный тревожными обстоятельствами, в том числе угрозой для жизни и здоровья*. Выбор Иудой именно этого слова говорит вот о чём: заблуждавшиеся христиане, в том числе и духовные руководители, находились на грани гибели. Этим объясняется, почему Иуда повелел своим читателям реагировать *незамедлительно* и *стремительно*. Обольщённые святые подошли вплотную к краю пропасти: если кто-нибудь не начнёт незамедлительно действовать и не предпримет что-либо для их спасения, их ожидает катастрофа!

Здесь мне вновь вспоминается Лот — Божий человек, живший на краю пропасти и не осознававший всей серьёзности своего критического положения. Однако благодаря стремительным действиям Авраама Лот остался в живых. Его спасло то, что патриарх «стал в пролом» за своего племянника и принялся ходатайствовать перед Господом о его избавлении.

Точно так же Иуда повелел своим читателям — а в их лице и нам с вами — приступить к действию *незамедлительно*! Дело в том, что обольщённые и сбившиеся с пути христиане находятся в опаснейших обстоятельствах. Мы обязаны сделать всё, что в наших силах, чтобы спасти их как можно скорее! Ключевым элементом процесса спасения является заступничество. Это вновь и вновь доказано Авраамом и его ходатайством о Лоте.

В молитве нам следует проявлять чуткость к указаниям Святого Духа, и Он покажет, какие ещё меры нужно предпринять, чтобы отклонившиеся от истины обрели избавление. У Святого Духа есть ключик от *каждого* сердца, и Он готов вручить этот ключ нам, если только мы услышим повеление взять его.

Сострадание, которое выхватывает из огня

Иуда продолжает свою мысль следующим важным замечанием. Когда знакомые христиане уверенно следуют по опасному пути, ведущему к духовному обольщению, нам с вами пора *спасать* их, «*исторгая из огня…*» (ст. 23).

По замечаниям многих библеистов, Послание Иуды является своеобразным зеркальным отражением Второго послания Петра. У этих новозаветных посланий примерно одно и то же содержание. Совершенно очевидно, что такими словами в ст. 23 Иуда нарисовал перед нами образ Лота, успевшего покинуть район Содома и Гоморры. По молитве Авраама Лот был «выхвачен» непосредственно перед тем, как на города излился огонь Божьего возмездия (об этом же написано во Втором послании Петра 2:6–9).

Как отмечалось в предыдущей главе, из бушующего огня возмездия Лота «выхватили» два Ангела. Они были посланы Богом исследовать греховность жителей Содома и Гоморры и привести в действие обвинительный приговор в отношении этих городов. Мы также выяснили, что за время пребывания в тлетворной духовной обстановке Содома Лот потерял духовную чуткость. Он до последнего не хотел покидать обречённый город, даже когда Ангелы заявили о скором и неминуемом истреблении. Книга Бытие 19:16 повествует о том, что Ангелам пришлось едва ли не *волоком тащить* Лота за пределы Содома. Иначе ему не удалось бы избежать огненного истребления.

На примере спасения Лота из Содома двумя Ангелами Иуда предупреждает нас о *нашей* ответственности помогать попавшим в сети обольщения. Когда человек соприкасается с тлетворной духовной атмосферой долгое время, его совесть грубеет. Он, как это и произошло с Лотом, перестаёт осознавать серьёзность своего текущего духовного состояния. В подобных случаях Святой Дух через Иуду повелевает нам вступиться за этих людей в молитве. Как Ангелы подхватили Лота, так и мы призваны сделать всё возможное в искреннем и сострадательном ходатайстве. В нас должно гореть желание спасти этих людей от неминуемого огненного истребления.

Деепричастие «исторгая» — это перевод греческого глагола *harpadzo* со следующим значением: *«схватить кого-то руками и вытащить* из опасного положения». Мы обязаны исполнить это повеление и сделать всё, что только в наших силах. Нам необходимо посредством молитвы, усиленной Христовым состраданием, крепко ухватиться за людей в духе и выхватить их из затруднительного духовного положения.

Отступивший христианин или служитель может не ощущать жара истребительного пламени и не осознавать серьёзности своего духовного состояния. Но Писание подтверждает, что этот человек неизбежно испытает на себе определённые пагубные последствия. И спасти его от такой участи возможно лишь заступнической молитвой.

> Мы обязаны исполнить это повеление и сделать всё, что только в наших силах. Нам необходимо посредством молитвы, усиленной Христовым состраданием, *крепко ухватиться за людей в духе и выхватить* их из затруднительного духовного положения.

Непозволительно, сложив руки, наблюдать за тем, как заблуждающийся христианин продолжает утопать в своём обольщении. Мы должны немедленно приступить к молитве, едва осознав, что знакомый христианин отступил от истины. Нам нужно просить Святого Духа о заступническом водительстве. Господь подскажет, как именно молиться, поможет понять, следует ли продолжать попытки помочь этим людям осознать реальность их положения. Им необходимо избавление от осуждения, которое они уже навлекли на себя.

Когда ненависть оправдана

Далее Иуда написал: «…гнушаясь даже одеждою, которая осквернена плотью» (ст. 23). Деепричастие «гнушаясь» — перевод глагола *miseo*. Это одно из самых экспрессивных слов в греческом языке, и вот его значение: «ненавидеть», «испытывать неприязнь», «находить крайне отвратительным». Речь идёт о *глубоком чувстве неприязни* к чему-то, что человек считает *совершенно недопустимым*. Испытывающий *miseo* не только гнушается объектом своей неприязни, а *полностью отвергает саму мысль о нём*. Речь идёт не просто о том, что не нравится, а о том, что *поистине ненавистно*.

Повелев «гнушаться даже одеждою, которая осквернена плотью», Иуда фактически призывает нас *питать отвращение* к такого рода *плотскому осквернению*. Обратите внимание: по словам Иуды, мы должны гнушаться «одеждой». В оригинале это — греческое слово, относящееся к *нижнему белью* человека, а не к верхней одежде, в которой тот появляется на людях.

Иуда прибег конкретно к этому слову — «одежда» (т.е. *нижнее бельё*) — для описания *нравственного осквернения*, которое является гораздо более глубоким по сравнению с *внешним загрязнением*. Иуда говорит о нравственном разложении, поразившем самые дальние уголки человеческого естества. Иными словами, нравственная грязь, о которой в подтексте сообщает Иуда, оказалась проблемой не внешнего характера (это не было испачканное пальто). Слова Иуды символизируют *нравственное загрязнение, проникшее до самой глубины его жизни и характера, до самых потаённых уголков его души и духа.*

Под этими образами подразумевается следующее: когда-то в прошлом осквернение ещё можно было уподобить грязному пятну на пальто или пиджаке. Но эту поверхностную грязь так и не смыли. Постепенно пятно пропитало ткань верхней одежды насквозь и проникло в ткань нижнего белья, т.е. дошло до самой глубины человеческого естества.

Более того, Иуда подчёркивает, что «осквернёнными» оказались даже потаённые уголки души владельца этой одежды.

В оригинале слово, переведённое как «осквернена», — это *spilos*. Оно значит «запятнать», «осквернить», «загрязнить». Такое осквернение распространилось на всю жизнь человека, теперь на всех её сферах стоит жирная *клякса* духовного обольщения. Осознавая всю серьёзность такого состояния, Иуда пишет: «И к одним будьте милостивы, с рассмотрением, а других страхом спасайте, исторгая из огня, обличайте же со страхом, гнушаясь даже одеждою, которая осквернена плотью» (ст. 22, 23).

Сопоставив значения всех рассмотренных нами греческих слов из 22 и 23 стихов 1 главы Послания Иуды, получим следующий смысл этого отрывка:

«Вы должны проявлять сострадание к тем, чья душа огрубела к восприятию духовных реалий так, что эти люди перестали понимать разницу между правильным и неправильным. Истина же в том, что такие непостоянные люди ходят прямо по краю пропасти. Им угрожает настоящая духовная опасность. Их положение настолько плачевно, что требует незамедлительных действий по спасению — их необходимо выхватывать из губительного пламени…»

Поразмыслите над этим

1. Наш Бог совершил подвиг искупления. Он явил Себя как Искупитель, предложив Своего единородного Сына в качестве единственно возможной жертвы, требуемой для искупления человеческого рода (см. Иоанна 3:16). Как Начало всего Бог создал человека, а как Завершитель Он предопределил искупительную жертву, принесённую ради падших людей, дабы конец земного существования стал победным и торжествующим.

   Тем не менее завершится ли земное поприще победой или поражением, *решает для себя каждый* отдельно взятый человек! Тем, кто под действием обольщения направляется не в ту сторону или сбивается с курса, следует осознанно покаяться и вернуться на истинный путь. Как только они чистосердечно примут такое решение, кровь Иисуса смоет их грехи и очистит от всего скверного (см. 1 Иоанна 1:9). Божье призвание, по-прежнему пребывающее в них, вновь начнёт развиваться и всё отчётливее определять их жизненное направление (см. Римлянам 11:29). Как только они вновь доверятся Господу и в смирении позволят Ему осуществить Его замысел, в них начнет раскрываться божественное дарование.

   В этом процессе искупления определённая роль отведена и вам! Как вы объясните роль, которая доверена вам и другим христианам в вопросе помощи тем, кто отклонился от истинного пути? Как именно можно помочь им вернуться к истине? Какие эффективные духовные средства предоставлены в ваше распоряжение для успешного исполнения своей роли?

2. Божье сострадание — это духовная сила, которая запускает процесс избавления, когда мы открываем сердца навстречу людям, уловленным в сети обольщения, и искренне

молимся о них. Мы фактически превращаемся в проводников сверхъестественного потока Божьего сострадания к тем, кому обольщение причинило много вреда. Нам следует положиться на Святого Духа и открыться для освобождающей Божьей силы, которая начнёт действовать в жизни людей, как только мы приступим к молитве за них.

Вы когда-нибудь ощущали во время молитвы глубокое сострадание к людям, за которых ходатайствовали? Знали ли вы человека, за которого возносили молитвы? Знали ли, что происходит в жизни этого человека (или людей)? Продолжали ли вы молиться до тех пор, пока не ощущали прорыва и победы (даже если точно не были уверены, в чем именно они выражались)?

3. Когда кто-то оказывается в западне обольщения, его духовные глаза должны открыться, чтобы он обрёл способность видеть духовный мир и понимать разницу между истиной и ложью.

Когда мы от сердца за кого-то молимся, с глаз этого человека спадает пелена (см. 2 Коринфянам 3:14). Откровение Божьего Слова (при его попадании в разум и сердце) несёт свет (см. Псалом 118:130). Под действием Божьего Слова через сильную молитву в жизни человека закладывается прочное основание, необходимое для поддержания этой жизни в порядке.

Когда вы читали заключительную главу, что именно Господь говорил вам о *вашей* роли в нынешние критические последние времена? К чему именно Бог призывает вас в грядущие дни ради осуществления искупительного процесса в жизни окружающих вас людей, ставших жертвой того или иного обольщения? Как лично вы сможете укрепить собственный фундамент из Божьего

Слова? Как сможете углубить свою молитвенную жизнь, а затем воспрянуть и засиять светом Его славы, чтобы вплоть до возвращения Христа исполнять поручение от Бога по реализации Его великого замысла спасения?

ЗАКЛЮЧЕНИЕ

Во вступлении к настоящей книге я написал, что мы живём на этапе истории, о котором так много и убедительно пророчествовал Святой Дух. Свыше 2000 лет назад, когда в первом столетии от Рождества Христова апостолы писали послания Нового Завета, Господь диктовал им строки адресованные нам. Что ж, этот заключительный этап истории приближается к своему завершению. Всё, о чём пророчествовал Святой Дух в те давние времена, происходит в точности так, как Господь предсказал, запечатлев в Священном Писании.

Святой Дух пророчествовал, что в конце «века сего» в мире будет наблюдаться невероятная активность духов-обольстителей, вооружённых бесовскими учениями. По мере того как часы этого пророчества приближаются к роковой отметке, мы ощущаем в окружающем мире мощное действие духов соблазна и обольщения. Они движимы целью навязать человечеству такой образ мыслей, в котором уже не останется места Священному Писанию. Они хотят создать новый мировой порядок, совершенно лишённый кодекса абсолютной нравственности. Исаия пророчествовал о том, что в конце времён люди будут называть тьму светом, а свет — тьмой (см. Исаии 5:20). Что ж, это время настало! Мы живём в *атмосфере* буквально умопомрачительного обольщения.

Но, как отмечалось в настоящей книге, в Библии также есть пророчества о мощнейшем излиянии Святого Духа и Его силы на Церковь перед концом времён. В результате этого излияния к Богу придёт огромное количество людей! Сегодня мы живём в том самом периоде, когда Божий Дух обильно изливается со сверхъестественной силой. Множество людей по всему миру уже обрели спасение

> Божий Дух обильно изливается со сверхъестественной силой. Множество людей по всему миру уже обрели спасение (а вместе с ним — здравомыслие, истинную духовность и целомудрие) и со славой вошли в Божье Царство.

(а вместе с ним — здравомыслие, истинную духовность и целомудрие) и со славой вошли в Божье Царство.

Однако многие присоединяются к Церкви настолько стремительно, что привносят в общение с христианами отголоски и последствия мирского искажённого мышления. И, как было отмечено в настоящей книге, в христианском сообществе звучат тревожные нотки. Возникают попытки изменить доктринальное учение, дабы сделать его более приемлемым для мышления запутавшихся людей. И это вместо того, чтобы исправлять небиблейские убеждения, которые привносят в Церковь новообращённые из мира.

Мы отмечали, что некоторые служители и пасторы больше не опираются на истинное учение Священного Писания. Они не берут за основу фундаментальные библейские доктрины, хотя раньше делали это. Как следствие, сегодняшнюю Церковь наводняют люди, называющие Иисуса Господом, но при этом не знающие даже основных доктрин Библии. А ведь такое знание крайне необходимо каждому, кто вступил под власть Иисуса Христа.

Многое из того, что сегодня звучит с церковных кафедр, а также в христианских СМИ, является, скорее, прямым отражением современной культуры, а не представлением преображающих жизнь библейских истин. К тому же продолжается предсказанное для сего времени внедрение в общество духов-обольстителей. Они проникают *даже в Церковь*. Их цель — навязать людям образ мыслей, вдохновлённый бесами и совершенно далёкий от библейского.

Заключение

Наша позиция в отношении сбившихся с пути такова: мы, движимые Христовым состраданием, призваны о них ходатайствовать. Ходатайствовать как за рядовых верующих, так и за служителей Церкви, которые поддались нынешнему обольщению и поверили в искажённую бесами альтернативу истине. Нашей целью всегда будет способствовать их избавлению и восстановлению. Может возникнуть необходимость разоблачать их ереси и заблуждения, но нам непозволительно испытывать по отношению к этим людям враждебность. Они ведь и без того стали жертвами обмана и нуждаются в Божьей избавляющей силе. На нас лежит ответственность ускорить процесс их избавления, высвобождая сверхъестественную силу в заступнической молитве, усиленной Христовым состраданием.

На каждом христианине также лежит ответственность следить, чтобы в нашем окружении больше никто не отступил от здравого библейского учения. Как рядовые прихожане, так и служители церквей должны утверждаться в доктринальном учении Священного Писания, ибо лишь оно является надежнейшим основанием веры.

> Как рядовые прихожане, так и служители церквей должны утверждаться в доктринальном учении Священного Писания, ибо лишь оно является надежнейшим основанием веры.

В таких жизненно важных и фундаментальных вопросах не должно быть разногласий или поблажек. Непозволительно продолжать оставаться в неведении относительно того, во что мы верим и почему мы в это верим! В противном случае мы окажемся не в состоянии защитить себя. Это в первую очередь касается тех, кто заявляет, что достиг духовной зрелости или причисляет себя к духовным руководителям Церкви.

Как было отмечено во вступлении к книге, мы должны осознать, в какое время живём. Это и самое замечательное, и самое сложное время. К сожалению, сегодня общество отказывается от авторитетного Божьего Слова и его ценностей. Оно всё охотнее принимает за истину нечестивое поведение и саморазрушительный образ мыслей. Некоторые новообращённые христиане поступают точно так же. Другие же не знают, как реагировать на доктринальные искажения, с которыми сталкиваются повсеместно. В такое неспокойное время, как нынешнее, важно не терять головы в мире, который, как кажется, сходит с ума.

> Мы призваны быть светом во тьме для мира, всё глубже погружающегося в разнузданность. Наше общество отчаянно нуждается в авторитетном Божьем Слове и как в источнике истины, и как в действенном средстве освобождения.

Мы призваны быть светом во тьме для мира, всё глубже погружающегося в разнузданность. Наше общество отчаянно нуждается в авторитетном Божьем Слове и как в источнике истины, и как в действенном средстве освобождения. Нам совершенно не за что извиняться! Мы держимся за Божье Слово и черпаем в нём неиссякаемую силу.

Только Слово истины способно вырывать людей из цепких лап обольщения, что свирепствует по лицу земли, поражая все слои общества. Только у Библии есть сила освобождать разум. И дьяволу это известно. Наш противник прекрасно осведомлён, что на страницах Библии таится сила, способная спасти человечество. По этой причине сатана стремится заглушить голос библейской истины. Он жаждет забросить Библию на самое пыльное место в самом дальнем углу книжной полки, обозвав её «устаревшим фолиантом древности», содержание которого «совершенно не актуально» для современного человека.

В Книге Исаии 60:1 пророк предсказывает, что наступит день, когда народы земли покроет кромешная тьма. Однако

ЗАКЛЮЧЕНИЕ

он также торжественно провозглашает, что этот же день ознаменует лучшее время на Божьих часах для Его народа. Церкви предстоит воспрянуть и засиять Его славой, чтобы озарить каждого, кто оказался в плену тьмы.

Что ж, час исполнения этого пророчества пробил! Вот почему сегодня дьявол так сильно старается пустить Церковь по ложному пути, не дать ей выполнить определённую Богом миссию. Вот причина яростных атак на Церковь посредством обольщения, направленного на принижение авторитета Священного Писания.

Мы, составляющие Церковь, должны как следует утвердиться на крепком, как скала, фундаменте Священного Писания и *ни в коем случае* не отклоняться от авторитетного святого Божьего Слова. Нам нужно научиться сотрудничать со Святым Духом. Так важно, чтобы действующая в Церкви Божья сила проявлялась и в обществе, оттесняя полчища тьмы и освобождая людей вокруг нас. Сегодня — наше время действовать, именно сегодня мы должны как никогда прежде бодрствовать и оставаться начеку.

Дьявол, вне всякого сомнения, попытается остановить Божью работу в нынешнее время. Сатана сделает всё возможное, чтобы посредством хитрого обольщения и нравственного компромисса увести Божий народ подальше от истины. Но у нас *уже* есть победа в имени Иисуса, есть Его кровь и сила Его вечного Слова!

> **Нам нужно научиться сотрудничать со Святым Духом. Так важно, чтобы действующая в Церкви Божья сила проявлялась и в обществе, оттесняя полчища тьмы и освобождая людей вокруг нас. Сегодня — *наше время действовать*, именно сегодня мы должны как никогда прежде бодрствовать и оставаться начеку.**

От нас теперь ожидаются здравомыслие и чуткость к Святому Духу, Который хочет научить нас безошибочно узнавать Его голос и следовать за Ним.

Итак, нам как Божьим представителям на этой земле пора двинуться вперёд с мудростью и рассудительностью. Пусть вокруг бушуют вихри несуразных человеческих идей и хаотичных событий, мы должны по-прежнему безоговорочно верить в вечные Божьи истины. Дьявол не оставит попыток проникнуть в среду Божьего сообщества, так что, похоже, нам следует с этим смириться. Однако нам необходимо *с высоко поднятой головой* стоять на твёрдой библейской позиции. Нельзя оставить врагу ни единой лазейки! Мы должны, как и прежде, исполнять Божий замысел вплоть до дня славного возвращения Христа!

МОЛИТВА ПОСВЯЩЕНИЯ

Отец, прочитав эту книгу, я хочу основательно разобраться во всём. Её слова заставили меня как следует обдумать свои отношения с Богом. Мне нужно понять, как реагировать на них. Благодарю Тебя за то, что Ты наполнил меня решимостью, за верную поддержку и укрепление в истине Твоего Слова. Я не намерен отклоняться от этой позиции. Каким бы ни было мнение окружающего меня общества, какие бы новомодные тенденции ни развивались в мире и что бы ни делали вокруг меня люди, я решил уповать на неизменное Слово Священного Писания и укореняться в его вечных истинах.

Святой Дух, я нуждаюсь в Твоей силе, чтобы в эти дни, именуемые «последними», когда христиане становятся всё более неугодными обществу, сохранить твёрдым своё посвящение Христу и Священному Писанию. Благодарю, что Ты укрепляешь меня и других христиан, даёшь силы любить тех, кто не поддерживает нашей веры в Тебя и Твоё Слово.

Отец, я молюсь о своей семье, друзьях и обо всех христианах, которые приняли такое же решение никогда не отклоняться от Божьего Слова. Мы живём в беспокойное время. Нас со всех сторон и всеми силами принуждают изменить убеждениям. Поэтому я прошу, чтобы сила Твоего Духа наполнила меня и тех, кто принял такое же решение поступать по истине Твоего Слова. Я также молю Тебя наполнить наши сердца Твоим состраданием к христианам, которые сбились с пути и отклоняются от истины. Они нуждаются в нашей любви, а не в осуждении.

Я молюсь о тех, кто уже отпал от истины. Прошу Тебя вернуть их назад в надёжное укрытие Твоего Слова — туда, где им следует быть. Ведь выбранный ими путь ведёт к неверным решениям и пагубным последствиям. Отец, прежде чем они пожнут «плоды» своих губительных решений, прошу, пошли им советников, которых они послушают. Дай нужные слова, которые пробудят их, приведут в чувства и помогут восстановиться. Благодарю за Твоё желание полностью восстановить каждого, кто готов Тебя услышать и послушаться. Отец, прошу открыть духовные уши таких людей, чтобы эти люди могли от всего сердца принять Твои наставления и начать им следовать.

Прошу Тебя вмешаться в жизнь отступивших христиан, как Ты вмешался в жизнь Лота по заступничеству Авраама. Прошу Тебя, Господь, сделай подобное ещё раз, ведь я стою «в проломе» за этих людей! Благодарю Тебя за то, что во время моей молитвы Ты приводишь в движение процесс спасения их души от истребления. Пусть они окажутся на твёрдом основании. Пусть станут живым примером того, на что способна Твоя сила и благодать в жизни восстановленных Божьих детей!

Мне небезразлично, что происходит в обществе, в моей стране и в Церкви. Потому я молюсь о чистоте служения и о том, чтобы Твоё драгоценнейшее Слово возродилось среди нас. Да вернётся к Твоему, Отец, народу настоящее пробуждение с Библией в руках! Прошу наполнить силой и свежим помазанием духовных наставников. Пусть духовные лидеры поднимутся каждый в своём окружении и поколении. Пусть Твой пророческий голос звучит всюду. Да будут их сердца наполнены отвагой. Пусть Твоя истина станет провозглашаться даже тогда, когда она звучит «неполиткорректно» (таковы нынешние времена!) Даруй пасторам и духовным руководителям страстное стремление познавать Тебя через Твоё вечное Слово, а затем возвещать это Слово во всей Его полноте Твоему народу.

Прошу Тебя обо всей Твоей Церкви, а также о моей поместной церкви: да пребудут они укоренёнными в Священном

Писании. Да будут непрестанно познавать и испытывать на себе могущественные проявления Твоего Святого Духа! Молюсь о том, чтобы Церковь утверждалась как в преподавании Библии, так и в библейском учении о действии Святого Духа. Молюсь о том, чтобы дары и сила Святого Духа работали среди Твоего народа так, как Ты того желаешь. Пусть же Твоё Слово и Твой Дух действуют совместно, направляя нас к полноте во Христе в эти последние времена перед Твоим возвращением!

Молюсь обо всём этом во имя Иисуса!

ОБ АВТОРЕ

РИК РЕННЕР — уважаемый во всём мире учитель Библии и лидер международного христианского сообщества. Он является автором длинного списка бестселлеров, которые разошлись миллионными тиражами и были переведены на несколько языков. Рик, благодаря знанию греческого языка и библейской истории, совершенно уникальным образом раскрывает Священное Писание. Это позволяет читателям почерпнуть мудрость и получить откровения, узнавая что-то абсолютно новое из Божьего Слова.

Кроме того, Рик Реннер является основателем и пастором московской церкви «Благая весть» и создателем христианской телевизионной сети «Медиа-мир». Эта сеть через несколько спутников и интернет-вещание несёт Евангелие многочисленным русскоязычным зрителям по всему миру. Также Рик Реннер основал интернет-церковь IGNC, успешно служащую русскоговорящему населению в разных точках земного шара. Рик ведёт собственную телевизионную передачу, транслируемую на нескольких языках.

Всю эту работу Рик Реннер совершает вместе со своей женой и партнёром по служению Дэнис, а также при поддержке их троих сыновей и верной команды служителей.

ОБРАЩЕНИЕ К СЛУЖИТЕЛЯМ ОТ РИКА РЕННЕРА

Вам хотелось бы получить доступ к результатам библейских исследований и к материалу для подготовки проповедей, который был собран специально для вас? Вы хотели бы сэкономить время, не тратить его на поиски нужной информации, поскольку кто-то уже подумал о вас и приготовил её? Случалось ли с вами такое, что в субботу вечером вы всё еще не знали, о чём проповедовать на воскресном служении?

Получите доступ к сокровищнице материалов, которые на самом деле способны помочь вам в служении!

Пасторский портал был специально разработан для пасторов и служителей Евангелия. На этом портале вы получите доступ к разнообразным материалам и результатам проведённого Риком Реннером изучения Писаний и истории. У него на эти исследования ушли многие годы жизни, и сейчас Рик Реннер с радостью инвестирует ресурсы в создание Пасторского портала, потому что не хочет, чтобы все эти материалы просто «пылились» в его компьютере. Если вы служитель Евангелия, то можете абсолютно бесплатно получить доступ к этим материалам.

Считаем важным обратить ваше внимание на то, что данный Пасторский портал не является какой-то формой союза или ассоциации церквей. Если вам нужно вступить в какой-то союз или в ассоциацию церквей, то Пасторский портал не поможет вам в этом вопросе.

Пасторский портал поможет вам только в глубоком изучении Писаний, вы получите доступ к терабайтам полезной информации, узнаете то, чего не знали раньше, и, возможно, этот портал станет ответом на ваши молитвы.

Данный портал предназначен для каждого служителя, занятого в служении на полное время.

Ваша регистрация на портале не предполагает никакой юридической или духовной ответственности с вашей или с нашей стороны. Мы никогда не будет просить у вас никаких отчетов. Вся информация об участниках портала будет закрытой и никогда и ни при каких условиях не окажется переданной третьим лицам. Мы гарантируем полную сохранность и секретность информации об участниках портала.

Адрес **Пасторского портала** в интернете:
pastors.ignc.org

*Ждём вас на Пасторском портале,
созданном специально для вас!*

КОНТАКТНЫЕ ДАННЫЕ С НАШИМ СЛУЖЕНИЕМ

Офис в г. Москва, Россия:
тел.: +7 (495) 727-14-67,
Viber и WhatsApp: +79651305060
Россия, 101000, г. Москва, а/я 789,
УК «МедиаМир», Рику Реннеру
Email: blagayavestonline@ignc.org
Website: www.ignc.org

Офис в г. Киев, Украина:
тел.: +38 (044) 451-83-15,
Украина, 01001, г. Киев, а/я 300,
МБО «Медиа Мир Инт.», Рику Реннеру
Email: blagayavestonline@ignc.org

Офис в г. Талса, США:
RICK RENNER MINISTRIES
P.O. Box 702040
Tulsa, OK 74170-2040 USA
Office Phone: (918) 496-3213
Email: renner@renner.org
Website: www.renner.org

Офис в г. Оксфорд, Англия:
RENNER MINISTRIES
Box 7, 266 Banbury Road
Oxford OX2 7DL, England
+44 (0) 1865 355509
Email: europe@renner.org

БОЖЬЯ ВОЛЯ — КЛЮЧ К ВАШЕМУ УСПЕХУ

«Божья воля — ключ к вашему успеху» — полноформатное издание, состоящее из 328 страниц, которое поможет вам в поисках ответа на вопросы «Как узнать Божью волю?», «Какова Божья воля для моей жизни?», «Как исполнить Божью волю?»

Книга издана на русском языке в 2019 году и уже послужила множеству людей.

В этой книге вы найдёте:

- достоверное учение, основанное на Божьем Слове;
- реальные примеры и истории из жизни автора;
- цитаты и ссылки на места Писания, которые помогут вам в изучении понятия «Божья воля»;
- вопросы для размышления и саморазвития.

На страницах этой книги вместе с её автором Риком Реннером вы углубитесь в изучение жизни и миссионерских путешествий апостола Павла, а также других ключевых библейских персонажей, которые оказывались вне Божьей воли. Уроки из жизни этих людей помогут вам полностью подчинить свою жизнь Богу, ведь именно в подчинении Божьей воле находится ключ к вашему успеху.

Приобрести книгу можно в магазине христианской книги «Amen Books» на сайте **amenbooks.org**.
Email: **blagayavestonline@ignc.org**

ДРАГОЦЕННЫЕ ИСТИНЫ ИЗ ГРЕЧЕСКОГО ЯЗЫКА (ТОМ 1)

 Книга «Драгоценные истины из греческого языка» — это 365 глав с учением и разбором греческих слов, использованных в оригинальных рукописях Нового Завета, в удобном формате для углублённого изучения Библии на каждый день!

С 2003-го года эта книга остаётся любимым изданием множества христиан по всему миру, нашедших на её страницах ободрение и духовную поддержку. Год за годом «Драгоценные истины» помогают читателям углубляться в познание Божьего Слова.

Приобрести книгу и заказать онлайн можно на сайте **www.amenbooks.org**

Подписаться на бесплатную ежедневную рассылку глав из книги «Драгоценные истины из греческого языка» можно на сайте **ignc.org**

СВЕТ ВО ТЬМЕ
(ТОМ 1)

Переместитесь во времена Ранней Церкви первого столетия вместе с Риком Реннером! Читая книгу «Свет во тьме», вы побываете в Малой Азии, где находились семь крупных азийских церквей. В контексте этого захватывающего, а временами даже шокирующего исторического описания мест и событий, автор говорит об испытаниях, с которыми сталкивались первые христиане при благовестии в языческом мире.

Богатое историческими подробностями повествование, дополненное множеством прекрасных иллюстраций и превосходными фотографиями, оживит перед вашим взором библейскую книгу Откровение и её послание семи церквям. А параллели между римским обществом первого столетия и современным миром покажут актуальность предупреждений и наставлений Иисуса Христа.

Перед лицом серьёзных опасностей современная Церковь должна внимательно прислушаться к словам Святого Духа, чтобы быть приготовленной к последнему времени.

Приобрести книгу и заказать онлайн можно на сайте www.amenbooks.org

НИКАКИХ КОМПРОМИССОВ (ТОМ 2)

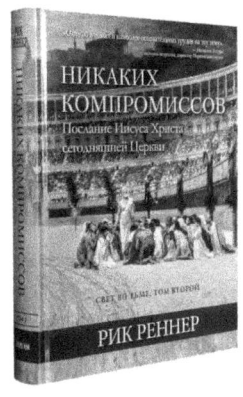

«Никаких компромиссов. Послание Иисуса Христа сегодняшней Церкви» — это второй том из серии «Семь посланий семи церквям». В нём вы найдёте увлекательное исследование языческой культуры первого столетия, в которой жила Ранняя Церковь. Вас ждёт захватывающее путешествие в древний мир, а также подробный разбор послания Иисуса Христа, не утратившего своей актуальности и для сегодняшней церкви, ожидающей второе пришествие Господа.

Книга содержит глубокое, достоверное, основанное на исторических фактах библейское учение, благодаря которому Новый Завет оживёт перед вами в новых красках. Приобретя эту книгу, вы получите:

- более 400 полноцветных страниц в твёрдом переплёте, в том числе 330 страниц с особой дизайнерской вёрсткой;
- свыше 400 иллюстраций, в том числе минимум 100 снимков исторических мест, артефактов, карты и многое другое.

Приобрести книгу и заказать онлайн можно на сайте www.amenbooks.org

По вопросам приобретения и заказа этой и других книг Рика Реннера, а также книг других авторов, CD, DVD, MP3:

Магазин христианской книги «Amen Books»
Тел.: +7 (926) 316-03-24
Viber и WhatsApp: +79263160324
Email: bookmail@amenbooks.org
Россия, 107241, г. Москва, а/я 40
www.amenbooks.org

www.ingramcontent.com/pod-product-compliance
Lightning Source LLC
Chambersburg PA
CBHW071957150426
43194CB00008B/911